会计电算化

KUAIJI DIANSUANHUA

（第三版）

励景源　主编

立信会计出版社

图书在版编目(CIP)数据

会计电算化／励景源主编. —3版(修订本). —上海：立信会计出版社，2004.7(2007.12重印)

ISBN 978-7-5429-0272-6

Ⅰ.会… Ⅱ.励… Ⅲ.计算机应用—会计 Ⅳ.F232

中国版本图书馆CIP数据核字(2004)第070870号

会计电算化(第三版)

出版发行	立信会计出版社		
地　　址	上海市中山西路2230号	邮政编码	200235
电　　话	(021)64411389	传　　真	(021)64411325
网　　址	www.lixinaph.com	电子邮箱	lxaph@sh163.net
网上书店	www.shlx.net	电　　话	(021)64411071
经　　销	各地新华书店		
印　　刷	常熟市梅李印刷有限公司		
开　　本	787毫米×1092毫米	1/16	
印　　张	19.25	插　　页	1
字　　数	465千字		
版　　次	2004年7月第3版		
印　　次	2013年9月第30次		
印　　数	185 301—187 300		
书　　号	ISBN 978-7-5429-0272-6/F		
定　　价	31.00元		

前　言

我国会计电算化事业经过 20 年的发展，取得了长足的进步。表现在：

一、行政组织上：财政部门均设有专人或专门机构统一管理会计电算化工作。

二、市场规模上：使用会计软件的单位已达到上百万家；开发会计软件的企业达到上千家，通过商品化评审的会计软件有二百多个。

三、发展深度上：会计软件由核算型向管理型、决策型过渡；由单机向客户机/服务器过渡；国外软件如 MRPⅡ、ERP 等正在向中国渗透；国产的 ERP 软件已推向市场。

四、人才培养上：全国都开展了会计电算化培训，仅上海市通过初级培训的人数已达到 14 万，目前正在开展中级培训；有关大学、中专都开设了会计电算化课程，有的学校还设置了会计电算化系、专业或研究方向。

五、开发工具上：以 Windows9X/NT 为主；数据库以可视化的、面向对象的操作系统为方向；软件技术以 ODBC 开放性数据库实现不同软件的互联；网络以 Internet、Intranet 为方向。

为适应会计电算化事业飞速发展的要求，上海立信会计学院、华东理工大学、东华大学、上海外贸学院、上海第二工业大学、上海应用技术学院等上海西南高校会计电算化协会的专业教师编写了这本《会计电算化》。

本书介绍了国际上计算机发展的新技术、新思想，结合了国内会计电算化开发的新经验、新方法，溶入了作者近十年从事商品化软件开发实践与教学实践的经验，因而具有理论与实际紧密联系的风格。本书公开了某些技术技巧，与志同道合者共享。

本书读者之一，为会计人员及会计专业的学生。本书分析了计算机是如何处理会计业务的；当你学会了某种开发工具，就可试着去按特定的开发步骤和设计方法，开发一些实用的、短小的程序，即二次开发。因为不论哪一种商品化软件都不可能满足你的所有要求。

本书读者之二，为软件程序设计员。本书提供了会计信息系统的基本处理模式，重点剖析了有关数据库、表的结构及其数据流程，为你深入了解会计业务的来龙去脉，画出了一幅幅事务流程图及程序框图，你可试着按图编程，由简到繁，由限制条件较少到限制条件较多，逐步达到完美的境界。当你学会了编制账务子系统的程序，编制其他管理方面的软件就一定会得心应手。

本书采用 VFP(Visual FoxPro3.0～6.0)数据库作工具，是经过深思熟虑的。原因之一，VFP 本身处理数据的功能很强，较非专门处理数据的开发工具如 Delphi 等优越；原因之二，我国绝大多数编程人员、学校都由 FoxBASE 数据库起步，发展到 FoxPro For DOS、FoxPro For Windows，对 VFP 容易接受；原因之三，大型数据库如 SYBASE、Oracle、Informix、SQL Server 本身价格昂贵，对硬件的要求也很高，不是一般企业、学校、个人承受得起，应用、学习条件受到制约；原因之四，VFP 可以联结局域网、广域网，可以联结 Internet、Intranet，也可以通过 ODBC 与大型数据库联结，与最常用的电子表格 Excel 的数据转换有专门工具。VFP 的应用前景广阔。

本书主编是全国较早、上海首次撰写会计电算化专著的励景源先生，他曾在 1989 年、1994 年两次出版会计电算化专著，发行量达十几万册，在全国有广泛的影响。我们相信本书的出版，将对我国会计电算化事业在 21 世纪突飞猛进的发展，起着一定的推动作用。

本书于 2004 年又作了修订，是为第三版。

编　者

二〇〇四年八月

如何阅读本书

第一章　概论，必读。对会计电算化有一个总体认识。

第二章　系统开发方法，必读。对会计人员与编程人员都有一定启示。

第三章　VFP，版本从 3.0 到 6.0 均可。要求有 FoxBASE、FoxPro For DOS 或 FoxPro For Windows 基础，如无基础，可用 FoxBASE、FoxPro For DOS 或 FoxPro For Windows 代替。

如果你喜欢用其他数据库或编程语言，则可不必拘泥于 VFP。学完本章，对数据库、表的操作将有很大帮助。

第四章　局域网、广域网，对 Novell 网、Windows NT 及 Internet 作了理论和实际操作的介绍。

第五章　账务子系统初始化，必读。为其他子系统的开发奠定基础。

第六章　日常账务处理，必读。账务处理子系统的基础模块。学完本章，可以具备程序开发的初步能力。

第七、八、九、十、十一、十二章，会计电算化的其他子系统，溶入了作者多年的开发经验、体会，可根据需要选读。

第十三章　介绍了当今最新的网络会计电算化开发技术。

第十四章　运用 Excel 进行决策，学完本章，相信你运用 Excel 的能力会大大提高。

第十五章　介绍了会计电算化机房构建与维护的实际经验，有参考价值。

本 书 作 者

励景源　第一、二、九、十一章

嵇俊康　第三、六、十章

周汉平　第四、五、八章

王淑蓓　第六章

沈惟三　第六章

胡向阳　第七、十三章

柳家红　第十一章

陈爱芳　第十二章

胡仁昱　第十四章

朱伟民　第十五章

励景源对全书作了审定、总纂。

目　　录

第一章　概论 …… 1
第一节　会计电算化概述 …… 1
第二节　人工系统与人机系统的异同 …… 3
第三节　会计电算化向深度和广度发展 …… 6
第四节　会计电算化对会计理论与实务的发展 …… 9

第二章　系统开发方法 …… 13
第一节　制定开发计划 …… 13
第二节　系统调查 …… 15
第三节　系统分析 …… 23
第四节　系统设计——总体设计 …… 28
第五节　系统设计——详细设计 …… 33

第三章　系统开发工具之一——VFP 数据库 …… 45
第一节　基础知识 …… 45
第二节　运算符和常用函数 …… 48
第三节　表 …… 54
第四节　数据库 …… 65
第五节　查询设计举例 …… 69
第六节　菜单设计举例 …… 73
第七节　编程举例 …… 76
第八节　Visual FoxPro 的印刷约定和常用可选项解释 …… 83

第四章　系统开发工具之二——网络 …… 85
第一节　会计电算化对网络的需求 …… 85
第二节　计算机网络实用技术介绍 …… 86
第三节　网络操作系统 Windows NT Server 的介绍 …… 96
第四节　网络版财务软件所要解决的基本问题 …… 100

第五章　账务子系统的初始化模块设计 …… 106
第一节　员工管理 …… 106
第二节　账套设置 …… 109

第三节　系统配置…… 113
第四节　定义会计科目及期初数据的输入…… 116
第五节　系统校验及数据安全性措施…… 129

第六章　账务子系统的日常账务处理设计 …… 132
第一节　凭证输入…… 132
第二节　账簿处理…… 141
第三节　查询…… 154
第四节　打印…… 175

第七章　新一代财务报表系统设计 …… 178
第一节　财务报表系统技术的发展…… 178
第二节　第三代财务报表系统…… 179
第三节　基于 Excel 的财务报表系统技术基础…… 183

第八章　固定资产子系统设计…… 187
第一节　固定资产核算对软件的基本要求…… 187
第二节　系统总体结构…… 187
第三节　固定资产核算模块启用前的准备…… 187
第四节　固定资产与账务处理的关系…… 189
第五节　固定资产核算的计算机处理…… 190

第九章　存货子系统设计 …… 195
第一节　材料核算手工作业状况的分析…… 195
第二节　材料核算的会计数据流程描述…… 198
第三节　材料核算的功能模块及程序框图…… 204

第十章　工资子系统设计 …… 213
第一节　工资核算作业状况的分析…… 213
第二节　工资核算的会计数据流程描述…… 215
第三节　工资核算的功能模块及程序框图…… 220

第十一章　成本子系统设计 …… 229
第一节　成本核算概述…… 229
第二节　成本核算手工作业状况的分析…… 230
第三节　成本核算的会计数据流程描述…… 233
第四节　成本核算的功能模块及程序框图…… 246

第十二章　销售子系统设计 …… 251

第一节　销售子系统手工作业状况的分析…………………………………………… 251
第二节　销售子系统的数据处理流程……………………………………………………… 254
第三节　销售子系统的功能模块和程序框图……………………………………………… 257
第四节　销售子系统的其他形式…………………………………………………………… 261

第十三章　会计信息的远程查询 ……………………………………………………… 263
第一节　网络下的会计信息查询…………………………………………………………… 263
第二节　Intranet 时代的信息系统 ………………………………………………………… 264
第三节　远程领导查询系统的技术基础…………………………………………………… 271

第十四章　运用 Excel 进行会计决策 ……………………………………………… 277
第一节　会计决策支持系统简介…………………………………………………………… 277
第二节　会计决策支持系统实例…………………………………………………………… 278

第十五章　会计电算化机房管理 ……………………………………………………… 287
第一节　会计电算化的机房组建形式……………………………………………………… 287
第二节　机房教学网的构建………………………………………………………………… 287
第三节　联网环境下电算化机房的使用…………………………………………………… 288
第四节　联网环境下电算化机房的维护…………………………………………………… 293

第一章 概 论

第一节 会计电算化概述

在新世纪到来之际，出现了知识经济时代，其最显著的标志就是以信息技术为主导的第四次科技革命。随着世界经济步入了一体化、信息化进程，现代企业面临着全球范围的激烈竞争。发达国家的经验证明，谁走在“信息高速公路”的前列，谁掌握了最新的信息技术，谁就能占据国际经济竞争的制高点。美国微软公司的财富通过近 20 年的积累已远远超过经过 100 多年发展历程的老牌公司的财富，就是明证。

信息技术的重要手段就是电子计算机。会计工作只有以电子计算机作为处理信息的工具才能符合现代企业的基本要求，才能在激烈的竞争中立于不败之地。

通俗地说，计算机在会计中的应用，就是会计电算化。但是，要真正给会计电算化下一个确切的定义，必须先了解一些基本概念。

一、信息

（一）信息的定义

“信息”这个词是当今时代用得最多的一个概念。信息的确切定义是什么呢？我们可以这样予以概括：

信息是一种反映事物、帮助认识、提供决策的有序符号。数据仅仅是表现客观实体属性的数值。例如：“某人身高 175 厘米”，“某人”为客观实体，“身高”为属性，“175 厘米”为数值。因此信息至少有实体、属性、数值三元素组成。例如：一笔会计分录：借：现金 500 元，贷：银行存款 500 元，也有三元素组成，也是一种信息。

所以，信息是对数据有目的的加工处理后得到的结果，它的表现形式由人根据需要而定。

（二）信息与数据的关系

数据是反映客观世界的符号，例如：文字、数字、图形、图像、声音等。经过有目的加工，数据才能转化为信息，数据是信息的表现形式，两者类似原料与成品的关系。因此，两者关系是相对的，对某个人或某个部门来说，是数据，对另一个人或另一个部门来说，是信息。例如：会计分录对财务部门来说是信息，对厂长来说是数据。

计算机对信息和数据的处理过程中，使用的方法是相同的。所以本书对信息和数据的概念在应用时不加以区分。

二、信息系统

（一）信息系统的定义

所谓系统，指相互联系而组合的元素的集合。在一个组织中对资源的计划、组织、控制、决策及日常事务处理提供信息的系统，称之为信息系统。

（二）信息系统的分类

1. 按管理层次分类

（1）服务于事务管理的信息系统称为事务处理系统（Transaction Processing System，简称 TPS），它主要处理大量日常事务，例如：会计信息系统、计划信息系统等。

（2）服务于控制管理的信息系统称为管理信息系统（Management Information System，简称 MIS），它主要处理事务处理系统提供的信息，进行分析、预测，例如：企业管理信息系统。

（3）服务于战略管理的信息系统，称为决策支持系统（Decision Support System，简称 DSS），它除了抽取 MIS 为决策所需提供的信息外，还要处理与决策有关的外部信息，运用数学模型，进行战略决策。

2. 按是否由计算机参与分类

（1）不使用计算机的信息系统称为人工信息系统，例如：传统的会计工作，就是一种人工会计信息系统，简称人工系统。

（2）使用计算机的信息系统称为人机信息系统，例如：传统的会计工作，经过改造，使用计算机处理会计业务，就是人机会计信息系统，简称人机系统。本书大量论及的信息系统均指人机会计信息系统。

3. 按信息内容分类

不同的信息构成不同的信息系统，例如：专门处理会计业务的称为会计信息系统，专门处理情报业务的称为情报信息系统等等。

（三）信息系统的特征

任何事物都处在一定的系统之中。用系统理论来认识事物，具体说，从系统的五个特征来认识事物，才能得到正确认识。例如对会计信息系统，我们就要了解：

（1）系统目标——是处理大量的事务工作，还是为决策提供依据。

（2）系统边界——本系统与外界环境的界限，两者之间如何进行物质的与信息的交换。

（3）系统分工与联系——会计信息系统从业务角度可以分为固定资产子系统、存货子系统等；从功能角度可以分为账务、报表、管理等子系统。而各子系统之间与物质与信息形式相互联系，完成整个系统的任务。

（4）系统层次——子系统也是一个系统，它还可以分解成若干个更小层次的系统。系统的方法就要我们按系统的层次去逐步认识系统，而不要钻在牛角尖里看不到全貌，一叶障目。

（5）系统动态　　系统不断地输入——处理——输出，处在发展变化之中。

三、会计信息系统的基本结构

会计信息系统只是从属于管理信息系统的一个子系统，为便于叙述，本书将会计信息系统作为一个独立的系统来分析。

（一）账务子系统

账务子系统是会计信息系统的核心，包含了会计业务处理的基本内容。

（二）报表子系统

报表子系统是会计信息系统最终输出汇总会计信息的处理功能。

上述两个子系统是商品化会计软件中最常见、最基本的。因为完整的会计软件离不开账务与报表，因此，人们又习惯地把账务子系统与报表子系统通称为账务处理子系统。

（三）核算子系统

1. 固定资产核算子系统

固定资产核算子系统，包括固定资产基本数据输入，固定资产的增、减，折旧的计提、分配。

2. 存货核算子系统

存货核算子系统，包括存货的收、发、存计算，汇总，分配，同时进行应付账款的核算。

3. 工资核算子系统

工资核算子系统，包括工资的计算，汇总，分配。

4. 成本核算子系统

成本核算子系统，包括建立成本计算法库，调用账务子系统中有关成本、费用的数据进行计算、分配。

5. 销售核算子系统

销售核算子系统，包括商品或产品的进、销、存计算，汇总、分配，同时进行应收账款与销售税金的核算。

上述五个子系统，通过自动转账凭证，均可以与账务子系统实现数据共享。如果实现网络化管理，则原始数据均可以在各部门输入，账务子系统只要将各部门的汇总数据通过网络传输过来，就可以实现数据共享。

管理信息系统较快的一种开发方式，就是在上述五个子系统基础上，进行深化，不仅满足账务会计部门的需要，而且满足其他管理职能部门的需要。

现在，我们可以为会计电算化下一个较为确切的定义：在管理信息系统中，利用电子计算机技术对会计信息实施数据处理的人工和电子计算机结合的控制系统，又称人机会计信息系统。

第二节　人工系统与人机系统的异同

会计信息系统在使用计算机前——人工系统与使用计算机后——人机系统，既有其相同之处，也有很大差异。

一、共同点

（一）系统目标一致

无论是手工系统还是人机系统，其最终目标仍然是为了加强经营管理，提供会计信息，参与经营决策，提高经济效益。

（二）遵守会计法规

会计法规是进行会计工作的法律依据。人机系统的应用，不能置会计法规于不顾，相反应当更严格地维护会计法规，从技术上、制度上堵塞可能的弊端。

（三）遵循基本的会计理论与会计方法及会计准则

会计理论是会计学科的结晶，会计方法是会计工作的总结，会计准则是会计工作的指导。人机系统会引起理论上与方法上的变革，但是这种变革是渐进型的，而不是突变型的。目前建立的人机系统应当遵循基本的会计理论与会计方法及会计准则，否则将导致系统研制的失败。

（四）信息系统的基本功能相同

任何一种信息系统都有五方面的基本功能，即：①信息的采集与记录（输入）；② 信息的存储；③ 信息的加工处理；④ 信息的传输；⑤ 信息的输出。无论是手工系统还是人机系统，要达到系统目标，必须具备上述五个功能。人机系统的功能由于使用了现代化的装备和科学的管理体制，应当比手工系统更强。

（五）保存会计档案

会计档案是会计的重要历史资料，必须按规定妥善保管。人机系统形成的大部分会计档案的物理性质变化了，备份的消失与复制很容易，这就要求系统的信息资料管理更要加强。

（六）编制会计报表

会计报表是企业经营、资金、成本等主要经济活动的综合反映，也是国家宏观决策的依据之一。人机系统应当编制出符合国家要求的会计报表，不得自行其是。

二、差异

（一）运算工具不同

手工系统使用的运算工具是算盘、机械的或电子的计算器，计算过程每运算一次要重复一次。由于不能存储运算结果，使人不得不边运算边记录，工作量大，速度慢。

人机系统使用的运算工具是电子计算机，数据处理过程由机器完成。由于它能存储运算结果，人只要输入原始数据便能得到所希望的信息。

（二）信息载体不同

手工系统的所有信息都以纸张为载体，占用空间大，保管不易，查找困难。

人机系统除必要的会计凭证之外，均可用磁性材料（磁带、磁盘等）作信息载体，它占用空间小（一般企业一年的信息量只用两张软盘），查找方便，保管容易。

（三）簿记规则不同

手工系统规定日记账、总账要用订本式账册，明细账要用活页式账册；账簿记录的错误要用划线法或红字法更正；账页中的空行、空页要用红线划销。

人机系统不可能采用手工系统一套改错的方法。为了保证审计的追踪线索不致中断，人机系统规定，凡是已经登过账的数据，不得更改（当然还要辅以技术控制），即使有错，只能采用输入“更改凭证”加以更改，以留下改动痕迹。对于需要打印的账页的空行、空页可用人工处理。

人机系统打印输出的账页是折叠或卷带状的，与市售的账簿明显不同。一个成熟的人机系统是不应当仿照手工系统设立日记账、明细账、总账三套账簿的，更不必全部打印。手工系统用三套账簿来实现相互牵制、相互校对的目的，而电子计算机通过对凭证的分类、排序、合并，随时可以生成任何一种账簿形式，由于是一个程序完成登账工作，不存在账账、账证、账表的相互牵制与校对问题。凭证正确，输入无误，皆对，否则皆错。由于打印量大，成熟的人机系统一般都将数据存储在磁盘中。

有关文件规定必须打印账簿，只是为了适应目前一部分人翻阅传统账簿的老习惯，随着会计电算化的发展，掌握计算机知识的人越多，人们将更习惯于在电脑上查阅账簿，“无纸化会计”终将代替“有纸化会计”。

（四）账务处理程序（会计核算形式）不同

手工系统的账务处理程序有四种，但是都避免不了重复转抄与计算的根本弱点，伴之而来的是人员与环节的增多与差错的增多。

人机系统的账务处理程序有两种方案可取。按目前的经济状况与开发水平，取第一方案，即基本上按手工系统的方式进行系统移植；第二方案为理想化的全自动处理程序，即：

(1) 会计凭证磁性化(或用条形码)。在规格化的会计凭证上,用磁性墨水书写(或打上条形码),由阅读机识别后将数据输送到计算机。

(2) 计算机内以“资产负债表”、“损益表”、“现金流量表”三大财务报表为中心,分别对数据进行处理,同时辅以成本核算模块程序。

(3) 由用户定义输出形式与结果,输出设备(显示器、打印机)提供查询与打印。

人机系统的账务处理程序不因企业不同或成本核算对象不同而不同;相反,成熟的人机系统应当用同一模式来处理会计业务。成本核算只是其中的一小部分程序,随着计算机技术的发展和成本核算的进一步规范化,可以将不同行业的成本核算程序以软件固化形式拼装在计算机里。这样,从会计凭证到会计报表,一切手工系统的中间过程都不必与使用者见面,而任何要求的输出都能得到满足。

(五) 会计工作组织体制不同

手工系统的会计工作组织体制以会计事务的不同性质作为制定的主要依据。一般的手工系统划分如下的专业组:材料组、工资组、资金组、成本组、固定资产组、综合财务组。它们之间通过信息资料传递、交换、建立联系,相互稽核牵制,使系统正常运转。

人机系统的会计工作组织体制,以数据的不同形态作为制定的主要依据。一般的人机系统可划分如下的专业组:数据(信息)收集组(以原始凭证作为原始数据,处理各项会计业务,其主要工作是面向系统外部,类似手工系统的出纳工作);凭证编码组(按事先规定的编码原则或编码手册对凭证或需要数据处理的其他文件进行编码);数据处理组(包括数据输入、处理、输出等项操作);系统维护组(对系统的软、硬件维护,保证系统的正常运行,满足系统的业务要求)。

显然,这两种系统的工作组织体制是截然不同的。人机系统将手工系统对数据分散收集、分散处理、重复记录的操作方式,改造成集中收集、统一处理、数据共享的操作方式。这一改造是循序渐进的、由量变到质变的发展过程,当改造完毕,原系统就发生了质的飞跃。

(六) 人员结构不同

手工系统中的人员均是会计专业人员,其中的权威应该是会计师。

人机系统中的人员将由会计专业人员,电子计算机软件、硬件及操作人员组成,其中的权威应该是掌握会计电算化中级知识的会计师。

(七) 内部控制方式不同

手工系统对会计凭证的正确性,一般从摘要内容、数量、单价、金额、会计科目等项目来审核;对账户的正确性一般从三套账册的相互核对来验证。此外,还通过账证相符、账账相符、账实相符等内部控制方式来保证数据的正确,堵塞漏洞。

人机系统由于账务处理程序和会计工作组织体制的变化,除原始数据的收集、审核、编码由原会计人员进行外,其余的处理都由计算机部门负责。很明显,原来的内部控制方式部分地被计算机技术所代替,由人工控制转为人机控制,因此,对后者的控制要求更严密,范围更扩大。从国内外资料分析,如不加强人机系统的内部控制,将造成比手工系统更大的危害。

纵观上述种种区别,集于一点,就是由于人机系统数据处理方式的改变,引起了手工会计信息系统各方面的变化,这一变化将使得系统功能更为加强,系统结构更为合理,系统管理更为完善。

综上所述,会计电算化是会计史上崭新一页。电子计算机的应用,首先带来数据处理工具的变化,也带来信息载体的变化。会计电算化后,对传统的会计方法、会计理论都将发生巨大的影响，从而引起会计制度、会计工作管理体制的变革。会计电算化促进着会计工作的规范化、标准化、通用化，促进着管理的现代化。

第三节　会计电算化向深度和广度发展

一、会计软件由核算型向管理型发展

1996 年 4 月，中国会计学会召开“会计电算化”研讨会，首次提出会计软件应当由“核算型”向“管理型”发展。

（一）管理的层次

管理是分层次的。一般从企业的角度可分为三层：决策层、管理层、事务层。还有一种分法可分为四层：战略层、管理决策层、知识层、作业层。为了叙述的方便，我们采用前一种分法。

会计信息系统是属于事务层的其中一个子系统。从“大管理”的观点来认识，会计信息系统本身就是“管理型”的。由于以往的会计软件都只注重会计的“核算”职能，而忽视了会计的“管理”职能。向“管理型”软件发展，只是齐全了会计的全部职能。

（二）管理型会计软件

1. 会计的全部职能

会计的全部职能是什么呢？用一句通俗的话来概括就是核算、监督、参与决策。具体来说就是：

(1) 资金管理。包括投资核算、投资分析、投资决策、投资收益；筹资核算、筹资决策、筹资回报；费用核算、费用预算、费用分析；采购资金、生产资金、销售资金的核算以及它们之间的调度等。

(2) 成本管理。包括成本核算、成本预测、成本分析、成本控制、成本决策等。

(3) 利润管理。包括销售核算、销售预算、销售决策；利润核算、利润预算、利润决策等。

2. 管理型会计软件的功能

管理型会计软件功能是，将核算结果（实际）与预算结果（计划）加以比较、进行分析；运用数学模型对核算结果与预算结果进行分析，为决策提供依据。目前市场上会计软件所提供的功能，离管理型会计软件的要求还相去甚远。

（三）管理型会计软件与管理信息系统（MIS）

管理型会计软件即使达到了上述全部功能，还仅仅是会计信息系统，还是 MIS 的一个子系统。

管理型会计软件如果开发完整，可以为管理信息系统的开发打好坚实的基础，可以共享的资源更多，为管理、为决策提供更可靠的支持。

某些软件公司出于商业动机，把含有一部分即使是全部会计管理功能的软件称作为 MIS，这就要求用户学会识别。

典型的 MIS 是制造业资源规划系统——MRPⅡ，它是对一个工业企业从销售、生产、供应、财务、人事、车间控制以及存货的全面管理信息系统，为管理层和事务层的管理人员服务。国外软件公司售价是十几万美元，国内软件公司售价是几十万人民币，而某些软件公司的 MIS 报价只有几万人民币，一分价钱一分货，可见其货。

二、会计软件由封闭型向开放型发展

目前市场上销售的商品化软件或自行开发的软件均属于封闭性一类，即局限于本企业、本部门的资源，即使网络化，也只是一个孤立的、对外封闭的、资源贫乏的局域网络，这种状况已落后于国际信息社会对信息的需求，在竞争中将处于劣势。那么，什么是开放型的会计软件呢？

（一）广域化

广域网（Wide Area Network，WAN）上的数据一般以每秒 1.5 兆的速度传送，能够跨越时空的限制。目前的广域网就是国际互联网——Internet 和企业内部网——Intranet。

Internet 便于人类在全球范围内交流信息、共享信息资源。

Intranet 是基于 Internet 平台，构筑企业内部的网络，通过浏览器，将企业的有关信息以 HTML 格式传输，与财税部门、上级单位、会计师事务所建立互联，客户或投资者可以上网浏览到各自所需的产品、价格、服务与财务资料。会计软件产生的信息在规定的访问权限范围内，可以让企业外部的人员使用。

（二）一体化

企业内部的供、产、销信息通过 Internet 向外发布，虽然目前的网上购物还未被人们普遍接受，但是随着电子商务的普及，企业一定会向网上采购、网上定单、网上交割的方向发展。到那时，采购人员不必满天飞，在电脑上就能采购到合适的原料或商品；货款也不需要当场用支票、汇票支付，通过网上划款即可；产品销售通过网上定单，网上购物就可实现。

只有企业内部的供、产、销通过 Intranet 形成信息一体化，才是可信赖的信息，才能对外开放。

三、会计软件由手工型向智能型发展

目前市场上销售的商品化软件或自行开发的软件大多属于手工型一类，即模仿手工操作过程，得到与手工操作相同的输出结果，这一状况已远远不能满足人们的要求。那么什么是智能型会计软件呢？

（一）操作过程智能化

在凭证输入过程中就有许多智能化的问题。

例如：(1) 当用户选择了现收凭证，那么借方科目自动显示现金，或者借方科目输入“现金”，凭证类型自动显示“现收”。

例如：(2) 借方已输入“材料采购”科目，那么借方必定还有“应交税金——增值税——进项税额——”而且其金额根据本行业的税率与“材料采购”的金额自动计算。“营业收入”科目也可作类似处理。

其实，这类智能化工作还很多很多，目前的会计软件还不尽人意。

（二）业务分析智能化

业务分析的前提是业务分类，会计上的一级科目有几十个，明细科目有几百个，目的之一就是为了分析。目前的会计软件根据经验一般还增设了按“部门”、“项目”、“客户”等几种分类，也是为了便于分析。

自从国际上流行一种新的思路——业务流程重组（BPR）之后，对我们的会计软件应当进行反思。所谓业务流程重组，是指会计业务除了传统的流程之外，还可以随时根据需要，进行若干次的重新组合。这就要求：

1. 把业务重组(分类)的权限交给用户,而不是由软件开发商做死

1998～1999 年的一段时间内,许多软件商大做广告,声称自己解决了“现金流量表”设计。实际上,现金流量的问题便是一次较大规模的典型的业务重组。如果软件商早把业务重组的权限交给用户,就用不着如此费力了。

2. 解决标识的多重性问题

所谓标识的多重性问题,是指一笔业务或一个会计账户需要进行若干次重组(分类)时,可以给予多个不同的标识。这一问题只要设计时考虑到,技术上是不难解决的。

(三) 决策支持智能化

1. 决策类型

(1) 程序化决策。用常规数学模型解决重复出现的问题的决策。

(2) 非程序化决策。用常规数学模型难以解决的从未出现过或无规律可循的问题的决策。

(3) 半程序化决策。介于程序化决策与非程序化决策之间的问题的决策。

2. 决策支持智能化的含义

将人类的知识、经验、创造性思维、直觉判断等能力。用计算机语言来表达,模拟人脑进行决策。

决策支持智能化主要解决非程序化决策和半程序化决策中的无法用常规方法处理的问题。

3. 决策支持智能化的功能结构

决策支持智能化的功能结构可用图表 1-1 表示。

图表 1-1

决策支持智能化功能结构图

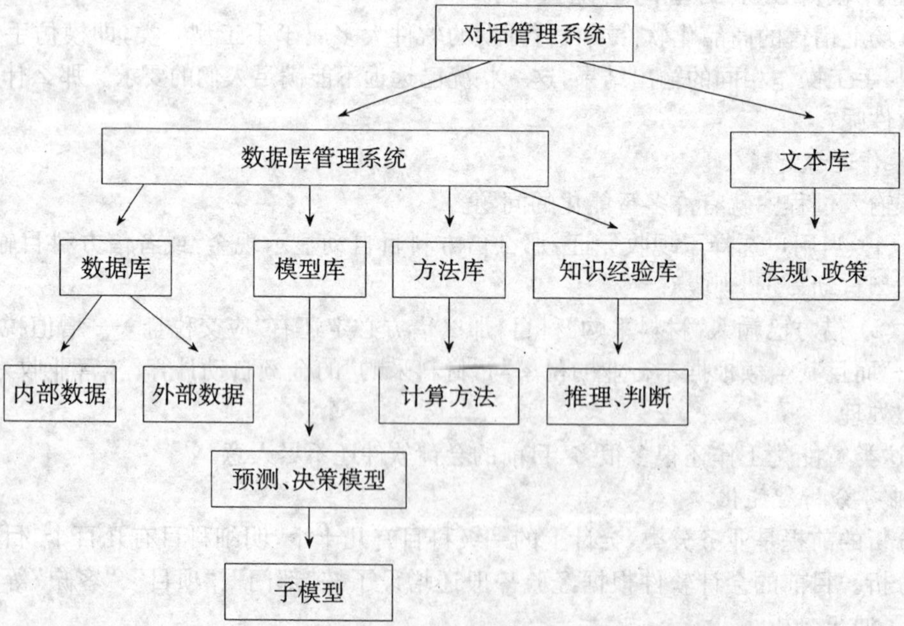

例如,我们要投资一项产业,目前该产业平均收益率较低,前景比较模糊。内部数据无法提供,外部数据反映情况亦不明朗;我们只能从模型库中找到“投资决策模型”,再根据方法库中的“风险分析法”,得到初步结论是,劝告投资者不要投资这项产业。这是传统的决策过程。

如果我们再根据知识经验库中的知识来推理:这一产业是朝阳产业还是夕阳产业?其他国家这一产业经过了怎样的发展过程?目前的投资回报率是多少?最后,在文本库中查阅国家对于这一产业有关政策、税率、优惠条件。综合了上述情况,凭直观经验可以判断;当前的"死"数据仅仅是假象,这一假象是这一产业发展的必由之路,这一产业发展前景是光明的。我们可以推翻传统决策的结论,树立投资的信心。

从上述例子可以看出传统决策的弱点,也可以大致了解决策支持智能化诸多功能之间的联系。

第四节　会计电算化对会计理论与实务的发展

一、提出了会计理论的新课题

随着会计电算化的普及和网络的国际化,传统的观念、传统的会计理论将受到严峻的挑战,会计理论和新课题将摆在我们的面前。

(一) 持续经营

传统的持续经营以持续正常的生产经营活动为前提,以不破产清算为前提。于是,固定资产以历史成本入账,要计提折旧;引入了权责发生制核算应收、应付项目等等。

当前,已经出现了一种虚拟公司,它们为了完成一个既定目标组建起来,任务结束,公司解散。这类公司持续时间只有几个月,解散不是因为破产。这类公司的固定资产要不要以历史成本入账?要不要计提折旧?要不要采用权责发生制?

(二) 会计分期

传统的会计分期的前提是假设企业经营活动是可以间断的,并且可以划分各个相等期间。

由于持续经营的观念被虚拟公司的出现而动摇,会计分期的观念是否存在?是否必要?

会计分期对会计的要求就是定期结账和形成会计报告。由于电脑的出现,会计软件的应用,可以做到随时结账和输出会计报告,会计分期到底有什么实际意义呢?

(三) 权责发生制

由于网络技术的发展,电子货币的存在,经营周期的缩短,结算方式的改变,知识成本比重的增大,权责发生制适用的范围和基础也将发生变化。

二、改造着会计方法

会计电算化在20年的发展历程中,基本上是按传统的会计方法来处理会计事务,会计软件囿于传统会计方法,除了作些小的改造,无法取得突破性的改造。例如:

(一) 会计科目级别的命名

传统会计教科书把统驭性质的科目,即财政部统一规定的科目称为总账科目,总账科目下属科目称为子目,子目下属科目称为明细科目。如果明细科目下属还有科目,怎么命名呢?教科书没有一个说法。

根据会计电算化的实践,我们把总账科目称为一级科目,一级科目下属科目称为二级科目,依次类推。这样,科目的上下级关系明确,表达也很方便,使用也很灵活。

(二) 会计科目代码的统一

1. 一级科目代码长度的统一

根据目前出台的16种行业会计制度分析,只有外商投资企业的会计制度一级科目用了4

位数，只要舍去第一位，对某些科目的编码稍作调整，那么16种行业的会计科目便统一为3位数了。

2. 一级科目代码对应的科目名称的统一

比如，施工企业中511对应的科目名称为其他业务支出，而旅游企业511对应的科目名称为管理费用。

财政部制定的《企业会计制度》，将会计科目代码统一为4位，并且从2001年起先在股份有限公司范围内执行，逐步在全国推广。

会计科目代码长度的统一与对应的科目名称的统一将为上级企业和政府部门的数据采集与共享带来极大方便。

（三）记账凭证种类的统一

根据现行的会计制度，记账凭证的种类有三大类九种，即记账凭证一大类，分现金、银行、转账（有的则为收款、付款、转账）三种凭证一大类，分现收、现付、银收、银付、转账五种凭证一大类。传统的记账凭证分类有其原因，一是查找凭证方便；二是工作习惯。

实现会计电算化之后，查找凭证的方法增加了许多，如，可以按凭证号查，可以按会计科目查（借方科目有现金，就是现收凭证），可以按摘要中的文字查，可以按金额查等等。

因此，传统记账凭证的分类就没有存在的必要，而只用一种统一的记账凭证（即不分业务种类），不但能做到查找方便、迅速，而且省却了操作上的麻烦，提高了计算机处理的速度。

（四）三大会计报表的统一

三大会计报表指"资产负债表"、"损益表"、"现金流量表"。

分析16种行业的三大会计报表，内容上、格式上均存在大同小异的现象。如果把这些小"异"加以改造，更便于上级企业与政府部门对基层企业数据的汇总或合并，更便于计算机处理。

根据当前集团企业越来越多的现状，集团企业跨行业、跨地区的发展趋势，三大报表的统一的要求将更强烈。

（五）账簿形式的改造

1. 账簿载体形式的改造

传统账簿载体是纸张，会计电算化之后，除了传统的账簿必须打印之外，还有磁性介质（硬盘、软盘、光盘）作账簿，但只是处于从属地位。

当时财政部门考虑到相当一部分人不习惯使用电子账簿，便采用高成本的措施——打印所有账簿。20年过去了，如果无限制地迁就落伍者，那么何时才能进入信息时代？

因此，可以采取必要的措施，迫使一部分人改掉旧习惯，从而确立电子账簿在会计电算化中的主导地位。

2. 账簿格式的改造

账簿是凭证分类汇总的结果，用传统的账簿格式来要求会计软件，那么会计软件不仅不能发展，而且将永远落后于传统会计方法。

传统账簿格式有三栏式、多栏式、数量金额式，再加上外币格式等。目前，会计软件已经做到了。但是有相当一部分会计人员只习惯用传统的账簿格式来查账。其实，账簿中的某一行无非是某一张凭证的内容，用电脑查凭证比查账不是更方便吗？如果要查某一账户的发生额及余额，用电脑查某一账户的发生额及余额不是比查某一账户的全部内容更清楚吗？

其实电脑可以对任何数据进行分类、组合,远远超过现行账簿的格式。比如,有一客户与某企业往来涉及四个账户:应收账款、应付账款、预收账款、预付账款。用现行账簿格式,只能逐一打开这四本账。用电脑账簿,只要把这一客户名找到,然后将有这一客户名的所有账进行组合,就能分析到底是我欠人,还是人欠我。

因此,只要会计人员从传统的账簿格式的观念中解放出来,灵活地使用会计软件,而会计软件再融入"会计业务重组"思想,那么传统的账簿格式将被无格式但能进行任意分类 、组合、汇总的形式替代。

(六) 取消中间过程的输出

所谓中间过程,指"科目汇总表"、"汇总记账凭证"、"总账科目试算平衡表"等在手工操作中形成的一些方法、格式。

会计电算化后,在很长一段时间里,还是迁就手工操作方法,输出这些中间过程的表式。

其实,我们仔细分析这些中间过程表式的作用——无非登总账方便与做报表方便;再仔细分析电算化中登账与做报表的思路,完全可以依照对凭证的分类,登记总账,再形成报表,根本不必考虑平衡与否的问题,因为在凭证输入时,借贷不平的凭证是无法存盘的。

取消中间过程的输出,不仅可以减轻操作人员的负担,而且可以使会计软件更简洁明了。

与国外的一些管理软件相比,我们也许会受到莫大的启示:应当追求内容上的完整与实用,减少画面上的美观与格式输出形式的繁杂所花的费用和精力。

哲学上有这样一条规律:事物的发展总是由简单到复杂,再由复杂到简单,这一简单是由复杂升华而来,是复杂的高级阶段。我们的会计人员与软件设计人员是否应当到了对会计软件进行升华的阶段呢?

(七) 强化内部控制制度

传统的内部控制制度强调账证相符、账账相符、账表相符、账实相符,即四相符。

会计电算化之后,前三者相符已经不用担心。但是由于电脑中的数据修改很容易,而且不留痕迹,因此,电脑犯罪的可能性大大提高,预防电脑犯罪是会计电算化工作的一个重要方面。

强化内部控制制度,既是预防电脑犯罪的一个重要措施,也是减少差错的有力保障。我们应当建立"职权控制"、"运行控制"、"修改控制"、"保密控制"、"硬件控制"等新的内部控制制度。同时,对传统的会计工作组织制度也应当作出相应的调整。

三、促进审计工作的现代化

会计电算化后,审计制度与方法必将随之变革。国外审计电算化一直落后于会计电算化,这种状况不利于会计电算化的发展;我国如果能尽快着手发展审计电算化,那么不但能促进会计电算化的发展,而且能促进审计理论与实践向现代化发展。审计电算化包括两个方面的含义:一是对会计电算化后的会计工作予以审计(审计工具不管是手工还是电脑);二是借助计算机审计程序对会计工作予以审计(不管会计工作是用手工还是电脑)。

审计电算化需要进行三项内容的审计:

(一) 制度审计

对会计电算化后内部控制制度的审计。

(二) 技术审计

在制度审计中发现漏洞与疑点时,或者认为有必要对系统设计、程序设计进行实际测试时,需要用计算机审计程序对会计电算化设计进行审查,称为技术审计。

（三）数据审计

用计算机审计程序对被审数据进行真实性、合法性、合理性审核，例如费用的分摊、利润的分配、税金的计算等等，这样的标准化审计，质量高、速度快。

四、促进管理工作的现代化

现代化管理是管理科学、行为科学和电子计算机技术的三者结合。现代化管理要求实现决策支持系统（DSS），而其基础则是管理信息系统（MIS）。管理信息系统包括计划管理、生产管理、劳动人事管理、技术管理、物资管理、质量管理、销售管理、财务会计管理等子系统。要实现管理信息系统，从哪个子系统入手比较合理呢？换言之，如何才能比较顺利地实现管理信息系统的计算机网络，做到数据的冗余度最小、共享性最大呢？理论和实践证明，只有先实现财务会计子系统——会计电算化，才能比较顺利和合理地实现其他子系统，进而实现管理信息系统。

因为管理信息系统中的任何一个子系统都不能够像财务会计子系统那样，从资金的实物形态（产量、质量、物资、耗费等）到价值形态（利润、成本、收入等）来全面、综合地反映企业概貌的。也没有哪一个子系统能够像财务会计子系统这样，严密地（数据之间有对应关系，报表之间有勾稽关系）、系统地（编码顺序系统、时间顺序系统、业务分类系统）来记录企业的经营状况的。更没有哪一个子系统能够象财务会计子系统这样，占有整个管理信息系统70%左右的信息量。

第二章　系统开发方法

第一节　制定开发计划

一、计划的主要内容

（一）目标范围计划

会计电算化的实现是一个系统工程，如果没有明确的目标范围，开发人员将无从入手。会计电算化一般可分为下面一些子系统：账务处理子系统、固定资产子系统、存货子系统、工资子系统、成本子系统、销售子系统、财务管理子系统等，在每一子系统内，人们的目标范围也是不相同的，例如，成本子系统，有的企业仅仅是厂级核算，有的企业则要求厂级与车间二级核算，因此计划不能笼统、概要，而要明确、具体。

（二）开发进度计划

为了控制与检查开发目标的实施，对开发过程的各个阶段（系统调查、分析、设计、编程、调试、移交）提出时间进度要求，同时要求开发人员提交每一阶段的文档。

（三）人员培训计划

计算机的开发人员、使用人员、维护人员与开发的目标是否相适应？不适应的话，即使用了现成的开发成果，也难以达到预期的目的，即使会使用（操作），如果没有一定的系统维护力量，系统也难以长期正常运行。因此要有计划地对有关人员进行培训。

（四）硬件配置计划

根据系统目标范围，计划硬件配置的质量、数量、功能。一般中小型企业，以微机作为主机；大型企业或需要对下属部门、下属企业数据进行汇总的机关，则要配置中、小型机。

目前的微机性能指标已接近或达到工作站或小型机的标准，对于仅仅用于数据处理的会计信息系统来说，是绰绰有余了。

当然，注意选择性能、价格比较合适的主流机型，注意硬件的扩充、升级的余地，注意供应商的售后服务承诺，也是不可缺少的。

因此，要从实际出发，确定硬件配置。仅作数据处理，可选用586微机，作局域网中的服务器最好选用专用服务器，也可选用速度快、容量大的微机。

（五）软件开发方式

软件开发方法有四种：

1. 自行开发

自行开发对本单位的人员素质有相当高的要求，开发周期较长，难于摆脱不良的管理方式，软件水平不易提高，系统维护比较容易，费用很高。

2. 合作开发

合作开发是本单位派出熟悉管理的人员和软件开发人员与专业软件开发单位的科技人员合作开发适用性较强的软件。开发周期较短，维护容易，费用较第一种方式低。

3. 委托开发

委托开发对委托单位来说最省力、最省事，但是如何将委托单位的需求表达清楚、准确、完整是开发是否成功的关键。开发周期较第二种方式长，费用略高。

4. 购买商品化软件

商品化软件的成熟度较高，稳定性较好，通用化方面解决得较好，个性化方面考虑得较少。对一般企业来说，购买商品化软件，上马最快，费用最省，维护也较有保障。

(六) 费用计划

根据本单位的财力，作出预算，考虑可能发生的其他费用，尽可能以最小的代价达到预期的目标。

1. 硬件费用

(1) 主机。以每年的市场主流机种为例，国外品牌机（如 HP、IBM、AST）在 8 千元左右，国产品牌机（如联想、长城、东海）在 6 千元左右，无品牌机（社会上流行叫兼容机）在 5 千元左右。

(2) 打印机。以宽行打印机为例，针打（噪声较大、性能稳定，价格最低）在 3 千元左右，喷墨（噪声较小、性能较稳定，价格适中）在 4 千元左右，激光（噪声小、性能较稳定，价格最高）在 1 万元左右。

2. 软件费用

(1) 系统软件。例如 Windows98/NT 等，约 2～4 千元左右。有人认为盗版一样使用，殊不知，这样做其一，违反知识产权的有关法律；其二，系统运行隐藏着不稳定因素。

(2) 一般应用软件。例如 VFP、Oracle、SYBASE 数据库，Excel 电子表格处理系统、Word 文字处理系统。一般来说小型数据库在几千元左右，大型数据库在几万元左右。

(3) 专用应用软件。例如财务软件，国内软件一般单机版在 1 万元左右，网络版则在 3～5 万元左右。国外软件则在几百万美元左右。

3. 维护费用

维护阶段时间很长。以专用应用软件为例，国内财务软件一般在售后 6 个月至一年后要收取维护费用，标准在每次 100～200 元左右，国外软件每次在 200～400 美元左右。

二、可行性分析

在作出计划之后，就要进行初步调查，调查可以由本单位人员完成，也可以委托外单位专业人员完成，调查结束之后，应当形成一份可行性分析报告。

可行性分析一般从以下三个主要方面考察：

(一) 人员素质可行性

实现会计电算化的过程中，新的管理体制，业务流程，操作方式，将对各级管理人员特别是财务部门人员带来一定影响，某些人员不愿意接受现代化的东西，不习惯严格的操作规则，而采取各种方式抵制会计电算化的实施，那么会计电算化就无法实现。或者某些单位的领导人员迫于上级或社会压力，勉强去搞，结果流于形式，最后还是失败。特别是自行开发与合作开发两种方式，更加需要首席领导的指挥与协调。经验表明，可行性分析的重点应当在人员素质方面。

(二) 技术可行性

按目标范围的要求，需要什么样的硬件设备和什么样的软件技术。目前的软硬件技术发展速度极快，在技术分析时，要有超前意识、不能只顾眼前；要考虑软硬件的兼容性和可扩展性。

（三）经济可行性

经济可行性主要指费用支出与收益回报的比例，两者是否配比。目前计算机应用于工业控制、监测有一定的效益计算办法，应用于管理则无确切的数据。但是“隐形”效益还是存在的，例如，计算机代替人工记账、算账、报账，不但节约了时间，也节约了人工；例如，计算机的应用带来了管理水平的提高，可以减少材料库存量和成品库存量，从而减少资金的占用量和利息支出，加快销售收入的回笼等等。应当说“隐形”效益体现在很多方面。

第二节　系统调查

系统调查的目的是得到旧系统（现系统）的逻辑模型，了解现存的业务环境，熟悉现系统的数据处理流程和方法，从而确定新系统的目标。

一、企业各机构与会计机构的信息联系状况调查

会计机构的信息量很大，来源渠道较多，在企业中，它几乎与所有的部门有业务联系。如果仅仅局限于本系统内部的调查，既不能对企业概貌有所了解，更不能收集到完整、准确的信息，这样就不能对信息归纳、汇总，以及对业务的流程作出合理的判断，不能进行标准化的统一的代码设计、文件设计，因此也就不能充分体现计算机可使数据共享这一优越性，还将会给今后整个企业管理系统的开发和系统的网络化带来重复工作等弊端。为此，我们必须对企业的整个系统进行调查。

企业根据其专业性质设有各职能机构。一般企业主要设有计划科、技术科、供应科、财务科、劳动工资科、销售科、设计科、人事科、设备科、总务科等；生产机构一般可分基本生产车间、辅助生产车间（动力、机修等）。所有这些机构与会计机构（财务科）有哪些信息联系呢？我们通过图表 2-1 就有一个清晰的概念了。

从图表 2-1 可见，会计机构的大量信息是企业各机构提供的。据此，会计机构才能进行各项业务的核算。因此弄清其他机构数据的来龙去脉和它们对会计机构的要求，以及会计机构对它们的要求，才能从系统的角度进行设计。此外，如果企业其他机构已实现了电子计算机处理，则更要了解它们的输入与输出内容，弄清哪些信息是由会计系统直接调用的，哪些信息是需要经过人工加工后才能调用的。

二、会计机构的内部分工及其业务联系状况调查

各企业的经济业务量不一，会计机构人员多少不一，内部组织分工也不一。但每人所担负的具体工作是相对固定的。以大中型企业为例，一般分工如下：

材料组　核算材料采购资金，登录材料和低值易耗品的明细账，提供材料成本资料，指导材料采购和储存部门的业务工作。

工资组　计算、发放工资、奖金，登录有关明细账，核算工资总额及有关费用提存，提供工资成本资料。

资金组　登录货币资金及销售明细账，执行现金、结算、信贷制度。

成本组　负责生产费用的归集和分配，计算产品成本，编制成本报表，指导车间成本核算工作。

综合组　登录固定资产明细账，核算固定资产的增减和折旧，登录总账，编制会计报表，进行财务分析，保管会计档案等。

图表 2-1

会计机构与其他部门的信息关联图

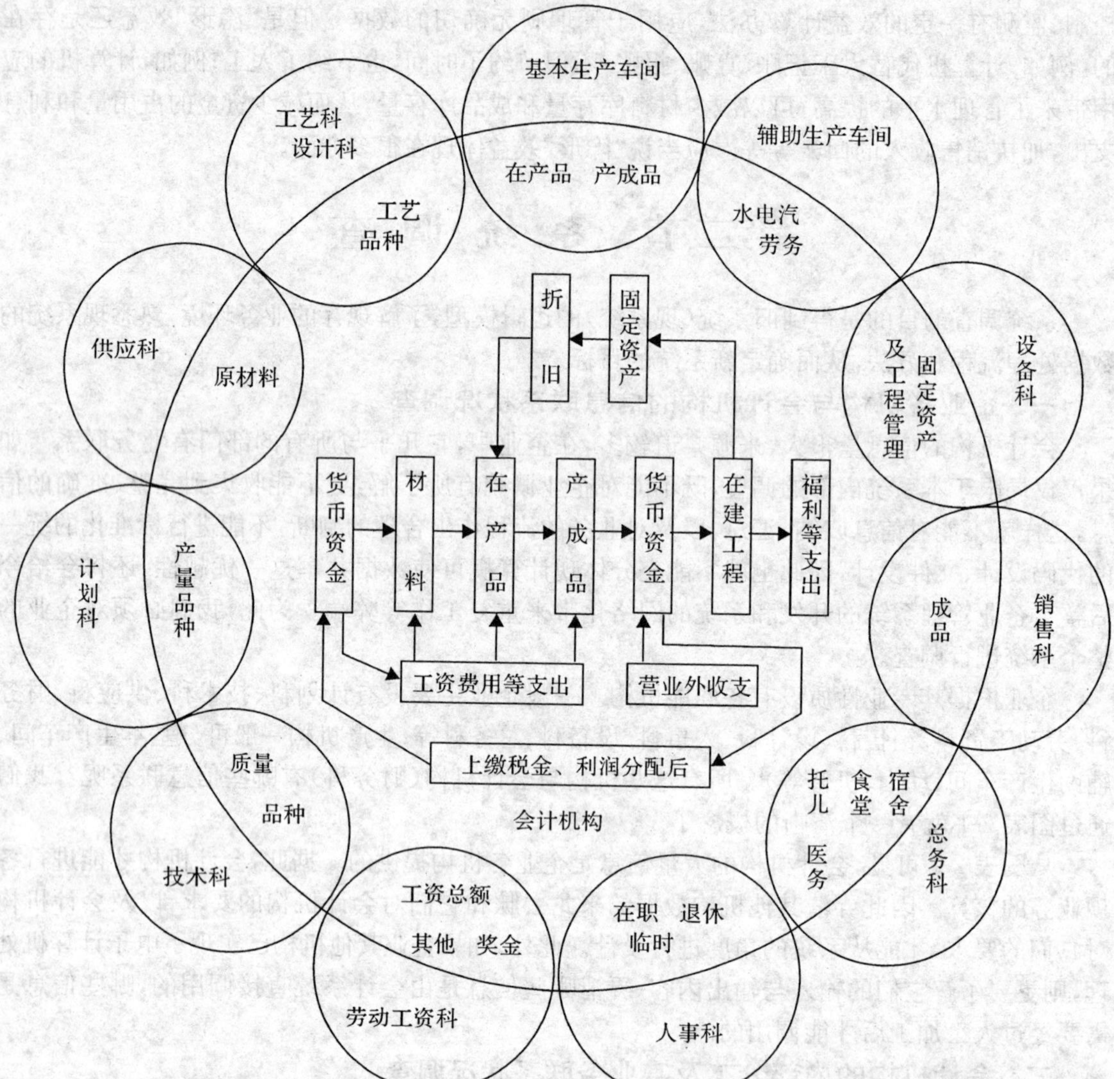

小型企业分工较为简单，不分小组，但均应专人负责。某些工作则在符合内部控制制度的前提下，相互协作，共同承担。具体分工如下：

出纳　负责现金、银行存款等货币资金的收付，登录现金、银行存款日记账。

账务　登录并核算各类明细账及总账。

成本　成本核算、固定资产核算、编制会计报表等。

我们了解会计机构的内部分工是为了在系统设计时将每一模块的功能范围划分清楚，同时必须注意模块之间的联系，弄清信息传递路线、数据分类、汇总的地点、处理过程、步骤及方法，便于划清人/机界面，使程序的编制既符合会计事务的流程又便于电子计算机处理。

首先要向会计机构的负责人作总的了解，然后是向账务人员了解账务处理流程，再次是向成本核算人员了解成本计算方法(品种法、分批法、分步法、分类法、定额法)，最后是向出纳人员调查。调查的重点放在材料核算、成本核算、账务流程三个环节上。如果把这三个环节的会计处理步骤与方法弄通了，调查工作的一半就算完成了。

特别要提醒的是，在向业务人员调查时，要关注经济业务的例外处理。例如：现金与银行存款同时发生的业务，有的企业只做付款一方的凭证，有的企业则做现金、银行存款两张凭证，这在制度上、教科书上都是允许的，如果忽略了，那么对于整个系统开发将造成很大被动。又例如某些会计事项的处理，业务人员有其特殊的方法与经验，一旦在调查中遗漏了，系统运行可能会中止，从而导致整个开发工作前功尽弃。系统开发人员应当懂得，管理类应用软件的开发是管理科学和计算机科学的结晶，结合得好才能开发得好。

三、现行会计制度与簿记的要求调查

(一) 现行会计制度

从 1993 年 7 月 1 日起，全国各类企业都要按照《企业会计准则》和《企业财务通则》进行财务会计工作，财政部又颁布了工业、商品流通等 16 个行业的示范会计制度，这些会计法规是我们开发会计电算化软件必须遵循的，不得自行其是。

(二) 现行簿记规则

簿记是会计理论和方法的一种应用。簿记工作主要是指会计核算的业务工作，就是通常所说的记账、算账、报账工作。而所有会计分析、检查，以及审计工作，都要以簿记的核算资料为基础。会计电算化的第一步工作就是实现簿记的电算化。

现行簿记的要求和方法内容较多，本书只介绍与电算化关系最密切的两方面内容。

1. 记账规则

(1) 会计分录规则。“有借必有贷，借贷必相等”的会计分录规则是会计人员都懂得的常识。但是绝少数会计人员却违反这一常识，做出只有一个方向的会计分录，如借：现金 200 元，借：管理费用－200 元。对于这类违反规则的特例是不能迁就的。

(2) 账簿登记规则。

1) 日记账、总账应采用订本式，明细账应采用活页式。

2) 每页账页应顺序编号，明细账还应列明明细科目名称及编号。

3) 日记账至少一天结算一次余额，也可以每笔结算一次余额。

4) 每页账簿记满须继续登记时，应在该页最末一行的摘要栏内写“过次页”字样，同时将本月借、贷方发生额累加总数，记入借、贷金额栏内，余额记在余额栏内，并于次页第一行摘要栏内写明“承上页”字样，并将“过次页”的数字转抄过来。某些账户需要累加到止本月累计发生额的，在本月记录结束后，须再加一行“累计止本月发生额及余额”。

5) 账页须连续登记，不能重抄，不能跳行、跳页。万一发生跳行、跳页，应在空页、空行内用红色墨水划对角线注销，并盖记账人员印章。

6) 明细账、总账在季度、年度末应结出“本季(年)发生额及余额”(此字样填在摘要栏内，金额分别填在借、贷方及余额栏内)。

7) 新年度启用新账簿时，在第一页账页的第一行摘要栏内，须写“上年结转”字样并将上年度余额填入余额栏。没有余额的不要做上述工作。

(3) 错账更正规则。

1) 划线更正法。用红线划去错误的记录，蓝字书写更正的记录。

2) 红字更正法。用红字填制原错误分录中的数字，以示冲销，再用蓝字填制正确分录。

需要注意的是，有些会计人员用做与错误分录相反的办法来冲销原错误分录。这种办法会使数据与真实情况不符，是不可取的。

3）补充登记法。发现错误分录中的数字比正确分录少，只须用蓝字做一笔两者差额部分的分录。

以上记账规则是针对手工簿记而言。实现会计电算化后，许多规则仍应遵守，但有些规则是计算机技术所无法遵循的。例如账簿记录发生错误时，手工记账采用的划线更正法或红字更正法，计算机是无法做到的，但我们可以通过其他方法来更正；有些错误，计算机是不会发生的，例如跳行、跳页等。

2. 账务处理程序

账务处理程序是指从填制会计凭证、登记账簿到编制会计报表的簿记工作程序，也称记账程序或核算形式。具体地说就是：原始凭证和记账凭证怎样填制审核和传递，各类账簿根据什么来登记，会计报表根据什么来编制。

由于各企业的业务性质、管理方式、规模大小，以及经济业务数量各有不同，就产生了适应各企业特点的账务处理程序方式。下面介绍四种账务处理程序：

(1) 记账凭证账务处理程序。由于要逐笔登记总账，工作量大，一般企业都不采用这种核算形式。

(2) 科目汇总表账务处理程序。减少了总账登记工作量，由于对应关系不明确，发现错误查找困难。

(3) 汇总记账凭证账务处理程序。汇总较为麻烦，但能清楚反映账户对应关系，便于核查。

(4) 多栏式日记账账务处理程序。日记账很庞大，只适合使用少量会计科目的企业。

实际上，在会计电算化之后，不存在哪一种账务处理程序了，但是，会计人员的习惯不可能马上改变，开发人员在设计输出格式时，应尽量参考本企业原有的账务处理程序所使用的表式与账簿。

四、数据信息量的调查

会计的数据信息一般是以凭证、账册、报表的形式储存的。要首先收集近几年的和当年的上述资料，然后作如下统计：

(一) 凭证的种类、数据项的多少、每个数据项的字节数、每张凭证最大行数、月平均量（张数）、月最大量

例如，统计某企业的付款凭证的数据信息量（见图表 2-2）。

图表 2-2

付款凭证字节统计表

数据项	内容	最多次数	折合计算机字节数
1. 日期	1999/09/28	1	10
2. 凭证号	银付 0123	1	8(1 个汉字＝2 个字节)
3. 摘要	汉字 15 个	6	30×6＝180(假定一贷五借)
4. 贷方科目	11 位代码	1	11
5. 借方科目	11 位代码	6	11×6＝66(假定一贷五借)
6. 借方金额	13 位数值	6	13×6＝78(含小数点及后二位)
7. 合计金额	13 位数值	1	13×1＝13(即贷方金额)
总计			366

假定月平均为100张，最大量为120张，收款凭证的统计与付款凭证完全相同，平均、最大张数也相同，那么这个企业收、付款凭证的数据信息量则为：

平均量：366×200＝73 200字节

最大量：366×240＝87 840字节

计算机存储量一般以千字节为单位，用K表示，则上述结果中最大量为88K字节。

(二) 会计科目数(包括一级、二级、三级等)，最长科目名称的汉字个数

例如，某企业一级科目60个，二级科目140个，三级科目500个，最长科目名称的汉字个数为15个汉字，则会计科目名称的汉字所需的存储量为：

$$30\times(60+140+500)=21\,000\text{字节}=21\text{K字节}$$

(三) 账、表的种类、格式、数据项、每一数据项的最大位数等等，计算方法同上

数据信息量调查的目的：一是大致了解本系统的数据信息量，为确定系统开发工具(软、硬件)奠定基础；二是为计算机输入输出设计确定基本要求。

五、企业已使用的编码调查

由于我国大部分企业的现代化科学管理水平不一，国家有关部门也没有制定出统一的标准化代码设计体系，因此除上级主管部门规定的某些代码外，各企业内部的代码往往比较混乱。即便如此，我们也要深入到各部门中，将已有的代码内容、编码方法作完整的调查。

(一) 一般企业内部已有的代码从变动形态来划分，可粗分为两类：固定类与变动类

固定类——会计科目、设备、原料、部门、计量单位等；

变动类——产品品种、辅助材料、人员、客户等。

当然，这种划分不是绝对的。从代码的变动形态角度作调查，有助于我们在代码设计时，确定不同类别的代码余量，确定不同类别代码的上限与下限；在文件设计时，根据如何处理固定类与变动类代码及其代表的内容，确定文件种类。

在全国统一的代码体系尚未实行之前，企业原有代码是我们建立新代码系统的基础，不能将原代码搁置一边而重搞一套。

(二)将各种代码整理、归类，然后着重弄清各种代码表示的实际意义，代码的位数，每位的含义，位数有否伸缩性等

上述调查主要是查阅资料，如会计科目表、产品目录、材料目录、人员名册、固定资产登记簿等。在整理、归类时，要请教有关业务人员。只有彻底弄清原代码的编法，才有可能建立比较科学又切合实际的新代码体系。

六、会计数据处理模型的调查

这是调查的重点与难点。通过调查要对特定企业的会计信息系统数据的来龙去脉、详细内容、处理方法获得完整的了解，从而得出现有会计信息系统完整的逻辑模型。会计数据处理模型的调查可分三个步骤：数据流程、数据内容、相关数据。

(一) 数据流程

我们可以先将会计信息系统划分为各个子系统，采取由粗到细，分而治之的办法。从总体来分，会计信息系统可以分为三大子系统：账务子系统；核算子系统；管理子系统。

1. 账务子系统

其主要功能就是处理凭证、登录账簿、编制科目汇总表及会计报表。其信息来源：一是外部机构的原始凭证；二是内部的转账凭证。由于货币资金核算大量地由账务子系统完成，因此

把它划分在账务子系统内。

2. 核算子系统

其主要功能是固定资产核算、材料核算、工资核算、成本核算、产品核算、销售核算、财务成果核算、在建工程核算。其信息来源:一是账务系统的有关汇总数据;二是外部机关提供的汇总信息,如工时记录,材料、半成品、产成品的收发和结存,销售数量等;三是根据规定的提存及分摊标准。

3. 管理子系统

其主要功能就是分析资金的使用及成本升降原因。其信息来源:一是事先的计划;二是各类核算的结果。可见管理子系统是建立在核算子系统之上的。

各个子系统内部又由一些不同的功能来共同完成子系统的工作,见图表 2-3 账务子系统数据流图。各子系统的数据流程及相互关系,见图表 2-4 信息系统关系图。

图表 2-3

账务子系统数据流图

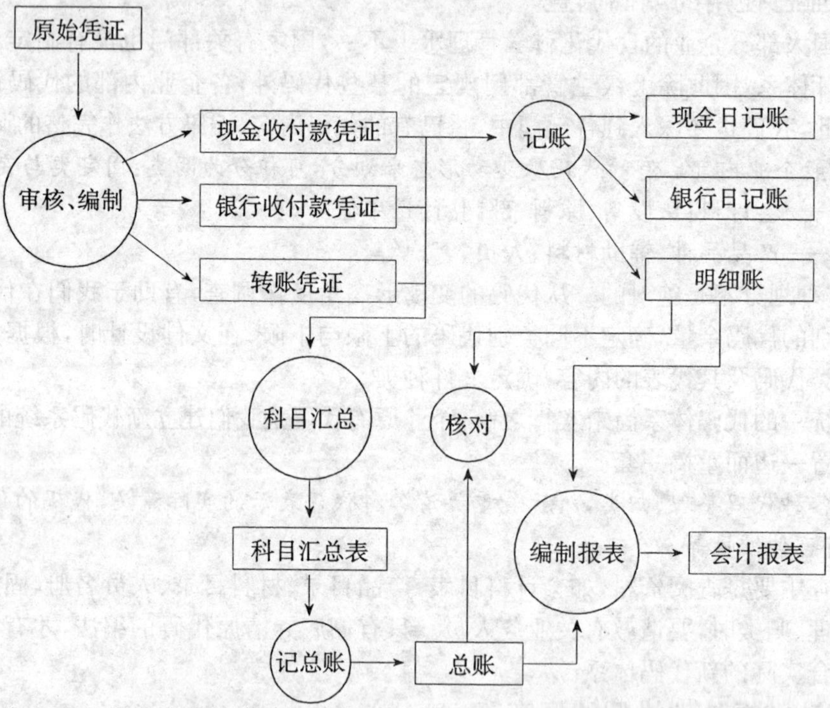

从会计信息系统各了系统数据流程及相互关系中,我们可以看到,核算子系统是整个系统的核心,其主要工作是运算;账务子系统是整个系统的存在形态,其主要工作是记录与分类;管理子系统是代表整个系统向决策机构参谋的渠道,其主要工作是分析与决策。

每一子系统划分完毕后,就可以深入了解各子系统的数据流程。下面以一般企业科目汇总表账务处理程序为例,说明如何描述数据流程。

图中,圆圈表示处理方式,方框表示数据文档,箭头表示数据的流向。

图表 2-3、2-4 称为数据流图,为了数据流图的清晰性,一般不过多地用文字描述具体细节,而在图表下作一些辅助说明。例如,如图表 2-3 中的“科目汇总”可作如下辅助说明。

科目汇总手工每 5 天一次,汇总一级科目的借贷方合计发生数;采用计算机后,要求每天汇总,内容不变。

图表 2-4

会计信息系统关系图

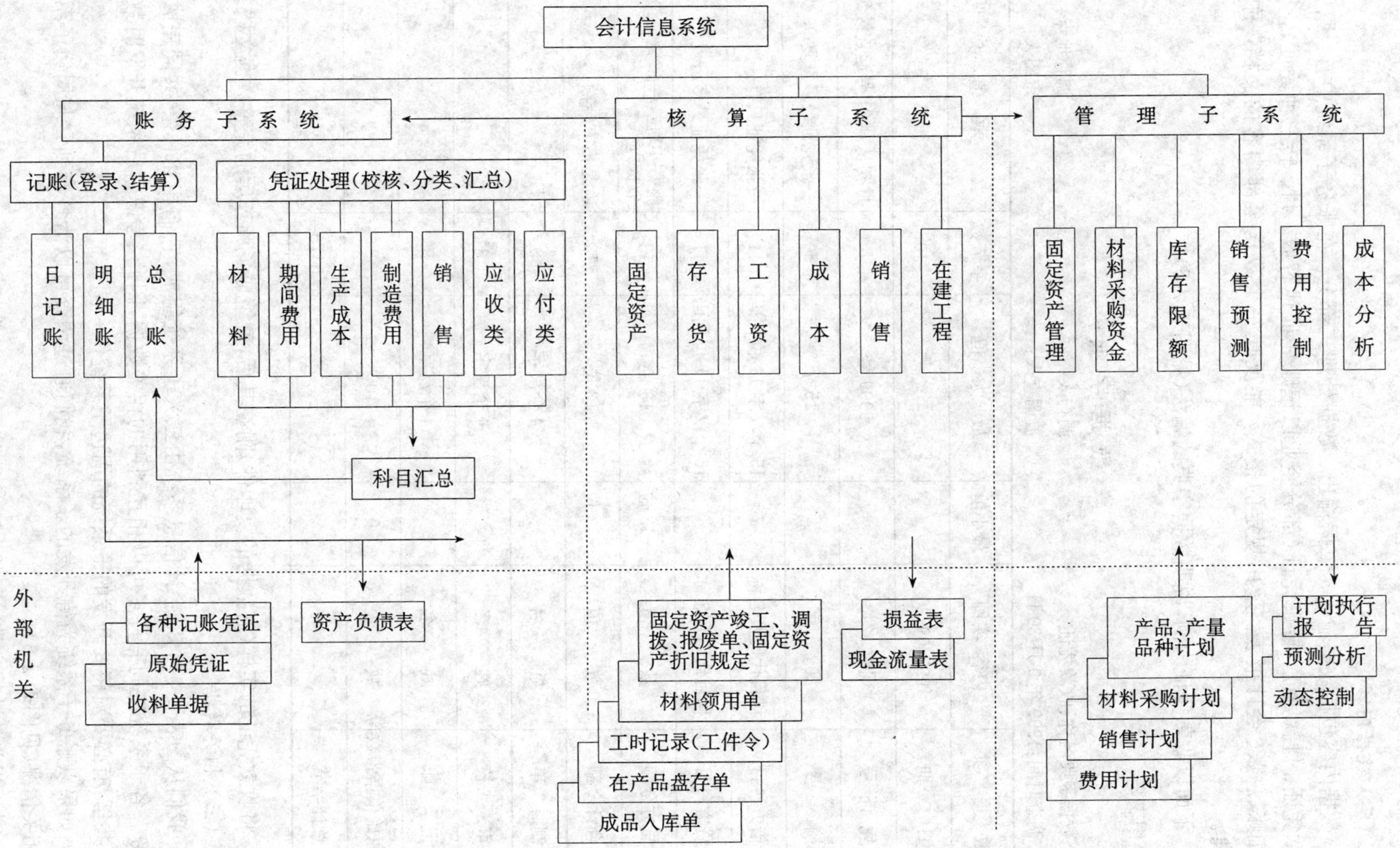

（二）数据内容

数据内容包括数据输入、数据输出、数据处理三部分。在账务子系统中有：原始凭证、收款凭证、付款凭证、转账凭证（部分企业以记账凭证代替收、付、转三种凭证），日记账、明细账、总账、会计报表。采用规定的格式，能反映每个数据全部内容的文档，称为数据字典。

下面以收款凭证为例，说明数据字典的编法（见图表 2-5）。

图表 2-5

数 据 字 典

数据字典名称：收款凭证　　调查人：　　调查地点：
调查时间：1999 年 9 月 30 日　　被调查人：　　审阅人：

数 据 项	内容、实例	最小值	最 大 值	字节数	取 值 说 明
日　期	1999/09/30			10	
凭 证 号	现收 1243		9999 号	8	月初从 0001 号起连续编号
摘　要	汉　字		15 个	30	一张凭证最多重复 99 次
借方科目	科目代码及名称		15 个汉字 11 位代码	41	一张凭证只有一次
贷方科目	科目代码及名称		15 个汉字 11 位代码	41	一张凭证最多出现 99 次
贷方金额	数　值	−13 位	13 位	13	整数 10 位，一张凭证最多有 99 个贷方
合计金额	数　值	−13 位	13 位	13	就是借方金额
制　单	姓　名		4 个汉字	8	
审　核	姓　名		4 个汉字	8	
记　账	姓　名		4 个汉字	8	
附原始单据张数	数　值	0	100	3	
总计字节				5475	

将收款凭证的实样（有数据的复印件）附在其后，就组成了调查后的完整数据文档。

（三）相关数据

我们从图表 2-4 可知，会计信息系统由三大子系统组成，它们相互联系，共同完成会计的任务。各子系统之间有许多可以相互利用的相关数据，因此，考虑今后系统开发时数据的调用、共享，有必要对将要开发的子系统的周边子系统作一调查。

如果以账务子系统为待开发的子系统，我们通过调查可以清楚看到它与周边子系统数据的相关情况（见图表 2-6）。

对于相关的数据文档，通过调查，还要编写相应的数据字典。

图表 2-6

与账务子系统相关的子系统数据调查表

相关子系统	接 收 的 数 据 文 档	输出的数据文档
货币资金	收、付款凭证	现金、银行日记账
存　　货	存货领用、出售等原始凭证及差异分配表	存货明细账
固定资产	固定资产增减；折旧计提表	固定资产明细账
工　　资	工资分配表、按工资总额计提的福利费等分配表	工资明细账
在建工程	通过转账凭证的在建工程增加、竣工	在建工程明细账
成　　本	费用的待摊、预提；分配表，成本计算表	成本、费用明细账
销　　售	通过转账凭证的销售收入，税金、利润的计算表	应收账款明细账
报　　表		各种报表

七、建立会计信息系统的逻辑模型

建立会计信息系统的逻辑模型标志着系统调查的结束，一个健全的逻辑模型应当使系统分析人员掌握现有会计信息系统的全部细节。当我们把前面所有的调查内容汇集后，即可获得逻辑模型(见图表 2-7)。

图表 2-7

会计信息系统逻辑模型图

- 会计信息系统逻辑模型
  - 1. 会计工作概况调查报告
    - 会计机构与其他职能部门信息联系
    - 会计机构内部分工及业务联系
    - 现行会计制度与簿记要求
  - 2. 会计数据处理量统计报告
    - 数据信息量
    - 已使用的编码
  - 3. 会计数据处理模型调查报告
    - 数据流图
    - 辅助说明
    - 数据字典
    - 数据实样
    - （以上合为）数据档案
  - 4. 相关数据调查报告
    - 相关数据调查表
    - 数据字典

要强调的是，系统调查会反复进行，这是正常的、必要的过程。

第三节　系 统 分 析

系统分析要建立在系统调查的基础之上，在系统分析阶段，系统分析人员和用户相互讨论，对旧系统模型加以改进，最后确立新系统的逻辑模型，并以此作为系统设计的依据和目标。

新系统的逻辑模型要用系统设计人员和用户都易懂的文字、符号、图表来描述，这一描述是上述两类人员对新系统共同理解后的表达，只有理解透彻，才能表达准确。系统分析人员是系统分析阶段的组织者、新系统逻辑模型的设计者，在整个系统开发中处于最关键的地位。用户是会计信息系统的使用者，对于新系统应当具备哪些功能、可以达到什么目标，通过与系统分析人员的讨论，应当和盘托出，参与讨论的人员要具备业务和行政的权威。

新系统的逻辑模型相当于"技术合同"。如果双方没有这一"合同"，无休止的要求与争论将伴随着全部开发过程，影响双方的合作，影响工程进度。

系统分析要完成下面五个工作：

A. 建立新系统的数据流图——规定新系统的输入、输出、处理步骤和全部功能。

B. 确立新系统的数据组织方案——规定新系统的数据存储策略、数据库内容、输入输出格式。

C. 决定新系统的运行环境——计算机硬件环境、软件环境、人员配备。

D. 编制用户需求说明书。

E. 制定新系统开发进度计划及要求。

一、建立数据流图

对于一个复杂的大系统，我们要采用逐步分解的方法，由大到小，由粗到细，由复杂到简单，因此，分解是分析的核心，而数据流图是描述分解的主要方法。

(一) 数据流图的符号与意义

→ 数据流：由一组成分固定的数据所组成，它们反映系统各部分之间的信息传递关系。

—— 数据文件：相关数据的集合。形成文件的过程叫写文件，被调用文件的过程叫读文件，为打印输出的叫表格文件。

○ 加工：对数据流的一种处理过程。一个数据流图中至少有一个加工，具体的加工行为有：输入、计算、分类、合并、统计、检索、输出等，加工是由计算机程序来完成的。

□ 源点和终点：源点是原始数据的来源处，终点是信息使用者对数据输出的要求。

为了表达方便，我们不妨以 A、B、C 分别表示源点或终点、加工、文件。

(二) 数据流图的形成方法

1. 层次流图法

先作出一张只有一个输入加工、一个其他加工、一个输出加工的整个系统的数据流图——0 层图；再逐步分解输入、其他加工、输出，作出下一层的数据流图——第一层图；这种分解不断进行，直到每一个处理过程都能用计算机完成，形成底层数据流图。

第一步：建立顶层数据流图(见图表 2-8)。

第二步：建立第一层数据流图(见图表 2-9)。

为了不使问题一下子复杂化(细化)，可以仅对一二个加工再分解。我们先分解输出：账和表能否分别处理？会计报表是由各账户的本月借贷方发生额、累计借贷方发生额、余额产生的，如果设立一个单独存放科目的发生额和余额文件，并根据凭证随时更新，那么报表的产生可以不依赖账。

图表 2-8

账务子系统0(顶)层数据流图

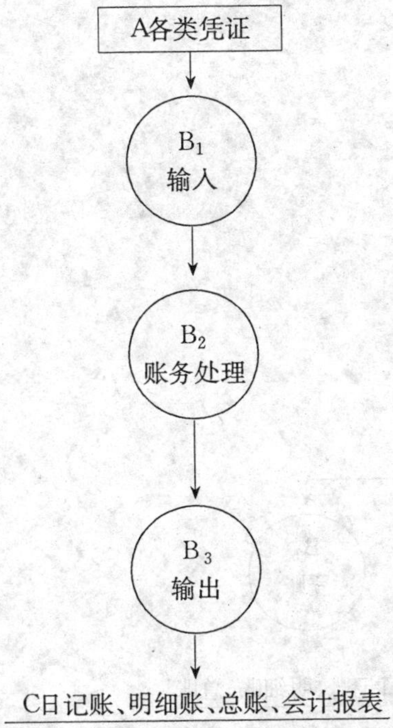

图表 2-9

账务子系统第一层数据流图

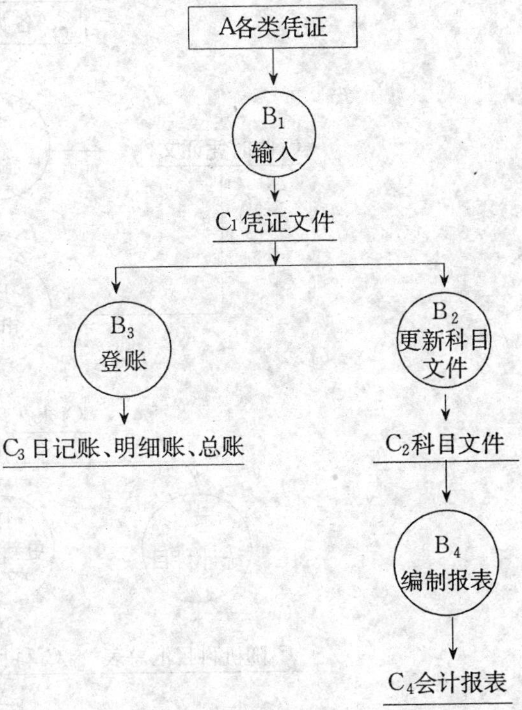

第三步：建立第二层数据流图(见图表 2-10)。

从第二层起，每进行一次分解，要尽可能使产生的“加工”和文件能由计算机直接处理，并能被设计者和使用者准确理解。

为了保证输入凭证的正确与严肃，应增加审核这一“加工”，没有审核标志的凭证不予登账，审核过的凭证存储在一个永久性文件中。为了科目汇总的灵活性，增加“统计”这一“加工”步骤，这样可以随时统计某一段时间内的科目发生额，而科目文件则永远保持其连续性，为编表服务。

有时，可以将局部的东西单独绘制，形成某一层的某一部分的子图，但标号要一致。例如，A 代表各类凭证，再分解，形成收款凭证、付款凭证、转账凭证，分别标号为 A_1、A_2、A_3。

2. 合并分解法

合并分解法，就是以计算机处理为环境，对旧会计信息系统的数据流程的某些文件和加工予以合并或分解，调整数据的流向，从而得到新系统的数据流图。

例如，手工条件下由不同的人分别对收款凭证、付款凭证(或现金凭证、银行凭证)、转账凭证进行处理，而在计算机环境下，它们可以合并为同一类型的文件——凭证文件，进行统一处理，减少了文件的个数，降低了复杂性。

例如，为了计算机处理的方便、可靠，能够通用和便于维护，可以创建实际模型中隐含的或不存在文件，“科目文件”虽然会计实务中没有，如果建立这样的文件，专门存放各科目的本月发生额、累计发生额、余额，则能很方便地产生总账或会计报表。

图表 2-10

账务子系统第二层数据流图

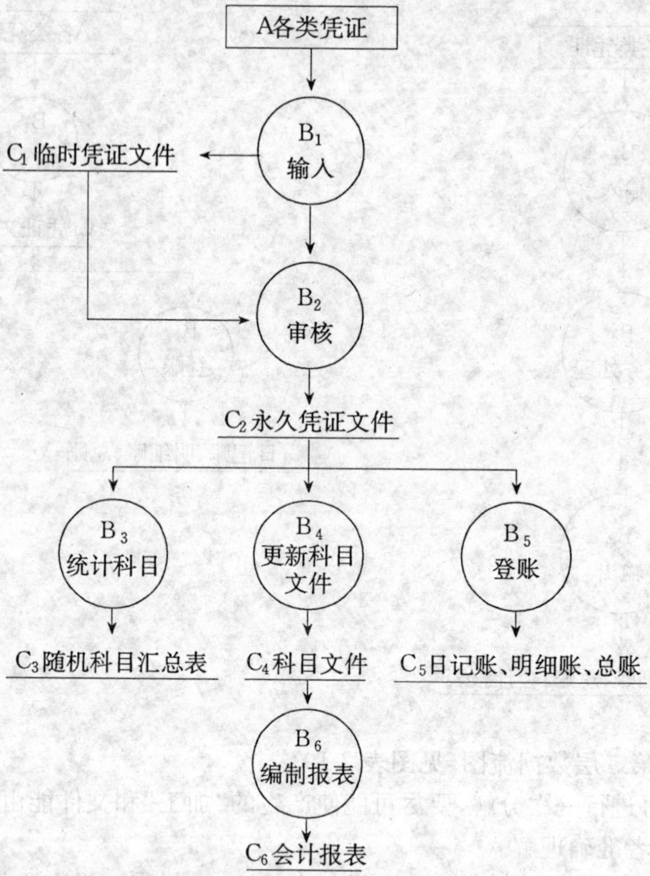

二、编制小说明

为了使数据流图被准确、详细地了解，便于设计人员的模块划分和程序编写，需要对每一加工编制小说明，为每个文件和数据流编制数据字典。小说明应当明确“加工”的输入、输出和处理方法。小说明可以用自然语言、形式语言和判定表(树)的表达方式，一般是把几种方式结合起来。

(一) 自然语言

例如：“加工”：B_1 输入。(均以图表 2-10 为例)

输入：收、付、转三种凭证，或一种记账凭证

处理：凭证输入后存放在 C_1 临时凭证文件中，这时，凭证可以被修改、删除、显示、打印。一旦被 B_2 审核之后，C_1 中的凭证便转移到 C_2 永久凭证文件中。经审核的凭证不能被修改、删除。以后的加工只能从 C_2 中取数，不能从 C_1 中取数。

输出：C_2 的各种凭证。

(二) 形式语言

例如：“加工”：B_3 统计科目

加工名：统计科目

编号：B_3

激发条件：收到“统计 XX 日到 XX 日止的科目”命令

加工逻辑：对 XX 日到 XX 日止的每一张凭证做：

同一科目的借方发生额累加

同一科目的贷方发生额累加

执行频率：随机

（三）判定表

例如：“加工”：B_5 登账（见图表 2-11）。

图表 2-11

登账加工的判定表

数据来源	永久凭证文件	输入需登账的日期	如　何　登　账
状态 1	有登账标志	显示最后一条记录的日期，或提示重新输入日期	
状态 2	无登账标志	对此段日期的记录做好标志	根据“现金”、“银行存款”的对应科目登日记账 根据二级、三级科目登明细账 根据科目文件登总账

三、编制数据字典

数据字典是对文件或数据流构成的说明，即由哪些字段（数据项）构成，每一字段的内容，取值规定等。

例如，我们给“科目文件”可以编制如下数据字典（见图表 2-12）。

图表 2-12

科目文件的数据字典

文件名：C_2 科目文件　　文件性质：静态数据＋动态数据

存储地址：硬盘子目录\ZW　　文件存储量：5KB

存储方式：顺序文件　　编制者：

数据项名	内　容	物理字段名	取值类型	取值长度	备　注
1. 科目代码	每一个科目均有一个代码	KMDM	C	9	每 3 位数代表一个级别
2. 科目名称	二级、三级科目不出现其上级科目名称、汉字表示	KMM	C	30	
3. 期初余额	在工作前的数据	CY	N	13	整数 10 位，包括 2 位小数
4. 期初余额方向	在工作前的数据性质	CD	C	2	用“借”、“贷”表示性质
5. 借方发生额	当月借方发生额合计数	JF	N	13	整数 10 位，包括 2 位小数
6. 贷方发生额	当月贷方发生额合计数	DF	N	13	整数 10 位，包括 2 位小数
7. 借方累计数	年初至今借方累计发生额	JL	N	13	整数 10 位，包括 2 位小数
8. 贷方累计数	年初至今贷方累计发生额	DL	N	13	整数 10 位，包括 2 位小数
记录长度合计				107	C：字符型，N：数值型

如数据字典中有编码问题，则需要进一步对编码给予说明。

在完成了上述两项主要任务之后，可以在用户需求说明书中完成其他三项工作。

四、编制用户需求说明书

用户需求是用户对新系统的全部要求，经过系统分析人员的工作，形成双方共识的文字、图表、符号，就是用户需求说明书。它是系统分析的最终结晶，是系统设计、编程的依据，系统验收的标准。用户需求说明书一般应当包括下面的几个方面：

（一）概况

1. 开发对象名称（XXX单位会计信息系统）

2. 用户名称（XXX单位）

3. 开发单位名称

4. 技术开发合同，合同批文等

5. 本说明书的符号与术语解释

（二）用户要求

1. 功能要求

2. 数据要求（输入、输出、处理中各种文件、数据流、源点、终点数据的结构、存储地点、方式、文件的格式等）

3. 性能要求（可靠性、合法性、灵活性等）

（三）运行环境规定

1. 硬件设备规定

2. 系统软件规定

3. 运行地点规定

（四）开发进度计划表

下面提供的开发进度与产生文档，可作参考（见图表2-13）。

第四节　系统设计——总体设计

系统设计的目标是，根据系统分析所描述的数据流图、小说明、数据字典等反映新系统的逻辑模型，进行模块设计和数据库设计并在此基础上进行详细设计。

由于详细设计的内容较多，我们在下一节讨论。

一、系统设计的基本要求

（一）可变更性

应用软件的生命力就在于其可变更性。管理信息系统，特别是会计信息系统的外界环境条件变化较多，如果条件变化之后，该系统不能提供相应的信息，这种软件的生命也就终止了（在实际工作中，整个系统的变化为数极少，大多是某个子系统或更小的局部的变化）。一切庞大的或复杂的事物都可以分解为低层次的简单的子系统，子系统可以再分解为更低层次的更简单的单元。应用这一思想，实现系统的可变更性，可以采用模块化结构设计方法。所谓模块，是指为实现一个特定的功能的若干程序语句的集合。模块化结构设计思想有以下几个特征：

（1）一个系统是一个多层次的模块结构。上层模块比下层模块功能笼统、抽象；反之，下层模块功能具体、单纯。它们共同配合，才能完成一个子系统或整个系统的功能。

图表 2-13

会计信息系统开发工程步骤与进度计划表

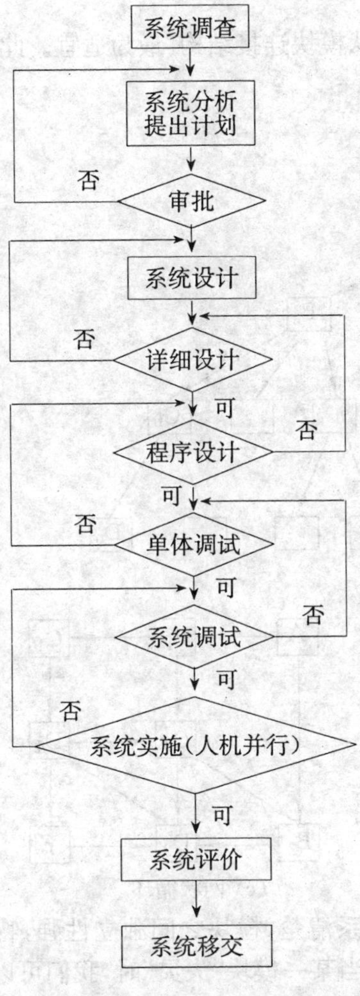

工　程　内　容	计划进度	产　生　文　档
	10%	1. 现状调查报告。 2. 数据流图,小说明,数据词典。 3. 用户需求说明。
	15%	4. 总体(系统)设计书。
	15%	5. 详细设计书(代码、输入/输出、文件、数据库等)。
	5%	6. 程序设计规格书。 7. 源程序清单。
	25%	8. 单体程序测试报告。 9. 系统测试报告。 10. 操作手册。
	30%	11. 人员培训计划。 12. 各类代码手册。
		13. 系统评价报告。
		14. 移交清册。

(2) 模块具有相对独立性。绝大多数模块只有一个入口和一个出口。内部细节尽可能掩盖(有的称之为黑盒)。模块间的连接尽可能简单。

(3) 模块只控制本分支下层的模块调用数(公用模块除外)。

(4) 对整个系统的层次结构和功能模块有明确的说明。

依照模块化结构设计思想来设计系统结构,才可能增强系统的可变更性,使之适应多变的会计信息系统。

(二) 完整统一性

系统是一个统一的整体。会计信息系统的基本功能是账务处理、会计核算和会计管理。每一基本功能又依靠许多子功能来实现。因此,系统功能要尽可能完整。为了保证程序设计的一贯性(特别是一个系统是由多个人分工完成时),事先就要统一数据采集方式、系统设计规范和信息传输语言。

(三) 简单可靠性

系统设计要简单实用,删除不必要的迂回枝蔓。简单的结构能够加快处理速度,提高系统的效率。越是复杂化的系统,如果不加以分解与简化,出故障的频率就越高,系统的质量就下降,可靠性就无保证。

根据系统设计的基本要求,会计信息系统采用“树状模块连接结构”最为适宜。此外,模块结构还有网状不循环和网状循环等形式,见图表 2-14。

图表 2-14

模块连接结构图

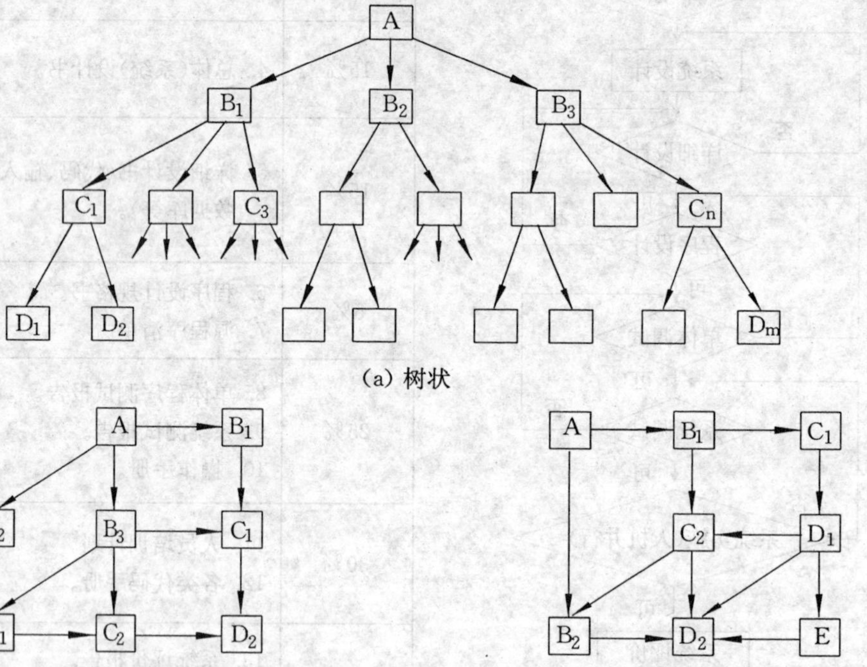

(a) 树状

(b) 网状不循环

(c) 网状循环

由图表 2-14 可见,树状结构形式连接简单,调用关系清楚,模块之间独立性强,特别适合总体结构设计。这种结构,在国外称之为积木式结构。当某一模块“失灵”时,我们可以把它删除,系统仍然照常运行;程序设计时,哪一模块先调试通过,就可在先连接哪一模块。在系统设计时,应当用“自顶向下”的设计步骤,即首先设计第一层结构模块——主控模块(图表 2-14,A)然后再设计第二层结构模块(图表 2 14,B_1、D_2、B_3)……;如此卜去,直到模块的功能具体、单纯为止。

二、会计信息系统的总体结构

总体结构设计的主要依据是系统总作业流程图和各数据流图。我们先熟悉一下常用流程图的符号及其表示的意义。常用流程图主要符号见图表 2-15,示例如图表 2-16。

会计信息系统总体结构图见图表 2-17。

由图表 2-17 可见,功能模块($A_1 \sim A_5$,$B_1 \sim B_4$,$C_1 \sim C_3$)的分析是决定设计质量好坏的关键一环。有些总体结构设计囿于现有会计的事务流程,而把实现事务流程的某些功能作为子功能,这样,就会出现许多重复的设计,或子程序调用过于频繁(滥用 GOTO 语句会造成模块连接在逻辑上的混乱),影响了程序设计的质量。

图表 2-15

常用流程图符号一览表

符号名	符 号 表 示	符 号 意 义	符号名	符 号 表 示	符 号 意 义
端点符	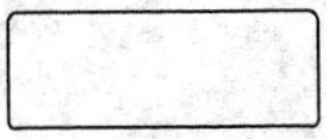	表示程序的起始与终结	说明符	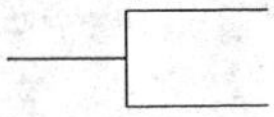	说明某部分工作
子程序符		子程序的调用	显示符	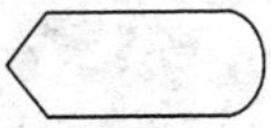	表示显示器所显示的内容
处理符		表示处理步骤及内容、时间	流程线符		表示流程的方向
条件符		逻辑条件的判断及内容	临时保存符		表示数据、文件临时存放
输入符		表示输入的内容	数据加工符		表示由数据原始源转换为加工源
输出符	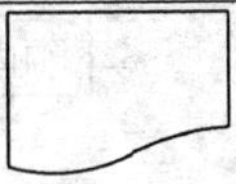	表示打印输出的文件及报表	同页连接符		在同一页流程图内两处相连的标记
磁盘符	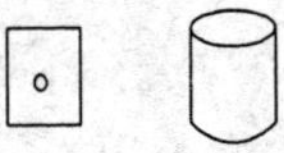	表示软盘、硬盘等外存储器	页间连接符		在不同页流程图内两外相连的标记
核对符		表示两者核对	手工操作符		由手工进行处理的内容
外部实体符	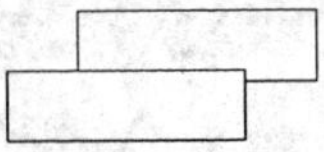	表示账册、凭证等外部实体	永久保存符	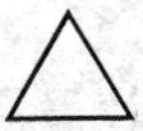	表示数据、文件永久存放
键盘符	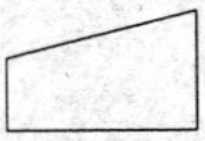	表示用键盘方式手工输入信息	联机存储符	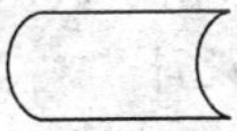	表示联机的存储器

由图表 2-17 可见,这种总体结构有利于会计电算化的开发。当我们着手项目开发时,可以撇开具体的会计核算模块和会计管理模块,仅搞账务处理模块(当然,要加上转账内容),而A模块能反映一个企业会计业务的基本面貌,又能立即减轻账务处理人员的劳动,见效较快;此外,由于A模块处理流程比较规范,会计制度统一,也便于推广、移植。即使我们要完成A、B、C三大模块设计,对不熟悉会计业务的程序设计员来说,先开发A模块,等于掌握了进入会计领域的第一把钥匙,有利于了解B模块和C模块。

由图表 2-17 可见,这种总体结构设计有利于系统的维护。由于模块间相互独立,当某一模块出现故障,系统不受其影响,维护工作可以在不停止系统运行的情况下进行。由于模块间的独立性强,不同的模块还可以使用不同的语言、数据库编写程序(例如,窗口、数据处理和打印

图表 2-16

流程图示例

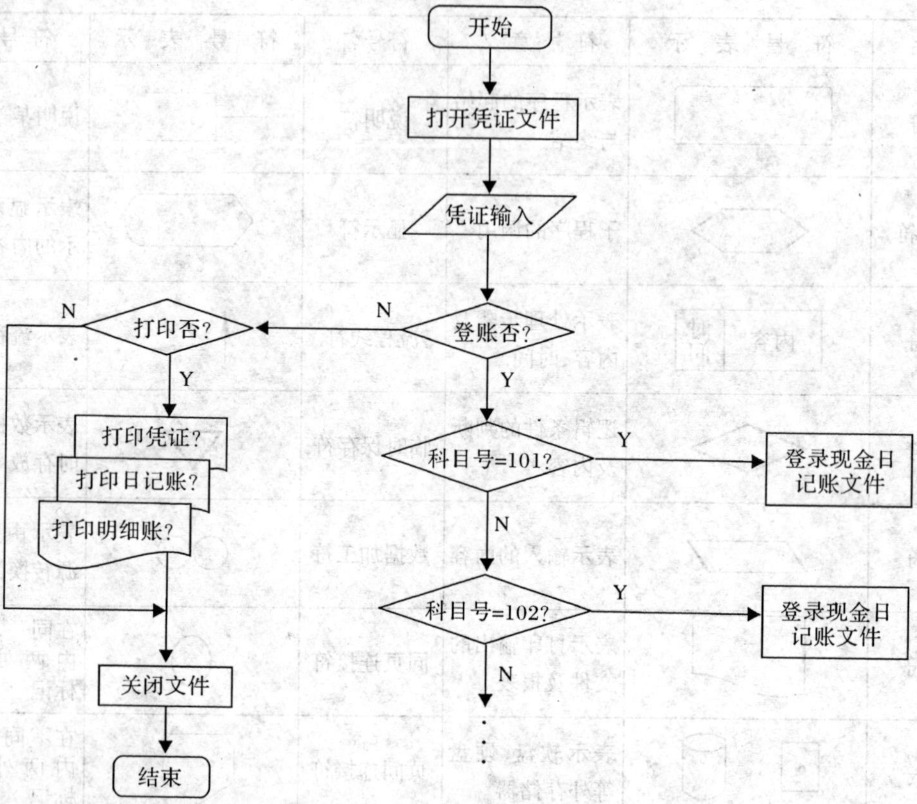

就可以选用最适宜的语言来编程)。

由图表 2-17 可见,参照这一总体结构,原始数据只需输入一次。原始数据输入后,经计算机处理,可以根据不同要求转换到有关处理模块,减少了人工控制的原发性差错,提高了系统的自动控制程序。

三、数据库设计

数据库设计的依据是数据字典。具体有:

(一) 存储区域设计

一般要规定每个文件存放在某个硬盘的某个区域。

(二) 定义每个数据库文件(表)的名称、字段名称(物理名)、字段类型、长度、极限值

(三) 定义数据库文件(表)的组织方式

文件记录的排列方式即组织方式决定了文件的存取方式,组织方式有:顺序的、随机的和索引的。应当根据文件的内容和使用频率来选定某个文件用什么组织方式。

(四) 确定文件的属性

(1) 共享性——哪些文件可以共享,哪些文件是专用的。在网络系统中,更要规定终端共享文件的权限。

(2) 只读只写特性——要规定哪些文件只允许被读取,哪些文件可以被写入。

(3) 保密性——规定文件使用的范围。

(4) 保存——某文件在硬盘上存放的时间。

在总体结构设计与数据库设计结束后，应当将这两部分内容合并为一本技术手册，故又称为总体设计说明书。

第五节　系统设计——详细设计

总体设计描述了会计信息系统的功能结构和相应数据库的物理结构，详细设计则要给出每一模块的具体实现方法和步骤，为程序设计提供详细设计说明书。总体设计解决了“做什么”的问题，详细设计则需要解决“怎么做”的问题。程序设计从逻辑上讲，应归于详细设计之中，但是由于内容较多，我们将另辟一章讨论。

一、数据处理流程设计

任何数据，只有经过处理，才能转换为有用的信息。处理方法和顺序可能因人而异，但从原始数据输入到信息输出之间的处理过程却是大体相同的。这一处理过程，我们称之为处理流程。一般的处理流程如图表 2-18 所示。

图表 2-18

一般的数据处理流程图

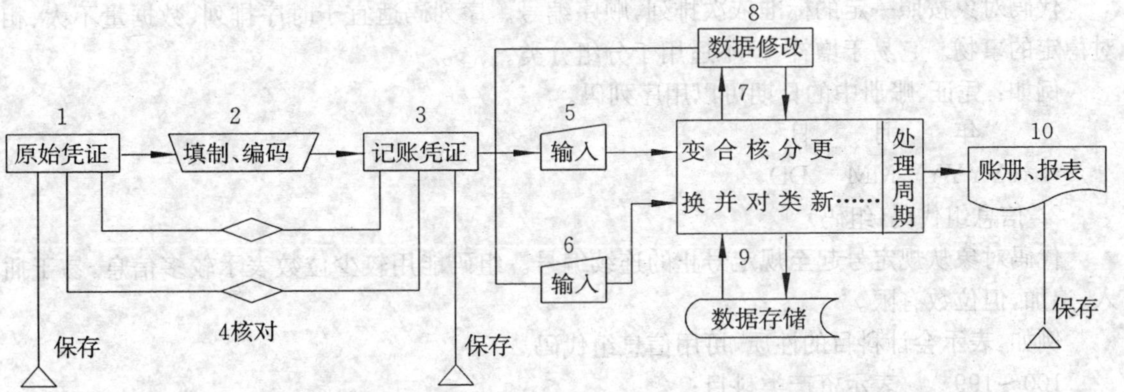

在处理流程中，计算机数据处理是整个数据流程的中心一环。因此，要设计好处理流程，必须首先了解计算机处理数据的几种方法。一般来说，计算机处理数据有以下五种方法：

（一）变换(Conversion—CO)：数据(或信息)载体的变换处理，包括输入变换和输出变换

（二）分类(Sorting—SO)：根据文件中指定记录(称为关键字)，把数据整理为逻辑序列的处理，所以，通常又称为排序

例如，材料核算中不经分类的文件是按数据输入先后的顺序存放。如果我们把材料类别作为关键字，通过计算机的分类处理，就可以得到按材料类别分类排列的文件。

（三）核对(Matching—MA)：检查不同文件的记录顺序和内容的处理，是计算机处理前的“预处理”

例如，对于凭证输入，我们就可以采用两次输入同一凭证，第一次输入和第二次输入分别存放在两个临时文件中，经过机内核对，证明逻辑记录顺序(凭证号)、内容(科目号、金额等)无误，才能存储于凭证文件内。

（四）合并(Merge/collate—ME)：把两个或两个以上的文件合并为一个文件的处理。这里的文件要求记录格式相同

例如，把每个月的科目汇总表加以合并，可以形成每季、每年的科目汇总表，以便得到更总括的信息。

（五）更新（Update—UP）：对文件的记录按某种条件进行追加、删除、分拆、置换，使之形成新文件的处理

例如，可以用变动数据文件（如固定资产增减文件）对原有的文件（如固定资产分类余额文件）进行部分或全部数据的追加、删除。也可以取若干文件的某些数据项同时进行分拆、置换处理，形成新的文件，如成本核算时，就要把材料文件、工资文件等进行更新处理，形成产品成本文件。

二、代码设计

代码，从本质上看，它是客观实体（属性）的表征符号。依靠代码，才能沟通人和计算机的联系。因此，代码设计不仅影响系统的其他设计，而且影响系统的工作效率。代码设计得如何，是关系到系统这座大厦的基础是否稳固的大问题。

（一）代码的种类

代码的种类很多，现扼要介绍几种。

1. 序列码（顺序码）

代码对象按照一定的标准依次排列，顺序编号。序列码适宜于时序排列、数据量不大、相对稳定的事物。它易于增补，但不适用于分组分类。

例如：凭证、账册中的日期可以用序列码。

年	月	日
YYYY	MM	DD

2. 信息组代码（组码）

代码对象从规定号起至规定号止的连续编号。组码能用较少位数表示较多信息，易于插入、追加，但位数有限。

例如，表示会计科目的性质，可用信息组代码。

100～199	表示资产类科目；
200～299	表示负债类科目；
300～399	表示权益类科目；
400～499	表示成本类科目；
500～599	表示损益类科目。

3. 十进制编组归类码

代码对象内各项意义用数码分类并顺序编号。适宜于类别比较多，而且比较稳定的分类。易于为程序识别、校验、分类、合并。但分类比较复杂，位数长，不便于记忆。会计科目中的二级科目、三级科目的分类，可用这种编码法。

例如，有 16111202 这样一个归类码：

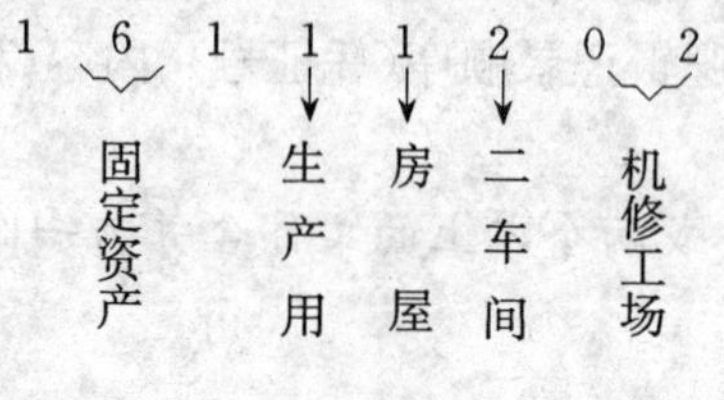

4. 助记码

以代码对象本身的常用符号来编码。适宜于码位不多而要求分类多的情况。助记码书写不便，也不利于计算机处理。一般助记码用 A～Z26 个字母表示(英语、汉语拼音、惯用的缩写均可)。例如：

固定资产表——GDZCB　　(汉语拼音缩写)

离岸价——FOB　　(惯用英语缩写)

千克——Kg　　(通用符号)

5. 混合码

以数字与文字组合编码。例如，为了验证输入的会计科目是否正确，可以在数字后面加上字母表示某个科目，如现金——101X，银行存款 102Y 等。

6. 密码

用于系统内的控制口令。可用计算机能识别的任何符号编码。

密码在屏幕上显示的是"×"或"*"，为了保密。

(二) 代码设计要求

1. 一义性

保证每一个代码都有确定的代码实体，做到一一对应而不能有歧义。

2. 标准化

考虑今后通讯与联网的需要，尽可能利用国际的、国家的、各行业颁发的标准代码。

3. 实用性

尽量利用原业务处理上的习惯代码，方便使用。

4. 便于计算机处理

既要适应业务分类，又要考虑计算机处理效率。

5. 体系化

一个企业应当建立自己的代码体系。在建立代码体系时，应注意本代码体系与其他业务代码的一致性联系，便于调用。

(三) 代码在会计电算化中的应用

会计电算化所要求的代码对象有会计科目、财产、人员、部门、事项(摘要)以及保证系统正常运行的校验码和密码。

上述代码对象，除密码外，要求编制时能考虑到长度与格式的统一，否则计算机处理极为不便。下面予以分述：

1. 会计科目代码设计

会计科目代码的设计是代码体系中最重要的设计。会计科目是对经济业务和会计核算具体内容所作的科学分类。为了保证会计指标在国民经济一定范围内加以综合汇总、分析研究，要求代码设计注意上(汇总部门)下(基层企业)口径一致。从 1993 年 7 月 1 日起，财政部颁发了 16 个行业会计制度，对会计科目代码(一级科目)作了统一规定，二级、三级科目则可以根据本单位的情况灵活设计。

会计科目代码较常用的是十进制编组归类码。除外商投资企业外，其他行业均以一组三位十进制表示一级科目。二级科目则可以在本身上级科目之后增加一组归类码，编码位数根据上级科目下属二级科目的多少而定，二级科目在 100 个之内，可用二位，超过 100 个则要用三位。一般企业没有四级科目，用三位一组分别表示一级、二级、三级科目，留有增加科目的余地。设四级科目的单位，除一级科目仍用三位数表示外，其余科目则可用每二位一组来表示。

两种会计科目代码的示意如下：

第一种

一级科目　×××

二级科目　×××　×××

三级科目　×××　×××　×××

第二种

一级科目　×××

二级科目　×××　××

三级科目　×××　××　××

四级科目　×××　××　××　××

如果用上述代码仍不能反映会计核算的业务，例如，分部门核算，而部门很多，要采用个别折旧率，而固定资产种类很多，要分商品品种核算，而品种很多；在这种情况下，要在各个子系统中再设计更为详细的代码系统，例如，可在固定资产子系统中按核算和管理的需要另建一套代码，然后分别归类到会计科目代码中，进行会计核算。

凡是在会计科目代码中无法表示或容纳的代码，我们需要再设立一套代码，这类代码称之为会计业务统计码。一般商品化软件采用软件规定的统计码，例如，部门代码、往来客户代码。按照会计业务重组的思想，统计码不应当由软件规定，而应当由用户自定义。这是较高层次的商品化软件。

如果用设立统计码的方法还不能满足核算和管理的需要，则需要建立新的子系统。

2. 物码的设计

固定资产代码设计已如上所述，这里仅介绍存货的代码设计。存货中数量较多的是原材料、商品、成品。下面以原材料为例，介绍如何设计物码。

	大　类	品　种	规　格
原材料名称	钢材	角铁	50mm
代　　码	04	17	050

要把原材料代码 0417050 放入存货这一会计科目中，整个代码就与系统的代码不吻合，变为 145010417050(145 为存货代码 01 为原材料代码)。因此，只得为原材料另外建立一个数据库文件，明细核算放在这一库里，二级核算取这一库的数据。

3. 人员码的设计

人员码与会计核算一般不发生直接联系，因此，设计时不需要用九位数码，可视具体职工人数而取数码。但是，要注意用代码区分人员所在部门。例如：

(1) 用分段顺序编码的办法来区分部门。如：

001～200　表示管理部门人员(实际人数在 150 人左右)；

201～1800　表示车间人员(实际人数在1 500 人左右)。

(2) 用部门代码加职工号的办法编码。如：

10001　前二位 10 表示厂长室，后三位 001 表示厂长工号；

21211　前二位 21 表示二车间，后三位 211 表示某工人工号。

用(2)办法,代码增删比较方便;用(1)办法,代码较短。

4. 部门码的设计

凡是会计核算中要用到部门码的地方,作统一规定,然后单独建立一个部门代码数据库;如果将部门代码插入会计科目代码中,核算不便,代码的冗余度很大。

例如,某一商店下设两个门市部,代码分别为1,2,需分别核算,如果将部门代码插入会计科目中,则有:

5011　第一门市部商品销售收入

5012　第二门市部商品销售收入

5111　第一门市部商品销售成本

5112　第一门市部商品销售成本

以次类推,编码将十分繁多。

如果为部门单独设一库,则无论哪个科目与部门有联系的,只要输入部门代码,以后如需要分部门的,则利用特定标志就可实现。例如,我们在会计科目库中设计一个字段——部门标志,凡是要区分部门的,则为T,否则为F。

501　商品销售收入 T　(凭证输入时一定要输入部门码)

511　商品销售成本 T　(凭证输入时一定要输入部门码)

需要指出的是,企业的原材料供应单位与成品销售单位的编码,也属于部门码一类,如果这些单位比较固定地与本企业有应收应付的货款往来,可以在应收应付类的会计科目中以代码表示;如果不属应收应付往来户,只需要在会计凭证中反映,则可用文字在摘要字段中表示。当然,为了输入方便,对这些往来户也可另编输入代码,单独设立供销单位编码文件。

5. 事物码的设计

事物码指的是会计凭证中的摘要。编制摘要代码可以加快汉字输入速度。

要解决摘要代码问题,首先要解决摘要内容规范化的问题。长期以来,无论是人工填制会计凭证还是计算机制作凭证,摘要内容一直比较混乱,未能规范化,因此摘要规范化乃是编制摘要代码的前提。

做到摘要规范化,才有可能统一摘要代码。由于摘要内容较复杂,一般不用数字码,而用文字码。根据多数人的习惯,用摘要内容中每一词组的第一个汉语拼音字母组码较为适宜,便于记忆。

例如:结转本年利润的代码可用GZLR表示。

摘要编码可用词组库或摘要库两种形式,前者较为灵活,适用面广,后者使用方便,但范围较狭窄。

6. 校验码的设计

设置校验码是为了验证手工书写和输入代码时,是否有错。

由于代码出错的机率较高,校验码是必须的。它应当成为代码中的一个必要组成部分。

校验码可以验证抄写、输入的数据错误。如6(正)→9(误);验证易位错误,如1234(正)→2341(误);还可以验证随机错误,即几种错误的综合,如65473(正)→76453(误)。

设计校验码的方法一般有:

(1) 算术级数法。设原代码为101714923,各数码分别乘以算术级"权"数9,8,7,6,5,4,3,2,1,然后乘积相加,再除以"模"11,余数即为校验码。具体计算如下:

1×9+0×8+1×7+7×6+1×5+4×4+9×3+2×2+3×1=113

113÷11=10……3

原代码就成为：101714923 [3]

原代码为9位数，模数应用11。

(2) 几何级数法。设原代码为61184327，各数码分别乘以几何级“权”数，128，64，32，16，8，4，2，1，然后乘积相加，再除以“模”10，再用“模”10减去余数，差即为校验码。具体计算如下：

6×128+1×64+1×32+8×16+4×8+3×4+2×2+7×1=1047

1047÷10=104……7

10−7=3

原代码就成为：61184327 [3]

原代码为8位数，模数应用10。

(3) 质数法。设原代码为12345678910，各数码分别乘以质数2与3(或2，3，5等)，然后乘积相加，再除以“模”13，余数即为校验码。具体计算如下：

1×2+2×3+3×2+4×3+5×2+6×3+7×2+8×3+9×2+1×3+0×2=113

113÷13=8……9

原代码就成为：12345678910 [9]

原代码为11位数，模数应用13。

(4) 拼音法。利用拼音字母的字头作代码。例如存货——钢材——角铁的代码为145010417，用角铁的拼音字头j作校验码，则有145010417j，输入的校验码与事先存入会计科目代码库的校验码相比较，如不一致，则表明j前面的代码输入有错。

关于校验码的应用，还需要指出的是：

1) 用了校验码不是在任何情况下都能百分之百地发现错误。

2) 校验码不能发现会计分录本身的逻辑错误(这一问题将在后面讨论)。

3) 校验码可以用计算机程序计算。

7. 密码的设计

会计电算化中的密码，主要用于各种权限的口令。

(1) 用数字与文字组合编码；

(2) 用密码限制文件的使用方式(只读、只写……)；

(3) 编制加密程序、加密函数的控制参数，留出部分数值交有关人员掌握，这些值可以随时变更；

(4) 所有密码不在屏幕上显示。

密码的设置可以有效地控制无关人员的介入。在商品化软件中，密码还是保障软件公司知识产权、阻止非法用户使用的一种手段。

三、输出设计

由于输出的方式、格式是按照客户的需求和系统的条件设计的，这也是系统实施的最终目的所在。因此，系统设计应当先设计输出，后设计输入。输出设计包括：输出方式设计；输出格式设计；以及输出设计书。无论哪一种设计都要考虑用户的需要并顾及计算机实现这一设计的可能。现分别加以说明。

(一) 输出方式设计

数据的输出方式很多，有打印输出、显示输出、磁带输出、软磁盘输出等等。我们从数据流图中可以看出，数据输出是整个数据流程的最后一道工序。这道工序实际上就是要程序设计者把数据按一定要求进行整理，输出可阅读或可保存的数据。

会计电算化中的输出方式用得较多的是打印输出、显示输出与软磁盘输出。

1. 打印输出

从计算机硬件设备来说，凡存储在机内的数据都可以打印。由于打印介质是纸张，阅读、传递都符合人们的习惯，因此，用户往往会提出所有输出都要打印的要求。从实际效果分析，虽然打印机处理速度并不慢(每分钟可输出 300～1 250 行，每行 120～160 字符)，但由于会计信息系统处理的信息量很大(占企业信息量的 70%左右)，要全部打印，即使并行处理，占用系统的时间仍太多，必然降低系统的效率。此外，将会计信息系统的全部信息打印成纸质媒介，既不经济，日后查阅也极为不便。因此，要根据信息使用的情况来决定，输出采用哪一种方式较为合适。

需要打印输出的有：

(1) 日记账。由于日记账(现金与银行存款)是序时记录所有货币资金运动的账簿，经济领域的违法活动极大部分会通过货币资金反映出来；又由于国家规定货币资金要"日清月结"，出纳员必须结算出每天货币资金收付存的状况，定期与库存现金或银行对账单核对；此外，大部分经济业务都可以在这两本日记账上查阅，传递频率比较高，再加上转账日记账，那么，一个企业的全部经济业务就完整地反映在这三本日记账里了。因此，大部分国家的法律都承认日记账具有法律效力，有必要以纸张介质作为审计线索保存下来。

(2) 总账科目试算平衡表(简称试算表)。在会计电算化系统中，可以方便地定期(日、旬、月)输出试算表，这样，它能够实时地反映每一总账科目的发生额与余额，帮助业务人员及时掌握资金动态，控制资金流向，又能从账户间的平衡关系发现数据输入及处理有无错误。此外，试算表还有代替科目汇总表的作用。

(3) 各种报表。这里的报表是指上级机关与企业决策机构指定要上报的各种会计报表。在上级机关或企业决策机构还未建立计算机网络系统之前，报表还是需要用纸质形式上报的。而且，为了汇总的方便，报表格式与大小仍然要依照统一的规定。

2. 显示输出

显示输出的程序编制基本上与打印输出无异。显示输出一般是近期如上月、本月的内容(远期显示当然也可以)，主要用于查询。除了上述需打印输出的账、表，其余都可以用显示输出方式。一方面节约时间与纸张；另一方面又加快了查询速度与系统效率，真正发挥了计算机的效能。可以用于显示输出的有：

(1) 凭证。由于除机制凭证外，一切输入凭证都要人工填制后输入。因此，凭证都不需要再打印输出。但是我们在设计输出格式的时候，仍然要考虑格式的阅读习惯，以备个别凭证须打印的可能。

(2) 明细账。由于打印的量大，加上格式的繁多，故而只需显示其内容便可。同样，在设计输出格式时，也要考虑格式的阅读习惯，以备个别账户须打印的可能。

(3) 其他各种查询。凡是查询，一般情况下用显示方式就可以满足要求，不必打印输出。

3. 软磁盘输出

凡是需要长期保存的数据文件，无论是否已经打印输出，都要用软磁盘拷贝，按时间存储，在软磁盘上注明内容、日期、拷贝人等。软磁盘输出有三方面的作用：一是用较小的空间代替纸张存储大量的信息；二是查询方便；三是可以核实打印输出与软磁盘存储信息的可靠性。

（二）输出格式设计

1. 输出格式设计的原则

(1) 输出格式尽可能符合用户的要求。

(2) 无论是打印输出还是显示输出，尽可能从物理规格（如前者 66 行×132 列/页，后者 24 行×80 列/页）为一单元，不致显得支离破碎。

(3) 格式除了实用，还须考虑标准化设计，这样，可以用较少的模块（公用子程序），适应较多的输出格式。例如，只要设计一个打印模块，无论打印凭证、账簿、报表，均调用此模块。

(4) 格式的设计要考虑系统发展的需要。在设计时一般都在原格式中留有备用项目与可扩展数据的长度。

2. 输出格式设计的细节要点

(1) 决定数据位数时要考虑编辑结果的最大位数，例如，某些数据前要增加货币符号，某些数据后要添置度量规格符号等。

(2) 考虑用户习惯与格式清晰，凡是无意义的"0"，都不要输出，例如，一百元，不要输出 00000100.00，而是输出 100.00 元。

(3) 字符从左面填入，空格和数字往右对齐。

(4) 输出时，不需出现代码的项目，要用中文或其他名称复原。

(5) 账页输出时，第一行与末行分别在摘要栏内固定打印"承上页"、"转下页"字样；年初时第一行则要打印"年初余额"。每日结束时（日记账）在摘要栏内打印"本日发生额及余额"，每月结束时则打印"本月发生额及余额"，某些需要累计数的账户则还要加一行"止本月累计发生额及余额"。

3. 试算表、总账、明细账、凭证格式的设计：

(1) 总账科目试算平衡表。采用本期发生额及余额的格式，见图表 2-19。

图表 2-19

总账科目试算平衡表

年　月　日至　年　月　日

科目编号及名称	期初余额		本期发生额		期末余额	
	借　方	贷　方	借　方	贷　方	借　方	贷　方
101 现金 102 银行存款 …… …… 161 固定资产						
201 短期借款 203 应付票据 …… …… 322 利润分配						
合　计						

(2) 总账。手工作业时的多种总账格式在实现电算化后有统一的必要，尤其不必采用三栏式或多栏式的形式。根据企业核算的需要，可以将月底输出的试算表代替总账，但这种总账只能反映借贷双方的平衡关系，还不能概括了解生产经营过程及其成果。如果把棋盘式总账稍作改动，把横向列示的科目类别作一归并，那么这种总账既能反映资金平衡关系，又能反映生产经营过程及成果。这种总账可称之为分类式总账，其格式见图表 2-20。

图表 2-20

分类式总账

年　　月　　日～　　年　　月　　日

科目编号及名称	期初余额		本期发生额														期末余额	
	借方	贷方	借方							贷方							借方	贷方
			1	2	3	4	5	…	合计	1	2	3	4	5	…	合计		

在图表 2-20 中，本期发生额的借、贷方按照业务类别分别汇总，一般企业大致可以分为十类或更多一些，这样每类业务的状况在总账里都可以得到反映。用上述两种总账格式，在一页通用纸(前者)或二页通用纸(后者)并列，就能一目了然地了解全部资金运动的情况。

图表 2-20 中，本期发生额的借方、贷方栏中的 1、2、3……分别表示业务类别。1. 表示现金类；2. 表示银行存款类；3. 表示固定资产类；4. 表示原材料类；5. 表示工资类；6. 表示辅助生产类；7. 表示成本费用类；8. 表示销售、利润、税金类；9. 表示上述各类没有包括的转账类，等等。分类的粗、细可根据各企业业务的多寡与核算的要求。

(3) 明细账。在手工作业时，各个企业明细账并不统一，有时一个企业各个账户也不统一，有的账户用多栏式，有的账户用三栏式。实现会计电算化之后，明细账也有统一的必要。由于不少科目的分类级数多，一级科目可统驭近几十个二级科目，一个二级科目可统驭更多的三级科目，这样的多栏式明细账打印出来也不整齐划一，在显示屏上显示也不完整。前面我们已经要求明细账不用打印输出形式，所以，无论一个科目要统驭多少个下属科目，都不必更改输出格式，只需在科目代码中表示出来即可，因此，明细账可以统一为三栏式格式。

(4) 凭证。凭证输出格式最好与手工格式一致。如果手工凭证仍然作为审计的依据，则输出格式可以简化，例如，可用列表形式。

(5) 输出设计书。上述设计完毕，加以整理，该文档就成为输出设计书。

四、输入设计

输入设计是决定输出信息质量好坏的至关重要的一环，实际上也是关系整个会计电算化系统质量好坏的重要一环。根据输出信息的要求与手工作业时的输入状况，便可着手进行输入设计。

系统设计师在进行设计之前，首先要做的是：(一)了解输入信息的收集；(二)了解输入设备的功能。掌握了这两点，然后才能：(三)设计输入格式；(四)输入信息的校验和纠错。

（一）输入信息的收集

目前会计电算化输入信息的来源比较杂乱，有直接根据原始凭证（发票、发货单、收料单等等）输入的，有根据记账凭证输入的。只有对企业需要输入的全部信息来源，如输入信息产生的部门、制作人，原始数据的名称，输入周期，最大、最小及平均输入量，输入信息的收集方式（人工、局域网、广域网等），作周详的了解，才能决定哪些可以归并为统一输入格式，哪些可以在其他子系统输入，而调用到会计电算化系统，只需作些转换便可使用。

（二）输入设备的功能

输入设备的选择，既要根据系统的需要，也要根据可能（使用者的习惯，系统经费）。首先要了解输入设备的功能，才能作恰当的选择。图表 2-21 介绍了一部分设备。

图表 2-21

常用输入设备介绍

设备名称	功能
键盘显示器	复合输入输出设备，输入内容即刻可见，便于修改
扫描仪	小型的可阅读条形码；台式的可阅读文字、图片，正确率尚未达到 100%
磁卡阅读机	信息保存在磁卡上，经机器阅读可转换为电脑字符，速度快，但磁卡容量小
光笔	代替手工击键，在书写板上书写的文字可转换为电脑字符，速度一般，识别率尚不高
语音输入器	将声音转换为电脑字符，速度一般，产品尚未普及

上述各种设备用得最多的还是键盘显示器复合输入装置，这套装置的价格适中，又比较方便。显示器相当于一个缓冲装置，可以让输入者在显示器上看到输入内容正确后再输入下一个数据。

（三）输入格式设计

1. 减少填写项目

尽量用固定项目、固定位数代替可变项目、位数。

2. 减少输入凭证的种类

即使是不同种类的凭证（如收款凭证和付款凭证），格式尽量相同，仅以不同色彩区分。

3. 输入凭证要易于归档

凭证大小要统一（从这一要求出发，用外来原始凭证作输入凭证也是不妥的），要标明凭证传递路线，如财务主管→出纳→编码→审核→操作→归档。

4. 简化输入操作

实践证明，系统的许多错误往往是由于输入操作疏忽造成的。因此，简化输入内容，减少数据余冗度是一种有效的减少差错方法。目前，一般输入操作采用键盘——显示器的人机对话方式。汉字尽可能用代码键入，显示屏显示汉字，经计算机校验后发现错误，用提示字样指出错处；输入画面的设计要尽可能与实际凭证相似。此外，日期、凭证编号等项目尽可能在输入程序中设置好，既减少了输入工作量，又保证了正确性。

（四）输入信息的校验和纠错

要保证输入者不出差错，简直是不可能的，只有用各种校验的办法和纠错的办法才能防止差错的产生，从而保证输入信息的正确。

1. 校验的方法

(1) 静态校验。用目测的方法对输入凭证的会计事项代码、数量、金额等各项内容进行校对，必要时应对照输入凭证的原始单据。操作员观察显示屏画面与人工凭证的记录是否一致，从而找到错误的数据与文字。由于长时间的目测，会引起疲劳，故静态校验的有效率在70%～80%。

(2) 逻辑校验。在程序设计时，依照各种信息的逻辑关系，校验输入凭证是否有错。例如，最大月份应为12，大于12即为错；2月份最大日历号数是29，大于29即为错；根据本企业常用重量单位可以判别，最小重量单位是千克，输入“克”即为错；现金凭证不可能没有一个现金科目，如没有则为错，等等。由于不可能将所有发生经济事项的逻辑关系全部包括，故有效率在80%左右。

(3) 平衡校验。会计电算化中平衡校验用得比较多，如果在输入时就把好平衡校验这一关，以后数据的平衡关系就不容易出问题了。我们在介绍输入格式的几种凭证中，除转账凭证可以是几个借方与几个贷方对应，其余凭证应当是一借多贷，或一贷多借。但无论何种输入凭证，都应编制借贷合计比较程序，如果借贷不平衡，则输入有错（当然不排除填制凭证时写错）。仅从平衡角度来考察其有效率，则可达100%。

(4) 界限校验。界限校验实际是一种逻辑校验，由于用得比较多，故列为一种单独的方法。在程序设计时，对一些有明确界限的数据加以限制从而校验其正确性。例如：会计上输出的金额最小有效位为“分”，比“分”小的位数则为错；固定资产的最低价值为人民币2 000元，不同企业应规定下限；某一账套的开工年份为2000年，凭证中输入2001年，则为错，等等。如果在输入程序设计中考虑得比较周到，则能较快地帮助输入者找出错误，其有效率在80%左右。

(5) 总量校验。在输入前或输入后，由人工计算出某些项目的总量，与计算机累计值比较。例如，输入职工工资后，用计算机累计值比较与人工计算的职工人数是否一致，基本工资总数是否一致，奖金总数是否一致。一般来说，这几项一致，其他各项出错的可能性就很小了。例如，某一批收料单如果是按数量、单价分别输入，可以对比其金额是否一致，如果金额出错，很快也可以查出。其有效率约在90%左右。

(6)顺序校验。在输入程序中，如果是以每一张凭证作为一个记录单元，则可设计每一记录单元自动编号的程序，用以校验输入信息有无遗漏与重复现象。如果凭证号由人工键入计算机，则也可以用顺序校验程序，也能发现上述问题。其有效率为100%。

(7) 重复校验。同一凭证先后两次输入，由计算机自动校验。两次输入是指两个人分别输入。每一次输入时，把凭证上需要输入的内容全部输入；第二次输入时，为了节约时间，可以仅输入数量、金额、科目代码，而且是在第一次输入内容不在显示屏上出现的状态下输入，这样可以防止依赖性。只有两次输入的内容完全一致，程序才会进入下一处理步骤，否则就把错误之处显示出来，直到改正为止。这种校验方法亦称两次输入法。

尽管校验的方法很多，但是，实践表明，重复校验的查错有效率最高，可达99%左右，这一方法可以查出许多类型的错误，而其他6种方法仅能查出一、两种类型的错误。从输入时间来看，虽然比其他校验法约多1/4，但是从整个系统的效率来看，则节约了很多时间。因为一旦错误数据进入数据处理程序，或输出程序已被多次使用，不但查找困难，要纠正也很费劲。系统的效率则会大大下降。

2. 纠正错误的方法

(1) 凭证填写有错，操作者不得更改，应退回凭证填制部门纠正。

(2) 凭证正确，而输入数据错误，无论是第一次输入(主)，还是第二次输入(校)，只要数据没有转入下一步处理程序，均可以在屏幕上修改。

(3) 由于在科目代码中设置了校验码，并且设立了科目代码文件，因此，下面三种科目代码输入出错的可能性可以避免：A少输代码位；B多输代码位；C输入不存在的代码。但还有两种输入出错的可能性则较难避免：A借贷方向输反(收、付款凭证可以用输入程序控制，而转账凭证就不易控制)；B科目串户，这一出错的机会最多，也最不易查找。此外，虽然在程序中设计了自动计算分录的借贷方合计数功能，但是，还不可能保证每笔分录金额的正确。例如：

人工填写的正确凭证(A)		输入后的错误凭证(B)	
借：管理费用	3 015.00	借：管理费用	3 025.00
财务费用	25.00	财务费用	15.00
贷：银行存款	3 040.00	贷：银行存款	3 040.00

这时，纠正的方法就只能重作凭证。

重作凭证的步骤如下：

第一步：先将错误凭证(B)打印出来，交凭证填制者。

第二步：凭证填制者根据(B)凭证作一张与此凭证方向相同、金额相反的冲销凭证，即：

冲销凭证(C)

借：管理费用	−3 025.00
财务费用	−15.00
贷：银行存款	−3 040.00

第三步：输入操作者再把(A)、凭证(C)输入计算机。

特别要指出的是，目前有些会计电算化软件中，提供了改账的功能，这就大大降低了系统的安全性、可靠性，也不符合会计法的规定，不是可取的设计。某些使用者没有仔细考虑这样的设计将会造成的严重后果，反而认为这类软件能为用户着想，修改方便，一旦后果发生，就后悔不已了。

第三章　系统开发工具之一
——VFP 数据库

本章简述了 Visual FoxPro 在会计电算化中常用的操作和一般的模块开发方法，限于篇幅，只叙述本书涉及的部分。

第一节　基 础 知 识

一、启动

要启动 Visual FoxPro，可在下列方法中任选一种：

方法 1　双击 Visual FoxPro 图标。

方法 2　在 Windows 的‘资源管理器’中找到‘VFP. EXE’后双击该文件。

方法 3　在 Windows 的‘运行’命令框中执行‘VFP. EXE’文件。

二、命令窗口、常用工具按钮和系统菜单

(一) Visual FoxPro 的命令窗口

命令窗口(见图表 3-1)是一种系统窗口。当选择菜单命令时，相应的 Visual FoxPro 命令语句会自动填写在命令窗口中。也可以直接在命令窗口中输入 Visual FoxPro 的各种命令。在命令窗口中可以进行如下操作：

(1) 在按 ENTER 键之前，要删除文本，可按 ESC 键。

(2) 将光标移到以前命令行的任意位置按 ENTER 键，可重新执行此命令。

(3) 若要分割很长的命令，可以在所需位置的空格后接分号，然后按 ENTER 键。

(4) 可在命令窗口内或向其他编辑窗口中移动文本，选择所需文本并将其拖动到需要的位置。

(5) 可在命令窗口内或向其他编辑窗口中复制文本，选择所需文本，按住 CTRL 键，将其拖动到需要的位置。

(6) 从格式菜单选择合适的命令，可改变字体、行间距和缩进方式。

图表 3-1　　**Visual FoxPro 的命令窗口、常用工具按钮和系统菜单**

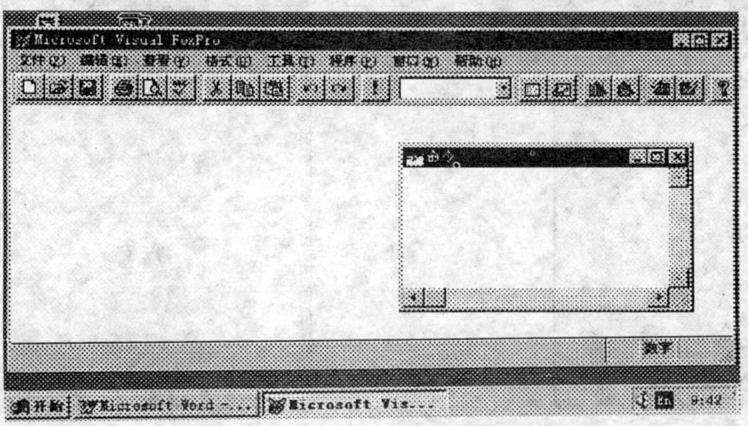

（二）Visual FoxPro 的常用工具按钮

新建	使用设计器或向导创建新文件。
打开	打开一个已有的文件或创建一个新文件。
保存	保存对活动文件所做的修改。
打印	打印文本文件、报表、标签，以及命令窗口或剪贴板中的内容。
打印预览	显示工作的结果但不打印。
拼写检查	进行拼写检查。编辑文本或备注字段时可用。
剪切	把选定的文本、控制或任何其他可选定的对象移动到剪贴板。
复制	复制选定的文本、控制或任何其他可选的对象。
粘贴	把剪切或复制的文本、控制或其他可选定的对象放置在插入点位置。
撤消	撤消上一个操作。
重复	重作上一个撤消的操作。
运行	在完成一个查询、表单或报表的设计并予以保存后，执行它。
数据库	指定当前的数据库。
命令窗口	显示执行的命令，并提供输入命令的空间。
查看窗口	可简化以下操作：打开表、建立关系以及设置工作区属性等。
表单向导	运行'表单向导'。包括表单向导和一对多表单向导。
报表向导	运行'报表向导'。包括报表、分组/总计报表和一对多报表向导。
自动表单向导	不使用向导创建一个表单。
自动报表向导	不使用向导创建一个报表。
帮助	显示联机帮助。

若要显示工具栏，可从'查看'菜单中选择'工具栏'，在'工具栏'对话框中选择要使用的工具栏，再选择'确定'。将鼠标指针放在任何按钮上，'工具提示'会显示它的名称，状态栏上将显示有关的说明。

（三）Visual FoxPro 的系统菜单

启动Visual FoxPro后，在屏幕顶部有一菜单条，列出了可使用的系统菜单分别为：文

图表 3-2a

Visual FoxPro 的'文件'菜单

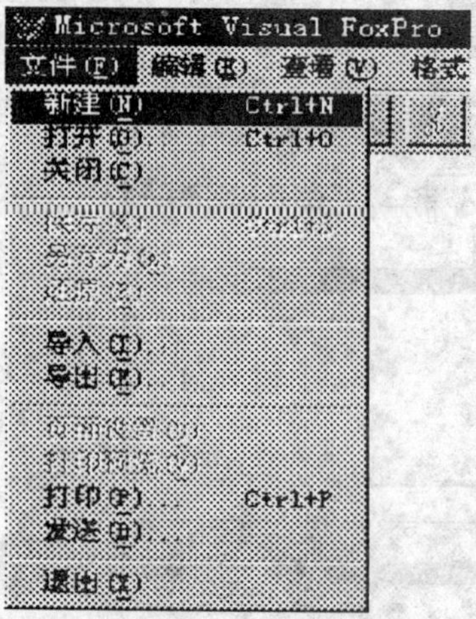

图表 3-2b

Visual FoxPro 的'编辑'菜单

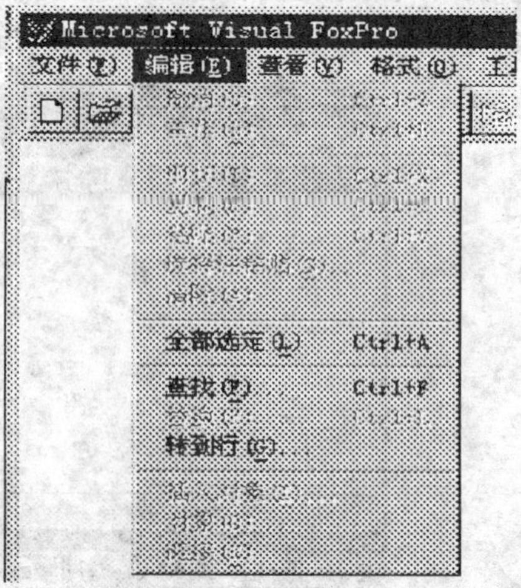

件、编辑、查看、格式、工具、程序、窗口和帮助，它们都是下拉式菜单，都含有菜单项（也称为命令），有的菜单项本身又是一个下拉式菜单，见图表 3-2a～3-2h。

操作中打开不同的文件，菜单会随之变化，有关内容将在后面介绍。

图表 3-2c

Visual FoxPro 的‘查看’菜单

图表 3-2d

Visual FoxPro 的‘格式’菜单

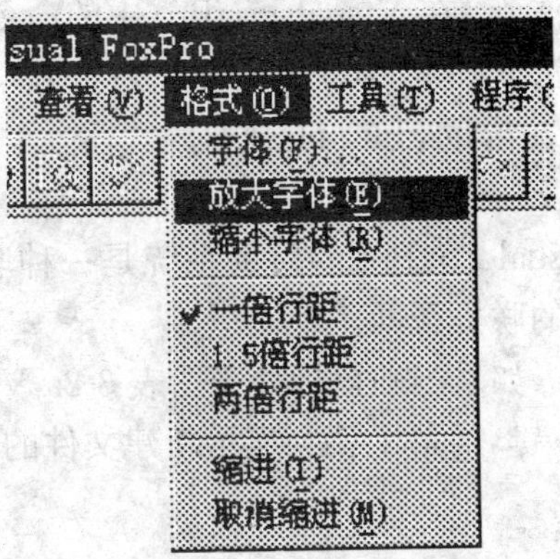

图表 3-2e

Visual FoxPro 的‘工具’菜单

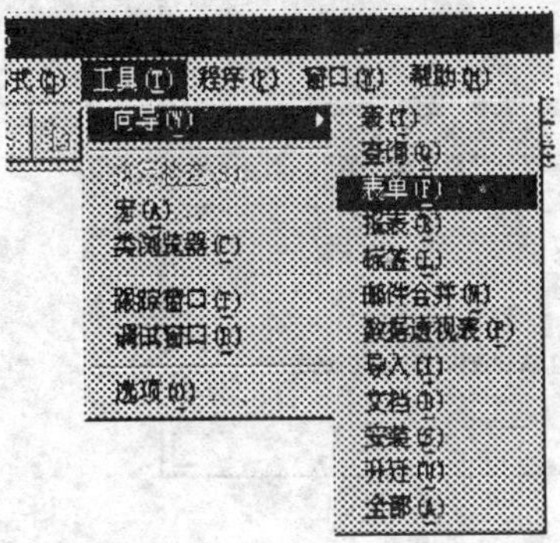

图表 3-2f

Visual FoxPro 的‘程序’菜单

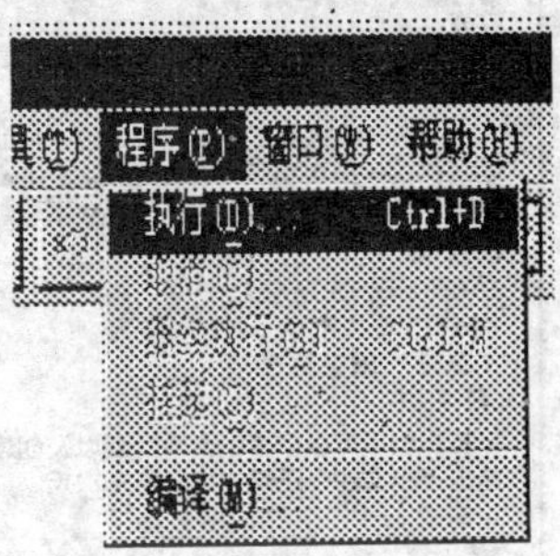

图表 3-2g

Visual FoxPro 的‘窗口’菜单

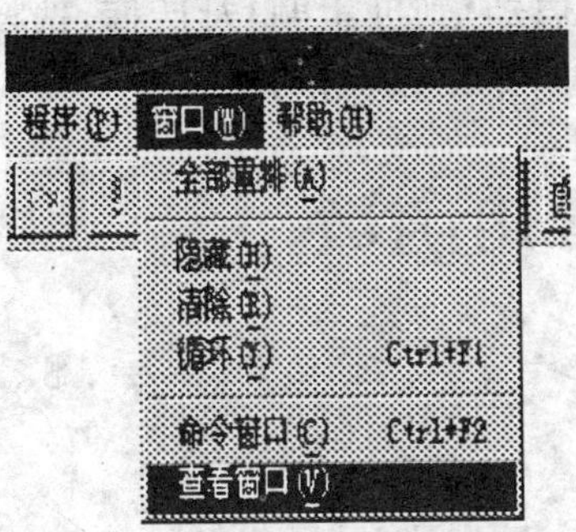

图表 3-2h

Visual FoxPro 的‘帮助’菜单

三、退出

要退出 Visual FoxPro，可在下列方法中任选一种：

方法 1　双击 Visual FoxPro 窗口的左上角。

方法 2　选择控制框中的“关闭”选项。

方法 3　在 Visual FoxPro 的“文件”菜单中选择“退出”命令。

方法 4　在 Visual FoxPro 中的命令窗口内键入“QUIT”，再按回车键。

方法 5　按“ALT＋F4”组合键。

四、帮助(F1、HELP)

1. F1 键

Visual FoxPro 的帮助系统是一种联机实时帮助系统，只要按下 F1 键，就会显示当前所在环境的联机帮助。

例　如果当前鼠标处于图表 3-2a Visual FoxPro 的‘文件(F)’菜单中的‘新建(N)’位置，按下 F1 键，屏幕上就会显示新建文件的联机帮助(见图表 3-3)。

图表 3-3

新建文件的联机帮助

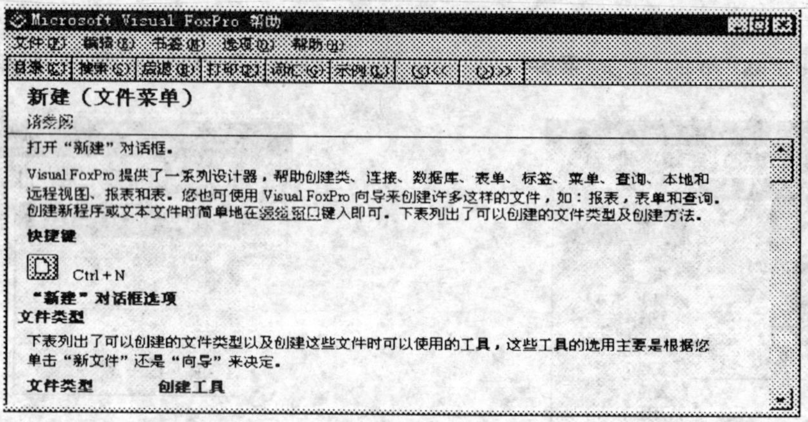

2. HELP 命令

(1) 要显示帮助的各项主题，可在命令窗口中键入 HELP，再按回车键。

(2) 要显示指定的某一个主题的帮助，可在命令窗口键入 HELP ＜Topic＞，再按回车键。

例　在命令窗口键入‘HELP USE’，按回车键，就会启动‘帮助主题’对话框，选择‘显示(D)’命令按钮，屏幕上就会显示‘USE 命令’的详细说明(图表 3-4a～3-4b)。

第二节　运算符和常用函数

一、运算符(＋、－、＊、/、＊＊、＜、＜=、＞、＞=、=、＜＞、#、==、$、NOT、AND、OR)

(一) 逻辑运算符(以运算的优先次序排列，下同。)

括号(　　)　　逻辑非. NOT.　　逻辑与. AND.　　逻辑或. OR.

图表 3-4a

'帮助主题'对话框

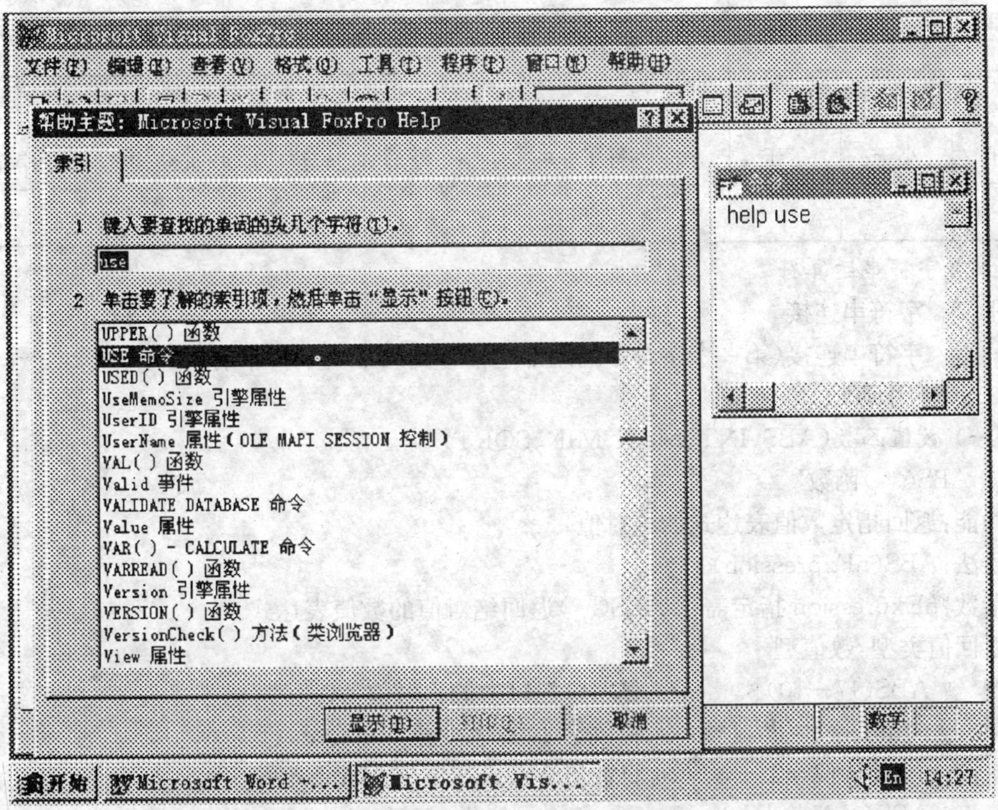

图表 3-4b

'USE 命令'的详细说明

（二）算术运算符

括号	乘方(取幂)	乘和除	加和减
(　)	** 或 ∧	* 和 /	+ 和 -

（三）关系运算符

大于	小于	等于	不等于	小于等于	大于等于	完全相等	子串比较
>	<	=	<>,! =,#	<=	>=	==	$

（四）字符串运算符

+　　字符串连接

-　　字符串连接(第一个字符串的尾部空格移到第二个字符串的尾部)

二、常用函数

（一）数值函数(ABS、INT、MAX、MIN、SQRT)

1. ABS(　)函数

功能:返回指定数值表达式的绝对值。

语法:ABS(nExpression)

参数:nExpression 指定需由 ABS(　)返回绝对值的数值表达式。

返回值类型:数值型

例
```
? ABS(17-10)          && 显示(17-10)的绝对值 7
gnNumber1=20          && 将数值 20 存入变量 gnNumber1
gnNumber2=2           && 将数值 2 存入变量 gnNumber2
? ABS(gnNumber2-gnNumber1)    && 显示 2 减去 20 的绝对值 18
```

2. INT(　)函数

功能:计算一个数值表达式的值,并返回其整数部分。

语法:INT(nExpression)

参数:nExpression 指定 INT(　)要计算的数值表达式。

返回值类型:数值型

例
```
? INT(6.25*2)    && 显示 12
? INT(-6.25*2)   && 显示-12
```

3. MAX(　)函数

功能:对几个表达式求值,并返回具有最大值的表达式。

语法:MAX(eExpression1, eExpression2 [, eExpression3...])

参数:eExpression1, eExpression2 [,eExpression3...]指定表达式,MAX(　)返回其中具有最大值的表达式。所有表达式必须为同一数据类型。

返回值类型:字符型、数值型、货币型、双精度型、浮点型、日期型、日期时间型

例
```
? MAX(10,INT(12.5), ABS(-48))    && 显示 48
```

4. MIN(　)函数

功能:计算一组表达式,并返回具有最小值的表达式。

语法:MIN(eExpression1, eExpression2 [, eExpression3...])

参数:eExpression1, eExpression2 [, eExpression3...]指定一组表达式,MIN( )返回其中具有最小值的表达式。所有表达式应该是同一数据类型。

返回值类型:字符型、数值型、货币型、双精度型、浮点型、日期型、日期时间型

例 ?MIN(10,INT(12.5), ABS(-48)) && 显示 10

(二) 字符串函数(LEFT、RIGHT、SUBSTR、LTRIM、RTRIM、LEN)

1. LEFT( )函数

功能:从字符表达式最左边一个字符开始返回指定数目的字符。

语法:LEFT(cExpression, nExpression)

参数:cExpression 指定字符表达式,LEFT( )函数从中返回字符。nExpression 指定从字符表达式中返回的字符个数。若 nExpression 的值大于 cExpression 的长度,则返回字符表达式的全部字符。如果 nExpression 为负值或 0,则返回空字符串。

返回值类型:字符型

例 ?LEFT('Readme.TXT', 2) && 显示 Re

2. RIGHT( )函数

功能:从一个字符串的最右边开始返回指定数目的字符。

语法:RIGHT(cExpression, nCharacters)

参数:cExpression 指定一个字符表达式,RIGHT( )函数从中返回最右边的若干字符。nCharacters 指定要从字符串中返回的字符数目。如果 nCharacters 大于 cExpression 的长度,RIGHT( )函数返回整个字符表达式。如果 nCharaters 为负数或 0,RIGHT( )函数返回空字符串。

返回值类型:字符型

说明:返回的字符从右边最后一个字符开始,包含指定数目的字符。

例 ?RIGHT('Readme.TXT', 3) && 显示 TXT

3. SUBSTR( )函数

功能:从给定的字符表达式或备注字段中返回字符串。

语法:SUBSTR(cExpression, nStartPosition [, nCharactersReturned])

参数:cExpression 指定要从其中返回字符串的字符表达式或备注字段。nStartPosition 指定返回的字符串在字符表达式或备注字段 cExpression 中的位置,cExpression 的第一个字符是位置 1。nCharactersReturned 从 cExpression 中返回的字符数目。如果省略了 nCharactersReturned 参数,那么返回字符表达式结束前的全部字符。

返回值类型:字符型

说明:SUBSTR( )从一个字符表达式或备注字段中返回一个字符串。该字符串起始于字符表达式或备注字段的指定位置,到指定数目字符结束。

4. LTRIM( )函数

功能:删除指定的字符表达式的前导空格,然后返回得到的表达式。

语法:LTRIM(cExpression)

参数:cExpression 指定字符表达式,LTRIM( )函数将删除其前导空格。

返回值类型:字符型

例 科目名称='银行存款工商银行'

? SUBSTR(科目名称,9,8)　　&& 显示　存款工商

? SUBSTR(LTRIM(科目名称),9,8)　　&& 显示　工商银行

5. RTRIM( )函数

功能:删除了字符表达式后续空格后,返回结果字符串。

语法:RTRIM(cExpression)

参数:cExpression 指定要删除后续空格的字符表达式。

返回值类型:字符型

6. LEN( )函数

功能:返回字符表达式中字符的数目。

语法:LEN(cExpression)

参数:cExpression 指定字符表达式,LEN( ) 函数返回其字符数目。

返回值类型:数值型

说明:LEN( )函数可用于确定字符表达式的长度。

例　number='1020102'

? LEN(number)　　&& 显示　11

? LEN(LTRIM(number))　　&& 显示　10

? LEN(RTRIM(LTRIM(number)))　　&& 显示　7

? SUBSTR(LTRIM(number),1,3)　&& 显示　102

(三)日期时间函数(DATE、MONTH、YEAR)

1. DATE( )函数

功能:返回由操作系统控制的当前系统日期。

语法:DATE( )

返回值类型:日期型

说明:Visual FoxFro 命令或函数都不能直接改变系统日期。

例　? DATE( )　&& 显示所用计算机系统的当天日期

2. MONTH( )函数

功能:返回给定日期或日期时间表达式的月份值。

语法:MONTH(dExpression | tExpression)

参数:dExpression 指定一日期表达式,用 MONTH( )函数返回其月份值。tExpression 指定一日期时间表达式,用 MONTH( )函数返回其月份值。

返回值类型:数值型

说明.MONTH( )函数返回从 1 到 12 的　个数。一月是 1,| 二月是 12。

例　? MONTH(DATE( ))　&& 显示所用计算机系统的今天的月份值

3. YEAR( )函数

功能:从指定的日期表达式或日期时间表达式中返回年份。

语法:YEAR(dExpression | tExpression)

参数:dExpression 指定日期表达式,YEAR( )从该表达式返回年份。参数 dExpression 可以是返回值为日期或日期型内存变量、数组元素或字段的函数;也可以是日期字符串,例如{06/06/1999}。tExpression 指定日期时间表达式。YEAR( )从该表达式返回年份。

返回值类型:数值型

例 ?YEAR(DATE( )) && 显示所用计算机系统的今天的年份值

(四) 数据类型转换函数(CTOD、DTOC、STR、VAL)

1. CTOD( )函数

功能:把字符表达式转换成日期表达式。

语法:CTOD(cExpression)

参数:cExpression 指定一个字符表达式,CTOD( )把它转换成日期型值。cExpression 的求值结果必须是从 1/1/100~12/31/9999 范围内的一个有效日期。

返回值类型:日期型

2. DTOC( )函数

功能:由日期或日期时间表达式返回字符型日期。

语法:DTOC(dExpression | tExpression [, 1])

参数:dExpression 指定日期型内存变量、数组元素或字段,DTOC( )由此返回字符型日期。tExpression 指定日期时间型内存变量、数组元素或字段,DTOC( )由此返回字符型日期。

返回值类型:字符型

3. STR( )函数

功能:返回与指定数值表达式对应的字符。

语法:STR(nExpression [, nLength [, nDecimalPlaces]])

参数:nExpressionSTR( )要计算的数值表达式。nLength STR( )返回的字符串长度。该长度包括小数点所占的字符和小数点右边每个数字所占的字符。若指定长度大于小数点左边数字位数,STR( )用前导空格填充返回的字符串;若指定长度小于小数点左边的数字位数,STR( )返回一串星号,表示数值溢出。nDecimalPlaces 由 STR( )返回的字符串中的小数位数。若要指定小数位数,必须同时包含 nLength。若指定的小数位数小于 nExpression 中的小数位数,则截断多余的数字。

返回值类型:字符型

4. VAL( )函数

功能:由数字组成的字符表达式返回数字值。

语法:VAL(cExpression)

参数:cExpression 指定字符表达式,该表达式最多由 16 位数字组成,若超过 16 位,则对其圆整。

返回值类型:数值型

说明:VAL( )函数从左到右返回字符表达式中的数字,直至遇到非数值型字符(忽略前面的空格)时为止。若字符表达式的第一个字符不是数字,也不是加、减号,则 VAL( )函数返回 0。VAL( )函数可以将 Visual FoxPro 的 SYS( )函数返回的字符串转换为数值。

例 C='1.25E3'

?2 * VAL(C) && 显示 2 500.00

(五) 表文件操作函数(BOF、EOF、FOUND)

1. BOF( )函数

功能:确定当前记录指针是否在表头。

语法:BOF([nWorkArea | cTableAlias])

参数:nWorkArea 指定在非当前工作区中打开的表所在的工作区号。cTableAlias 指定在非当前工作区中打开的表别名。若表是在非当前选定工作区中打开的,则使用这些可选的参数为表指定别名或所在的工作区号。若此表未在指定的工作区中打开,则 BOF( )返回"假"(.F.)。

返回值类型:逻辑型

2. EOF( )函数

功能:确定记录指针位置是否超出当前表或指定表中的最后一个记录。

语法:EOF([nWorkArea | cTableAlias])

参数:nWorkArea 指定表所在的工作区号。cTableAlias 指定表的别名。若指定工作区中没有打开的表,则 EOF( )函数返回"假"(.F.)。若没有指定工作区或别名,则检查当前工作区中打开的表,看是否到达了表的最后一个记录。

返回值类型:逻辑型

3. FOUND( )函数

功能:如果 CONTINUE、FIND、LOCATE 或 SEEK 命令执行成功,函数的返回值为"真"(.T.)。

语法:FOUND([nWorkArea | cTableAlias])

参数:nWorkArea 指定表所在的工作区。FOUND( )函数的返回值指明此表最近一次的 CONTINUE、FIND、LOCATE 或 SEEK 命令是否执行成功。如果在指定工作区中没有打开的表,FOUND( )函数的返回值为"假"(.F.)。cTableAlias 指定表的别名。

返回值类型:逻辑型

第三节 表

表是具有一定格式(结构)的存储数据的文件。

一、表的结构

(一) 用'表设计器'建立表(见图表 3-5a、3-5b)

步骤 1 从 Visual FoxPro 的'文件(F)'菜单中选择'新建(N)...',启动'新建'对话框。

步骤 2 选择'表(T)'单选按钮,再选择'新文件(N)',打开'表设计器'。

步骤 3 在表设计器的'字段名'区域键入字段的名称。

步骤 4 在'类型'字段中,选择列表中的某一字段类型。

步骤 5 在'宽度'列中,设置以字符为单位的列宽。

步骤 6 如果字段类型是数值型或浮点型,设置'小数位'框中的小数点位数。

步骤 7 如果想让字段能接受 null 值,选中'NULL'。

步骤 8 根据需要继续添加新字段。

步骤 9 完成所有设置后,选择'确定'。

此时,可以选择是立即开始输入记录,还是在以后再打开表进行输入。

例 建立'交通补贴.DBF'表文件,选择立即开始输入记录,输入 3 条记录。

图表 3-5a

用‘表设计器’建立‘交通补贴.DBF’表文件

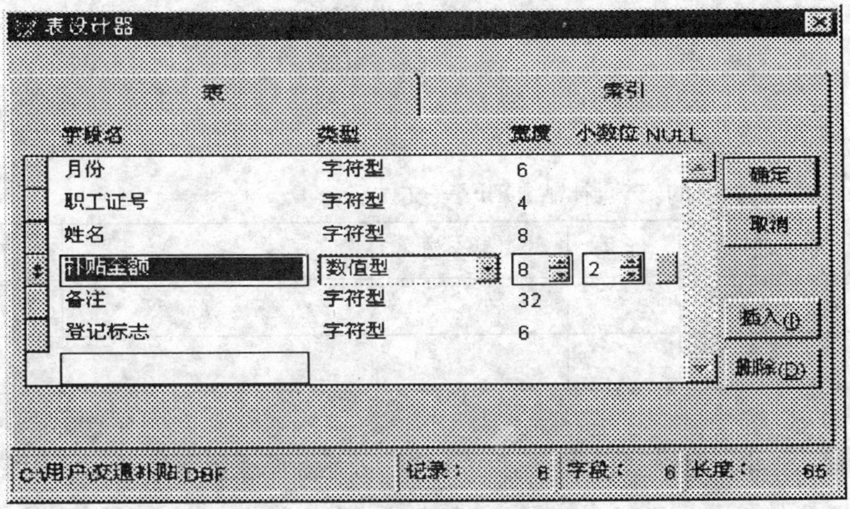

图表 3-5b

输入 3 条记录之后

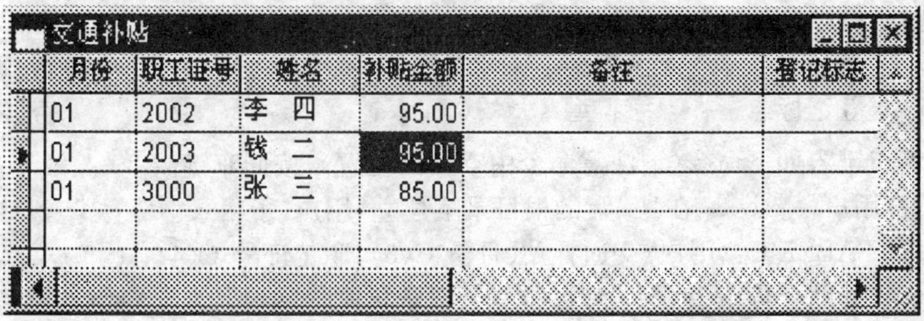

（二）用命令建立表(CREATE TABLE)

CREATE TABLE-SQL 命令

功能：创建一个含有指定字段的表。

语法：CREATE TABLE | DBF TableName1 (FieldName1 FieldType [(nFieldWidth [, nPrecision])][NULL | NOT NULL] [, FieldName2 ...] ...)

注意：为了使本书简捷，对命令中的‘语法’做了删节，只介绍其常用的部分，若需查看完整的语法和详细的说明，可用本章第一节介绍的帮助(F1 或 HELP)方法。下同。

说明：下面列出了 FieldType 及是否需要指定 nFieldWidth 和 nPrecision。

FieldType	nFieldWidth	nPrecision	解　释
C	n	—	宽度为 n 的字符字段
D	—	—	日期型
T	—	—	日期时间型
N	n	d	宽度为 n、有 d 位小数的数值型字段
F	n	d	宽度为 n、有 d 位小数的浮点数值型字段

I	—	—	整型
B	—	d	双精度型
Y	—	—	货币型
L	—	—	逻辑型
M	—	—	备注型
G	—	—	通用型

例 要求:建立如下的'交通补贴.DBF'表文件。

月份	职工证号	姓名	补贴金额	备　　注	登记标志

表结构为:

字段	字段名	类型	宽度	小数位	索引	排序	Nulls
1	月份	字符型	6				否
2	职工证号	字符型	4				否
3	姓名	字符型	8				否
4	补贴金额	数值型	8	2			否
5	备注	字符型	32				否
6	登记标志	字符型	6				否

在命令窗口键入如下命令(请注意命令中空格的位置),按回车键。

```
! MD C:\用户      && 在'C'盘的根目录下建立'用户'子目录
CREATE TABLE C:\用户\交通补贴(月份 C(6),职工证号 C(4),;
姓名 C(8),补贴金额 N(8,2),备注 C(32),登记标志 C(6))   && 建立表文件
BROWSE     && 浏览显示
```

(三) 修改表结构(MODIFY STRUCTORY)

1. 菜单法

步骤 1　从'窗口(W)'菜单中选择'查看窗口(V)',启动'查看'窗口。

步骤 2　选择'打开(O)'命令按钮,启动'打开'对话框。

步骤 3　选择'其他(O)...'命令按钮,启动另一个'打开'对话框,选择表文件,按'确定'按钮,回到'查看'窗口。

步骤 4　在'查看'窗口中选择'属性(P)...'命令按钮,启动'工作区属性'对话框。

步骤 5　选择'修改(M)...'命令按钮,启动'表设计器'对话框,进行表结构的修改。

2. 命令法

MODIFY STRUCTURE 命令

功能:显示表设计器,从中可以修改表的结构。

语法:MODIFY STRUCTURE

说明:如果没有在当前选定的工作区中打开表,则显示"打开"对话框,允许您从中选择一个要修改的表。对表结构的更改包括:添加和删除字段;修改字段的名称、大小和数据类型;添

加、删除或修改索引标识，以及指定字段是否支持 null 值。

例 要修改'交通补贴. DBF'的表结构，可在命令窗口中键入如下命令：

USE C:\用户\交通补贴. DBF &&打开'交通补贴. DBF'文件

MODIFY STRUCTURE &&修改'交通补贴. DBF'的表结构

若要在表中增加字段，步骤如下：

步骤 1 在表设计器中选择'插入'。

步骤 2 在'字段名'列中，键入新的字段名。

步骤 3 在'类型'列中，选择字段的数据类型。

步骤 4 在'宽度'列中，设置或输入字段宽度。

步骤 5 如果数据类型为数值型或浮点型，还需设置'小数位'列的小数位数。

步骤 6 如果想让表接受 null 值，请选中'NULL'列。

步骤 7 选择'确定'，选择'是'，改变表的结构。

若要删除表中的字段，可先选定该字段，再选择'删除'。

(四) 显示表结构(LIST STRUCTORY)

LIST STRUCTURE 命令

功能：显示表的结构。

语法：LIST STRUCTURE[IN nWorkArea | cTableAlias]

[TO PRINTER [PROMPT] | TO FILE FileName]

例 要显示'电费扣款. DBF'表的结构，可在命令窗口中键入：

USE C:\用户\电费扣款. DBF &&打开'电费扣款. DBF'文件

LIST STRUCTURE &&显示'电费扣款. DBF'的表结构

LIST STRUCTURE TO PRINTER &&打印'电费扣款. DBF'的表结构

LIST STRUCTURE TO FILE TEST. TXT &&保存表结构到 TEST. TXT 文件中

二、工作区、表的打开和关闭(SELECT、USE)

(一) 菜单法

在'文件(F)'菜单中选择'打开(O)'，可以在工作区中打开表。也可在'窗口(W)'菜单中选择'查看窗口(V)'，再进行'打开(O)'等操作。

若要在工作区中关闭表，可在'查看'窗口中选定要关闭的表，然后选择'关闭'。

(二) 命令法

SELECT 命令

功能：激活指定工作区。

语法：SELECT nWorkArea | cTableAlias

USE 命令

功能：打开一个表及其相关索引文件，或打开一个 SQL 视图。

语法：USE [TableName][IN nWorkArea | cTableAlias][ALIAS cTableAlias]

说明：如果不加表名执行 USE 命令，并且在当前工作区中已经打开了一个表文件，则关闭这个表。在一个工作区中打开另一个表时，原来在该工作区中打开的表自动关闭。可使用 USE 命令的 IN 子句，指出想要关闭的表所在的工作区。

例 SELECT 7 &&选择 工作区 7

```
USE C:\用户\职工名册.DBF              && 在工作区 7 中打开职工名册.DBF 表
USE C:\用户\交通补贴.DBF IN 2         && 在工作区 2 中打开交通补贴.DBF 表
USE C:\用户\电费扣款.DBF IN 6         && 在工作区 6 中打开电费扣款.DBF 表
USE IN 2                              && 关闭工作区 2 中的交通补贴.DBF 表
```

可先参考图表 3-2g 打开查看窗口，再在命令窗口中输入上述命令，同时观察查看窗口。

三、表中记录的显示和编辑修改

(一) 显示记录(DISPLAY)

DISPLAY 命令

功能：在 Visual FoxPro 主窗口或用户自定义窗口中显示与当前表有关的信息。

语法：DISPLAY [[FIELDS] FieldList][Scope][FOR lExpression1][OFF][TO PRINTER [PROMPT] | TO FILE FileName]

例 显示'电费扣款.DBF'表。

```
USE C:\用户\电费扣款.DBF          && 打开'电费扣款.DBF'表
DISPLAY ALL FIELDS 姓名           && 显示'电费扣款.DBF'表中的所有姓名
```

(二) 添加记录(APPEND)

1. 菜单法

步骤 1　从'文件(F)'菜单中选择'打开(O)'命令按钮，并选定想要打开的表。

步骤 2　从'查看'菜单中选择'追加方式'。

步骤 3　在新记录中填充字段，每完成一条记录，在文件的底端就会又出现一条新记录。

2. 命令法

APPEND 命令

功能：在表的末尾添加一个或多个新记录。

语法：APPEND [BLANK][IN nWorkArea | cTableAlias]

例

```
USE C:\用户\电费扣款.DBF   && 打开'电费扣款.DBF'表
DISPLAY ALL                && 显示'电费扣款.DBF'表中的记录
APPEND BLANK               && 增加一条空记录
DISPLAY ALL                && 显示'电费扣款.DBF'表中的记录
```

(三) 浏览编辑记录(BROWSE)

1. 菜单法

要浏览一个表的步骤如下：

步骤 1　从'文件(F)'菜单中选择'打开(O)'命令按钮，并选定想要打开的表。

步骤 2　从'查看(V)'菜单中选择'浏览(B)'命令(见图表 3-6)。

2. 命令法

BROWSE 命令

功能：打开浏览窗口。

语法：BROWSE [FIELDS FieldList][FOR lExpression1][LAST]
[NODELETE][NOEDIT | NOMODIFY]

例 在窗口中显示浏览电费扣款.DBF 表：

```
USE C:\用户\电费扣款.DBF                          && 打开表文件
```

图表 3-6

表的浏览窗口

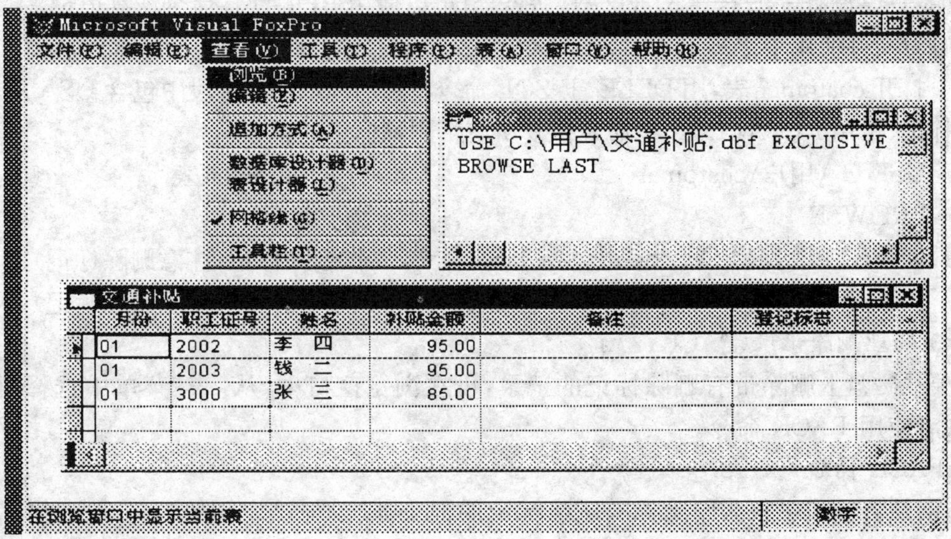

BROWSE NODELETE && 浏览(但禁止为记录作删除标记)

(四) 替换记录(REPLACE)

REPLACE 命令

功能:更新表的记录内容。

语法:REPLACE FieldName1 WITH eExpression1[, FieldName2 WITH eExpression2]...

[Scope][FOR lExpression1][IN nWorkArea | cTableAlias]

例 在'交通补贴.DBF'文件中,给每人的补贴金额增加 15 元。

```
USE C:\用户\交通补贴                          && 打开'交通补贴.DBF'文件
BROWSE                                        && 浏览显示
REPLACE ALL 补贴金额 WITH 补贴金额+15         && 每人的补贴金额增加 15 元
BROWSE                                        && 浏览显示
```

(五) 记录的逻辑删除和恢复(DELETE、RECALL)

1. 鼠标法

(1) 逻辑删除记录:

在表的浏览窗口中,单击要删记录前的小方块,使其变为黑色,该记录就被逻辑删除。

(2) 恢复记录:

在表的浏览窗口中,单击被删记录前的黑色小方块,使其变为白色,该记录就恢复。

2. 命令法

(1) DELETE 命令

功能:给要删除的记录做逻辑删除标记。

语法:DELETE [Scope] [FOR lExpression1][IN nWorkArea | cTableAlias]

(2) RECALL 命令

功能：恢复所选表中带有逻辑删除标记的记录。

语法：RECALL [Scope][FOR lExpression1]

说明：只要没有发出 PACK 或 ZAP 命令，就可以使用 RECALL 命令恢复记录。

一旦对文件使用了 PACK 或 ZAP 命令，那么所有带删除标记的记录将永远消失。

例 打开 customer 表，用 DELETE-SQL 命令将所有 country 字段中包含 USA 的记录作上删除标记，再用 RECALL ALL 命令恢复所有带删除标记的记录。

```
USE C:\用户\customer                   && 打开 cutomer 表
BROWSE                                 && 浏览显示
DELETE ALL FOR country ='USA'          && 作删除标记(注意删除标记)
RECALL ALL               && 去除所有删除记录的标记(注意删除标记)
```

（六）物理删除记录(PACK、ZAP)

若要从磁盘上删除带有删除标记的记录，可在浏览窗口中，从"表"菜单中选择"彻底删除"。或者使用 PACK 命令。

1. PACK 命令

功能：从当前表中永久删除标有删除标记的记录，减少与该表相关的备注文件所占用的空间。

语法：PACK [MEMO][DBF]

2. ZAP 命令

功能：从表中删除所有记录，只留下表的结构。

语法：ZAP[IN nWorkArea | cTableAlias]

说明：ZAP 命令等价于 DELETE ALL 和 PACK 联用，但 ZAP 速度更快。

（七）合并两个表中的记录(APPEND FROM)

APPEND FROM 命令

功能：从一个文件中读入记录，添加到当前表的尾部。

语法：APPEND FROM FileName | ? [FIELDS FieldList][FOR lExpression]
[[TYPE][DELIMITED [WITH Delimiter | WITH BLANK | WITH TAB]
| DIF | MOD | PDOX | RPD | SDF | SYLK | WKS | WRK | XLS |...]]

例
```
USE C:\用户\补贴清单.DBF    && 打开'补贴清单.DBF'表
BROWSE                      && 浏览显示
APPEND FROM C:\用户\交通补贴.DBF&& 把交通补贴表的记录加到补贴清单表中
BROWSE                      && 浏览显示
```

四、表中记录的定位(GO | GOTO、SKIP、LOCATE、CONTINUE)

（一）菜单法

表中记录定位的步骤如下(见图表 3-7)：

步骤 1 从'文件(F)'菜单中选择'打开(O)...'，选定想要查看的表名。

步骤 2 从'查看(V)'菜单中选择'浏览(B)'。

步骤 3 从'表(A)'菜单中选择'转到记录(G)'。

步骤4 在子菜单中选择'第一个(T)'、'最后一个(B)'、'下一个(N)'、'前一个(P)'、

图表 3-7

表中记录的定位

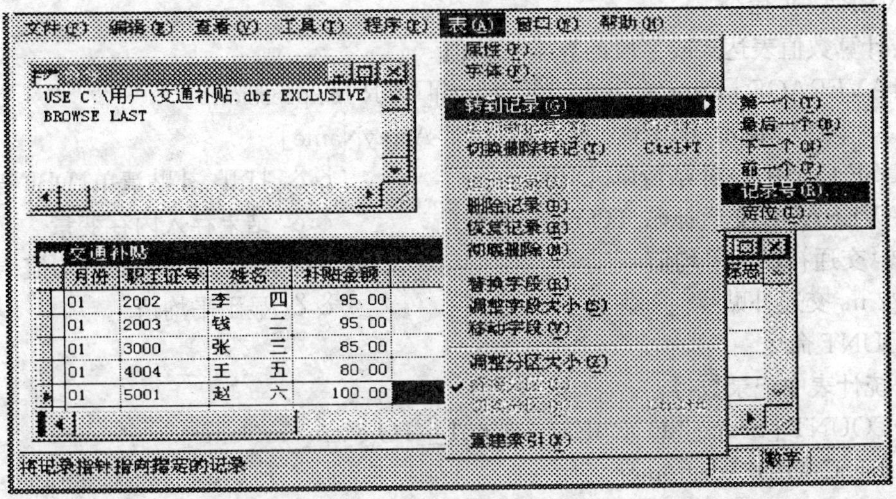

'记录号(R)...'或'定位(L)...'。如果选择了'记录号(R)...',请在'转到记录'对话框中输入待查看记录的编号,然后选择'确定'。

(二) 命令法

1. GO | GOTO 命令

功能:将记录指针移动到指定记录上。

语法:GO [RECORD] nRecordNumber [IN nWorkArea | IN cTableAlias]

或者:GO TOP | BOTTOM [IN nWorkArea | IN cTableAlias]

说明:GO 可以用 GOTO 代替。

2. SKIP 命令

功能:使记录指针在表中向前移动或向后移动。

语法:SKIP [nRecords][IN nWorkArea | cTableAlias]

3. LOCATE 命令

功能:按顺序搜索表从而找到满足指定逻辑表达式的第一个记录。

语法:LOCATE FOR lExpression1 [Scope]

4. CONTINUE 命令

功能:继续执行先前的 LOCATE 命令。

语法:CONTINUE

例
```
USE C:\用户\补贴清单.DBF      && 打开'补贴清单.DBF'表
GO BOTTOM                    && 将记录指针定位在表的最后一个记录上
DISPLAY FIELDS 姓名           && 显示最后一个记录中的姓名
SKIP -1                      && 使记录指针在表中向前移动一行
DISPLAY FIELDS 姓名           && 显示这个记录中的姓名
GOTO TOP                     && 将记录指针定位在表的第一个记录上
LOCATE FOR 月份='01'          && 按顺序搜索表,从而找到月份='01'的第一个记录
```

```
CONTINUE                    && 继续执行 LOCATE 命令
```

五、表中数据的统计和汇总(AVERAGE、COUNT、SUM、TOTAL)

1. AVERAGE 命令

功能:计算数值表达式或字段的算术平均值。

语法:AVERAGE [ExpressionList][Scope][FOR lExpression1]
[TO MemVarList | TO ARRAY ArrayName]

例
```
USE C:\用户\补贴清单.DBF                  && 打开'补贴清单.DBF'表
AVERAGE 交通补贴 TO m.交通补贴            && 结果存入内存变量
?'交通补贴的平均值='                      && 显示字符串'交通补贴的平均值='
?? m.交通补贴                             && 显示平均值
```

2. COUNT 命令

功能:统计表中记录数目。

语法:COUNT [Scope][FOR lExpression1][TO MemVarName]

例
```
USE C:\用户\customer                                   && 打开 Customer 表
COUNT FOR UPPER(city)='PARIS' TO m.count               && 统计在巴黎的顾客数目
? m.count                                              && 显示统计值
DISPLAY FIELDS phone FOR UPPER(city)='PARIS'           && 显示巴黎顾客的电话
```

3. SUM 命令

功能:对当前选定表的指定数值字段或全部数值字段求和。

语法:SUM [eExpressionList][Scope][FOR lExpression1]
[TO MemVarNameList | TO ARRAY ArrayName]

例
```
USE C:\用户\products                  && 打开'Products.DBF'表
SUM in_stock TO gnInStock             && 对数值字段'in_stock'求和
?'Total in stock=', gnInStock         && 显示求和的值3 119.00
```

4. TOTAL 命令

功能:计算当前选定表中数值字段的总和。

语法:TOTAL TO TableName ON FieldName [FIELDS FieldNameList]
[Scope][FOR lExpression1]

说明:要使用此命令,当前工作区中的表必须经过排序或索引。

六、表的复制(COPY TO)

COPY TO 命令

功能:用当前选定表的内容创建新文件。

语法:COPY TO FileName [FIELDS FieldList][Scope][FOR lExpression1]

例
```
USE C:\用户\交通补贴.DBF             && 打开'交通补贴.DBF'表
COPY TO C:\用户\备份                 && 复制建立新表'备份.DBF'
USE C:\用户\备份          && 关闭'交通补贴.DBF'表,打开'备份.DBF'表
BROWSE                               && 浏览显示'备份.DBF'表
```

七、表的索引

(一) 建立索引(INDEX)

1. 菜单法

步骤 1　从‘窗口(W)’菜单中选择‘查看窗口(V)...’,启动‘查看’对话框。

步骤 2　选择‘打开(O)’按钮,选择打开待建索引的表。

步骤 3　选择‘属性(P)...’,再选择‘修改(M)...’, 打开‘表设计器’。

步骤 4　在‘表设计器’中,选择‘索引’选项卡。

步骤 5　在‘索引名’框中,键入索引名。

步骤 6　从‘类型’列表中,选定索引类型。

步骤 7　在‘表达式’框中,键入作为记录排序依据的字段名。或者,通过选择表达式框后面的按钮,显示表达式生成器来建立表达式。

步骤 8　若想有选择地输出记录,可在‘筛选’框中输入筛选表达式,或者选择该框后面的按钮来建立表达式。

步骤 9　选择‘确定’。

图表 3-8

建立表的索引

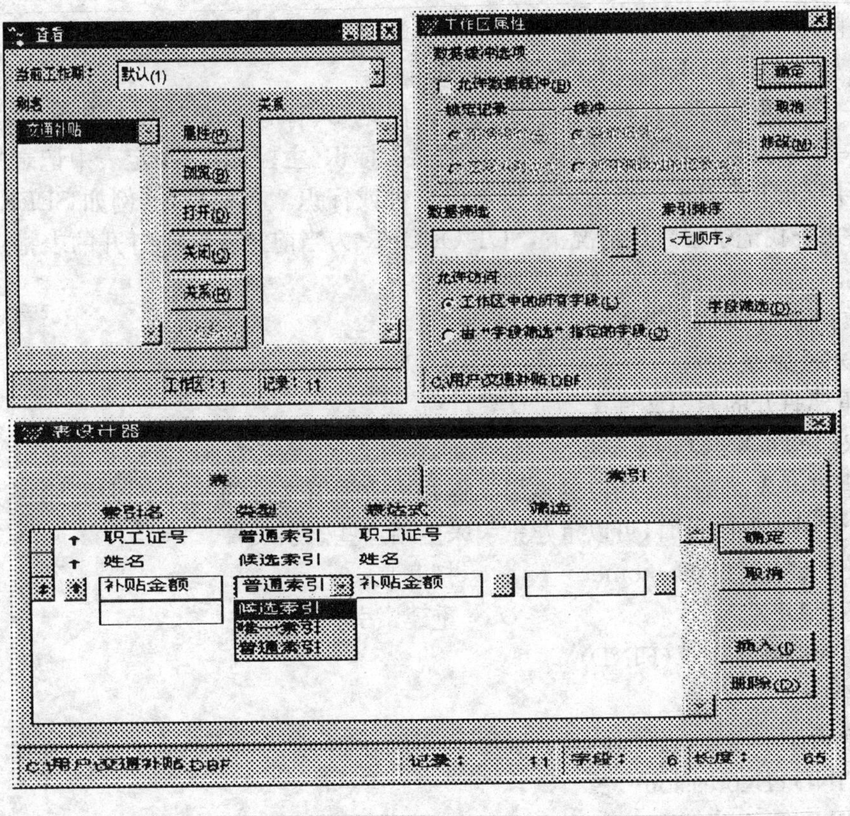

2. 命令法

INDEX 命令

功能:创建一个索引文件,利用该文件可以按某种逻辑顺序显示和访问表记录。

语法:INDEX ON eExpression TO IDXFileName | TAG TagName[OF CDXFileName]

[FOR lExpression][ASCENDING | DESCENDING]

例
```
USE C:\用户\Customer                 && 打开 customer 表
INDEX ON company TO complist. idx    && 创建名为 complist. idx 的索引文件
BROWSE                               && 按 company 字段的字母顺序显示记录
INDEX ON contact TAG contact         && 创建名为 contact 的索引文件
BROWSE &&                            按 contact 字段的字母顺序显示记录
```

（二）打开索引(USE... INDEX...)

USE... INDEX... 命令

功能：打开一个表，同时打开相关索引文件。

语法：USE [TableName][IN nWorkArea | cTableAlias][INDEX IndexFileList]

例 USE C:\用户\Customer INDEX complist. idx && 打开表和索引文件。

（三）设置主控索引(SET ORDER TO)

SET ORDER TO 命令

功能：指定表的主控索引文件或标识。

语法：SET ORDER TO [nIndexNumber | IDXIndexFileName | [TAG] TagName
[OF CDXFileName][IN nWorkArea | cTableAlias]
[ASCENDING | DESCENDING]]

说明：一个表可以同时打开多个索引文件。但是，只有一个单索引(. IDX)文件(主控索引文件)或一个来自复合索引(. CDX)文件的索引标识(主控标识)决定表中记录的显示和访问顺序。可用 SET ORDER 来指定主控索引文件或标识。有些命令(例如 SEEK)使用主控索引或标识来查找记录。默认情况下，SET ORDER 为当前工作区中打开的表指定主控索引或主控标识。

（四）重建索引(REINDEX)

REINDEX 命令

功能：重建打开的索引文件。

语法：REINDEX [COMPACT]

说明：当打开表而不打开相应的索引文件并更改索引文件的关键字段后，索引文件就变得过时。如果索引文件已过时，可以重建索引来更新这些索引文件。

例
```
USE C:\用户\Customer    && 打开表
REINDEX                 && 重建索引文件
```

（五）按索引查找记录(FIND)

FIND 命令

功能：搜索某个已建立索引的表。可用 SEEK 代替。

语法：FIND cExpression

说明：FIND 命令移动记录指针，指向表中索引关键字与字符表达式 cExpression 相匹配的第一个记录，FIND 命令要求当前选定表已经建立了索引。

例
```
USE C:\用户\交通补贴. DBF     && 打开'交通补贴. DBF'表
INDEX ON 姓名 TAG 姓名       && 创建名为'姓名'的索引文件
FIND'李'                     && 搜索'姓名'为'李'的记录
```

DISPLAY　　　　　　　　　&& 若找到,则显示这条记录。

第四节　数　据　库

数据库提供工作环境:存储表,设置属性和数据有效性规则,在表间建立关系。

一、建立数据库(CREATE DATABASE)

(一) 菜单法

要把数据并入数据库中,必须先建立一个新的数据库,然后加入需要处理的表,并定义它们之间的关系。可用如下方法创建一个新数据库:

步骤 1　在'文件(F)'菜单中选择'新建(N)...',启动'新建'对话框。

步骤 2　在'新建'对话框中选择'数据库(D)',选择'新文件(N)'按钮。

步骤 3　在'创建'对话框中确定数据库的文件名,选择'保存(S)'按钮,启动'数据库设计器'窗口。

在创建新数据库时,会显示一个空的数据库设计器窗口,同时,数据库设计器工具栏将变为有效。'数据库设计器'显示数据库中包含的全部表、视图和关系。在"数据库设计器"窗口活动时,Visual FoxPro 显示数据库菜单和数据库设计器工具栏。每个表用一个可调整大小的窗口代表,窗口中列出表的字段和索引(如果存在)。

图表 3-9

数据库设计器和数据库菜单

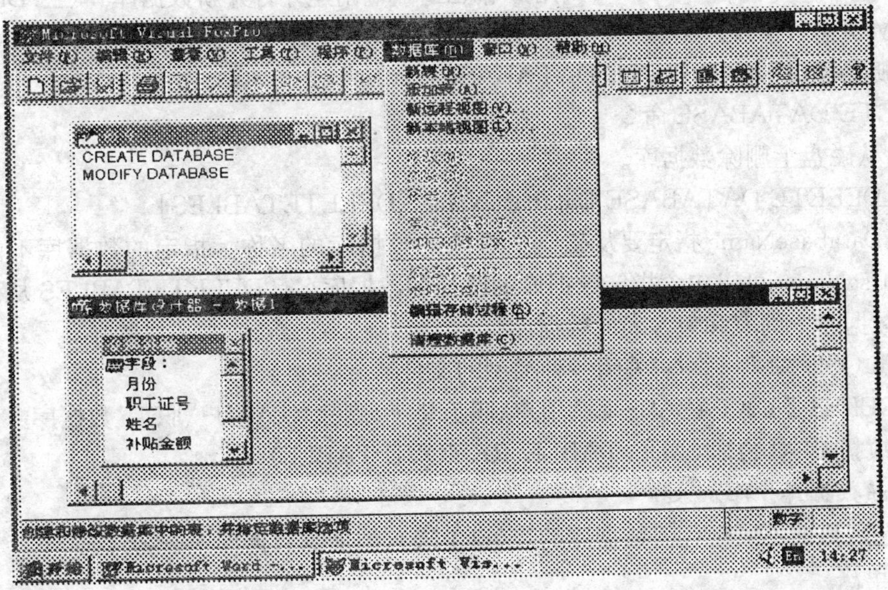

(二) 命令法

CREATE DATABASE 命令

功能:创建并打开一个数据库。

语法:CREATE DATABASE [DatabaseName | ?]

二、保存、关闭和打开数据库(CLOSE DATABASE、OPEN DATABASE)

(一) 保存和关闭数据库

用鼠标左键双击数据库设计器窗口控制框,即可保存数据库,数据库文件的扩展名为.DBC,关联的数据库备注文件的扩展名为.DCT,关联的索引文件的扩展名为.DCX,但并没有关闭数据库,要关闭数据库,可用命令 CLOSE DATABASE 或 CLOSE ALL。

(二) 打开数据库

已经建立的数据库必须在打开后才能访问它内部的表。

1. 菜单法

步骤 1 在'文件(F)'菜单中选择'打开(O)...'。

步骤 2 在'打开'对话框中选择'文件类型(T)'为'数据库 *.dbc'。

步骤 3 选择数据库名后,选择'确定'按钮,启动'数据库设计器'并打开数据库。

2. 命令法

OPEN DATABASE 命令

功能:打开一个数据库。

语法:OPEN DATABASE [FileName][NOUPDATE]

三、修改数据库(MODIFY DATABASE)

MODIFY DATABASE 命令

功能:打开数据库设计器,交互地修改当前数据库。

语法:MODIFY DATABASE [DatabaseName][NOWAIT][NOEDIT]

例 CREATE DATABASE C:\用户\职工 && 创建并打开新数据库'职工.DBC'

MODIFY DATABASE && 打开'数据库设计器',交互地修改数据库。

四、删除数据库(DELETE DATABASE)

DELETE DATABASE 命令

功能:从磁盘上删除数据库。

语法:DELETE DATABASE DatabaseName [DELETETABLES]

参数:DatabaseName 指定要从磁盘上删除的数据库的名称。指定的数据库不能是打开的。DatabaseName 可以包含指定数据库的路径和数据库名。DELETETABLES 从磁盘上删除包含在数据库中的表和包含表的数据库。

例 CLOSE ALL && 关闭各种类型的文件

DELETE DATABASE C:\用户\职工 && 删除'C:\用户\职工'数据库

五、数据库中的表(ADD TABLE、REMOVE TABLE)

(一) 在数据库中添加表

可以选定目前不属于任何数据库的表(自由表),添加到数据库中去,方法如下:

1. 菜单法

步骤 1 从'数据库'菜单中选择'添加表'(见图表 3-10)。

步骤 2 在'打开'对话框中选定一个表,然后选择'确定'。

2. 命令法

可在一个打开的数据库中创建表,或向数据库中添加已有的表,把表和数据库联系起来。若要在数据库中添加一个自由表,可使用 ADD TABLE 命令。

图表 3-10

在数据库设计器中添加表

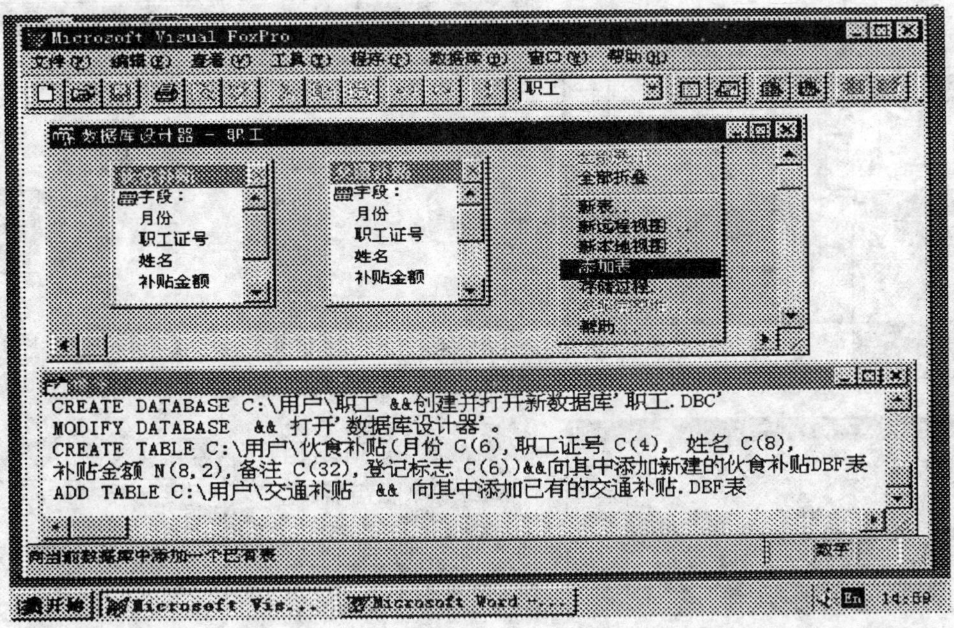

例 CREATE DATABASE C:\用户\职工　&& 创建并打开新数据库'职工.DBC'

MODIFY DATABASE　&& 打开'数据库设计器'。(见图表 3-10)

CREATE TABLE C:\用户\伙食补贴(月份 C(6),职工证号 C(4), 姓名 C(8),;

补贴金额 N(8,2),备注 C(32),登记标志 C(6))　&& 向其中添加新建的伙食补贴 DBF 表

ADD TABLE C:\用户\交通补贴　&& 向其中添加已有的交通补贴.DBF 表

（二）在数据库中移去表

当数据库不再需要某个表时,可以从该数据库中移去此表。方法如下：

1. 菜单法　从'数据库设计器'中选定表,并从'数据库'菜单中选择'移去'按钮。

2. 命令法　使用 REMOVE TABLE 命令。

例 CREATE DATABASE C:\用户\dbc2　&& 创建名称为 dbc2 的数据库

CREATE TABLE C:\用户\table1(BH C(6), XM C(8))　&& 创建 table1 表并加入 dbc2

CLOSE TABLES　&& 关闭 table1 表(一个表在从数据库移去之前,必须先关闭。)

REMOVE TABLE table1　&& 将 table1 从数据库 dbc2 中移去

六、设置字段属性和规则

在'数据库设计器'中用鼠标右键单击数据库中的表,再在右键菜单中选择'修改',启动'表设计器',就可设置字段属性和规则。例:设置了'职工证号' 字段'不能为空'的有效性规则".NOT.EMPTY(职工证号)",在增加新记录时,如果'职工证号' 字段没有输入,就会弹出提示窗口显示'职工证号不能为空'(见图表 3-11)。

图表 3-11

在表设计器中设置字段属性和规则

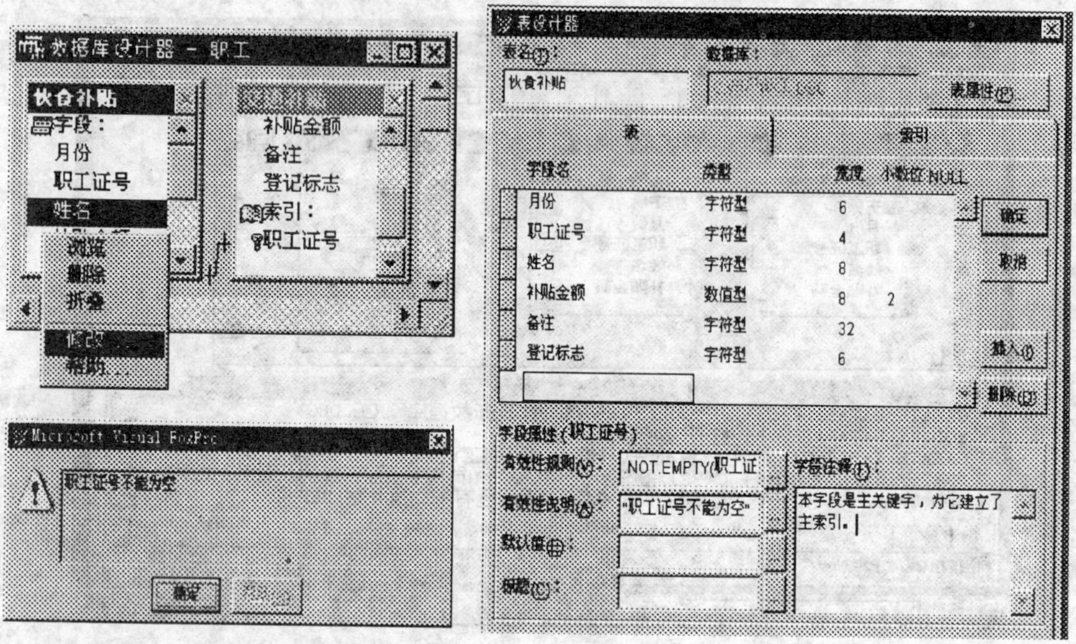

七、表之间永久性关系的建立和删除

（一）表之间永久关系的建立

步骤 1　在数据库设计器中建立两个以上的表，例：在'职工.DBC'数据库中建立了'伙食补贴 DBF'和'交通补贴.DBF'表（见图表 3-10）。

步骤 2　用鼠标右键单击'伙食补贴 DBF'表，启动右键菜单，选择'修改...'命令，进入表设计器（见图表 3-12a 和图表 3-12b）。

图表 3-12a

在数据库设计器中启动右键菜单

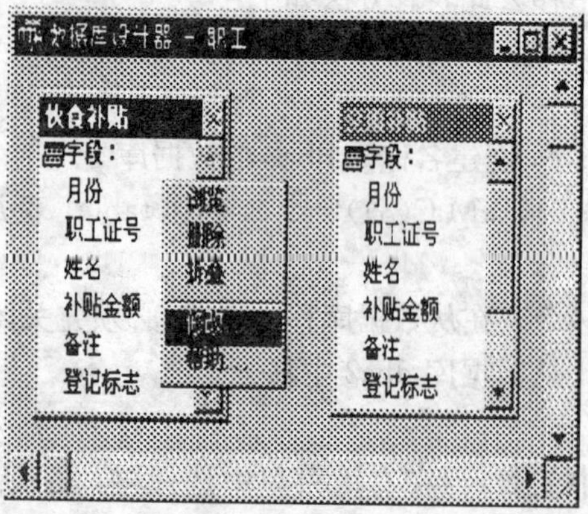

图表 3-12b

在表设计器中修改表的索引

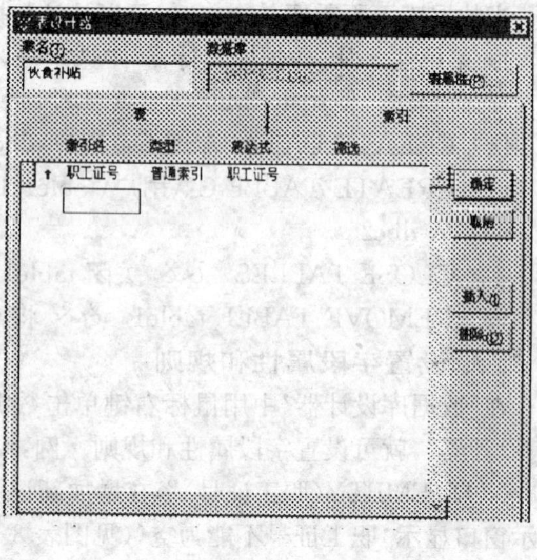

步骤3　单击索引选项卡，设置‘索引名’为‘职工证号’，‘表达式’为‘职工证号’。

步骤4　仿照步骤2和步骤3，建立‘交通补贴.DBF’表的索引，设置‘索引名’为‘职工证号’，‘表达式’为‘职工证号’，把‘类型’选为‘主控索引’。

步骤5　用鼠标把‘交通补贴.DBF’表的‘职工证号’索引拖到‘伙食补贴 DBF’表的‘职工证号’索引名上，出现编辑关系对话框（见图表3-12c）。

步骤6　单击‘确定’按钮，立即在两个表之间建立起一条关联线（见图表3-12d）。

图表3-12c

编辑关系对话框

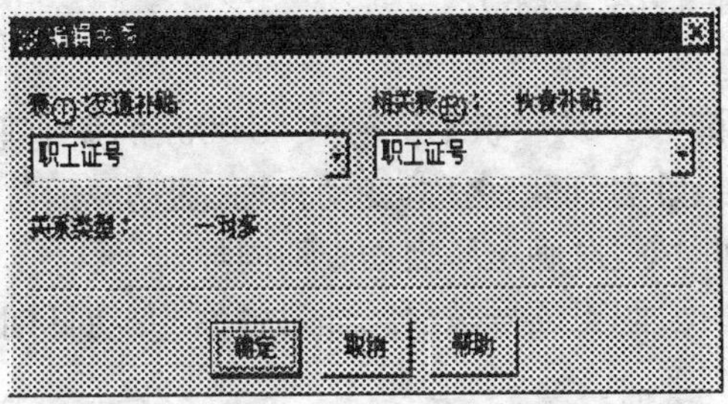

图表3-12d

建立表之间的永久关系

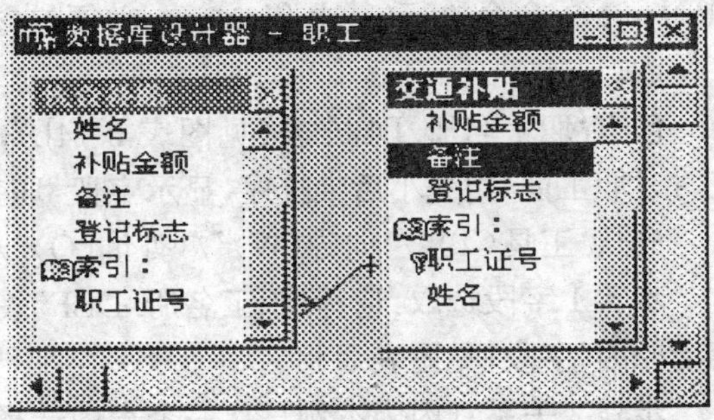

(二) 表之间永久关系的删除

步骤1　在数据库设计器中，单击两表间的关系线，关系线变粗，即已选择了该关系（见图表3-13a）。

步骤2　按下delete键，两表间的关系线被删除（见图表3-13b）。

图表3-13a

单击关系线，关系线变粗

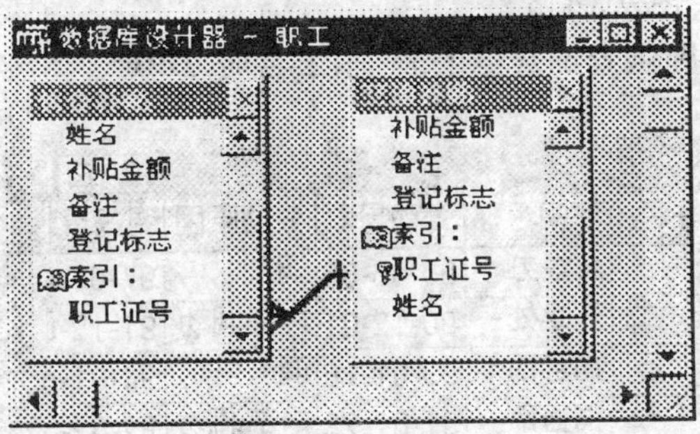

图表3-13b

按下delete键，关系线被删除

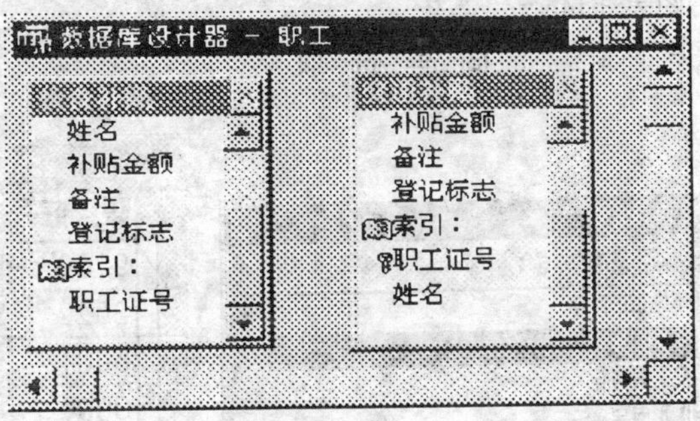

第五节　查询设计举例

一、用向导建立 RQBE 查询和执行查询

(一) 用向导建立 RQBE 查询

若要快速创建查询，可用 Visual FoxPro 的查询向导。可从‘工具(T)’菜单内‘向导(W)’子菜单中选择‘查询(Q)’（见图表3-2e Visual FoxPro 的‘工具’菜单），再在‘向导选取’对话框中选定‘查询向导’。（见图表3-14a），按‘确定’命令按钮，启动查询向导。查询向导将按如下步骤询问，并根据对提问的回答来建立查询。

步骤 1 字段选取：可从几个表和视图中选择字段。先从一个表或视图内选择字段移到‘选定字段’框中，再从另外表或视图中选择并移动字段。

步骤 2 关系：有关关系的信息。

步骤 3 排序次序：按查询结果排序的顺序选择字段。

步骤 4 筛选：有关筛选的信息。

步骤 5 完成：保存查询后，可以像其他查询一样在查询设计器中打开或修改它。

（二）执行查询

保存的查询文件可从‘程序(P)’菜单中选‘执行(D)’命令，也可在命令窗口中用 DO < fileName >命令执行(其中 fileName 必须包含它的扩展名. QPR)。

（三）例

已有‘职工名册. DBF’表(见图表 3-14b)，要查询‘0000’<‘职工证号<‘8 000’的所有职工，按‘职工证号’先小后大排序，显示字段‘职工证号、姓名、部门名称、变动日期、变动原因’。

先从‘工具(T)’/‘向导(W)’/‘查询(Q)’/‘查询向导’/‘确定’，启动查询向导。

步骤 1 字段选取：选择‘职工名册. DBF’表，再选择‘职工证号、姓名、部门名称、变动日期、变动原因’字段，见图表 3-14c。

步骤 2 关系：(因为本例只从一个表内选择字段，所以此步骤不做。)

步骤 3 排序次序：从职工名册. DBF 表中选择‘职工证号’以‘升序’排序，见图表 3-14d。

步骤 4 筛选：设置了职工名册. 职工证号>‘0000’ AND 职工名册. 职工证号<‘8 000’，见图表 3-14e。

步骤 5 完成：设置了保存查询的盘符路径文件名为‘C:\用户\职工名册查询 3. QPR’，见图表 3-14f。

本例的执行命令为“DO C:\用户\职工名册查询 3. QPR”，结果见图表 3-14g。

图表 3-14a

向 导 选 取

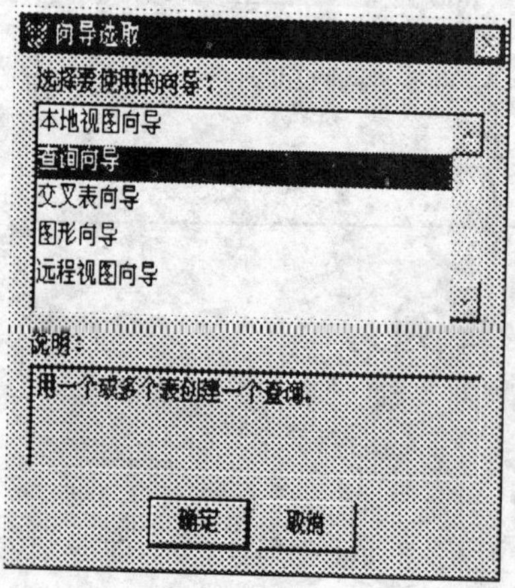

图表 3-14b

提供查询数据的表‘职工名册. DBF’

职工证号	姓名	部门名称	变动日期	变动原因	调资日
9100	张 一	总经办	96-06-06	调入	97-06-
3022	张 二	基建处	90-12-01	内部调动	91-12-
6001	张 三	物管部	93-01-16	调入	94-01-
8001	李 一	销售部	91-02-28	内部调动	92-02-
9003	李 二	总经办	92-07-09	内部调动	93-07-
9101	李 三	总经办	95-09-09	调入	96-09-
6118	王 一	物管部	93-05-12	调入	94-05-
3099	王 二	基建处	94-11-11	内部调动	95-11-
8007	王 三	销售部	96-10-21	调入	97-10-
8003	钱 一	销售部	97-01-01	内部调动	98-01-
6220	钱 二	物管部	98-12-12	内部调动	99-12-
6002	钱 三	物管部	98-01-01	调入	99-01-

图表 3-14c

步骤 1 字段选取

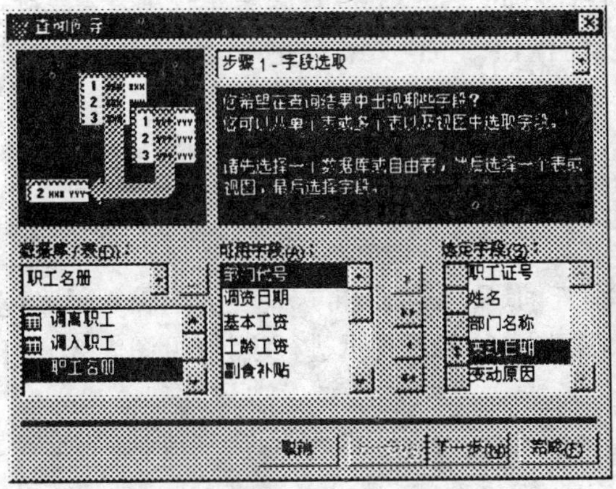

图表 3-14d

步骤 3 排序次序

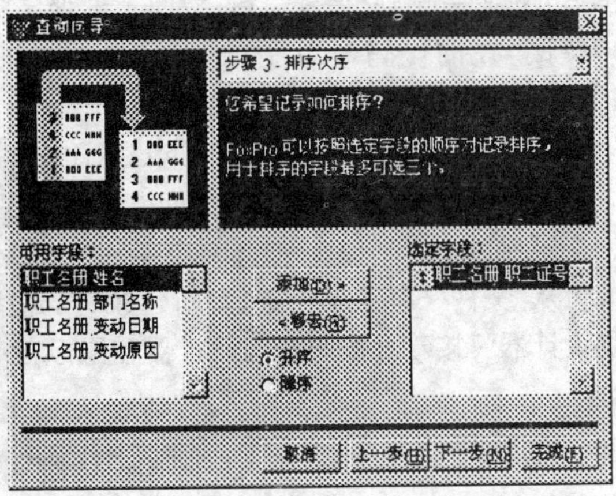

图表 3-14e

步 骤 4 筛 选

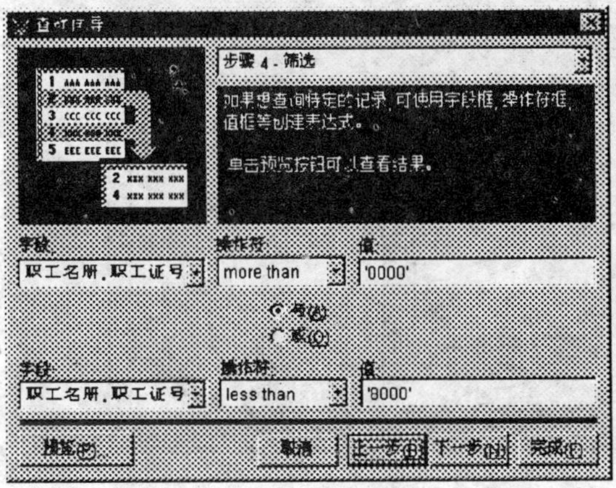

图表 3-14f

步 骤 5 完 成

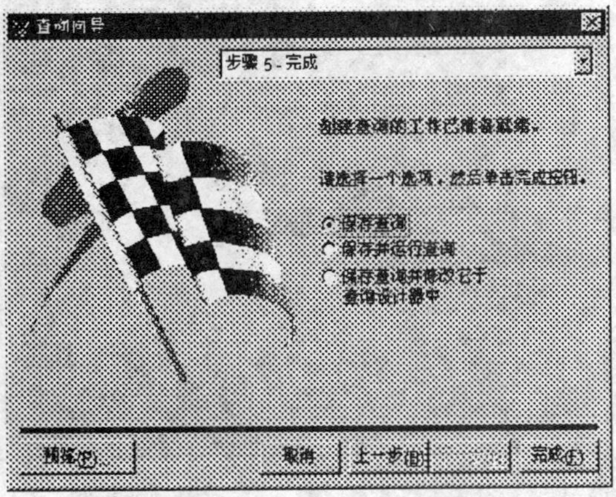

图表 3-14g

查 询 的 结 果

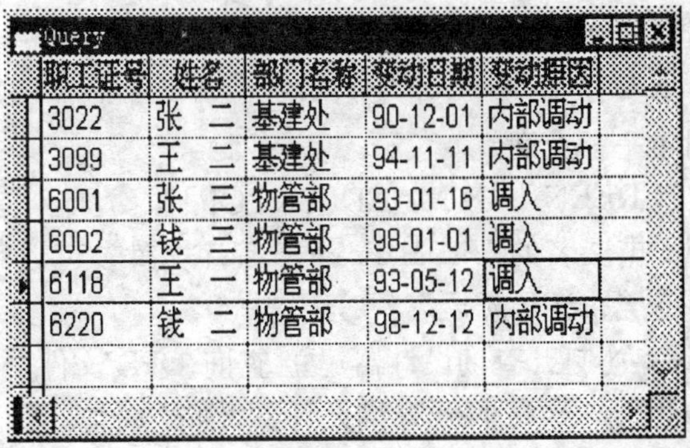

职工证号	姓名	部门名称	变动日期	变动原因
3022	张　二	基建处	90-12-01	内部调动
3099	王　二	基建处	94-11-11	内部调动
6001	张　三	物管部	93-01-16	调入
6002	钱　三	物管部	98-01-01	调入
6118	王　一	物管部	93-05-12	调入
6220	钱　二	物管部	98-12-12	内部调动

图表 3-14h

自动生成的查询代码

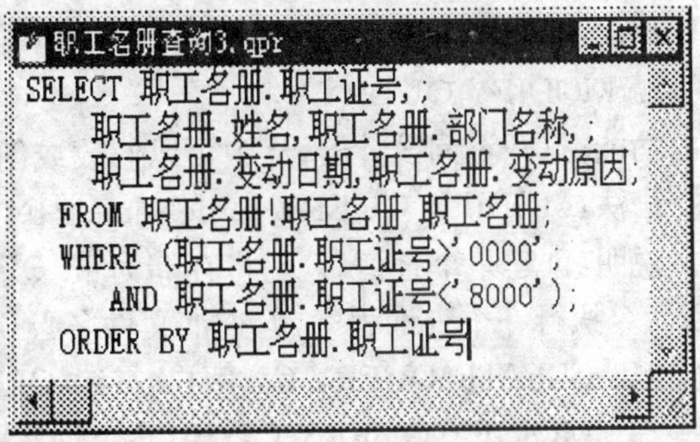


```
SELECT 职工名册.职工证号,;
    职工名册.姓名,职工名册.部门名称,;
    职工名册.变动日期,职工名册.变动原因;
 FROM 职工名册!职工名册 职工名册;
 WHERE (职工名册.职工证号>'0000';
    AND 职工名册.职工证号<'8000');
 ORDER BY 职工名册.职工证号
```

注：若在命令窗口中输入"MODIFY COMMAND C:\用户\职工名册查询 3. QPR"命令，按回车键，就会调出编辑窗口，可以看到 Visual FoxPro 自动生成的'查询代码'(见图表 3-14h)，可把它复制到'命令窗口'按回车键直接执行查询。结果相同(见图表 3-14g)。若要进一步理解该'查询代码'，可在命令窗口中输入"HELP SELECT-SQL"，按回车键，查看'SELECT-SQL'命令的语法和说明。

二、用查询设计器修改查询(CREATE QUERY、MODIFY QUERY)

如果不想用查询向导，可用查询设计器来建立查询。

(一) 菜单法

可从'文件(F)'菜单中选择'新建(N)'，选择'查询(Q)'选项，再选择'新文件(N)'，启动查询设计器。接着可按照查询设计器和鼠标右键菜单中的各种提示进行设计(见图表 3-15)。

图表 3-15

在'查询设计器'中设计、建立查询

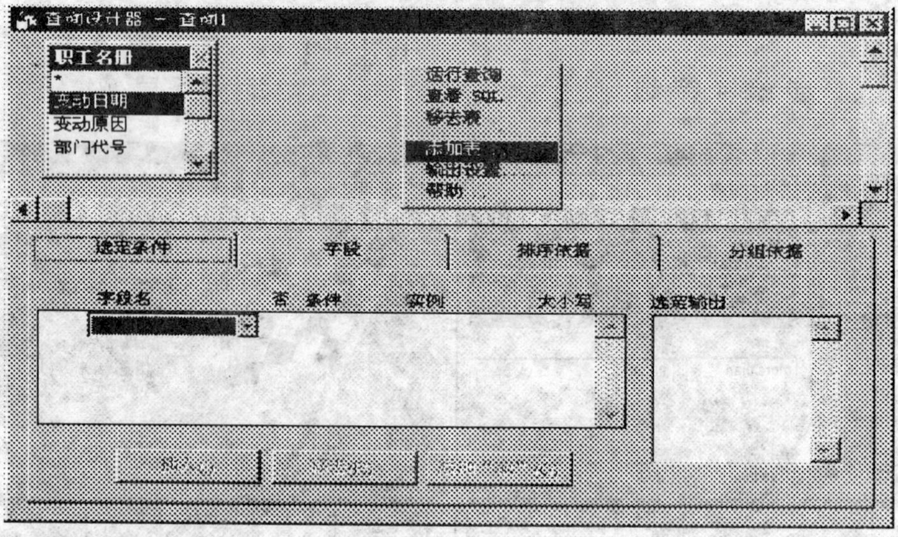

(二) 命令法 (见图表 3-16)

1. CREATE QUERY

功能：打开查询设计器。

语法：CREATE QUERY [FileName][NOWAIT]

2. MODIFY QUERY

功能：打开查询设计器，从中可以修改或创建一个查询。

语法：MODIFY QUERY [FileName][IN SCREEN | IN MACDESKTOP]

说明：创建一个查询后，它将存储为带. QPR 扩展名的 Visual FoxPro 程序文件。可以用 DO 命令执行一个查询程序，但查询文件名必须包含. QPR 扩展名。

例 CREATE QUERY C:\用户\查询. QPR && 打开查询设计器建立'查询. QPR'文件。
MODIFY QUERY C:\用户\查询. QPR && 打开查询设计器，修改文件。
DO C:\用户\查询. QPR && 执行'查询. QPR'文件。

图表 3-16

在'查询设计器'中修改查询

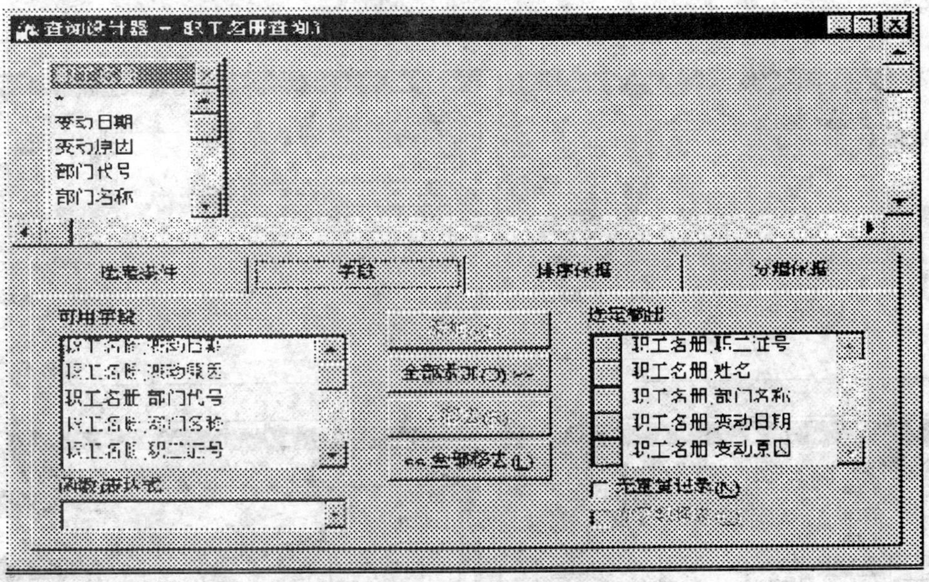

第六节　菜单设计举例

可以用'菜单设计器'为'应用程序'建立'菜单系统',步骤如下:

一、规划菜单系统

确定需要的菜单、菜单项和子菜单的名称,以及应该放在何处。

例　规划一个'小菜单'如图表 3-17。

图表 3-17

规划一个'小菜单'

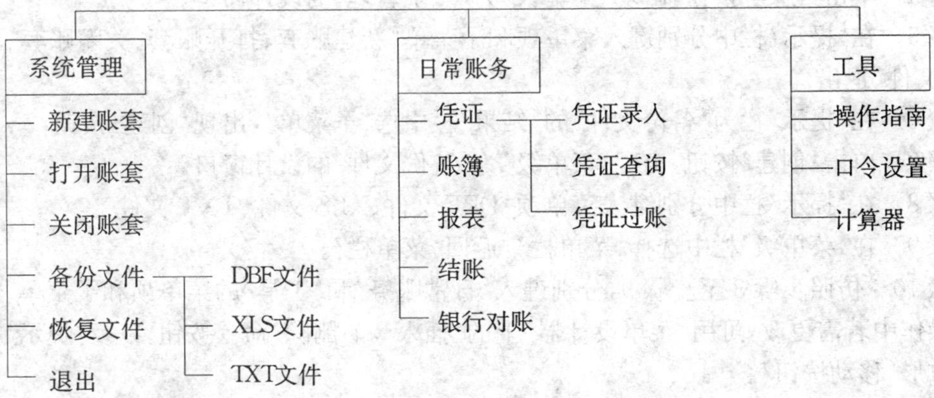

二、建立菜单的标题、菜单项和子菜单

可从'文件(F)'菜单中选择'新建(N)',选择'菜单(M)'选项,再选择'新文件(N)',启动'菜单设计器';也可用 CREATE MENU 命令打开菜单设计器,在其中按照各种提示进

行设计。

例 建立图表 3-17 中规划的‘小菜单’的标题、菜单项和子菜单(见图表 3-18)。

图表 3-18

建立‘小菜单’的标题、菜单项和子菜单

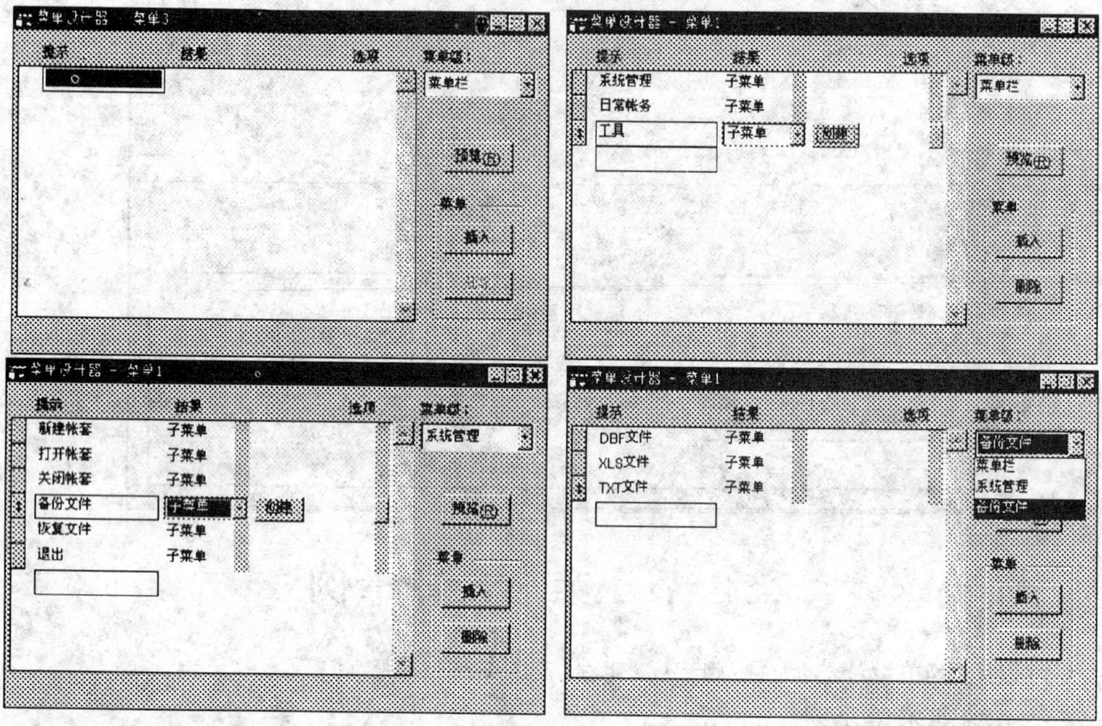

步骤 1 从‘文件(F)’/‘新建(N)’/‘菜单(M)’/‘新文件(N)’,启动‘菜单设计器’。

步骤 2 在‘菜单设计器’的‘提示’栏中分别键入菜单标题‘系统管理、日常账务、工具’。(此时的‘菜单级’为‘菜单栏’。)

步骤 3 在‘提示’栏为‘系统管理’的‘结果’栏中选‘子菜单’,出现‘创建’按钮。

步骤 4 单击‘创建’按钮,出现‘菜单级’为‘系统管理’的设计窗口。

步骤 5 在‘提示’栏中分别键入菜单项和子菜单‘新建账套、打开账套、关闭账套、备份文件、恢复文件、退出’。

步骤 6 在‘提示’栏为‘备份文件’的‘结果’栏中选‘子菜单’,出现‘创建’按钮。

步骤 7 单击‘创建’按钮,出现‘菜单级’为‘备份文件’的设计窗口。

步骤 8 在‘提示’栏中分别键入菜单项‘DBF 文件、XLS 文件、TXT 文件’。

步骤 9 在‘菜单级’栏中选择‘菜单栏’,返回‘菜单栏’。

步骤 10 仿照步骤 3 至步骤 9,分别键入‘日常账务’和‘工具’的菜单项和子菜单。

在操作中若需更改,可用‘菜单设计器’上的‘插入’和‘删除’命令按钮,以及‘提示’栏左边的小长方形‘移动按钮’。

如果要仔细加工‘菜单’,在‘提示’栏中,可单用‘\-’(反斜杠和减号),建立‘分隔线’;可在菜单项后面添加‘\<’(反斜杠和小于号),再添加‘字母’,建立‘访问键’;还可单击‘选项’栏的对应按钮,进行‘快捷键’、‘菜单位置’、‘跳过’、‘信息’、‘主菜单名’的设置,如果要迅速完成‘菜单’,这几项工作可以不做。

三、为菜单指定任务

指定各菜单项要执行的任务，可指定执行程序、显示表单、弹出对话框初始化或清理代码的任务。

例 为图表 3-18 中建立的‘小菜单’指定任务(见图表 3-19)。

步骤 1 在‘菜单设计器’的‘提示’栏中单击‘系统管理’，单击对应的‘编辑’按钮。

步骤 2 在‘提示’栏为‘新建账套’的‘结果’栏中选择‘命令’，键入‘DO 新建账套. PRG’。

步骤 3 仿照步骤 1 至步骤 2，分别键入相关的任务。

在‘提示’栏为‘退出’的‘结果’栏中选择‘过程’，在‘过程’窗口中输入命令：

```
SET SYSMENU NOSAVE              && 重置 Visual FoxPro 系统菜单
SET SYSMENU TO DEFAULT          && 将系统菜单恢复为默认的菜单
```

图表 3-19

指定要执行的任务

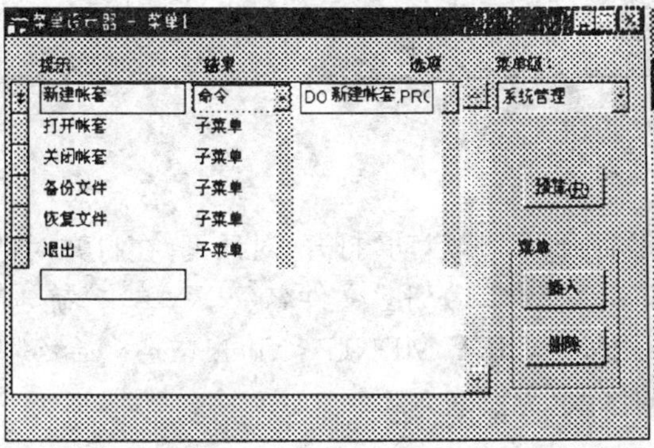

图表 3-20

预览菜单系统

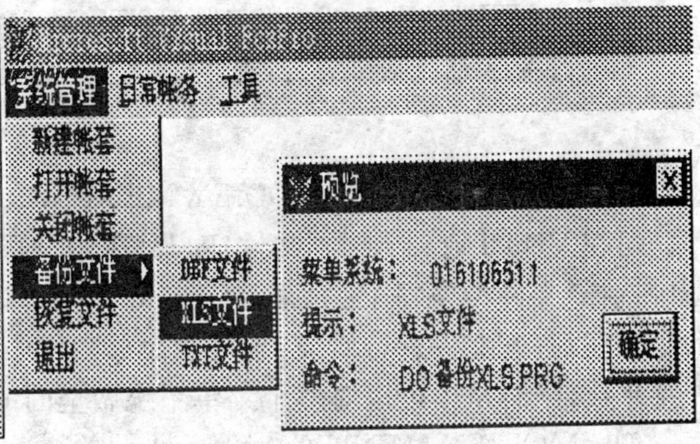

四、预览、生成和运行菜单系统

(一) 预览菜单系统

设计菜单后，可用‘预览(R)’命令按钮查看。

例 预览图表 3-19 中设计的‘小菜单’。(见图表 3-20)

(二) 生成菜单系统

步骤 1 在 Visual FoxPro 的系统菜单上选择‘菜单(M)’，再选择‘生成(G)...’命令，启动‘生成菜单’对话框。

步骤 2 在‘生成菜单’对话框中填写‘输出文件(F)’，(例：小菜单)单击‘生成’命令按钮，则生成扩展名为. MPR 的菜单程序文件。(例：小菜单. MPR)

生成的扩展名为. MPR 的菜单程序文件可用 MODIFY COMMAND 命令打开查看，进行对照分析(见图表 3-21)。

例 MODIFY COMMAND C:\用户\小菜单. MPR

(三) 运行菜单系统

保存的菜单程序文件(*. MPR)可从‘程序(P)’菜单中选择‘执行(D)’命令，也可在命令窗口中用‘DO ＜fileName＞’命令执行。(此 fileName 必须包含扩展名. MPR。)

例 DO C:\用户\小菜单. MPR

图表 3-21

打开查看'小菜单.MPR'的程序

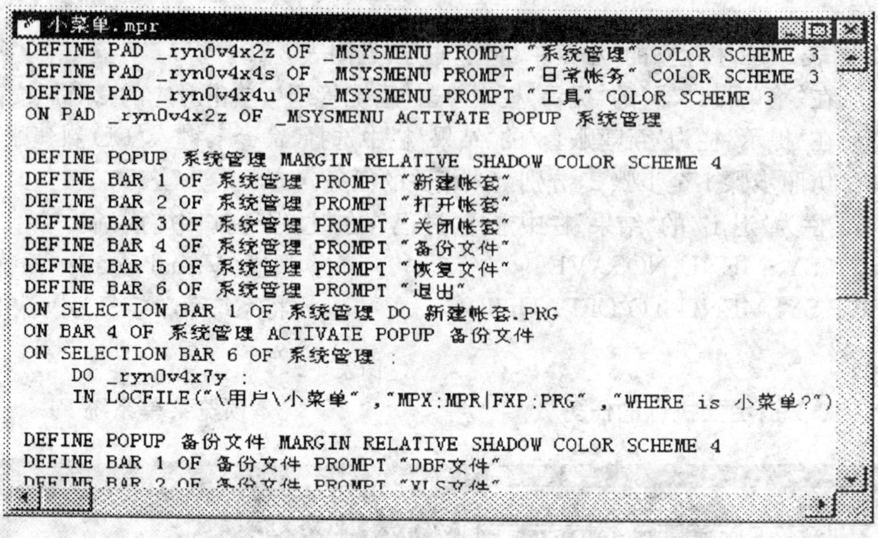

```
小菜单.mpr
DEFINE PAD _ryn0v4x2z OF _MSYSMENU PROMPT "系统管理" COLOR SCHEME 3
DEFINE PAD _ryn0v4x4s OF _MSYSMENU PROMPT "日常帐务" COLOR SCHEME 3
DEFINE PAD _ryn0v4x4u OF _MSYSMENU PROMPT "工具" COLOR SCHEME 3
ON PAD _ryn0v4x2z OF _MSYSMENU ACTIVATE POPUP 系统管理

DEFINE POPUP 系统管理 MARGIN RELATIVE SHADOW COLOR SCHEME 4
DEFINE BAR 1 OF 系统管理 PROMPT "新建帐套"
DEFINE BAR 2 OF 系统管理 PROMPT "打开帐套"
DEFINE BAR 3 OF 系统管理 PROMPT "关闭帐套"
DEFINE BAR 4 OF 系统管理 PROMPT "备份文件"
DEFINE BAR 5 OF 系统管理 PROMPT "恢复文件"
DEFINE BAR 6 OF 系统管理 PROMPT "退出"
ON SELECTION BAR 1 OF 系统管理 DO 新建帐套.PRG
ON BAR 4 OF 系统管理 ACTIVATE POPUP 备份文件
ON SELECTION BAR 6 OF 系统管理 ;
    DO _ryn0v4x7y ;
    IN LOCFILE("\用户\小菜单" ,"MPX;MPR|FXP;PRG" ,"WHERE is 小菜单?")

DEFINE POPUP 备份文件 MARGIN RELATIVE SHADOW COLOR SCHEME 4
DEFINE BAR 1 OF 备份文件 PROMPT "DBF文件"
DEFINE BAR 2 OF 备份文件 PROMPT "XLS文件"
```

五、修改菜单系统(MODIFY MENU)

可在 Visual FoxPro 的'文件(F)'菜单中选择'打开(O)',启动'打开'对话框,在打开对话框中选择'文件类型(T)'为'菜单(*.mnx)',再选择'搜索(T)'和'文件名(N)',单击'确定'命令按钮,打开文件进行修改;也可在命令窗口中用'MODIFY MENU <fileName>'命令打开菜单设计器,从中可以对整个菜单系统做全面的修改(见图表 3-22)。

例 MODIFY MENU C:\用户\小菜单.mnx

图表 3-22

打开菜单设计器,修改'小菜单.mnx'文件

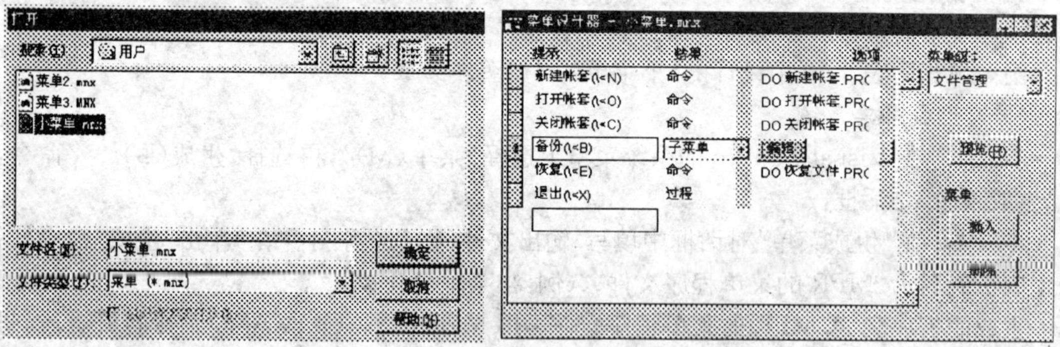

第七节 编 程 举 例

程序是一组命令,把能完成某个功能的一组命令输入保存在一个文件中,这个文件就称为程序文件,也称为命令文件,其扩展名是'.PRG'。程序文件在运行时,系统会自动生成扩展名为‘.FXP’的编译文件，再执行这个编译文件。

一、打开‘编辑窗口’建立或修改程序文件（MODIFY COMMAND）

（一）菜单法

1. 建立新的程序文件：在 Visual FoxPro 的‘文件(F)’菜单中选择‘新建(N)’，启动‘新建’对话框，在其中选择‘程序(P)’和‘新文件’大按钮，打开‘编辑窗口’，输入和修改应用程序。

2. 修改已有的程序文件：在 Visual FoxPro 的‘文件(F)’菜单中选择‘打开(O)’，启动‘打开’对话框，在其中选择已有的程序文件，双击该文件，打开‘编辑窗口’，进行修改。

（二）命令法

MODIFY COMMAND 命令

功能：打开一个编辑窗口，从中可以修改或创建程序文件。

语法：MODIFY COMMAND [FileName | ?]

例 在 C 盘的‘用户’子目录中建立‘计算.PRG’程序文件，要求该文件能够打开‘补贴清单.DBF’表，计算并显示交通补贴的平均值。

操作：在命令窗口中，键入 MODIFY COMMAND C:\用户\计算.PRG 命令，按回车键，Visual FoxPro 就会打开‘编辑窗口’，这时就可以输入如下的程序命令：

```
USE C:\用户\补贴清单.DBF   && 打开‘补贴清单.DBF’表
SET TALK OFF               && 阻止对话结果传送到 Visual FoxPro 主窗口
AVERAGE 交通补贴 TO m.交通补贴  && 结果存入内存变量
SET TALK ON                && 允许把对话结果发送到 Visual FoxPro 主窗口
?‘交通补贴的平均值=’        && 显示字符串‘交通补贴的平均值=’
?? m.交通补贴               && 显示平均值
```

注意：输入的每一条命令占一行，若一条命令太长，可把它写在若干行中，但每次换行前需键入一个西文状态下的分号‘;’，该分号不要插在命令的某个短语中。

二、程序文件的保存

可按 Ctrl+W 键保存程序文件，也可用鼠标单击‘编辑窗口’右上角，关闭窗口保存程序文件。如果是新建立的程序文件，系统会显示‘询问框’和‘另存为’对话框，帮助确定‘驱动器、目录和文件名’，再保存程序文件。

三、程序文件的运行(DO)

（一）菜单法

步骤 1 选择 Visual FoxPro 的‘程序(P)’菜单中的‘执行(D)...’，启动‘执行’对话框。

步骤 2 在‘执行’对话框中的‘搜索(T)’中确定盘符和路径。

步骤 3 在‘执行’对话框中的‘文件类型(T)’中选择‘程序’。

步骤 4 选择要执行的程序文件，再选择‘执行’命令按钮。

（二）命令法

DO 命令

功能：执行一个 Visual FoxPro 的程序或过程。

语法：DO ProgramName1 | ProcedureName [IN ProgramName2][WITH Parameter List]

参数:ProgramName1 指定要执行的程序的名称。如果执行的程序不包含扩展名,Visual FoxPro 就以下列顺序查找并执行这些版本的程序:

. EXE(可执行版本)

. APP(一个应用程序)

. FXP(已编译的版本)

. PRG(程序)

例 DO C:\用户\计算. PRG

四、顺序控制命令举例(&、WAIT、GATHER、SCATTER)

(一) & 命令

功能:执行宏替换。

语法:& MemVarName [. cExpression]

例 1 X='Visual'

? '&X. FoxPro' && 显示 VisualFoxPro

例 2 STORE 'DO C:\用户\计算. PRG' TO gcXY && 把字符串存入变量'gcXY'中

&gcXY && 执行程序文件 C:\用户\计算. PRG

例 3 X='C:\用户\补贴清单. DBF' && 把字符串存入变量'X'中

USE &X && 打开'补贴清单. DBF' 表

(二) WAIT 命令

功能:显示信息并暂停 Visual FoxPro 的执行,按某个键或单击鼠标后继续执行。

语法:WAIT[cMessageText][TO MemVarName][WINDOW [AT nRow, nColumn]]
[NOWAIT][CLEAR | NOCLEAR][TIMEOUT nSeconds]

例 1 在屏幕的 8,16 位置显示'欢迎使用 Visual FoxPro',5 秒后自动消失。

WAIT'欢迎使用 Visual FoxPro'WINDOW at 8,16 TIMEOUT 5

例 2 创建包含两行信息的窗口。

WAIT'欢迎使用'+CHR(13)+'Visual FoxPro'WINDOW at 6,28

(三) GATHER 命令

功能:将当前选定表中当前记录的数据替换为某个数组、内存变量组或对象中的数据。

语法:GATHER FROM ArrayName | MEMVAR | NAME ObjectName
[FIELDS FieldList | FIELDS LIKE Skeleton | FIELDS EXCEPT Skeleton]
[MEMO]

(四) SCATTER 命令

功能:从当前记录中把数据复制到一组内存变量或数组中。

语法:SCATTER [FIELDS FieldNameList
| FIELDS LIKE Skeleton | FIELDS EXCEPT Skeleton] [MEMO]
TO ArrayName | TO ArrayName BLANK | MEMVAR | MEMVAR BLANK
| NAME ObjectName

例 使用 SCATTER 命令把当前记录中的数据复制到一组内存变量中,然后把数据显示在窗口中并进行编辑,最后,只要不按 Esc 键,使用 GATHER 命令把数据复制回当前记录中。

SET TALK OFF

```
CLOSE DATABASES
OPEN DATABASE (HOME( ) +'samples\data\testdata')
USE employee && 打开 Employee 表
COPY TO temp
USE temp
SCATTER MEMVAR MEMO      && 保存旧值
DEFINE WINDOW wEnter FROM 5,10 to 20,70 PANEL
ACTIVATE WINDOW wEnter
@ 1,3 SAY'First Name:'GET m.first_name,
@ 3,3 SAY'Last Name:'GET m.last_name,
@ 13,13 SAY'Press Esc to discard changes'
READ
IF LASTKEY( )! =27
  GATHER MEMVAR  && 保存修改
  WAIT WINDOW'Changes saved' NOWAIT
ELSE && 不保存修改
  WAIT WINDOW'Changes not saved' NOWAIT
ENDIF
DEACTIVATE WINDOW wEnter
BROWSE FIELDS first_name, last_name
USE
```

五、循环控制结构命令举例(SCAN... ENDSCAN、FOR... ENDFOR、DO WHILE... ENDDO)

(一)数据表扫描循环结构

SCAN ... ENDSCAN 命令

功能:在当前选定的表中移动记录指针,对每一个满足指定条件的记录执行一组命令。

语法:SCAN[NOOPTIMIZE][Scope] [FOR lExpression1]

```
        [Commands]
        [LOOP]
        [EXIT]
        ENDSCAN
```

说明:SCAN 命令自动将记录指针移到下一条满足指定条件的记录,并执行相应的命令块。可在 ENDSCAN 同一行的后面加一些注释。注释在程序编译和执行时不起作用。

例 在 C 盘的'用户'子目录中建立'扫描统计.PRG'程序文件,要求该文件能够打开'补贴清单.DBF'表,计算并显示销售部 1 月份交通补贴的总金额。

操作:在命令窗口中,键入'MODIFY COMMAND 扫描统计.PRG'命令,按回车键,Visual FoxPro 就会打开'编辑窗口',这时就可以输入如下的程序命令:

```
USE C:\用户\补贴清单.DBF   && 打开'补贴清单.DBF'表
SET TALK OFF   && 阻止对话结果传送到 Visual FoxPro 主窗口
```

```
gn交通补贴累加=0   && 设置初始数值为0
SCAN FOR 月份='01'.AND.部门名称='销售部'
gn交通补贴累加=gn交通补贴累加+交通补贴 && 符合条件的交通补贴累加
ENDSCAN
SET TALK ON   && 允许把对话结果发送到Visual FoxPro主窗口
CLEAR   && 清除屏幕
?'销售部1月份交通补贴的总金额=' && 显示字符串
?? gn交通补贴累加 && 显示销售部1月份交通补贴总金额
```

(二) 步长型循环结构

FOR ... ENDFOR 命令

若事先知道循环次数,则可使用FOR循环。

功能:按指定的次数重复执行一组命令。

语法:FOR MemVarName=nInitialValue TO nFinalValue [STEP nIncrement]

```
    Commands
    [EXIT]
    [LOOP]
    ENDFOR | NEXT
```

说明:可以用内存变量或数组元素作为计数器,指定FOR ... ENDFOR循环中Visual FoxPro命令的执行次数。在遇到ENDFOR或NEXT之前,始终执行FOR后面的Visual FoxPro命令。执行过程中,每循环一次,计数器Mem VarName都会递增,增量为nIncrement(如果省略STEP子句,则计数器每次的增量为1),然后把计数器的值与nFinalValue作比较。如果计数器的值小于或等于nFinalValue,将再次执行FOR语句后的命令;如果计数器的值大于nFinalValue,则退出FOR ... ENDFOR循环,程序继续执行ENDFOR或NEXT之后的第一条命令。

例 使用内存变量作为初始值、最终值和STEP值,显示customer表2号到10号记录中所有记录号为偶数的记录。

```
SET TALK OFF
CLOSE DATABASES
OPEN DATABASE (HOME( )+'samples\data\testdata')
USE customer                && 打开Customer表
STORE 2 TO gnI              && 初始值
STORE 10 TO gnJ             && 最终值
STORE 2 TO K                && 步长
FOR gnCount=gnI TO gnJ STEP K
    GOTO gnCount            && 移动记录指针
    DISPLAY company         && 显示公司名
ENDFOR
```

(三) 当型循环结构

DO WHILE ... ENDDO 命令

功能:在一个条件循环里执行一组命令。

语法:DO WHILE lExpression

```
    Commands
    [LOOP]
    [EXIT]
    ENDDO
```

说明:只要逻辑表达式 lExpression 为“真”(. T.),就执行位于 DO WHILE 和 ENDDO 间的命令集。每个 DO WHILE 语句必须有一个相应的 ENDDO 语句。

可在 DO WHILE 和 ENDDO 之后放注释。在程序编译和执行期间忽略注释。

例 用 DO WHILE 循环统计仓库中价格高于 20 美元的产品数量,遇到文件结束符(EOF) 时,退出 DO WHILE 循环并显示总数。

```
CLOSE DATABASES
OPEN DATABASE (HOME( ) +'samples\data\testdata')
USE products                 && 打开 Products 表
SET TALK OFF
gnStockTot=0
DO WHILE . T.                && 开始循环
  IF EOF( )
    EXIT
    ENDIF
    IF unit_price<20   && 若价格小于 20,则跳到下一条记录
      SKIP
      LOOP
    ENDIF
    gnStockTot=gnStockTot+in_stock && 累加价格高于 20 美元的产品的数量
    SKIP
ENDDO          && 结束循环
CLEAR
? 'Total items in stock valued over 20 dollars:'
?? gnStockTot
```

六、选择控制结构命令举例(IF ... ELSE ... ENDIF、DO CASE ... ENDCASE)

选择两个命令序列其中的一个条件分支,条件分支根据条件的测试结果执行不同的操作。Visual FoxPro 中有两条命令实现条件分支:

(一) IF ... ELSE ... ENDIF

功能:根据逻辑表达式值,有选择地执行一组命令。

语法:IF lExpression

```
    Commands
  [ELSE
    Commands]
```

```
  ENDIF
```

例

```
CLOSE DATABASES
OPEN DATABASE (HOME( )+'samples\data\testdata')      && 打开数据库
USE Customer                                          && 打开 customer 表
GETEXPR'Enter condition to locate' TO gcTemp
  TYPE'L' DEFAULT'COMPANY=" "'
LOCATE FOR &gcTemp                                    && 输入要查找的表达式
IF FOUND( )
  DISPLAY                                             && 如果找到,则显示这一条记录
ELSE                                                  && 如果没找到
  ? 'Condition' +gcTemp +'was not found'              && 显示没找到的信息
ENDIF
USE                                                   && 关闭 customer 表
```

附:IIF( )函数

功能:根据逻辑表达式的值,返回两个值中的某一个。

语法:IIF(lExpression, eExpression1, eExpression2)

参数:lExpression 指定要计算的逻辑表达式。eExpression1, eExpression2 如果 lExpression 计算结果为"真"(.T.),返回 eExpression1;如果 lExpression 为"假"(.F.),则返回 eExpression2。

返回值类型:字符型、数字型、货币型、日期型或日期时间型

说明:该函数也称作 Immediate IF。它计算一个逻辑表达式的值,然后根据计算结果,返回两个表达式中的一个。如果逻辑表达式的值为"真"(.T.),则 IIF( )返回第一个表达式;如果逻辑表达式的值为"假"(.F.),则 IIF( )返回第二个表达式。

提示:对于简单的条件表达式,该函数可以代替 IF ... ENDIF 语句。在按条件指定报表和标签表达式中的字段内容时 IIF( )特别有用。IIF( )函数比等价语句 IF ... ENDIF 执行速度快得多。

例 用 IIF( )函数检查 category 表中的 described 字段是否为空。如果为空,则显示"No description";否则,显示备注字段的内容。

```
CLOSE DATABASES
OPEN DATABASE (HOME( ) +'samples\data\testdata')
USE employee && 打开 Employee 表
CLEAR
SCAN
? IIF(EMPTY(notes), 'No notes', notes)      && 备注字段是否为空?
ENDSCAN
```

(二) DO CASE ... ENDCASE

若要判断多种可能的情况,DO CASE ... ENDCASE 结构将比用多个 IF 语句更有效,并且易于跟踪调试。

功能:根据不同的条件表达式结果执行不同的命令。

语法:DO CASE

```
CASE lExpression1
    Commands
[CASE lExpression2
    Commands
...
CASE lExpressionN
    Commands]
[OTHERWISE
    Commands]
ENDCASE
```

说明:DO CASE 根据逻辑表达式的值执行一组 Visual FoxPro 命令。当执行 DO CASE 时,先计算它后面的逻辑表达式,表达式的值决定了执行哪一组命令集。可在 DO CASE 和 END CASE 之后放置注释,在编译和执行过程中,这些注释被忽略。

例 用 INLIST( )函数来判断当前月份属于一年中的哪一个季度,变量 gcMonth 中存储的是当前月份。每个 CASE 语句利用 INLIST( )函数来判断 gcMonth 的值是否包含在一个月份列表中,返回的季度名称保存在变量 gcReporTitle 中。

```
SET TALK ON
STORE CMONTH(DATE( )) TO gcMonth              && 存储今天所在的月份
DO CASE                                       && 循环开始
CASE INLIST(gcMonth,'January','February','March')   && 开始分支判断
  STORE '第一季度' TO gcReporTitle
CASE INLIST(gcMonth,'April','May','June')
  STORE '第二季度' TO gcReporTitle
CASE INLIST(gcMonth,'July','August','September')
  STORE '第三季度' TO gcReporTitle
OTHERWISE
  STORE '第四季度' TO gcReporTitle
ENDCASE                                       && 循环结束
WAIT WINDOW gcReporTitle                      && 显示信息
```

第八节 Visual FoxPro 的印刷约定和常用可选项解释

一、印刷约定

示例	约定
SELECT	命令名、关键字、首字母缩略词、常量和设备名称等用大写字母表示。
DATE( )	函数名用大写字母后跟括号表示。

C:\DOS\ABC. BAT	文件名用大写字母表示。反斜杠隔开的大写字母表示路径名。
Press CTRL+ALT+F1	大写字母表示键名。加号(+)表示组合键。
Back Color	首字母大写表示对象、属性、事件或方法的名称。若名称中包含多个单词,则将各个首字母大写的单词连接起来。
nTotal, cName	变量名和数组元素名的小写前缀表明它的数据类型:c 代表字符型,n 代表数值型,l 代表逻辑型,d 表示日期型,t 表示时间型,y 表示货币型,a 表示数组,e 表示表达式。
[STYLE cStyleName]	在语法项中,方括号所括的是可选项。
SET BELL ON | OFF	在语法项中,由垂直线所隔开的两个选项中只能包含一个。
[, WindowName2 ...]	在语法项中,省略号表示列表中可包含任意数目的参数。各参数间用逗号隔开。

二、常用可选项和解释

1. [Scope]

[Scope]可以通过替换 Scope 为下表中的某个子句来指出这条命令的作用范围。

Scope	影响
ALL	该命令将影响表中全部记录。
NEXT nExpr	该命令作用于从当前记录开始的连续若干个指定数目的记录。 **例** 作用于当前记录以及之后的两个记录 REPLACE status WITH "open" NEXT 3
RECORD nNumber	该命令只影响指定记录号的记录。 **例** 作用于第 5 号记录 REPLACE status WITH "open" RECORD 5
REST	该命令作用于从当前记录开始的表中全部剩余记录。 **例** 将 null 值存储于表中剩余记录中 REPLACE status WITH .NULL. REST

2. [FOR lExpression]

[FOR lExpression]使命令作用于符合逻辑条件的每个记录上。

例 对于表中 total 字段小于 500 的全部记录,在 alert 字段中填入"low balance"。

REPLACE alert WITH "low balance" FOR total < 500

3. [IN nWorkArea | cTableAlias]

IN nWorkArea 指定所在的工作区;IN cTableAlias 指定表的别名。

如果省略 nWorkArea 和 cTableAlias,就默认为当前工作区中的表。

4. FileName

FileName 指定文件名。若文件名中不包含扩展名,则指定扩展名为文件类型的默认扩展名。

5. FIELDS FieldList

FIELDS FieldList 指定字段。若省略 FIELDS FieldLsit,则默认为所有字段。

第四章　系统开发工具之二——网络

第一节　会计电算化对网络的需求

会计电算化工作的实施在下列情况下必须考虑使用计算机网络：

第一种情况是对大中型企业的财务部门，其特点是业务比较复杂，财务部门分工较细，每天的输入工作量较大，对这种情况，可以考虑建立部门内部的小型网络。

第二种情况是财务软件作为信息管理系统中的一个子系统，与其他子系统存在数据共享与交换，则财务系统可以作为一个子网挂接在系统主干网上或作为工作站连入系统网络。

会计电算化对网络的需求也就是网络的基本特征，具体而言为下列方面：

一、数据共享

在财务软件中要求数据共享的典型例子为经理查询，经理要求查询财务数据所操作的电脑往往独立于财务部门使用的电脑，这就要求财务部门输入的财务数据，经过汇总计算能在经理室的电脑上反映出来，要完成这一功能，就必须把财务部门的电脑与经理室电脑联网。当然，也可以通过软盘进行数据交换，即把财务部门电脑的数据通过软盘拷贝到经理室的电脑中进行查询，繁琐是其显而易见的缺陷，更重要的是经理查询由主动变成了被动，客观性与实时性较差。

数据共享的另一个例子是要解决如下问题：

账务处理与固定资产管理是财务软件中两个既独立又有关联的子系统，在固定资产模块中，一般每月对每一个固定资产均要计提折旧，该折旧额在账务系统中也应有相应凭证反映，在两个系统中的总额应相同。如果账务处理与固定资产模块在不同的计算机上运行，则必须进行两次数据的重复输入。如两台计算机联网后则可解决这个问题，由于联网后所有数据均在共享的服务器上，在固定资产模块中生成各固定资产折旧的同时，在账务处理中自动产生提折旧凭证。所以数据共享带来的另一个好处是避免重复输入，减少由于重复输入而引起的差错。

二、并行操作

对业务繁忙的企业，一天的凭证输入的工作量相当大，往往需要同时由若干人输入凭证；另外，按照会计操作的规范，凭证输入与审核必须分别由两个人操作，即要求系统在有人输入凭证的同时可以对已输入凭证进行审核。这些均要求系统具有并行操作的能力，而要实现并行操作的前提是计算机联网。

三、数据通信

数据通信一般用于远程的数据交换，如总公司与分公司分布在较大的地域范围内，它们之间的数据交换考虑到财务数据的实时性要求不是很高，所以采用通信方式进行数据交换比较现实。具体做法是发出方把收入方所要的数据，压缩打包后通过电话线传送出去，然后收入方接收到数据包后解压缩，再用软件读取它。

第二节　计算机网络实用技术介绍

计算机网络按其覆盖的区域分为局域网和广域网两种，就一个中小型单位而言，比较普遍是使用局域网，而对大的跨省市甚至跨国的集团，就要建立广域网。本小节先介绍目前常见具体网络实施的例子，然后简要介绍网络的一般技术。

一、网络实施的实例

在部门内部建立小型局域网是一种最为普遍的需求，就一个企业的某个部门而言，办公人员的分布一般情况下往往局限在一间或几间相邻的办公室内，目前，较为普遍的是采用两种联网方案：

（一）物理结构为总线结构的以太网(ETHERNET)

以太网的介绍见以下章节。网络的实施方法如下：

1. 布线

(1) 线路的拓扑结构。线路的拓扑结构如图表 4-1 所示。

图表 4-1

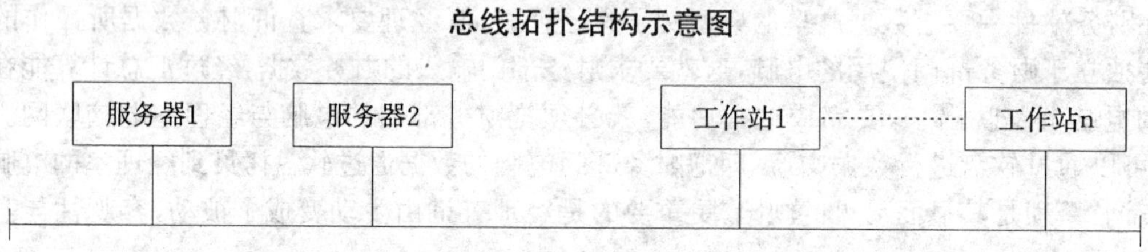

以任何一个将上网的站点为起点，使用同轴电缆，从起点开始，使该电缆分段遍历各站点所处的物理位置，在每一个站点，用图表 4-2 所示方法与电脑中的网卡插接。

图表 4-2

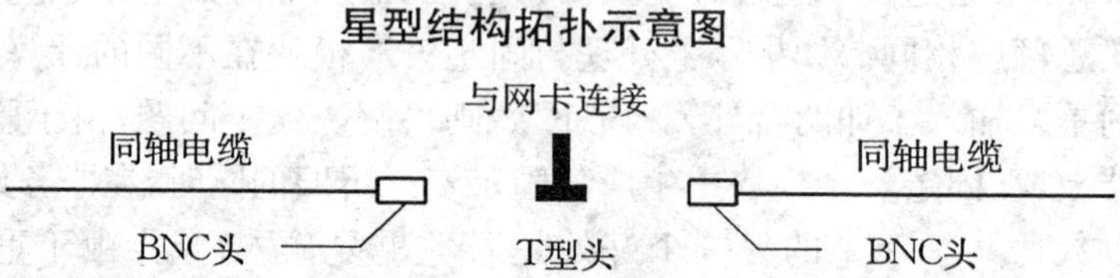

(2) 电缆与网卡。网络线用同轴电缆，允许使用的网络线为 10Base5 和 10Base2 两种，这种网络线为一种 50 欧姆的电缆，用于数字信号的传输，称为基带同轴电缆，注意它不同于有线电视的同轴电缆，有线电视使用的电缆是一种 75 欧姆电缆，用于传输模拟信号。

10Base5 的电缆俗称粗缆，以太网规定信号的最大传输距离不能大于 500 米，10Base2 的电缆俗称细缆，规定信号的最大传输距离应小于 200 米。这两种电缆传输速率可达 10Mbps（每秒 10 兆位）。

电缆与电脑的连接用 T 型连接器，俗称三通，经电脑中的网卡把各台电脑连接起来。电缆两端必须使用终结器。

网卡插在电脑底板上，通过它，电脑与网络相连，要注意网卡必须具有 BNC 接口，其数据传输率为 10Mbps。

2. 电脑配置

(1) 服务器配置。服务器可根据需要，用专用服务器或一般的电脑，专用服务器的性能要比一般电脑的性能好，但价格也贵得多。对于实时性要求不高站点不多的应用，可选用配置好一些的普通电脑作为服务器，如单纯的财务系统一般就没有必要使用专用服务器，而宾馆，大型商场的管理系统就必须使用一台或多台专用服务器，因为这些系统有一定实时性的要求，站点也较多。

服务器中必须配备网卡，该网卡的性能应优于工作站的网卡，因为每个工作站均要与服务器交换数据，在网络连接的服务器端，容易形成瓶颈。网卡有用于奔腾机以下机型的 16 位 ISA 网卡和 32 位的 PCI 网卡，数据传输率有 10Mbps，100Mbps 和 10/100Mbps 自适应的几种。对本网络方案，选用 10Mbps 的网卡即可。

(2) 工作站配置。工作站一般即为普通的电脑加插一块网卡，工作站通过网卡与网络相连。工作站的电脑配置根据需要可高可低，通过网络可以把性能较差的旧电脑连入网络，使其能共享网上设备，包括服务器硬盘，打印机等，从而使该工作站的性能可以得到提升。

(3) 安装网络操作系统

目前国内较为普遍使用的操作系统为 Windows NT 和 Net Ware。

操作系统一般安装在服务器中，工作站可以安装的客户端程序，工作站使用的操作系统可以是 Dos，Win98 或 Win2000。

用 Workgroup 或 Win98 可以实现点对点网络，即网上的所有用户的资源可以共享。

使用 Windows NT，服务器可以同时运行其他的应用程序，但一般不建议这样做，因为这样会降低服务器的网络性能。

早期的 NetWare 版本，也支持并发服务器，即服务器既作服务器又同时作为工作站使用，但这一做法在后期版本中被取消，原因也是为了从软件上保证服务器能有较好的性能。

(二) 物理结构为星型结构的以太网

1. 布线

(1) 线路的拓扑结构。线路的拓扑结构如图表 4-3 所示。

图表 4-3

物理结构为星型结构的以太网线路的拓扑结构

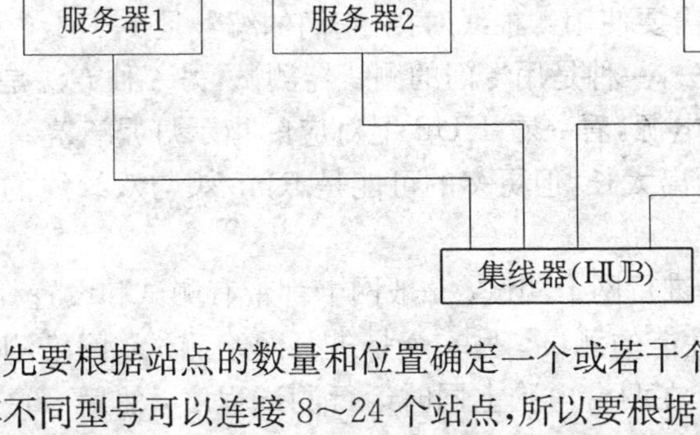

首先要根据站点的数量和位置确定一个或若干个集线器安放的位置，具体讲，一个集线器根据其不同型号可以连接 8～24 个站点，所以要根据网上电脑的数量确定需要几个集线器，又因为集线器到站点距离不能超过 100 米，所以要根据站点之间的距离，确定需要安排几个集线器安放的物理位置。确定了站点的位置及集线器安放的位置后，开始布线，布线的要求是每个站点至少有一根网络线与其最近的集线器相连接。

如果网上站点较多或站点距离较远，可考虑使用多个集线器，集线器之间可以用双绞线或同轴电缆连接。

(2) 电缆。网络连线使用双绞线,有屏蔽和非屏蔽两种,屏蔽双绞线目前市场上有五类线和超五类线。五类线可用于 10Mbps 和 100Mbps 的传输率,超五类线可用于 155Mbps 的传输率。

2. 集线器和网卡

集线器(Wiring HUB),也称 HUB,从上面的线路拓扑图中我们可以看到,集线器为局域网内部星型结构布线的线路中心。此外,线路可由 HUB 向外辐射到以太网,ARCnet,令牌网,FDDI 等局域网。它一般能支持多种传输线路,如光导纤维,双绞线,电缆。同时可与网桥和路由器相连,实现局域网的近距离或远程互联。

HUB 上的主要接口为连接非屏蔽双绞线的 RJ45 接口,可根据网络上的节点数量确定配备 8 口,16 口或 24 口的 HUB。其数据传输率有 10Mbps 和 100Mbps。

除了在 HUB 面板上有 RJ45 接口外,一般 HUB 在背面还有 BNC 和 AUI 接口,BNC 接口用于 10Base2 电缆的连接,AUI 接口可用于 10Base5 或光纤的连接。这些接口一般用于 HUB 之间的连接,根据不同的传输距离的要求,选用不同的传输介质。

当节点较多或各节点较为分散时,一个 HUB 可能不够用,可用多个 HUB 堆叠起来使用,各 HUB 可用 10Base2 电缆通过 BNC 口连接。但堆叠数量一般会有限制。

要注意的是普通集线器与交换机不同,它所支持的 10Mbps 或 100Mbps 的带宽采用的是一种共享机制,当多台工作站同时进行数据传输时,效率将会降低。现在有一种交换式的集线器,在端口间加入了智能网桥,每一个端口可以连接一个局域网或网段,与该集线器相连的网络通过该集线器桥接,这样某局域网中节点间的数据传输,就不会扩展到其他局域网,使集线器的吞吐量可以提高 100%左右。

选用网卡时应注意一定要有 RJ45 接口,其传输率应与 HUB 的相匹配,由于一般 100Mbps 的 HUB 同时兼容 10Mbps,所以网卡可以是 10Mbps 或 100Mbps,但如果 HUB 为 10Mbps,则网卡必须也是 10Mbps。

3. 站点上网的故障排除

联网工作准备就绪后,若站点不能上网,应按下列次序检查可能出现的故障。

(1) 线路测试。双绞线内有 8 根铜芯线组成,其中 4 根线为不同颜色,另 4 根线为白色,对应 RJ45 接口也有 8 个触点,事实上只需要使用 4 根线对接,它们的编号是 1,2,3,6。

测试线路是否正确连接可有两种方法,一种是用专门的测线器测试,另一种方法是当电脑与 HUB 连接后,电脑与 HUB 分别接通电源,看一看 HUB 上对应的指示灯是否亮。如有问题,则可能是双绞线内的铜线有断点或距离太长,但更多的可能是 RJ45 头与双绞线的接触有问题。

(2) 网卡测试。排除线路故障后,则进行网卡测试。一般网卡都带有测试和设置程序,测试一般包括两个方面,一个是对卡本身性能的测试,另一个是进行网络测试。网络测试是两台电脑通过 HUB 进行的点对点的测试,在两台电脑上同时运行测试程序,然后一台电脑作为接收端,另一台为发送端,当该测试失败,原因可能是线路问题,网卡硬件问题或网卡的设置问题。

(3) 网络操作系统安装问题。在网卡网络的测试正确后,如果还不能上网,则余下可能的问题就是网络操作系统安装问题,必须参阅所用网络操作系统的使用与安装手册。

（三）两种联网方式的比较

1. 布线

一般而言，总线结构的布线所需要使用的电缆远远比星型结构所需要的电缆少，所以布线的工作量也较小；从另一个角度讲，由于总线上所有节点间的数据交换均在该总线上实现，所以信道的利用率较高。

2. 网络的扩展

星型结构站点比较容易扩充，在布线时也比较容易为目前不用但将来可能要安放站点的位置预留线路。通过集线器也很容易从一个部门，一个房间或楼层的网络扩展到其他部门。

3. 网络性能

总线结构，其数据传输率为 10Mbps，而星型结构，数据传输率可选 10Mbps 和 100Mbps，并且，星型方式布线其两节点的最远距离也要大于总线方式。

4. 费用角度

星型方式布线因为电缆使用量多，并且需要一个集线器，所以比总线方式布线费用要贵一点，但由于集线器的价格已跌进千元以下，所以费用的差异正逐渐缩小。

二、计算机网络基本知识

计算机网络从其覆盖的区域大小分局域网和广域网，覆盖区域较小的称为局域网，英文缩写为 LAN(Local Area Network)，其范围小到一个办公室，大到一个学校，一个厂区，其范围一般限制在十几公里以内。覆盖区域较大的称为广域网，英文缩写为 WAN(Wide Area Network)，其覆盖的区域可以是一个城市、一个国家，甚至全球。由于数据传输距离的差异，局域网和广域网在使用的设备，传输介质，传输协议等方面均不相同。同时局域网和广域网又是一个相对的概念，广域网从局部看可能是局域网，局域网的远距离互联，就成为广域网。下面我们分别就有关它们的基本知识作一些介绍。

（一）局域网

1. 符合 IEEE 802 标准的局域网

计算机网络是以计算机互联为前提，计算机互联即计算机之间能够进行信息交换，就如同两个人通过谈话或通过书信交换信息一样。人与人之间交换信息，不论是以什么方式，必须按照某种约定（语言）及某种规则（什么时候讲，什么时候听）进行，否则彼此均不能理解对方所表达的意思。同样计算机进行信息交换，也必须按照某一种约定或协议进行。起初这种协议是由一些大的计算机产商为其产品制定，带来的突出问题是不同计算机设备产商所生产的网络设备无法互联，为了解决这个问题，逐渐地，在某些比较普遍使用的协议基础上，通过一些正式标准化团体，制定出大家可以共同遵守的网络标准，符合这种标准的网络设备，不管是哪个公司生产的，都可以实现互联。

于 1980 年 2 月份成立的电气和电子工程师专业团体 IEEE 802(Institute of Electrical and Electronics Engineers)，就是这样一个团体。成立后，它制定了 802.1—802.11 一系列的网络标准，成为最知名的标准化团体之一，下面介绍几个符合 IEEE802.3 标准的局域网。

(1) 以太网(Ethernet)。1980 年由 Xerox，DEC，和 Intel 公司起草了 10Mbps 的以太网标准，几年后，IEEE 修改了该标准，并把它作为 IEEE 的一个局域网标准，更名为 802.3，它规定了 1—10Mbps 在各种介质上运行 CSMA/CD 协议的标准。

CSMA/CD(Carrier Sense Multiple Access With Collision Detection 带有冲突检测的载

波监听多路复用)是一种网络通信的协议,如果网上通信比作一个座谈会,网上的每一台计算机好比参加座谈会的每个人,每个人都可能发言,那么我们必须有一种规定或默契,既保证不同人发言的连贯性,又要避免两个人同时发言而产生冲突。CSMA/CD 就是网上计算机进行交谈的一种规则。

以太网在逻辑上均采用总线结构,但物理结构可以是总线结构或星型结构。网上计算机之间均通过总线进行数据通信,当一个设备发送数据时,其他设备就必须等它数据发送完毕后才能使用总线进行通信,换一种说法即当一台计算机发送数据时,它将独占整个信道的带宽。

上述两个实例都是以太网,但它们的物理结构就分别为总线结构或星型结构。

传统以太网的最大数据传输率为 10Mbps,高速以太网速度可达 100M,现在又出现了千兆位的以太网,网上设备最多可达1 000 个,网络跨接的长度依赖于使用的线路:

10BaseT 线路,物理拓扑结构为星型结构,节点与集线器最大长度不超过 100 米。

粗电缆 10Base5,物理拓扑结构为总线结构,两节点距离不超过 500 米,若使用中继器,最远距离可达1 500 米。802. 3 标准中还规定,竞争性总线网络的总线的最大长度不超过1 500 米。

(2) IEEE802. 4 标准——令牌总线。令牌总线的物理结构和逻辑结构如图表 4-4 所示。

图表 4-4

令牌总线的物理结构和逻辑结构

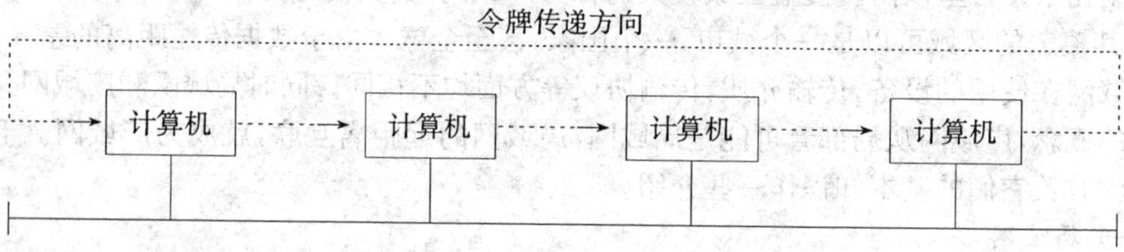

物理拓扑结构为总线结构,但逻辑上各站点组成一个逻辑环。计算机发送数据是通过令牌(Token)的传递进行的,站点只有取得令牌后,才有权发送数据。令牌传递的方法为:每个站点都有一个顺序的逻辑地址,并保存自己相邻站的地址,当一个站点取得令牌后,看是不是有数据发送,没有数据发送,则直接把令牌传递给下一个站点,有数据发送,则发送数据,在发送过程中,对一个站点拥有令牌的最长时间加以限制,在限制时间内,未发完的数据要等到下一次取得令牌后再发送,以免站点占有令牌时间过长,数据发送完毕后,将令牌传递给下一个站点。下一个站点取得令牌后做同样的工作,这样令牌便在一个封闭的环上循环。

由于任一时刻只有一个站点拥有令牌,所以令牌总线不会发生冲突,并且能知道数据发送的最长等待时间,这是与以太网的不同之处。

Datapoint 公司的 ARCnet 为一令牌总线的网络产品。

(3) IEEE802. 5——令牌环。令牌环的物理结构为星型结构,各站点通过多站访问设备 MAU(Multistation Access Unit)连在一起(见图表 4-5)。

多站访问设备 MAU 的各个端口在内部事实上构成一个自包含的电路环(见图表 4-6)。

所以令牌环在物理结构上是一个星型结构,逻辑上仍是一个闭合环。与令牌总线相似,它也是通过令牌来协调各站点的数据发送。但它具有较高的数据传输率,IBM 环境下令牌环网传输率可达 4Mbps,16Mbps 和 20Mbps。同时能对各站点的数据发送进行优先级控制,即当

图表 4-5

令牌环网络结构

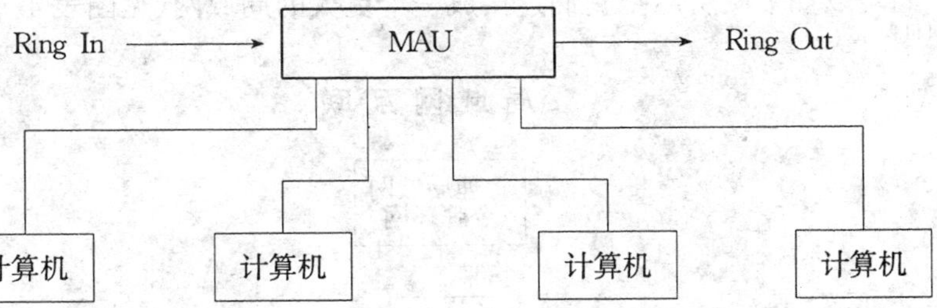

图表 4-6

MAU 内部结构

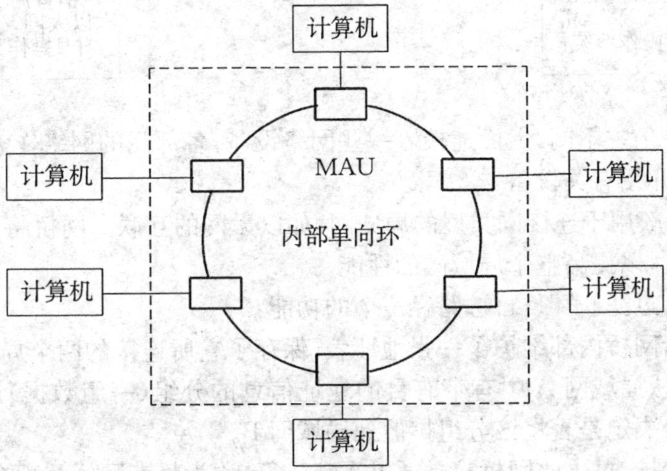

一个站点优先级高于令牌的优先级,可优先发送数据。

令牌网的缺点是可靠性较低,网上一个节点或一段线路故障可能使全网瘫痪。但也可采取一些措施弥补这些缺陷,如用双环以防线路故障,用旁路电路,把故障的节点隔离开来等。

MAU 一般可连接 8 个或 16 个站点,通过 Ring Out 和 Ring In 两个端口,可以把 MAU 级连成一个更大的环,这样一个令牌环可支持的网点数可达 72 个之多。

MAU 可通过双绞线与各工作站相连,屏蔽双绞线最大距离为 200 米,非屏蔽双绞线最大距离为 100 米。

(4) FDDI 光纤分布数据接口。FDDI(Fiber Distributed Data Inter rated),是 100Mbps 光纤网络的 ANSI 标准。是一个高性能的光纤令牌环局域网。ANSI 的 FDDI 标准与 IEEE802.5 十分接近。

它的数据分组最大长度可达4 500 米,是以太网的三倍。每个环上可挂接的网络设备可达 200 个,而且它适应局域网远程传输的要求,允许局域网在 200 公里长的光纤上安装1 000 多个节点,每个节点之间的距离不超过 2 公里,否则可用中继器。

目前 FDDI 可以在光纤和铜导线上运行,但目前尚无在双绞线上实现 FDDI 的 IEEE 标准或 ANSI 标准,各制造商各自为阵。所以大多数都铺设光纤线路。

2. 局域网互联

一个大型工厂其厂区的覆盖范围可能为方圆几公里，其下属的各个部门可能根据自身对计算机网络的需求采用不同的网络结构和协议组成一个个局域网，为了实现部门间的数据交换和共享，我们可以如下图所示把它们连接成一个更大的局域网(见图表 4-7)。

图表 4-7

局 域 网 互 联

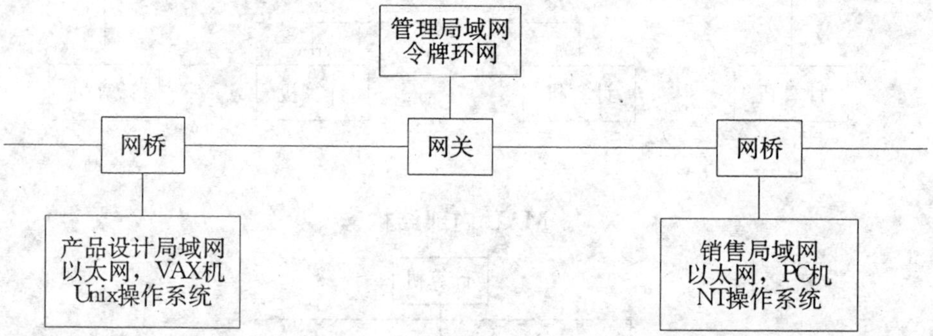

整个网络有一条主干网，上面连接着一些网络设备，各部门的网络作为子网通过网桥连接到主干网上，下面介绍有关设备：

(1) 网桥。一般用于连接同类型的局域网，如以太网的互联。网桥将网络分成若干子网，对主干网进行分流，以提高整个局域网的性能。

网桥一般具有过滤，学习，自选路径三个的功能：

过滤功能是指网桥内部维护了一张地址表，保存了它所连接的两个局域网 A 和 B 中所有节点的地址，假如从局域网 A 中有带有目的地址信息的分组(一组数据)进入网桥，网桥会根据其内部的地址表决定是否将该分组扩散到局域网 B。

对地址表的维护，过去的网桥都是通过人工进行，称为静态网桥。现在普遍使用的是动态网桥，即当网桥初始化时，将向本地网络发布一条消息，根据每一个站点反馈的信息，建立地址表。

除此之外，网桥中还维护了一张动态的路径表，以决定分组将以何种路径发送到目标，路径选择将依据不同的算法进行。

(2) 网关。网关用于连接不同类型的网络。由于不同类型的网络使用不同的协议，网关计算机必须运行两类系统间的协议转换的程序，实现数据传输和协议对话，充当两个不同网络间的翻译，保证一个网络传输的数据与另一个网络的数据格式兼容。

充当网关的设备一般是专用微型计算机或文件服务器。

(3) 路由器。路由器除同网桥一样具有过滤与桥接功能外，还提供复杂的路径控制，流量控制和管理，一般用于建立庞大的符合 X.25 标准的广域网。

路由器不同于网桥的地方是具有缓冲机制，信息分组进入路由器后，将被放入一个队列中，路由器然后依次取出，选择一条最佳路径发送出去。所谓最佳路径可能是最快的路径，最经济的路径或经过节点最少的路径。

缓冲机制使路由器具有流量控制和分组分段功能，实现具有不同数据传输率或分组大小的源站点和目标站点的数据通信。

在局域网的互联中，利用路由器替代网桥可以提高网络性能。

（二）广域网

1. 广域网络服务

由于广域网覆盖的区域很大，企业不可能像建立企业内部局域网一样，在跨省市，跨国的范围内去布线，所以一般要借助邮电通信部门提供这方面的服务，从局域网到广域网的通信服务有下列几种：

- 电路交换(Circuit-Switched)服务。
- 租用专用线路(Leased and Private Line)。
- 分组交换(Packet-Switched)服务。

(1) 电路交换服务。

1) 电路交换的一般概念

电路交换就是网络上的两个节点在相互通信时使用一条实际的物理链路。在通信过程中通信双方独享该信道。通信过程分为建立链路，数据传输和释放链路三个阶段。

目前个人上 INTERNET 网，一般是通过使用公用电话网 PSTN 或综合业务数字网 ISDN 拨号上网，使用的就属于这种服务。另外，与总公司有一定距离的分公司中的单机，也可以用这种方式与总公司主机进行数据交换。

调制解调器 Modem 是电脑通过公用电话网络进行网络通信的必要设备，它有内置式和外置式两种，内置式为一电脑的插卡，插入电脑的主板后与入户的电话线接口 RJ11 连接并在电脑中安装软件后就可使用，外置式 Modem 的安装不需要打开电脑，电脑通过串行口与 Modem相连。用这种方式进行数据交换，数据传输率与使用的 Modem 有关，Modem 的数据传输率从几年前的9 600bps，很快经历了 14. 4Kbps、28. 8Kbps、33. 6kbps，发展到目前普遍使用的 V. 90 调制解调器，其上行速率可达 33. 6Kbps，下行速率可达 56Kbps。然而，由于上述的 V 系列调制解调器使用的是模拟线路，所使用的频带受到限制，为 3. 4kHz，所以已经几乎无法再继续提高速率。要使数据传输率有较大的提升，就应该考虑使用现在正不断趋于流行的、基于数字线路的、传输率可以达到 128Kbps 的 ISDN。

2) ISDN 介绍

综合业务数字网 ISDN(Inter rated Services Digital Network)，俗称“一线通”，采用一种叫时分电路交换技术，允许语音，数据，图像，和视频信号以数字的方式通过公用的电话交换网传输，换句话说，利用一根电话线，通过 ISDN，用户可以在打电话的同时上网进行数据交换，它使音频和非音频业务一体化。

ISDN 有两种形式：基本速率接口(BRI)和主速率接口(PRI)。

基本速率接口链路由三个信道组成，2 个 64Kbps B(bearer 载体)信道和一个 16Kbps 的 D 信道，简称为 2B+D。

主速率接口由 23 个 64Kbps B(bearer 载体)信道和一个 64Kbps 的 D 信道，简称为 23B+D。

远程的用户或单用户一般使用 2B+D，而中心站点使用 23B+D 或与 2B+D 混合使用。

D 信道的主要功能是处理位于用户的前端的 ISDN 终端设备和电话公司的中心交换机之间的通信，控制每个 B 信道中信息的传输。D 信道的信息包括呼叫准备，呼叫过程监视，呼叫中断等。例如当用户建立 ISDN 链路时，信令发到交换机，然后中心交换机就把设备中的拨号音打开。D 信道不需要占满 16Kbps 的带宽传送指令。可利用空余的带宽运行额外的带宽，建立第三条数据信道。使用这种方法，D 信道支持 9.6Kbps 数据传输率的异步通信，类似与 PC 串口的数据传输。

B 信道主要是用来传输语音，视频或数据，两个 B 信道相互独立。也可以将两个信道混合起来产生 128Kbps 的带宽。

实现合并的方法有两种：一种是用硬件的方法实现，但灵活性较差，一旦呼叫开始，带宽就被确定而无法再释放；一种是用软件的方法实现，由于合并的过程是动态的，比较灵活。

ISDN 线路终端设备如图表 4-8 所示。

图表 4-8

ISDN 线路终端设备连接

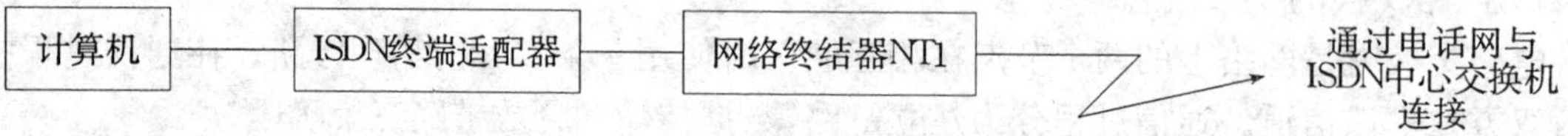

ISDN 终端适配器为一插卡插在计算机的主板上，电话可接在 NT1 上。

(2) 租用专用线路。租用线路服务是从邮电电信部门租用的专用线路来为企业广域网提供服务。包括数字线路，T1，T2 和 T3 线路。

1) 数字线路

数据电话数字服务 DDS(Data Phone Digital Service)提供的数字数据网 DDN 为一种半永久性的数字专线电路，所谓半永久性是指可由用户提出申请，由网络管理员建立或修改连接，并且这种连接可以定时。同时它也是一种价格比较低廉但数据传输率也较低的专用线路数字服务，提供的数据传输率有五种：依次是 2.4Kbps，4.8Kbps，9.6Kbps，19.2Kbps 和 56Kbps。

2) T1、T2 和 T3 线路

DDS 由于其带宽有限，所以一般大型企业组建的广域网的主干网更多的是采用专门租用线，专门租用线可以 T1 速度(1.544Mbps)或 T3 速度(44.736Mbps)进行工作，其带宽是 DDS 的上千倍。

对 T1 线路，管理人员可分配 24 个 64Kbps 的信道，对它们组合后可以分别进行语音，传真和数据通信服务。对 T1 线路的连接，我们可以设想拨出 4 个 64Kbps 的信道用于语音通讯，拨出 12 个 64Kbps 的信道用于视屏会议，拨出 8 个 64Kbps 的信道用于不同网点主机间的数据连接。对 T3 线路，管理人员可分配 673 个 64Kbps 的信道，其带宽是 T1 线路的 28 倍。T2 线路相当于 4 条 T—1 线路，带宽为 6.3Mbps，但它不是一条单独的物理线路，它是 T3 线路的一部分。

(3) 分组交换服务。将所要发送的信息分成组，每个分组的长度有限制，按分组为单位发送或接受信息。每个分组中包含发送的源地址和目标地址。源和目标之间并不建立固定的实际链路，而是通过中间站点在接受数据源的分组信息后，选择适当的路经把信息发往目的地。所以分组交换链路也称为虚电路。

和电路交换一样，分组交换服务通常也是由电信部门提供的可租用服务，分组交换服务常见的有下列几种：

1) X.25

64Kbps 的传输率(含错误纠正和校验的开销，由于 X.25 传输载体是针对模拟电话系统设计的,而这种系统的可靠性较差,校验的开销,可能要占 2/3 的带宽),几乎每个国家的邮政电话电报部门都提供 X2.5 的网络服务。

2) 帧中继

是一个包交换技术,允许用户在两个设备间发送数据,例如路由器之间或帧中继访问器件之间。帧中继比它的前身 X.25 更有效。误码少而且发送的吞吐量大。

2. 广域网连接举例

下面我们用图示的方法让读者了解几种简单的局域网或单机与远程网连接的例子。

(1) 使用路由器实现本地网与远程网络的连接(见图表 4-9)。

图表 4-9

使用路由器实现本地网与远程网络的连接

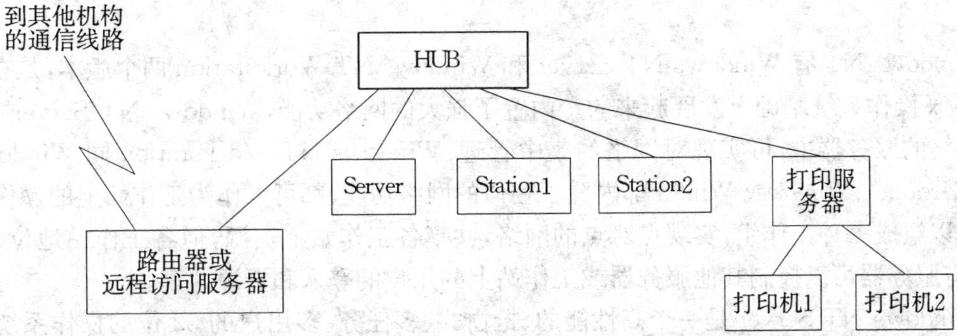

(2) 拨出方式的电路交换。利用调制解调器(Modem)和普通电话线可以实现本地网络与远程计算机系统的低速连接,连接的方式有两种(见图表 4-10)。

第一种方式为每一个本地的工作站点,均通过 Modem 和电话线与远程系统相连。

第二种方式是使用一种叫共享网络的 Modem,这种 Modem 具有网络功能,所有网点均通过该 Modem 与远程系统相连。很显然,后一种方式便于 Modem 的集中管理。

图表 4-10

通过 Modem 和电话线与远程系统相连的两种形式

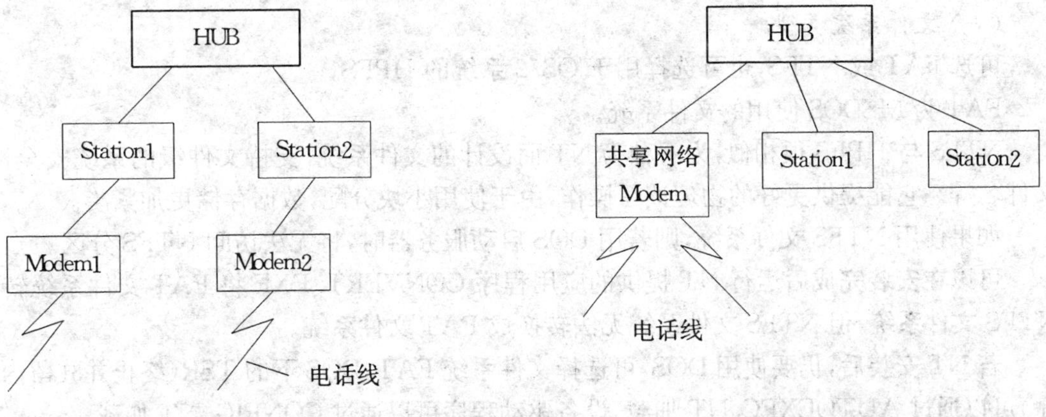

(3) 利用电缆调制解调器单用户与远程网的互联。目前较为普遍使用的方法是通过电话线和 Modem 实现单用户于远程网的互联,但缺点是速度太慢,有线电视网的普及为利用它实

现单用户于远程网的互联提供了基础。电缆调制解调器可以在现有电视基础上提供 10Mbps 数据速率的设备，是目前电话线的带宽的 100 多倍(见图表 4-11)。

图表 4-11

利用电缆调制解调器单用户与远程网的互联

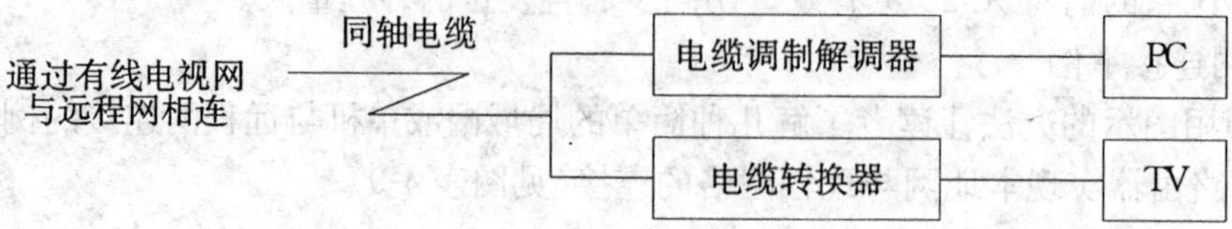

第三节 网络操作系统 Windows NT Server 的介绍

Windows NT 有 Windows NT Server 和 Windows NT Workstation 两个版本，是在 Windows 3. x 操作系统基础上发展起来的。内置了强大的网络功能，Windows NT Server 一般安装在网络的服务器中，可实现对网络的集中管理；Windows NT Workstation 同 Windows for Work Groups 、Win95 或 Win98 都内置了相似的网络功能，都可以作为工作站上的操作系统，它们可以组成一种工作组，实现点对点的网络，共享各工作站上资源，但各工作站地位是对等的，只有服务器可以控制其他服务器或工作站上的用户的登入和资源共享。

Windows NT Server 是一个高性能的、抢占式、多任务、多用户的 32 位的操作系统，支持多处理器和多种网络协议，可以方便地同 Novell，Internet 等其他网络相连。同时，Windows NT Server 具有与 Win98 相似的界面和操作方法。

一、Windows NT Server 的安装和配置

Windows NT Server 存放在光盘中，在该光盘的\I386 的目录下，执行 WINNT. EXE，在系统提示下，将制作完成三张软盘，它们是 Windows NT Server Setup disk #1～#3。

系统将提示你在软驱中插入 Windows NT Server Setup disk #1，然后系统将重新启动计算机，NT 安装程序将自动依次把三张软盘安装到计算机的硬盘中，在此过程中，要注意下列几个选项：

(一) 文件系统类型

可选 FAT 或 NTFS，也可选择用于 OS/2 系统的 HPFS。

FAT 为 MSDOS 使用的文件系统。

NTFS 与 HPFS 很相似，为一种为 NT 而设计的文件系统，支持文件级的系统安全性，长文件名等。它能提供更好的物理读写操作，由于使用小块分配，数据存储更加紧凑。

如果使用 NTFS 文件系统，则若用 DOS 启动服务器时，将无法访问 NTFS 分区。

可以在安装完成后运行 NT 提供的应用程序 CONVERT. EXE 将 FAT 文件系统转换成 NTFS 文件系统，但 NTFS 文件系统无法转换成 FAT 文件系统。

若 NT 安装后，仍要使用 DOS，可选择文件系统 FAT，DOS 下的 TSR(终止并驻留内存程序)可以通过 AUTOEXEC. NT 加载，设备驱动程序可以通过 CONFIG. NT 加载。

(二) 选择协议

对于小型的局域网，使用 NetBEUI(Net Bios 扩充用户界面，Net Bios 为 IBM 和 Sytek 在

20世纪80年代初开发的网络协议)即可,要注意的是该协议为Microsoft自己开发的传输层协议,不支持路由选择,即基于NetBEUI的网络和网络之间的连接不能通过路由器,路由器的使用需要支持路由选择功能的协议,如Novell网使用的IPX/SPX(网际包交换/顺序包交换)或Internet上使用的TCP/IP协议。

为了与已有的Novell Netware兼容必须选择NWLink,NWLink为Novell IPX/SPX的Microsoft版本。为了访问Internet,必须选择TCP/IP。

(三) NT服务器的工作方式选择

NT服务器可选下列工作方式:

(1) 服务器(Server):该服务器将无域管理能力。

(2) 主域控制器(PDC):该服务器将具有域管理能力。

(3) 备份域控制器(BDC):作为主域控制器的备份服务器,一旦主域控制器出现故障,可升级为主域控制器。

若局域网中仅有一台服务器,则可选PDC,此选项一旦确定,以后不能更改,除非重新安装NT。

有关域的概念,将在下面叙述。

二、工作站上网

DOS、Windows for Workgroups、Win95/Win98/Win2000和NT Workstation均可作为NT Server的工作站,Windows for WorkGroup、Win95/Win98/Win2000和NT Workstation除了可以共享服务器上的资源外,工作站之间还可实现点对点的对等连接,相互之间可以共享存储设备和打印机等。

(一) DOS和Windows for Workgroups客户机上网

1. 创建MS-DOS客户机引导盘

在NT的程序组Network Administration中运行Network Client Administrator,进行适当选择后,该程序将创建一张MS-DOS客户机引导盘。其中Make Network Installation Startup Disk和Make Installation Disk Set两个选项的区别为:前者将创建启动盘,使用该盘的安装过程为先建立网络连接,然后从服务器安装客户端程序;后者将创建安装盘,其中包括了客户端的所有程序。

2. 安装客户端网络驱动程序

把通过上面步骤得到的引导盘插入DOS客户机的软驱中,运行盘上的SETUP.EXE安装程序,正确选择网卡后,将完成客户端网络驱动程序的安装。

3. 实现点对点网络

对Windows for Workgroups,若要实现点对点网络,还必须进入Windows Setup/Options/Change Network Settings进行设置。设置后还必须在文件管理器中把允许共享的目录共享出来。

4. 共享服务器目录

首先要在服务器中使用资源管理器把要共享的目录共享出来,也可在DOS状态下输入:

NET SHARE C:\FOXPRO25\\SERVER\SVRFOX

此命令把服务器中的FOXPRO25目录共享出来,共享名为SVRFOX。

然后,在工作站上,在DOS状态下输入:

NET USE H:\\SERVER\SVRFOX

该命令把本地的逻辑驱动器 H:映射为服务器中的 C:\FOXPRO25 目录。

(二) Win95/Win98 客户机上网

1. 安装 The Microsoft Network

若在安装 Win95/Win98 时,没有安装 The Microsoft Network,则必须通过控制面板中添加/删除程序,安装 The Microsoft Network。

2. 进行网络设置

在控制面板中进入"网络",按"添加"按钮,选中"网络适配器",再按"添加"按钮,选择与已安装的网卡相适应的网络适配器,完成后,"网络"对话框将出现"配置"、"标识"和"访问控制"三个选页,逐项选中列表框中项目,按"属性"按钮可对相应项目进行设置。

3. 实现点对点网络

在上述对话框中,可按"文件和打印共享",使其他站点可以访问本站点的文件和使用本站点的打印机,设置后还必须在资源管理器中把允许共享的目录共享出来。

三、Windows NT Server 的域管理介绍

Windows NT Server 可以运行于工作组模型或域模型。

工作组模型中的每一个安装了 Windows NT Server 的联网计算机都可以作为服务器和工作站,它们都是对等的点,在本地都具有自己的安全账号管理数据库 SAM,存放用户账号等信息。在这种模型下,没有集中的账户与资源的管理控制,也没有工作站的配置和安全集中管理,每一计算机使用多账户,网络上采用重复账户。所以一般不建议使用工作组模型,而是采用域模型。

(一) 域模型

1. 域模型

采用域管理特性是 Windows NT Server 的特点之一,若干服务器可以构成一个域,域的用户登录时不再是登入一个服务器,而是登入一个域。每个域中必须有一个也只能有一个主域控制(PDC),其中维护了一个共享的安全账号管理数据库(SAM),该数据库包含了域中各用户与组账号及安全原则的设置,当一个用户从任一台工作站或服务器登入域时,都必须通过该数据库的检查是否为合法用户。若域中有不止一台服务器,为了容错,可以有一个或多个备份域控制器,备份域控制器含有与主域控制器相同的安全账号管理数据库。一旦主域控制器发生故障,备份域控制器可以提升为主域控制器。

在实际应用中,可以根据部门把网上的服务器分成若干域,当域之间没有建立委托关系前,每个域的用户可以在该域的任一台工作站或服务器上登入所在域,他只能使用自己所在域的资源。若某个用户同时要登入两个域,同时要具有使用两个域资源的权利,他就必须在两个域中均有账号,即他必须使用两个账号,这给操作带来了不便,我们可以通过建立域之间的委托关系,来解决这个问题。

2. 委托(信任)关系

域之间的委托关系有单向和双向两种。

当建立了"域 A 委托域 B"的委托关系后,我们称为建立了单向委托关系,域 A 称为委托域,域 B 称为受托域,建立了委托关系后,受托域 B 上的某些用户就可以成为委托域 A 的局部组成员(见下面的有关组的说明),从而:

· 这些用户在域 B 中的账号在域 A 中也有效。

· 由于域 B 的用户可以登入到域 A，所以域 B 的用户可以使用域 A 的资源。

当建立了"域 A 委托域 B"，同时建立"域 B 委托域 A"，我们称域 A 和域 B 建立了双向委托。

委托关系使多域情况下使各个域的用户账号在某个域集中管理成为可能，用户账号及其可使用的资源可以不在一个域中，于是就有了账号域和资源域的概念，含有用户账号的域称为账号域，资源域即指一个域的资源(如存储器，打印机等)。一个域可以同时是账号域和资源域，或仅仅为资源域。当域 A 和域 B 发生委托关系后，委托域应理解为是一个资源域，而受托域则应理解为是一个账号域。

3. 域模型的四种形式

(1) 单一域模型。只有一个域，域中有一个主域控制器，若域中有不止一台服务器，可以有一个或多个备份域控制器。其特点为：单一的域既为账号域又为资源域，资源不能分组，不需要建立委托关系，适合用户和资源较少的单位使用。

(2) 主域模型。由几个域构成，每个域存在自己的域控制器，但存在一个主域，所有用户账号均建于主域，存放在主域的主域控制器中，主域以外的域必须向主域建立委托关系。

其特点为：账户可集中管理，可以把资源进行分组。

由于一个域的用户和组账号不能超过 15 000 个，而主域模型所有用户账号均在主域中管理，所以主域模型适合用户和组数量小于 15 000 的单位使用。

(3) 多主域模型。多主域模型与主域模型区别为存在多个主域，每个主域为账号域，每个用户账号在其中的一个主域中建立。网络的其他域为资源域。每个主域都通过双向委托与其他任何主域建立联系，每个资源域委托所有主域，但不委托其他资源域。

(4) 完全委托域模型。由几个域构成，每个域既是账号域又是资源域，任何一个域不能控制其他域，每个域通过它自己的用户账号属性，权限和安全策略控制用户对其他域资源的访问。网络中每一个域委托其他所有域。

4. 服务器管理器

用 Windows NT Server 中的服务器管理器管理网上的计算机和域，其主要功能为：

· 显示域成员计算机

· 在域中增加和删除计算机

· 连接一个域

· 将备份域控制器激活为主域控制器

· 将备份域控制器和主域控制器同步

· 管理共享资源(如目录，打印机等)

进入服务器管理器必须是管理组的成员。

(二) 域用户的管理

Windows NT 的用户本身无任何权利，必须加入组后，才拥有组所拥有的权利。

1. 局部组

局部组也称本地组，该组成员只能使用本地域中的资源，其成员可以是本地用户、全局组、受托域上的用户和全局组，但不能是任何域上的局部组。

NT 正是通过局部组成员可选自受托域上的用户，实现受托域上用户对本地域的登入和资源使用。

2. 全局组

可使用本地域资源外，还能使用其他域中的资源，成员只能是所在域的用户，必须注意的是，全局组只有置于局部组中后才能使用域中资源。

在委托域中，可以把受托域上的全局组放入局部组中，从而使受托域上的全局组中的所有成员均有权登入委托域并使用其资源。

3. 组和用户的管理

NT 在安装后，已预置 8 个本地组和 3 个全局组，并赋予了相应的权利，用户也可自建局部组和全局组。

可以使用 Windows NT Server 中的域用户管理器建立和管理用户账户、组和管理安全策略。

第四节　网络版财务软件所要解决的基本问题

一、一般问题

(一) 数据库打开方式与时机．

在一般情况下，数据库均以共享方式打开。如为读而打开，数据库的安全不会受到任何威胁。如为写而打开，则最好写库时才打开该库，一次集中写库，写完即关闭。这样做主要是针对大型的计算机网络，节点很多，网络连接比较容易出问题的情况。例如，财务软件中的凭证输入处理，一种比较危险的做法是进入凭证输入时即打开前后台所有的相关库，直至凭证输入结束才关闭这些库，由于此间不断的有写库操作，一旦发生网络故障，数据库或其完备性很容易受到破坏。比较可靠的作法是每张凭证的处理时仅对本地的临时库进行操作，确认后才打开本地与后台服务器上的相关数据库进行集中写操作，完毕后即关闭所有库。它带来的好处是：

(1) 最大限度地保证数据的完备性，尤其是当需要同时更新若干数据库，而这些数据库又有某种关联时，最好是同时更新这些库，而不要有时间差，否则，在这段时间中产生的网络故障，就会破坏数据的完备性。

(2) 最大限度地避免数据读写冲突，因为一般写一条记录是在瞬间完成，当多个用户同时写一个库时，后入者系统会等待该库解锁后再完成写操作。

(3) 关闭库的目的是把内存中的数据实实在在地写入外存，当然也可以用刷新磁盘缓存的方法达到这一目的。

卜面程序为打开数据库的一个过程，其中参数：

w_are：为工作区编号

dbfn：为数据库名

aliasn：数据库别名

is_again：是否为重复打开

is_share：是否共享打开

resu：返回结果

程序 5-1

```
    procedure usedbf
para w _ area,dbfn,aliasn,is _ again,is _ share,resu
resu=.f.
if empty(aliasn)                    && 如果别名为空,别名取数据库名
  aliasn=left(dbfn,iif(at(".",dbfn)=0,len(dbfn),at(".",dbfn)-1))
  aliasn=right(aliasn,len(aliasn)-at("\",dbfn))
endif
if empty(is _ share)
  is _ share="exclusive"           && 缺省为独占方式打开数据库
endif
if at(".",dbfn)=0
  mainname=dbfn
  dbfn=dbfn+".dbf"                  && 若未给出数据库名的扩展名,自动加上
endif
do while ! file(dbfn)
  if ! confirm("找不到数据库"+dbfn+"! 请作系统校验!","重试","\! 退回")
&&confirm 为自编的函数,显示一信息窗,信息为第一个参数字符串,按钮为"重试"和
"退回", && 选"重试",函数返回为 True,选"退回",函数返回为 False。
    return
  endif
endd
if used(aliasn).and.empty(is _ again)
  select (aliasn)
else
  select (w _ area)
endif
use (dbfn) alias (aliasn) &is _ again &is _ share
resu=.t.
return
```

(二) 索引问题

一般数据库开发系统本身能保证数据库与索引文件的一致性,但下列问题必须引起注意:

(1) 数据库必须以独占方式打开才能建立或重建索引,而独占方式必然会引起读写冲突,所以应避免在程序中建立或重建索引,一般应事先建立。

(2) 在极少数的情况下,由于突然断电或人为原因,没有正常退出系统,一些数据库开发系统也产生数据库与索引文件不一致的情况,这种情况产生的后果相当严重,使系统无法运行。解决的方法是重建索引,可以放在系统修复功能中提供给用户。

(3) 不同的数据库开发系统索引文件互不兼容,这是开发多平台系统时所必须考虑的问题。例如,Delphi 中虽然内置了 DBase 的数据库引擎,它能读写 Dbase 库及 Foxpro 库,但它却只能维护 DBase 的 mdx 索引,而不能识别 Foxpro 的 cdx 索引,要解决这个问题就只能使用

ODBC,代价是速度将有明显的影响。所以从这个角度考虑,就应该避免在一个系统中同时使用类似 Delphi 和 Foxpro 存在某些不兼容性问题的开发平台。

(三) 临时库问题

数据库管理系统中,为产生一些最终的数据结果,中间可能要经过若干个统计计算步骤,每一步中,都可能需要产生一些临时库用来存放这一步产生的数据,供下一步的计算使用。对这种临时库必须进行特别处理,才能避免当两个用户同时使用该模块时,对这些临时库的写操作不致引起冲突,这里提供如下解决方案:

1. 不同的工作站临时库取不同的名称

区别不同工作站的方法是让用户进入系统时输入工作站编号。不同的工作站编号有相应的一系列中间库名称。这样做的缺点是必须限定同时上网的工作站的数量,即在规定数量内可以保证不冲突,大于这个数量就不能保证这一点。但这个缺点从商业上考虑同时又是优点,可以限制用户的上网数量。

2. 随机取临时库的名称

由于是随机取名称,所以一般能保证任意个用户上网后,这些中间库不是同一个库,也就避免了两个或两个以上用户同时更新一个中间库的冲突。它的优点是对用户上网数量没有限制。为了不在硬盘上产生太多的数据库文件,临时库使用完毕后,应及时删除。

3. 利用数据库的开发平台提供的功能

有些数据库的开发平台已提供了具有上述临时库特征的数据库类型。如 Foxpro 中有一种叫 cursor 的数据库类型,可以在程序中用某一固定的名称建立这种库,而实际上 Foxpro 用一个随机的名称在硬盘上产生一个数据库文件,每一次运行,这个库的名称都不相同,亦即两个用户在网上同时用一个相同的名字建立 cursor,而在网络盘上却是两个不同名的文件。同时,关闭该库,Foxpro 将自动删除该文件。显然,用这种方法解决中间库冲突,原理同第二种方法,可省却一些数据库或文件的维护工作。

(四) 对数据库的直接读写

对网络中的读写冲突主要表现为写的冲突,当一个用户将进行写操作时,系统一般会自动锁定数据库中的相关数据,当其他用户同时要对这些数据库进行写操作时,系统通常会处于一种等待状态,只有当第一个用户写完数据,系统自动解锁后,才会结束这种等待而允许第二个用户进行写操作。在系统运行中,不可能完全避免两个或两个以上用户同时对同一数据库进行写操作,关键是要控制写操作的时间,让后提出写请求的用户等待很短的时间或感觉不到等待就能完成他的写操作。这就要求在系统设计时必须考虑以下几点:

1. 避免使用的工具

避免使用诸如 DOS 中的 BROWSE,GET,Windows 中的 GRID 直接写库。当用这些工具直接对库中字段进行写操作时,系统会锁定当前字段或记录。当两个以上用户同时用此方法写相同字段或记录时,后进入的用户可能进入一种等待状态,也可能根本无法进入该字段或记录进行修改。

2. 对数据库的写操作按添加、修改、删除三种情况分别作如下处理

(1) 添加。对与字段对应的变量集进行编辑,按保存按钮添加记录并把变量值放入记录中。

(2) 修改。先把当前记录内容放入与字段对应的变量集,然后对变量集进行编辑,按保存

按钮把变量值放入当前记录中。这样做的目的是使对库的写操作能在系统控制下在瞬间完成，避免了等待状态及无法修改某字段或记录的情况发生。

(3) 删除。删除操作一般仅仅是在该记录上作一个删除标志，一些数据库开发平台提供了作物理删除的功能，但一般不要去用它，因为作物理删除，数据库必须以独占方式打开。

当一次对库的记录添加数超过一条时，比如财务软件中凭证输入，一般一次都要超过一条记录，为保证数据的连续性，记录存入库时，应锁定数据库，添加完毕后，立即解锁，这样可以避免当两个以上用户同时存入较大数量的记录时，记录的次序交叉。

(五) 参数库的处理

1. 系统参数库的处理

系统参数库一般存放系统的一些配置信息，如财务软件中凭证种类，账页行数，单位名称等。各用户一般共享一个参数库，我们可以用(四)中提到的方法允许两个以上用户同时对参数库进行修改，但很显然，参数库中数据为后存盘用户输入的内容，这就使得先存盘的用户对系统的配置可能即刻被覆盖，为避免这种情况的发生，当有用户对参数库进行配置时，应禁止其他用户再进入配置。具体做法是在参数库中加入一个禁入标志，进入配置时检查该标志，已置位则不能进入，否则可以进入并设置该标志位，退出时该标志位复位。其次，对系统参数配置应设定专门权限，控制可进入配置模块的人员。

2. 模块参数库的处理

所谓模块参数库是用来存放进入某个模块所需要参数的数据库，例如打印模块中，各表式的控制信息可以构成一个数据库，作为打印模块的参数库。一般应把参数库中的数据分成两类，一类对用户来说是固定参数，其值不提供给用户修改，则模块中可以直接使用参数库中的数据；另一类对用户来说是可变参数，其值用户可以修改，对这种参数，模块中则不可以直接使用参数库中的数据，否则，当一个用户在运行该模块，而另一个用户却在修改参数库，使模块参数在运行中发生变化，造成运行结果前后不一致。正确的做法是先把参数库中的可变参数放入内存变量中，用这些内存变量作为模块参数进入模块。模块参数的配置、保存与使用的流程图表示如图表 4-12。

图表 4-12

模块参数库的处理

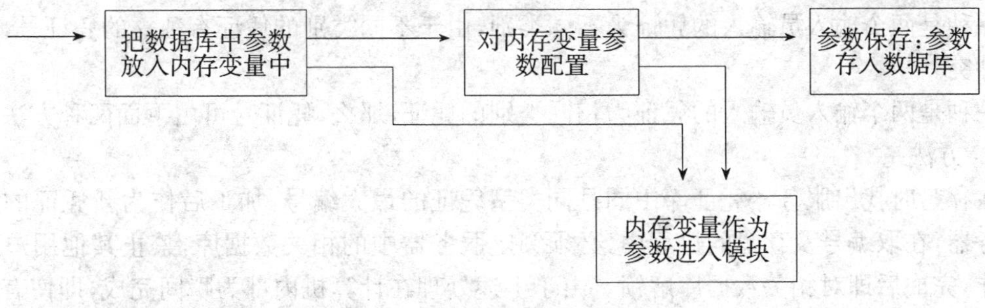

这样可以让不同的用户在同一时刻用不同的参数进入模块。

(六) 无法回避的冲突

一般对数据库进行下列操作数据库必须以独占方式打开：

·清空数据库

· 对记录进行物理删除

· 重建索引

· 在两条记录间插入记录

因此,在系统的日常运行中应避免使用上述功能,可以集中在系统维护模块中提供给用户诸如整理数据库,重建索引以修复损坏的索引文件等功能。可由较高级别的系统管理员定期或在系统故障时进行这些操作。

二、具体问题举例

上面讨论了网络版财务软件的开发应注意的一般问题,下面将通过讨论网络上两个或两个以上用户同时输入凭证时的例子,说明如何解决网络的读写冲突问题。

对每日业务量较大的企业,在财务软件的使用中,凭证输入可能是工作量最大的一项工作,同时也是时间要求最高的一项工作,因为凭证是一切财务数据的源泉。所以网络版的财务软件,应允许两个或两个以上用户同时输入凭证,软件设计中,必须很好地解决由此而发生的冲突。

凭证输入的数据一般用图表 4-13 所示的方法处理。

图表 4-13

凭证输入的数据流程

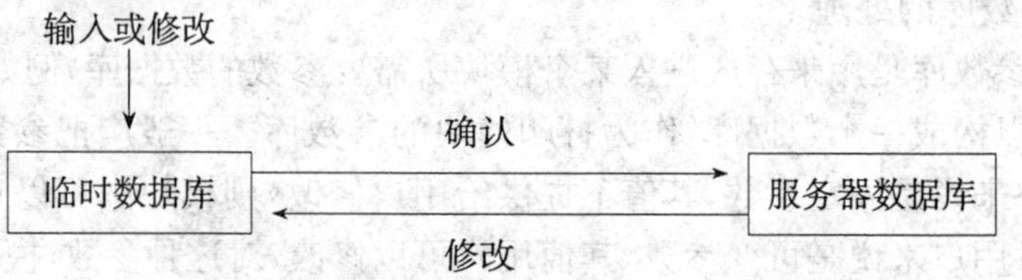

在多个用户同时输入凭证时的数据库读写冲突主要表现为下列方面:

(一) 临时库冲突

临时库冲突的解决见上面的临时库问题的论述。

(二) 读写服务器库的冲突

对新输入的凭证,当两个输入员同时确认存盘时主要是处理好凭证号的冲突问题,此时将会产生下列两种情况:

一种是两个输入员输入的凭证为不同类别,由于不同类别的凭证有独立的凭证号,所以不会有冲突。

一种是两个输入员输入的凭证为相同类别的凭证,那么,凭证号可由下面两种方法处理:

1. 方法一

在存盘时找出服务器凭证库中同月同类型凭证的最大编号,加 1 后作为新凭证的编号存入服务器,在取编号及存盘的过程中,必须锁定服务器中的相关数据库,禁止其他用户进行存盘操作,完成后即对相关数据库解锁。由于上述处理在计算机内部为瞬间完成,即使有另一个用户同时存盘(事实上总有先后),不会有等待的感觉。这一处理的特点是只有当凭证存盘后用户才能知道凭证号。

2. 方法二

在输入新凭证时先用上述方法得到凭证号,当两个操作员同时输入同类型凭证时,凭证号可能相同，存盘时再根据服务器凭证库的情况调整凭证号并通知用户。例如，两个用户同时输入8月份的现金凭证，服务器凭证库的最后一张8月份的现金凭证为78号，那么，这两个用户输入的凭证号均为79号，先存盘的用户，由于新凭证输入开始到存盘，服务器凭证库8月份的现金凭证没有变化，所以存入凭证的凭证号仍为79号，但当第二个用户存盘时，服务器凭证库8月份的现金凭证已有变化，那么，实际存盘的凭证号将调整为80号。

由于真正发生上述冲突的机会并不是很多，实际操作中，往往按凭证类别分工输入，所以，第二种方法要优于第一种方法。

对修改凭证的情况，很显然，不允许两个用户同时修改同一张凭证，处理方法为：当一个用户从服务器凭证库中取出某张凭证修改时，对服务器数据库中的该张凭证应作正在修改的标记，在修改期间，禁止其他用户修改该凭证。凭证修改完成后，修改标志复位。

第五章 账务子系统的初始化模块设计

初始化工作是用户使用软件前的准备工作和可以输入凭证前，所要进行的软件设置和基本数据的输入。就通用财务软件的设计而言，初始化的功能除了要能满足系统运转的基本需求外，更主要的是解决为了使软件具有较强的通用性而使初始化工作过于烦琐的矛盾。有两种情况下可能要进行系统初始化，其一是使用电算化软件前，要完成必需的准备工作；其二是开设新的账套后所要进行的设置工作。由于初始化工作规定了系统的一系列工作模式，有些模式一但凭证输入或凭证记账后就无法更改，所以初始化工作的正确性显得尤为重要。

第一节 员工管理

员工设置是使用一切管理系统的第一步，其内容是规定每个可以进入系统的人员对系统所拥有的操作权限和人员之间的级别关系。其作用是使每个操作系统的人职责明确，从系统产生的日志中，管理者可以看到每个员工的使用系统的情况。

一、员工管理的内容

（一）级别定义的内容

简单的操作员工的级别可设立系统管理员，部门经理和普通员工三级。三级的管理权限内容为：

（1）系统管理员在系统开工时可以由系统产生，用户需要做的，是更改他的名字和密码。

（2）系统管理员在授权情况下具有增加和取消其下级员工的权利，授权情况是指对部门经理的任免或取消必须有上级部门的授权，对普通员工的取消必须有部门经理或上级部门的授权。所谓任免，是指员工的升级或降级，所谓取消，并不同于删除，原因是我们必须保留每一个员工对系统的操作后所留下的痕迹，取消仅仅是取消该员工的操作权限。

（3）部门经理同样具有增加和取消其下级员工的权利。

（4）上级员工可指定下级员工的职位。

（二）职位定义的内容

（1）由用户定义与系统相关的职位内容。

（2）对系统的功能进行分类，对同类功能应具有相同的操作权限。如凭证输入和凭证修改为系统的两个功能，应放在同一类中，因为一般具有凭证输入权限的人员同时具有凭证修改的权限。系统功能的分类，在系统开发中完成。

（3）规定每个职位所具有的操作权限，一个职位可有多个操作权限，一个操作权限可由多个职位拥有。

（4）各职位员工均无权查看或修改别人密码，同时都具有修改自己密码的权利，但无权增加或减少自己的操作权限。

（三）定义操作员的内容

(1) 指定员工和姓名:对新增员工要指定其编号和姓名,并且若输入有误,姓名可以修改。由于数据库中一般存放员工编号,所以,员工编号一旦确定,不能修改。

(2) 级别的规定:规定该员工是部门经理还是一般员工。

(3) 职位的任免:事实上是修改员工的职位。

(4) 员工的取消:员工的取消仅仅是对取消的员工作一个标记,使该员工不再出现在系统中,但仍保留其在数据库中。

级别、职位和功能的关系如图表 5-1 所示。

图表 5-1

级别、职位和功能的关系图

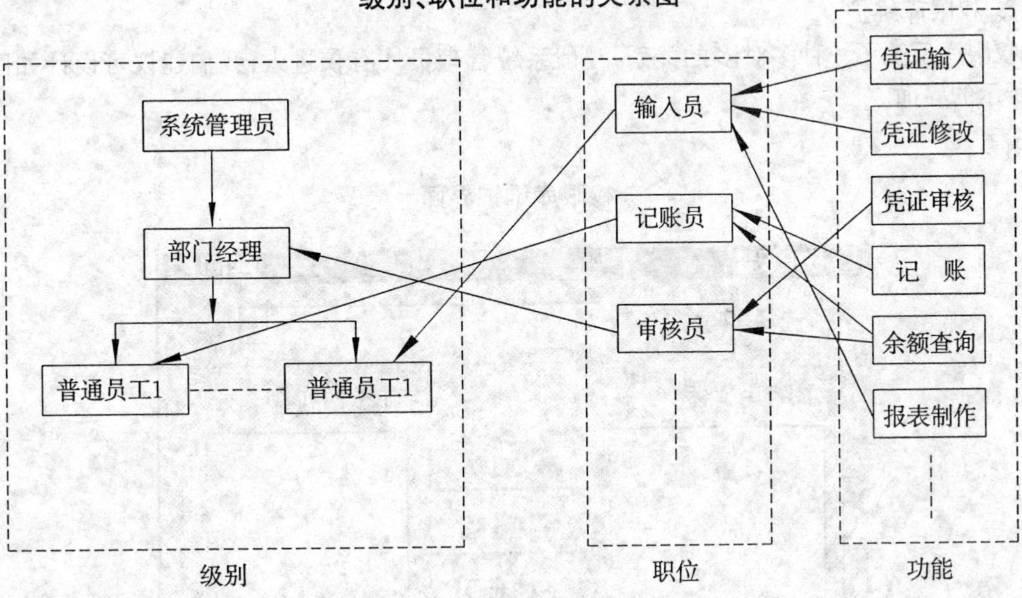

按照上面的方法设定操作权限,给用户带来了较大的灵活性,软件的使用者在设定操作人员的操作权限时,必须注意应该符合会计工作的原则,如凭证审核不能与输入是同一人。当然,我们可以从软件上去控制它,但带来的弊端可能更大。

二、员工管理的计算机实现

(一) 数据库设计

与员工管理相关的数据库内容和关系图见图表 5-2。

图表 5-2

员工管理相关的数据库内容和关系图

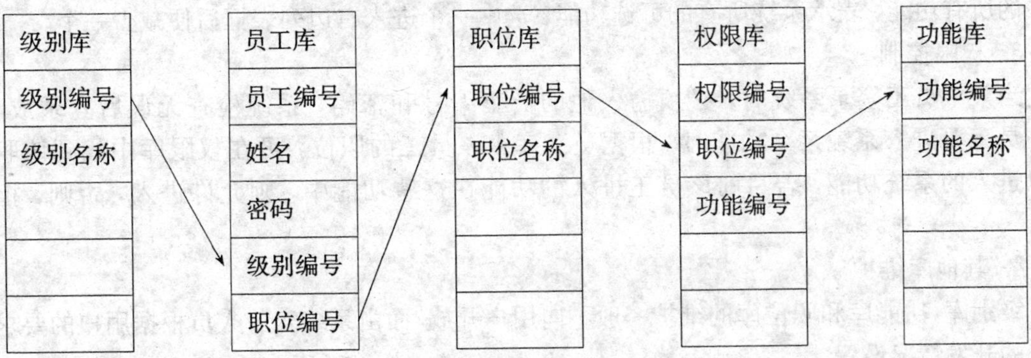

员工库中的级别编号取自级别库，而职位编号取自职位库，由每个员工的职位编号通过权限库可以得到其操作权限。职位和系统功能为多对多的关系，即一个职位可能拥有若干系统功能的操作权限，而一个系统功能可由若干职位进行操作。这种关系通过权限库反映，权限库中的权限编号为唯一的流水号。

（二）模块设计

1. 员工库维护

不同级别的员工进入员工库管理具有不同的操作内容，具体内容可见上面叙述。任何人只能修改自己密码而不能查看或修改别人密码。

2. 权限库维护

权限库反映了一种多对多的关系，一般系统管理员才有权进入，我们建议可设计如图表5-3 所示的界面。

图表 5-3

权限库维护界面

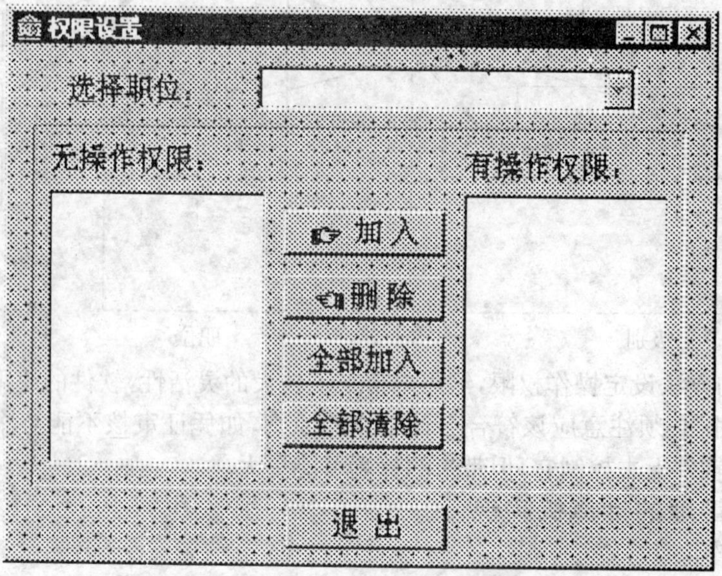

从职位库中选定某一职位，然后在右边的列表框中列出权限库中该职位所具有的功能，表示该职位已选的所有可操作功能，该表初始状态应为空，左边的列表框的初始状态为功能库中的所有功能，表示系统所有的可选功能，选中一个进入右边列表框后便减少一个。

3. 权限控制

当某个员工登录系统时，必须输入他的员工编号和密码，系统检查无误后登录成功。当该员工要进入系统某个功能时，根据员工库中该员工的职位，可在权限库中找到该职位可以进入的系统功能，若目前该员工进入的功能在这些功能中，则允许进入，否则，拒绝进入。

4. 其他库维护

级别库，功能库和职位库的维护一般不向用户开放，而由系统安装人员根据用户的要求和系统的开发情况设置。

第二节 账套设置

会计上一般要求以年为一个会计周期，所以电算化软件就以一个单位一年内所发生的所有会计业务内容组合成一个数据单元，称为一个账套。其内容包括会计科目及初始金额、凭证、总账、明细账、报表和其他模块数据(如固定资产、往来、工资等)。就账务处理模块而言，其基本内容为会计科目及初始金额、凭证和报表样式，至于其他数据，均可由凭证及报表生成。

一、账套的类别

(一) 年度账套

根据以上对账套的定义，一个单位每年将产生一个账套，我们称为年度账套。年度账套的特征为其数据具有连续性，其表现内容为：

(1) 上年账套数据中的期末余额与下年账套中的期初余额相等。

(2) 为保证余额能正确地从上年结转至下一年，年度账套之间的科目，固定资产代码等的级长应保持一致。

(3) 年度账套的员工及其操作权限可延续到下一年度账套，而不必另行设置。

(4) 对于上年未结清的业务，如尚未到账的应收账款明细，应转入下一年。

为使用户操作方便，年度账套可作为系统内部处理的一个概念，对用户可以是透明的，即可使用户不能察觉其存在。用户所能看到的，只是在本公司账套中的年度概念。

(二) 单位账套

经常有这样的情况发生，即在一个财务软件中可能同时存在几个公司或分公司的账，这些公司的账相互独立，但科目设置，报表可能具有类同性，操作人员可能相同，也可能不同，我们称其为单位账套。

在一个系统中同时允许设立多个单位账套，带来的优点是：

(1) 操作方便，单位账套的切换不必离开系统。(有些财务软件不支持单位账套，对多家公司使用的情况，用安装多套系统的方法解决，公司的切换必须退出正在使用的系统，进入另一套系统)

(2) 如多家单位为总公司下的分公司，用单位账套处理，便于分公司的报表合并。

(3) 由于分公司账套在同一系统下，而其科目，报表可能具有类同性，可以比较方便地实现账套间科目及报表的交换。

二、账套间的关系

账套间的关系如图表 5-4 所示。

同一单位下的年度账套的数据关系一般为上年度向下年度的单向复制或传递，所谓复制是把数据从源账套简单地复制到目标账套，复制过程中没有改变数据的含义，所谓传递则是在复制后改变了数据的含义。例如：

可以复制的内容为：会计科目，固定资产，报表样式，未核销的往来明细等。

可以传递的内容为：各会计科目的余额，各固定资产余额，累计折旧和用于财务分析的报表数据。

不同公司的单位账套的数据可以是双向复制或传递，例如：

可以复制的内容为：科目，报表样式等。

图表 5-4

账套间的关系

可以传递的内容为:用于报表合并的报表数据。

三、账套的计算机实现

从计算机角度讲,账套无非是一些数据表的集合,其存在形式可有两种,对小型数据库如DBase库,Paradox库可以把一个账套的数据库放入一个目录中,不同账套的数据库则放在不同的目录中;对大型数据库,我们通常讲的数据库被称为数据表(Table),而数据库(DataBase)则由一系列数据表及其索引,相互关系和存储过程等一系列内容构成,一个账套可由若干个数据库组成,根据需要它们或可以放在同一目录中,或可以放在不同目录中。

开设账套要完成两项工作,其一是建立一个账套所必需的数据库;其二是对该账套数据库进行初始化,完成其他账套数据向新账套的数据的复制和传递。

(一) 创建数据库

1. 数据字典

创建数据库的依据是数据字典,对小型数据库数据字典包括数据库的名称,字段名,字段类型,字段长度以及它们的缺省值,对大型数据库则还包括各数据表的相互的关系限制等内容。

数据库字典可以放在一个数据表中,其结构见图表 5-5:其中数据表名,字段名,字段类型,字段长度及小数长度为建立数据表不可缺少的内容。

图表 5-5

数据库字典库结构

字段名	字段类型	字段长度	字段含义
TabName	字符型	30	数据表名
FieldTabName	字符型	30	字段名
FieldType	字符型	1	字段类型
FieldLen	数值型	3	字段长度
FieldDec	数值型	4	小数长度
DefaultValue	字符型	10	缺省值
Caption	字符型	30	中文名称
Path	字符型	30	数据表位置信息
Attrib	字符型	10	数据表属性

缺省值：对某些存放系统配置信息的单记录数据表，建立数据表后应自动添加一条记录，并可用缺省值为其赋值。

中文名称：用于显示。例如，在通用的数据库的查询打印模块中，事先并不知道被查询数据表每个字段的含义，通过数据表名，可通过此表查到它的每个字段的中文名称。

数据表位置信息：当系统使用多级目录管理时，每个数据表所在的目录并不相同，通过此字段，可以知道数据表应该所在的目录，用于建立数据表或数据库校验。数据表位置信息可以是实际的目录，也可以是具有某种含义的数值，例如：0 表示当前目录，1 表示当前账套所在目录。

数据表属性：每个账套中的数据表一般都应归属于某一个子系统，数据表属性就是用来标识这一属性，由于一个数据表可能同时归属于若干个子系统，所以该属性可能是若干基本属性的和，其表示方法可以用单字母表示基本属性，用字母组合表示组合属性。例如：可用"Z"表示账务处理所需要的数据库，用"B"表示报表系统的数据库，"ZB"就表示在账务处理及报表系统中均需要该数据表。

利用数据表属性，可以进行有选择的数据备份。

2. 创建数据库的程序

下列程序为一个过程，其功能为根据数据字典建立数据表。数据字典放在数据表 DBFS 中。

其参数为：

TabName：要建立的数据表名称

IfApp：0：仅建立数据表，1：建立数据表后添加一记录，并赋以缺省值。

程序 5-1

```
procedure createdbf
para TabName,IfApp
set exact off
pathnum=occurs(";",sys(2001,"path"))
dimension patharr[pathnum+1]
do getpath with patharr && 获取当前的搜索路径放入数组 patharr，搜索路径一般为当前账套路径
resu=.t.
if ! used("dbfs")
  do usedbf with 0,"dbfs"," "," ","share",resu in tools && 以共享方式打开数据库，
endif
select dbfs
recpos=iif(eof(),0,recno())
ordtag=order("dbfs")
set order to 0
set filter to trim(dbfname)==trim(m.TabName)
create table dbfstru (field_name C(10),;
                      field_type C(1),;
```

```
                    field _ len N(3),;
                    field _ dec N(3),;
                    dbfname C(8))
append from dbfs for trim(dbfname)==trim(TabName)
select dbfs
locate for dbfname=m. TabName
dbfpathnam=iif(dbfs. path=0,m. TabName,patharr[dbfs. path]+"\"+m. TabName)
&& 获得包括路径的数据库名
select select(1)
create (dbfpathnam) from dbfstru
select dbfs
locate for . not. empty(default _ v). and. trim(dbfname)==trim(m. TabName)
if (. not. eof()). and. IfApp=1      && 若有缺省值,新建数据库后,添加一条记录并赋
初值
  select (m. TabName)
  append blank
  select dbfs
  go top
  do while . not. eof()
    select (m. TabName)
    do repl _ char   && 数据字典中的初值总为字符串,要转化成相应类型值赋值
    select dbfs
    skip 1
  endd
endif
select dbfstru
use
select (m. TabName)
use
select dbfs     && 若数据库 dbfs 进入本过程前已打开,恢复其原来状态
set filter to
set order to &ordtag
if recpos=0
  go bottom
else
  go recpos
endif
return
*************************************
```

```
procedure repl_char  && 数据字典中的初值总为字符串,要转化成相应类型值
private fname
fname=dbfs.field_name
ftype=type(fname)
do case
 case ftype="C"
   replace all &fname with dbfs.default_v
 case ftype="L"
   replace all &fname with dbfs.default_v="t".or.dbfs.default_v="T"
 case ftype="N"
   replace all &fname with val(dbfs.default_v)
 case ftype="D"
   replace all &fname with ctod(left(dbfs.default_v,8))
endc
return
```

(二) 数据复制和传递

新账套数据库建立后,应根据开设账套的不同性质,复制或传递数据。

(1) 单位账套:原则上应建立一个空账套,建立账套后可以从其他账套中复制科目及报表样式。

(2) 年度账套:建立年度账套后,应自动把本年度的科目,报表样式,固定资产等内容复制到新建账套中,并可选择或事后把本年度科目余额,固定资产余额,累计折旧传送到新账套中。

第三节　系 统 配 置

建立账套后,根据账套性质必须对新建的账套进行必要的配置,配置的目的是使系统的运行,符合不同单位的财务不同的要求和习惯,其内容可包括:

一、常量型参数

(一) 用户单位名称

用户单位名称将反映在所有输出的报表、凭证、账页中,对中外合资企业由于其报表一般为中英文对照,所以还应有用户单位的英文名称。对有上属公司的企业,必须输入上级单位名称。

(二) 凭证输出的样式及行数

由于目前使用的凭证基本样式有三类:一类为记账凭证;一类为收、付、转凭证;一类为现收、现付、银收、银付和转账凭证,用户一旦确定用那种凭证,一般不会更改,所以也可以作为系统配置的内容。

(三) 套打,凭证行数及账页每页行数

用于输出账、表、凭证的纸张有两种:一种为普通的打印纸;另一种为已有表格线的专用纸,在专用纸上打印称为套打,其每张纸的行数固定,在普通纸上打印,其每页行数可由用户

确定。

（四）是否年初开工及开工月份

这是指第一次使用系统的用户，必须确定凭证是从年初开始输入，还是从开始使用系统的月份开始输入。这将影响下述两个方面：其一如果凭证从年初开始输入，则在初始化时，各科目只要输入年初余额，而如果凭证不从年初开始输入，则在初始化时，各科目不仅要输入年初余额，而且要输入开工时的期初余额，开工时的累计借贷方的发生数。例如凭证从5月份开始输入，则要输入5月初的各账户的余额及1～4月份的借贷累计发生数。由此当5月份凭证输入后，我们就可计算出5月份及以后任意时刻的各科目的余额和借贷方发生额。其二是控制第一张凭证输入的月份，如上例中，输入凭证的日期只能是5月1日以后。

（五）是否有外币核算

从输入方面讲具有外币核算的单位，其凭证的样式与没有外币的凭证样式不同，外币凭证输入内容要比普通凭证多；从输出方面讲，具有外币业务单位的凭证，账页，报表样式均与无外币业务单位的样式不同，所以事先确定这项内容，将给用户操作带来方便。

二、凭证类别定义

凭证类别定义的方法有三种：

第一种，完全由用户定义每一种类别的名称，系统则仅仅为每一种凭证类别分配一个编号。这样做的优点是让用户在确定凭证类别时有较大的灵活性，但带来的缺点是由于系统无法知道每一种凭证的含义，即每类凭证在输入时应该满足的基本条件，所以也就无法在凭证输入时对输入凭证作出是否符合会计基本原理的判断，就会出现现金凭证没有现金科目这样的情况，当然这样的错误可以归咎于用户，但就软件设计而言，这无疑是一个不小的缺陷。

第二种，从大多数财务人员的习惯及符合会计基本原理上考虑，提供常见的凭证分类方法供选用。

凭证的分类方法较常见的有三类：第一类是不分类，所有凭证用一个连续编号，我们称为记账凭证；第二类把凭证分为三种：现金，银行存款和转账，每一种凭证类别有一个独立的连续编号；第三类则把凭证分成五种：分别为现金收款凭证（现收），现金付款凭证（现付），银行收款凭证（银收）银行付款凭证（银付）和转账凭证，这样凭证就有五个独立的连续编号。有外币业务的单位，也可把三类中的每一种再分成两类：外币和人民币。

这样的做法弥补了第一种方法的缺陷，由于可以明确每一类凭证应满足的基本条件，如现收凭证中必须在借方出现现金科目，银付凭证必须在贷方出现银行存款科目，在用户输入凭证存盘时，由系统作出凭证的合法性检查以保证输入凭证在会计逻辑上的合理性。

这样做的缺点是用户仅能使用系统提供的几种凭证分类方法，当用户初次使用系统时，如果不是在年初使用，则要求手工凭证的分类方法必须与系统中使用的分类方法必须一致，才能保证能有一个连续的人机并行的运作期，如果用户原来对凭证的分类方法在系统中没有提供，则即使用户改为选用系统提供的某种分类方法，原来的手工凭证如何处理将成为一大难题。

所以我们提出第三种处理方法，该方法对凭证类别的设置思路借用第一种方法，可由用户按照习惯定义。系统则规定每一类凭证要符合的基本法则，然后对每一种凭证类别，可由用户为其指定一个基本法则或若干基本法则的组合，组合方法亦即法则的逻辑运算可以是“非运算”，“或运算”和“与运算”三种。

例如，基本法则可以包括：

A. 凭证中必须含某科目。

B. 某科目必须出现在借方。

C. 某科目必须出现在贷方。

D. 凭证中必须出现外币科目。

E. 凭证中不能出现外币科目。

可以为现金收入凭证指定法则：A(101)&B，其中 A(101)表示法则 A，即必须含现金科目，& 表示与(并且)，B 表示法则 B。

第三种处理方法保证了凭证类别设置的开放性但又不失凭证输入在会计上的严密性，可能在初始化时稍微繁琐一些，但与其带来的益处相比，是完全值得的。考虑到其设置工作的一次性，用户也会乐于接受，甚至系统的安装人员可以为用户完成这一工作。

三、账页中对方科目的处理

对现金和银行日记账，必须含对方科目，这就要求现金和银行的凭证借贷关系必须明确，以便能找到现金和银行存款的对方科目。电算化软件对用户输入的现金和银行凭证必须进行严格的检查，确保进入系统的该类凭证符合这一要求。

对明细账，账页中是否要求含对方科目，往往由用户决定。明细账是否含对方科目，至少在下列两个方面影响系统的运行方式：

· 在输入转账凭证时，是否要进行借贷方对应关系的检查。

· 在确定明细账账页格式。

所以必须在系统配置中由用户确定账页是否含对方科目。

四、逐级代码级长的确定

(一) 级长定义的内容和作用

所谓逐级代码包括会计科目，固定资产代码、部门代码等。

会计科目每一级的长度没有统一的规定，不同行业，其级长规定有所不同，就一级科目而言，常见的就有 3 位和 4 位，二级以下的科目由用户确定，其级长自然也由用户根据需要设定。

确定科目级长的内容为两个部分：其一是确定科目的最大的级数；其二是确定每一级的长度。

科目级长确定后，一旦有科目输入，那么已输科目最大级长以上的级长不能再修改，例如，已经输入三级科目，那么，三级及三级以上科目的级长不能再变化，因为级长的变化会造成已输入的实际科目与定义级长不一致。

对系统而言，科目级长的作用是

· 对科目输入，修改，删除进行合法性检查。

· 以此为依据对各科目数据由最底层逐级向上汇总。

(二) 级长定义的计算机实现

各代码的级长可以放在一个数据表中，例如图表 5-6。

图表 5-6

各代码的级长数据库表示

代码标识	代码级别	长　度	说　明
0	1	3	一级科目
0	2	2	二级科目
0	3	2	三级科目
0	4	2	四级科目
0	5	2	五级科目
1	1	2	固定资产一级代码
1	2	2	固定资产二级代码
1	3	2	固定资产三级代码
1	4	2	固定资产四级代码

定义级长就是对上述数据表的维护。

科目级长定义后将影响所有数据表中的会计科目字段，因此可以把所有会计科目字段长度定义成 11 或更大，以免当用户定义级长的总长度超过该字段定义的长度时，修改数据表结构。这样，软件要做的就是控制用户输入科目时的各级科目的长度及保证科目级次的连续性。

固定资产代码，部门代码的级长设置与科目代码级长的设置相似。

第四节　定义会计科目及期初数据的输入

会计科目的设置是使用财务软件基础工作之一，在使用财务软件前，应对原来使用的科目的级长进行确认，对每一级科目进行认真的调整补充，尤其是对每一个一级科目下设几级明细科目应有慎重的考虑。

科目确定后，如凭证将从年初开始输入，则必须用表格的形式准备好各个科目的年初余额；如凭证从年中某个月开始输入，则还必须准备好各个科目的该月的月初余额及至该月月初的各科目的累计借贷方的发生额。

然后可以进行科目设置，科目设置的内容包括科目号，科目名，上述的科目数据及科目属性。

对外币科目，除上述内容外，还有一组与人民币数据相对应的外币数据。

对含数量的科目，除输入金额的余额与发生数外，还要输入数量的余额与发生数。

科目设置后可进行凭证输入，凭证输入后仍可对科目进行补充调整，但将会有限制，在软件设计中，对凭证输入后科目调整补充的限制应与手工会计工作中原有限制相一致，尽量减少因软件设计上的问题而附加的限制。

一、存放科目及其数据的数据库

科目及其数据可以存放在一个数据库中，但由于多数科目币种为本位币无外币数据，及多数科目无数量数据，所以用一个库存放所有科目数据，必定会产生较大的数据冗余。比较合理的做法是建立三个数据库，一个科目库，存放科目基本数据，一个外币科目库，存放外币科目及其外币数据，另一个为数量科目库，存放含数量的科目及其数量数据。

下面图表5-7为科目库的结构，数据库名为KM.DBF。

图表5-7

科目库的结构

字 段 名	字段类型	字段长度	字 段 含 义
KMH	字符型	11	科目号
KMM	字符型	30	科目名
JD	字符型	2	科目性质(借余类/贷余类)
NCYE	数值型	14,2	年初余额
QCYE	数值型	14,2	期初余额
QCJFLJ	数值型	14,2	期初借方累计
QCDFLJ	数值型	14,2	期初贷方累计
BZ	字符型	8	币种
SLBZ	逻辑型	1	数量标志

二、科目属性

科目的属性包括以下内容：

(一) 币种

对有外币业务的单位，必须为每个科目指定币种，缺省的币种为本位币。币种的作用为强制用户输入各科目的外币期初数据；在凭证输入时作合法性判别；输出外币的账、表等。各级科目币种的确定应符合如下原则：外币科目的下级科目必须与上级科目具有相同的币种。

(二) 数量标志

有数量标志的科目表示该科目在凭证输入中必须输入数量。在手工做凭证时，没有数量金额式的凭证，数量一般是填写在摘要中，记账时把该数量记入数量金额式的账页中，但用计算机处理时，由于记账由计算机自动进行，在凭证中必须有一独立的数量字段。当输入的凭证中有含数量标志的科目时，必须填写该字段，然后系统就能生成数量金额式的账页。有数量标志的科目在系统开工使用时必须输入数量期初数据。

数量标志一般出现在明细科目中，如材料采购、低值易耗品的明细科目。

(三) 现金科目与银行存款科目

现金和银行存款科目是两个非常重要的科目，由于每个单位其科目号不一定相同，系统必须能够准确地识别这两个科目，一种做法是再设立两个标志，现金和银行存款标志。另一种做法是根据科目名作出判断。

（四）固定资产或累计折旧科目

对固定资产和累计折旧科目的识别，其作用是为了在凭证输入时能向固定资产模块传递数据，实现两个模块之间的数据连接，具体见第十章，固定资产子系统设计。

固定资产或累计折旧科目的识别方法与现金、银行存款科目的识别方法相同。

（五）往来科目

往来科目是指应收账款，应付账款，预付账款和预收账款等科目，对使用往来模块的用户，由于往来明细可在往来模块中输入，所以这些科目不必设置到具体的客户。在账务处理模块的凭证输入中，只需输入往来的总金额。为了避免在账务处理中已经入账的往来数据在往来模块中漏输，在凭证输入中对有往来标志的科目，在凭证输入完毕后，应提供与往来模块的接口，使用户能即刻输入往来明细，或在往来模块中产生一个待输入数据的标记，以便使往来模块的操作员知道尚有数据未输入。

科目除了具有以上的属性外，根据具体的用户或软件设计需要，还可以增加其他属性，例如，有些软件把科目的级次也作为科目的一个属性，这会给软件设计带来方便，而事实上科目的级次可由系统根据科目长度自动判断。

三、会计科目的连续性

会计科目是一种逐级代码，从数据结构上讲，会计科目是一种树型结构，当用户在对此进行编辑时，系统必须保证其代码的逻辑上的合法性。下面用图表 5-8 所示方式显示科目设置的一个例子：

图表 5-8

会计科目的设置

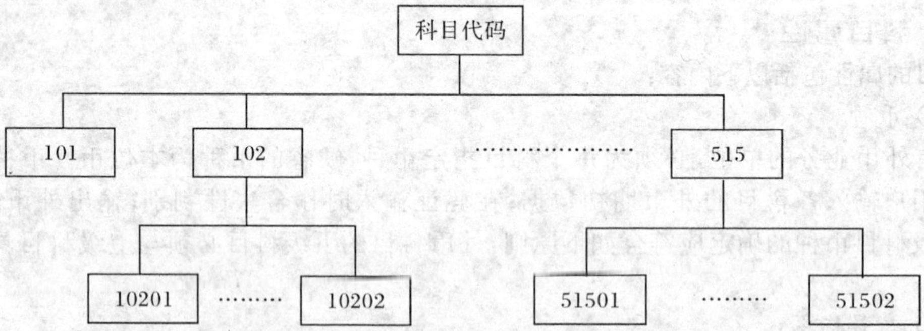

四、两个用于教学的程序设计全过程的实例

（一）新增科目

新增科目的程序设计时，最重要的是科目设置应该循序而为，如果上级科目尚未设置时，就设置其所属下级科目，这样就会打乱科目的连续性，程序中应该加以控制。

科目设置的界面可以设置成图表 5-9 的形式：

一般而言，用户输入科目及相关的数据过程中，这些数据不宜直接存放到相应的表文件中，下面给出的例示将表单的各控件的捆绑数据源设置为内存变量。表单运行中涉及的表文件打开及内存变量的定义必须先期完成，表单对象 Form 的 Init Event（初始事件）代码设置为：

图表 5-9

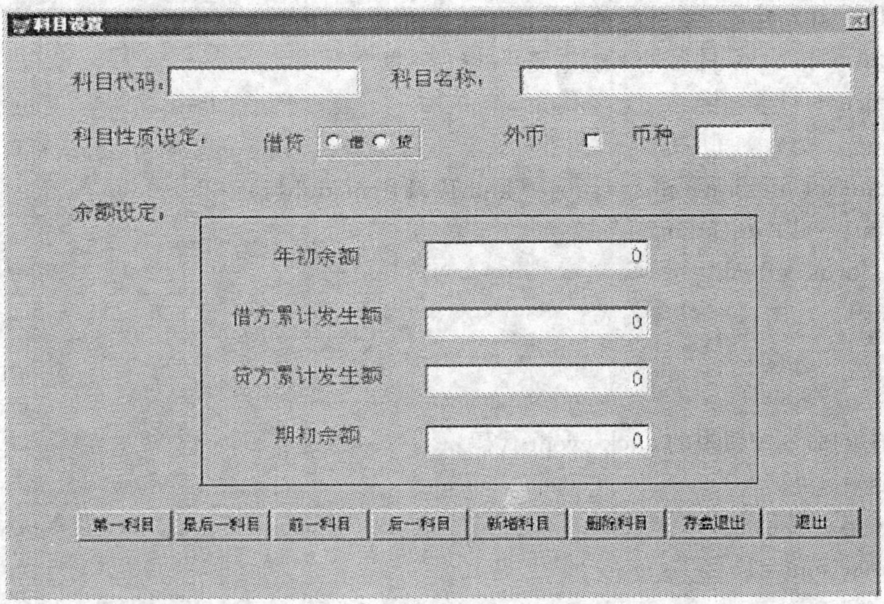


```
use kmhm
kmh1=space(14)
kmm1=space(30)
jd1=" "
store 0 to ncye1,qcye1,jflj1,dflj1
bz1=space(8)
blbz=.f.
mm=0
nn=0
ww=0
sl=0
thisform.refresh
```

前段程序中的内存变量,要与相应的表字段变量类型保持一致,否则内存数据在传送到字段变量中时,会发生类型不能匹配而产生错误。表单中的科目代码输入之后,应进行会计科目的连续性检查,相应的程序可放入用于输入科目代码的文本框的 Lost Focus Event(失去焦点事件)中:

```
kmh11=alltrim(kmh1)
if len(kmh11)>3
locate for alltrim(kmh)=substr(kmh11,1,len(kmh11)-2)
if not found()
   =messagebox("上级科目尚未设置,请依次设置科目",12)
   return -1
else
```

```
   locate for alltrim(kmh)=kmh11
   if found()
   =messagebox("科目号不能重复!",12)
   return -1
   else
   locate for alltrim(kmh)=substr(kmh11,1,len(kmh11)-2)
   kmm1=alltrim(kmm)+"-"
   thisform.refresh
   endif
endif
endif
```

表单中的命令按钮组的 click event 代码：

```
do case
    *第一科目
    case mm=1
    go top
    kmh1=kmh
    kmm1=kmm
    if jd="借"
     nn=1
    else
     nn=2
    endif
    bz1=bz
    if  bz1<>space(8)
     ww=1
    else
     ww=0
    endif
    if slbz
     sl=1
    else
     sl=0
    endif
     ncye1=ncye
     jflj1=jflj
     dflj1=dflj
     qcye1=qcye
    thisform.refresh
```

```
*最后一科目
case mm=2
go bott
kmh1=kmh
kmm1=kmm
if jd="借"
 nn=1
else
 nn=2
endif
bz1=bz
if  bz1<>space(8)
 ww=1
else
 ww=0
endif
if slbz
 sl=1
else
 sl=0
endif
 ncye1=ncye
 jflj1=jflj
 dflj1=dflj
 qcye1=qcye
thisform.refresh
*前一科目
case mm=3
skip -1
thisform.commandgroup1.command4.enabled=.t.
if bof()
=messagebox("已经是第一科目!")
thisform.commandgroup1.command3.enabled=.f.
else
kmh1=kmh
kmm1=kmm
if jd="借"
 nn=1
else
```

```
 nn=2
endif
bz1=bz
if  bz1<>space(8)
 ww=1
else
 ww=0
endif
if slbz
 sl=1
else
 sl=0
endif
 ncye1=ncye
 jflj1=jflj
 dflj1=dflj
 qcye1=qcye
thisform.refresh
endif
 *后一科目
 case mm=4
 skip
thisform.commandgroup1.command3.enabled=.t.
if eof()
=messagebox("已经是最后一科目!")
thisform.commandgroup1.command4.enabled=.f.
else
kmh1=kmh
kmm1=kmm
if jd="借"
 nn=1
else
 nn=2
endif
bz1=bz
if  bz1<>space(8)
 ww=1
else
 ww=0
```

```
endif
if slbz
 sl=1
else
 sl=0
endif
 ncye1=ncye
 jflj1=jflj
 dflj1=dflj
 qcye1=qcye
thisform.refresh
endif
*新增科目
case mm=5
append blank
repl kmh with kmh1,kmm with kmm1,ncye with ncye1
repl jflj with jflj1,dflj with dflj1
repl qcye with qcye1,bz with bz1
if nn=1
 repl  jd with "借"
else
 repl  jd with "贷"
endif
 kmh1=space(14)
 kmm1=space(30)
 nn=0
 store 0 to ncye1,qcye1,jflj1,dflj1
 bz1=space(8)
 blbz=.f.
 mm=0
 thisform.refresh
 *删除科目
 case mm=6
 append blank
repl kmh with kmh1,kmm with kmm1,ncye with ncye1
repl jflj with jflj1,dflj with dflj1
repl qcye with qcye1,bz with bz1
 if nn=1
 repl jd with "借"
```

```
        else
        repl jd with "贷"
        endif
        use
      thisform. release
      case mm=8
        use
        thisform. release
endcase
```

（二）数据输入后的逻辑检验

在用户输入了所有的会计科目及相关数据后，系统应该提供相应的功能，对输入的数据进行逻辑检验，也就是根据科目之间的关系及数据之间的勾稽关系进行检验。

根据数据之间的逻辑关系，检验可以从三个角度进行：

1. 上下级金额核对

任何拥有下级科目的会计科目，其余额、发生额均与下级科目的余额、发生额有着平衡关系，这种检验的会计理论依据就是“平行登记”。具体可以用两个等式表示。

上级科目余额=下级科目余额之和

上级科目发生额=下级科目发生额之和

2. 余额检验

每个科目的数据本身有着相应的勾稽关系，即如果是年初开工，年初余额应该就是期初余额，如果是年中开工，则每个科目的年初余额加上同方向的发生额，减去反方向的发生额，应该等于期初余额。

3. 试算平衡

所有一级科目的借方余额合计应该等于贷方余额合计，这种检验的会计理论依据是会计恒等式。

以上的三种检验，可以过滤出绝大部分的错误，但不是百分之百。

数据逻辑检验的相关程序

在实际应用软件中，设计者只要提供相应的菜单供用户选择，而检验过程是“黑箱”处理的，只需将检验中发现的问题告知用户即可：

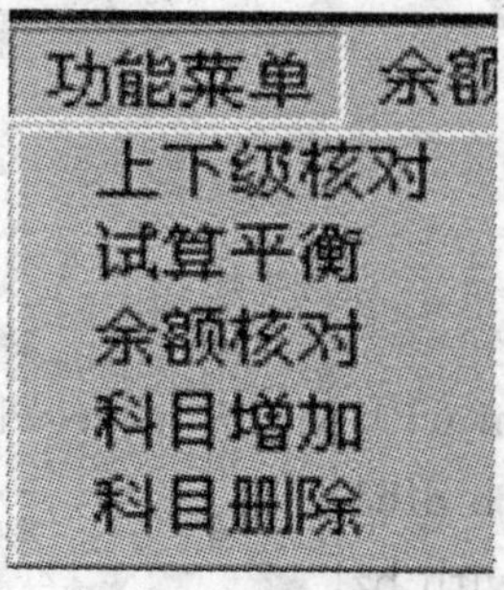

在给出相应的程序之前，先作一个假设，即会计科目代码的级长是3、2、2、2，这主要是为了简化程序，实际应用程序设计中，各位级长可能是变动的，可以将用户定义的各级科目级长，放在一

个数组中，当然，相应程序也相应复杂些，检验程序设计时，分级判断即可，读者可以试试。

1. 上下级金额核对相关程序设计

```
use kmhm
dimension a(4)              && 数组 A 用以存放下级科目的合计数
index on kmh to kmsy        &&kmsy 是索引文件名
tg=.t.
go top
do while not eof()
     store 0 to a
     reno=recno()                    &&reno 用以存放上级科目代码
     ll=len(alltrim(kmh))                          &&ll 存放上级科目代码长度
     kmh1=alltrim(kmh)                             &&ll 存放上级科目代码
     skip
       do while len(alltrim(kmh))=ll+2 and substr(kmh,1,ll)=kmh1
         a(1)=a(1)+ncye
         a(2)=a(2)+qcye
         a(3)=a(3)+qcjflj
         a(4)=a(4)+qcdflj
         skip
       enddo
     go reno
       if a<>0
       if ncye<>a(1) or qcye<>a(2) ;
               or qcjflj<>a(3) or qcdflj<>a(4)
            =messagebox(kmh+kmm+"的上下级余额或发生额计算不平衡!",12)
           tg=.f.
           exit
       endif
       endif
     wait kmh+kmm+"检验通过" window timeout 0.5
     skip
     reno=recno()
enddo
if tg
   =messagebox("上下级科目的余额及发生额检验通过!",12)
endif
use
```

2. 余额检验相关程序设计

```
use kmhm
```

```
do while not eof()
if  jd="借"
  if ncye+qcjflj-qcdflj<>qcye
  =messagebox(kmh+kmm+"余额计算有错",12)
  endif
else
   if ncye-qcjflj+qcdflj<>qcye
    =messagebox(kmh+kmm+"余额计算有错",12)
   endif
endif
   skip
enddo
```

3. 试算平衡相关程序设计

```
*一级科目的平衡检验
a=0  && 用于存放年初借方合计
b=0  && 用于存放年初贷方合计
sum all ncye to a for jd="借" and len(kmh)=3
sum all ncye to b for jd="贷" and len(kmh)=3
c=0  && 用于存放期初借方合计
d=0  && 用于存放期初贷方合计
sum all qcye to c for jd="借" and len(kmh)=3
sum all qcye to d for jd="贷" and len(kmh)=3
do form 检验结果
```

程序中调用表单程序“检验结果”，将检验的结果用表单界面形式提交给用户，该表单运行后的效果如下：

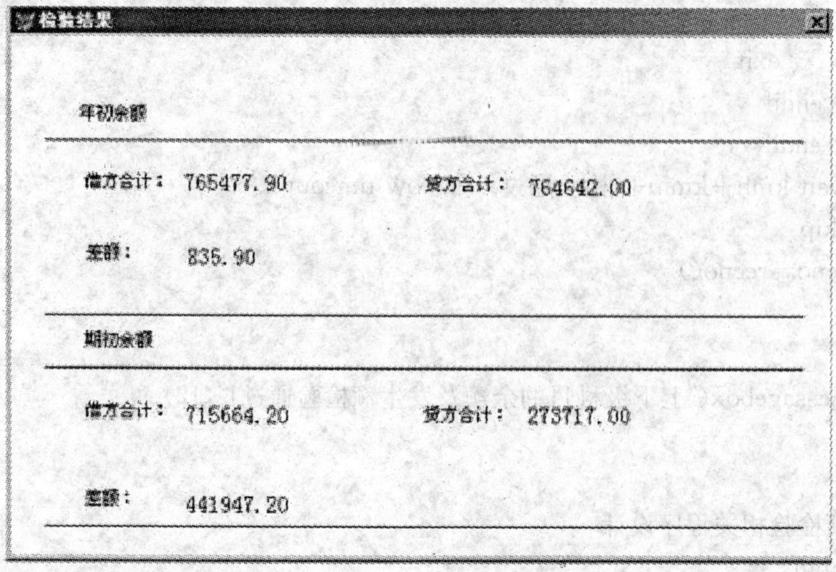

表单中的设计主要是 form 的 init event 中，改变每个标签对象的 Caption 属性值：

```
thisform.label1.caption=str(a,14,2)
thisform.label2.caption=str(b,14,2)
thisform.label3.caption=str(a-b,14,2)
thisform.label4.caption=str(c,14,2)
thisform.label5.caption=str(d,14,2)
thisform.label6.caption=str(c-d,14,2)
```

五、从最底层科目逐级向上汇总的计算机实现

基本思想是，科目库对科目号索引，然后由最后一条记录向前逐条扫描数据库，对每条记录，找到当前代码的上级代码，并把当前科目的数据加到上级科目的数据中，这样对整个数据库扫描一次，即完成了由最低级科目向以上各级科目代码的逐级汇总。

下面给出了程序实现方法，该程序适用一般的逐级代码数据的向上汇总。

参数说明：

codelens：为一个数组，存放各级代码的长度。

codelevels：代码的级数。

fieldnum：需要汇总的数据个数。

数据字段的名称可以作为字符串参数传递给 filluplast，在程序中可用宏取数，但由于循环次数较大，宏代换的速度将成问题。所以本程序未采用上述方法。

调用 filluplast 的程序中，必须定义三个过程 scatt，repla 和 getlen。

scatt：把当前科目的数据放入数组。

repla：上级科目数据=数组中数据和上级科目数据之和。

getlen：取得当前科目代码的长度。

本例为汇总各科目的借方累计发生数(jf_lei_ji)和贷方累计发生数(df_lei_ji)。

过程 loca_last 的功能为把数据表指针定位到上级科目。

程序 5-4

```
procedure filluplast
para codelens,codelevels,fieldnum
dimension codelens[codelevels],lei_ji_tmp[fieldnum]
private i
curlen=0
curcode=" "
retv=.f.
go bottom
do while .not. bof()
   kmlen=getlen()
if kmlen=codelens[1]
   curlen=0
else
   curpos=recno()
```

```
            do scatt with curcode
            if kmlen=curlen
               go lastcode
            else
               curlen=kmlen
               do loca _ last with curcode,codelens,codelevels,retv
               if . not. retv
                  go curpos
                  skip -1
                  curlen=0
                  loop
               endif
               lastcode=recno()
            endif
            do repla
            go curpos
         endif
         skip -1
      endd
      return
      procedure loca _ last
      para codevalue,codelens,codelevels,retv
      offexact=. f.
      if sys(2001,"exact")="OFF"
         offexact=. t.
         set exact on
      endif
      private retv,retv1
      retv=. f.
      rctv1—0
      do GetLevel with codevalue,codelens,codelevels,retv1
      if retv1>1
         seek left(codevalue,len(trim(codevalue))-codelens[retv1])
         if found()
            retv=. t.
         endif
      endif
      if offexact
         set exact off
```

```
endif
return retv
procedure getlen
return len(trim(kmh))
* * * * * * * * * * * * * * * * * * * * * * * * * * * * * * * * * * * *
procedure scatt
para curcode
scatter fields jflj,dflj to lj_tmp
curcode=trim(kmh)
return
* * * * * * * * * * * * * * * * * * * * * * * * * * * * * * * * * * * *
procedure repla
replace jflj with jflj+lj_tmp[1],;
        dfji with dflj+lj_tmp[2]
return
```

与会计科目设置相似,固定资产在系统开工时也要作上述相似设置。

第五节　系统校验及数据安全性措施

系统校验是由于意外情况而使数据库、索引文件,记录数据遭损坏时系统所应该提供的补救或修复措施。所谓的意外损坏在网络系统中更为常见,归纳起来有以下几种情况:

- 数据库被损坏:即数据库文件遭破坏以至系统无法识别或数据库结构被意外修改。
- 索引文件不匹配或损坏:经常发生在非正常退出情况下,索引文件与数据库不匹配,索引文件不起作用或根本无法打开数据库。
- 数据完备性错误:由于意外情况或系统本身故障使非法数据进入数据库,造成数据关系混乱,而使系统无法正常运行。

对上述情况,系统至少应提供下列两种方法进行补救及修复。

一、数据备份与恢复

数据备份是指把系统数据复制一份,存放在其他的介质上,如软盘,磁带等,当系统数据出现问题时,可以把备份的数据恢复到系统中。根据不同场合可提供下列两种备份方式。

(一) 手工备份

由用户定期进行备份,当数据损坏时,可恢复最后一次的备份。最后一次备份以后做的工作可能作废。由于关系型数据库的空间冗余度较大,而财务软件的备份一般都用软盘,所以软件应该提供一种压缩备份的方法。

(二) 自动备份

对目前正在做的工作系统应自动保存,即当断电或意外关机时,开机后能自动恢复。如财务软件中凭证输入,报表编辑等。

数据恢复为数据备份的逆操作。

二、校验与修复

对损坏的数据进行修复，可最大限度地保留已做的输入工作，系统应提供下列的数据校验与修复功能：

（一）数据库结构校验，包括重建丢失的数据库

用数据字典与数据表结构逐一比较，对结构不相同的数据表进行修复，修复的方法是保存原数据表内容，重建数据表后把原数据拷入新建数据表。

判别数据表结构与数据字典是否一致的程序如下：

dname：为数据表名称，若比较结果相同，则返回真，否则返回假。

程序 5-5

```
procedure ismodified
para dname
private retv
retv=.f.
set exact off
select dbfs
recpos=iif(eof(),0,recno())
ordtag=order()
set order to 0
set filter to trim(dbfname)==trim(dname)
select select(1)
openingdbf=dname
use (dname) exclusive
copy stru extended to dbfstru
use
select select(1)
use dbfstru exclusive
select dbfstru
go top in dbfs
do while .not.eof("dbfs")
  locate for field_name=upper(dbfs.field_name).and.;
             field_type=upper(dbfs.field_type).and.;
             field_len=dbfs.field_len.and.;
             field_dec=dbfs.field_dec
  if eof()
    retv=.t.
    exit
  else
    skip 1 in dbfs
  endif
```

```
endd
select dbfstru
use
select dbfs
set filter to
set order to &ordtag
if recpos=0
  go bottom
else
  go recpos
endif
return retv
```

（二）索引文件的修复

索引文件的修复采用重建索引的方法。重建索引一般应先删除原来的索引文件，然后再重建索引。对网络版的软件，重建索引必须在数据库独享方式下进行，所以，要提示网上其他所有用户应退出系统。

（三）各相关数据表的数据相关性校验及修复

各数据表数据的相关性校验可根据会计业务特点进行逻辑判断得出结论。当发现非法的数据，修复工作根据情况可作如下处理：对系统能作出确切判断并有确定修复值的可在提示下自动修复；对没有确定修复值的可在用户参与下进行修复；对一些上述两种方法均无法修复的情况，也应尽可能详细地给出错误所在，以便供系统开发者修复，或对系统进行修改，以使系统进一步完善。

第六章　账务子系统的日常账务处理设计

第一节　凭 证 输 入

一、数据表文件的建立

要实现凭证输入,可以建立三个数据表文件。

1. 凭证表文件(PZ.DBF)

该文件是存放凭证的,输入的凭证均放入其中,图表 6-1 是它的结构形式:

图表 6-1

凭证表文件(PZ.DBF)

日　期	凭证号	类　型	摘　要	借方科目	贷方科目	金　额	审　核	记　账
……								
03/05/99	081	现付	购置辅料		现金	135.90	已	
03/05/99	081		购置辅料	材料采购		116.15	已	
03/05/99	081		购置辅料	应交税金		19.75	已	
03/05/99	082	银付	购西药吗丁啉		银行存款	306.23	已	
03/05/99	082		购西药吗丁啉	应付福利费		306.23	已	
……								

它的实际字段名为:RQ,PZH,LX,ZY,JKM,DKM,JE,SH,JZ,字段类型:RQ 是日期型,PZH,JE 是数值型,其余均为字符型。表中的字段可以根据需要增减,如可以增加借方科目代码和贷方科目代码,这样便于处理数据,但作为例子,暂定为以上字段。从表中可知,每张凭证至少由两条以上记录组成,如一借一贷为两条记录,一借两贷为三条记录等等。输入时就应满足每张凭证输两条或两条以上的记录。

2. 会计科目表文件(KMHM.DBF)

该文件主要有二个字段:KMH 和 KMM,即科目代码和科目名,建立该表后应输入所有的科目代码和科目名。它的作用是:利用它可以实现在凭证输入时能显示所有科目代码供用户选择,并且一旦选中就能显示对应的中文科目名,并替代人工输入中文科目名,这样既可以让用户核对所选代码是否正确,又可避免输入中文的麻烦。

3. 凭证类型表文件(PZLX.DBF)

该表只需一个字段 LX(类型)。表中存放全部的凭证类型,一般有:现收、现付、银收、银付,转账、收款、付款、现金、银行、记账等 10 种,即 10 条记录。这 10 条记录可按企业的实际情况,排列为四种组合:

(1) 现收、现付、银收、银付、转账；

(2) 收款、付款、转账；

(3) 现金、银行、转账；

(4) 记账。

该文件的作用是：在输凭证类型时能以列表的形式显示以上 10 种类型供选择。

二、制作"凭证输入"表单(PZSR. SCX)

该表单的格式如图表 6-2 所示。

图表 6-2

"凭证输入"表单(PZSR. SCX)

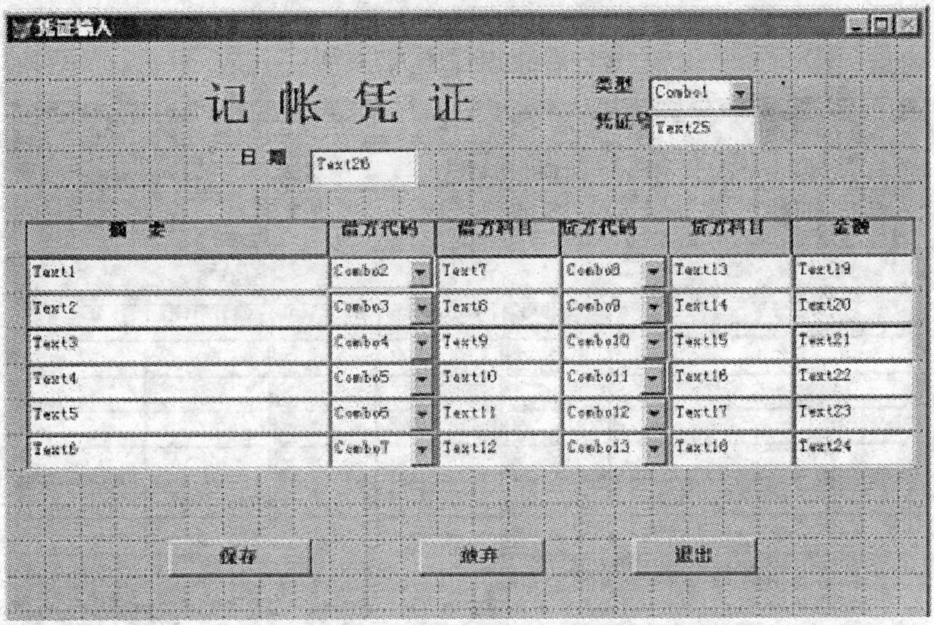

它的制作方法如下：

1. 在命令窗口输入：MODIFORMPZSR，屏幕上出现表单生成器，供制作表单。

2. 在"属性"窗口设置 form1 的 caption 属性为"凭证输入"，则表单的标题变为凭证输入。

3. 参照图表 6-2，在表单上画出 10 个标签控件，并把它们的 caption 属性分别设置为：记账凭证，类型，凭证号，日期，摘要，借方代码，借方科目，贷方代码，贷方科目，金额，并根据需要设置它们的字体(font)大小(fontsize)等属性。

4. 标签"类型"右边画一个组合框，设置它的 controlsource 属性为 a，(a 为内存变量，任意取名——以下简称为任取)，rowsource 属性为 pzlx. lx(凭证类型表文件的类型字段)，rowsourcetype 属性为字段。在标签"借方代码"下方画六个组合框，并设置它们的 controlsource 属性分别为 wa(1)，wa(2)……wa(6)(wa 为数组名，任取)，rowsource 属性都为 kmhm. kmh (会计科目表文件的科目代码字段)，rowsourcetype 属性都为字段。在标签"贷方代码"下方画六个组合框，设置它们的 controlsource 属性分别为 x0(1)，x0(2)……x0(6)，(x0 为数组名，任取)，rowsource 属性都设为 kmhm. kmh，rowsourcetype 属性都为字段。

5. 在标签"凭证号"右边画一个文本框，设置 controlsource 属性为 b。(b 为内存变量)。

标签“日期”右边画一个文本框，设置 controlsource 属性为 c(c 为内存变量)。标签“摘要”下画六个文本框，设置它们的 controlsource 属性分别为 e(1)，e(2)，……e(6)，(e 为数组名，任取)。在标签“借方科目”下方画六个文本框，设置它们的 controlsource 属性分别为 wb(1)，wb(2)，……wb(6)，(wb 为数组名，任取)。在标签“贷方科目”下方画六个文本框，设置它们的 controlsource 属性分别为 xl(1)，xl(2)，……xl(6)，(xl 为数组名，任取)。在标签“金额”下方画六个文本框，设置它们的 controlsource 属性分别为 y(1)，y(2)，……y(6)，(y 为数组名，任取)。

6. 在表单的底部画三个命令按钮，caption 属性分别设置为：保存、放弃、退出。

三、“凭证输入”表单的功能介绍

表单运行后，屏幕显示“凭证输入”表单窗口，如图表 6-3 所示。

图表 6-3

运行后的“凭证输入”表单

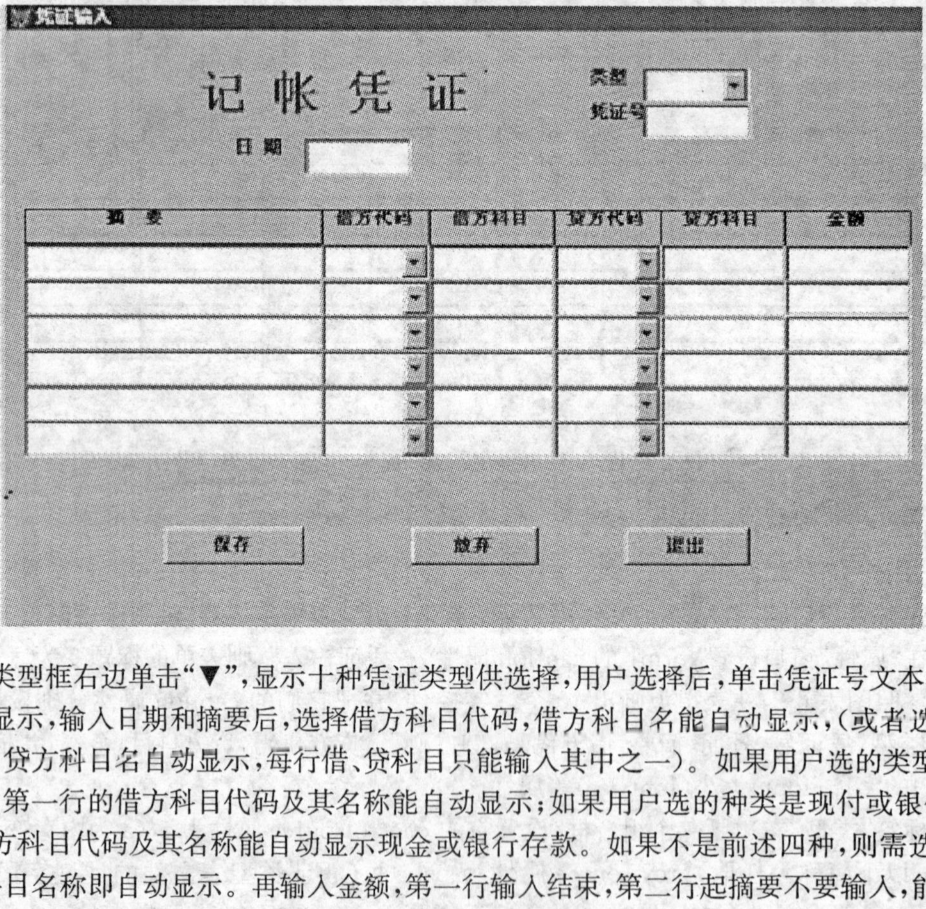

在类型框右边单击“▼”，显示十种凭证类型供选择，用户选择后，单击凭证号文本框，凭证号自动显示，输入日期和摘要后，选择借方科目代码，借方科目名能自动显示，(或者选贷方科目代码，贷方科目名自动显示，每行借、贷科目只能输入其中之一)。如果用户选的类型是现收或银收，第一行的借方科目代码及其名称能自动显示；如果用户选的种类是现付或银付，第一行的贷方科目代码及其名称能自动显示现金或银行存款。如果不是前述四种，则需选择科目代码，科目名称即自动显示。再输入金额，第一行输入结束，第二行起摘要不要输入，能自动复制。如一借一贷输入两行，一借两贷输入三行，以此类推。

例如输入一张一贷两借的现付凭证，先在类型框中选“现付”，凭证号自动显示，输入日期和摘要，贷方科目代码自动显示 101，科目名自动显示现金，输入金额，第一行输入结束。第二行摘要自动显示，选一借方科目代码(或直接输入代码)，科目名自动显示，输入金额，第三行摘要自动显示，再选一借方科目代码(或直接输入代码)，科目名自动显示，再输金额，一张凭证输入完毕，见图表 6-4 所示。

图表 6-4

一张凭证输入完毕的“凭证输入”表单

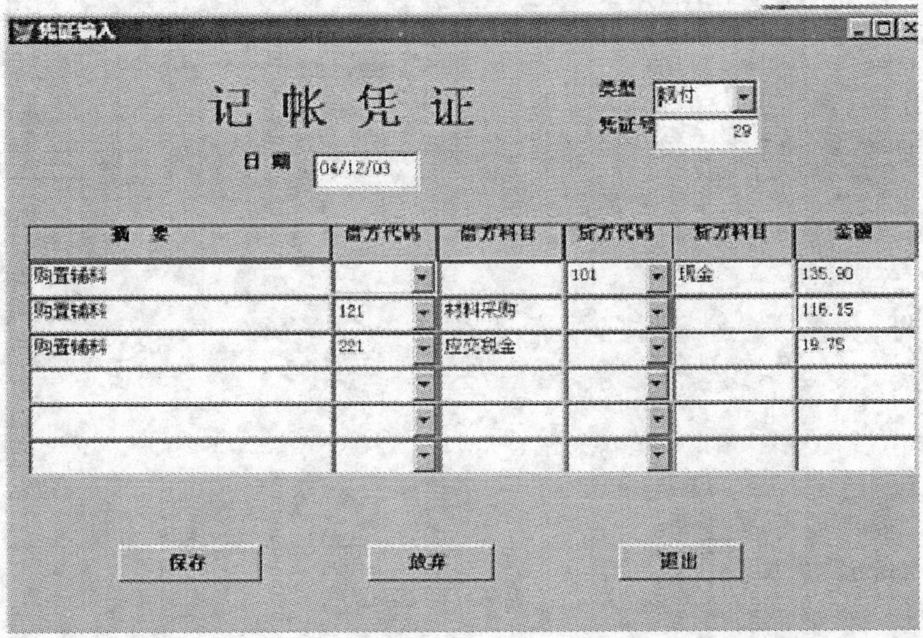

如果输入转账凭证，第一行的科目不能自动显示，需要单击选择代码(或直接输入代码)，其余操作与上述相同。

一张凭证输完后，单击“保存”按钮，如果借贷金额不平衡，就提示用户重新输入；如果平衡，表单中各项变为空白，可输入下一张。

如果输入过程中发现输错内容较多需重输，可单击“放弃”按钮，各项变为空白可重输。当然输错的项目不多，不必放弃，修改即可。

凭证内容存储到凭证表文件(PZ. DBF)后的格式见图表 6-5 所示：

图表 6-5

凭证输入后的凭证表文件(**PZ. DBF**)

Rq	Pzh	Lx	Zy	Jkm	Dkm	Je
04/12/03	29	现付	购置辅料		现金	135.90
04/12/03	29	现付	购置辅料	材料采购		116.15
04/12/03	29	现付	购置辅料	应交税金		19.75
04/12/03	30	银付	提现		银行存款	2000.00
04/12/03	30	银付	提现	现金		2000.00
04/12/03	31	银付	购买铝合金		银行存款	63000.00
04/12/03	31	银付	购买铝合金	材料采购		54000.00
04/12/03	31	银付	购买铝合金	应交税金		9000.00
04/12/03	32	银付	采购药品		银行存款	3000.00
04/12/03	32	银付	采购药品	应付福利费		3000.00

全部凭证输完后，单击“退出”按钮，可退出表单的运行。

四、编写程序

要实现表单的以上功能，必须给组合框和命令按钮等编写事件代码。

1. Form1 的 load 事件代码：

publicdimensionwa(10),wb(10),x0(10),x1(10),y(10),e(10)

```
publica,b,c,i
publics1,s2
fori=1to6
wa(i)=' '
x0(i)=' '
wb(i)=' '
x1(i)=' '
y(i)=' '
e(i)=' '
endfor
a=' '
b=' '
sele 1
use pz
sele 2
use kmhm
sele 3
use pzlx
c=' '
thisform.refresh
```

说明:该程序是定义所有的内存变量和数组,赋初值为空格。并选工作区,同时打开三个数据表文件。

2. 种类组合框的 lostfocus 事件代码:

```
sele 1
go bott
ifbof()
b=1
else
b=pzh+1
endif
sele 2
do case
casea='现收'
locafor'101'$kmh
thisform.combo2.value=kmh
thisform.text7.value=kmm
thisform.combo8.value=' '
thisform.text13.value=' '
casea='现付'
```

```
loca for '101' $ kmh
thisform.combo8.value=kmh
thisform.text13.value=kmm
thisform.combo2.value=' '
thisform.text7.value=' '
casea='银收'
loca for'102' $ kmh
thisform.combo2.value=kmh
thisform.text7.value=kmm
thisform.combo8.value=' '
thisform.text13.value=' '
casea='银付'
loca for'102' $ kmh
thisform.combo8.value=kmh
thisform.text13.value=kmm
thisform.combo2.value=' '
thisform.text7.value=' '
endcase
thisform.refresh
```

说明：该程序功能是选好凭证类型后，单击其他框，就能自动显示凭证号(原最后一张凭证号加 1)如果选的类型是现收、现付、银收、银付之一时，第一行的科目代码和名称能自动显示。

3. 第一行～第六行借方科目代码组合框的 lostfocus 事件代码分别如下，它们的功能都是当该行的借方科目代码选好后，就自动显示借方科目名和该行的摘要(其中第一行有所不同，因为第一行的摘要是需要输入的，所以不能自动显示)。

```
sele 2
ifwa(1)<>' '
wb(1)=kmm
thisform.refresh
endif
sele 2
ifwa(2)<>' '
 wb(2)=kmm
e(2)=e(1)
thisform.refresh
endif
sele 2
ifwa(3)<>' '
wb(3)=kmm
e(3)=e(1)
```

```
thisform.refresh
endif
sele 2
ifwa(4)<>' '
wb(4)=kmm
e(4)=e(1)
thisform.refresh
endif
sele 2
ifwa(5)<>' '
wb(5)=kmm
e(5)=e(1)
thisform.refresh
endif
sele 2
ifwa(6)<>' '
wb(6)=kmm
e(6)=e(1)
endif
```

4. 第一行～第六行贷方科目代码组合框的 lostfocus 事件的代码分别如下，它们的功能都是当该行的贷方科目代码选好后，就自动显示贷方科目名和该行的摘要。(其中第一行有所不同，因为第一行的摘要是需要输入的，所以不能自动显示。)

```
sele 2
ifx0(1)<>' '
x1(1)=kmm
thisform.refresh
endif
sele 2
ifx0(2)<>' '
x1(2)-kmm
e(2)=e(1)
thisform.refresh
endif
sele 2
ifx0(3)<>' '
x1(3)=kmm
e(3)=e(1)
thisform.refresh
endif
```

```
sele 2
ifx0(4)<>' '
x1(4)=kmm
e(4)=e(1)
thisform.refresh
endif
sele 2
ifx0(5)<>' '
x1(5)=kmm
e(5)=e(1)
thisform.refresh
endif
sele 2
ifx0(6)<>' '
x1(6)=kmm
e(6)=e(1)
thisform.refresh
endif
```

5. “保存”命令按钮的 click 事件代码：

```
i=1
s1=0
s2=0
dowhilval(y(i))<>0
ifwb(i)<>' '
s1=s1+val(y(i))
endif
ifx1(i)<>' '
s2=s2+val(y(i))
endif
i=i+1
enddo
ifs1<>s2
messagebox("借贷金额不平衡,请重新输入")
else
sele 1
i=1
do whil val(y(i))<>0
appe blank
repl rq with ctod(c),pzh with b,lx with a,zy withe(i)
```

```
repl jkm with wb(i),dkm with x1(i),je with val(y(i))
i=i+1
enddo
fori=1to6
wa(i)=' '
wb(i)=' '
x0(i)=' '
x1(i)=' '
y(i)=' '
e(i)=' '
endfor
a=' '
b=' '
c=' '
thisform.refresh
endif
```

说明:该程序的功能是检验借贷金额是否平衡,如果不平衡,提示用户重输;如果平衡,把所输入的内容全部存储到凭证表文件(PZ.DBF),并使输入项内容全部变为空白,供输入下一张。

6. "放弃"命令按钮的 click 事件代码:

```
i=1
do whilei<=6
wa(i)=' '
x0(i)=' '
wb(i)=' '
x1(i)=' '
y(i)=' '
e(i)=' '
i=i+1
enddo
a=' '
b=' '
c=' '
thisform.refresh
```

说明:该程序的功能是使输入项内容全部变为空白。

7. "退出"命令按钮的 click 事件代码:

```
thisform.release
```

五、运行"凭证输入"表单

在命令窗口输入:DO FORM PZSR.SCX。表单运行后就能实现上述的输入功能。

以上介绍的只是“凭证输入”表单中多种形式的一种，读者可以根据需要作一些修改或重写。

第二节　账 簿 处 理

账簿模块的主要功能是生成日记账、科目汇总表、明细账和总账。本节主要介绍计算机生成这些账簿的处理方法，账簿在计算机中是以数据库文件的形式存在的。首先谈谈这些账簿文件在系统中是否需要保存。目前有两种处理方式。一是不保存，即生成输出后就删去，整个系统中只保存一个文件——凭证文件，因为账簿文件一旦输出就没有其他用处。比如某日的日记账生成输出后，不会再去用它，做以后的日记账时还是要用凭证文件来生成，所以没有保存的必要，否则就要浪费不少存储空间。另一种是保存，因为可以给查询带来方便。比如要查某一会计科目某一日期段的借方发生额，可以从科目汇总表文件中直接取到，不必从凭证文件中求得。这两种方式各有优缺点，前者可节省存储空间，后者给某些查询提供方便。但是不管何种方式，生成账簿文件的方法是相同的。为了叙述方便，我们采用保存账簿文件的方式。

一、日记账

日记账一般分为现金日记账和银行存款日记账，它们都是由凭证文件生成的，而且生成的方法基本相同。下面就以现金为例来说明登账处理过程，也就是如何用凭证文件来生成现金日记账文件。

(一) 凭证文件和现金日记账文件

用户输入的凭证存入凭证文件，一张凭证在凭证文件中可以有两条以上的记录。若一借一贷是两条记录，一借两贷是三条记录，以此类推。下面图表 6-7 是凭证文件的形式（只列出登日记账所需的主要字段）。

图表 6-7

凭证文件（PZ. DBF）

日　期	凭证号	种　类	摘　要	借方科目	贷方科目	金　额	审　核	登　账
……							已	
03/05/99	081	现付	购置辅料		现金	135.90	已	
03/05/99	081			材料采购		116.15	已	
03/05/99	081			应交税金		19.75	已	
03/05/99	082	银付	购西药吗丁啉		银行存款	3 064.23	已	
03/05/99	082			应付福利费		3 064.23	已	
……								

凭证文件的实际字段名为：RQ、PZH、ZL、JKM、DKM、JE、SH、BZ。在输入模块中，系统根据第一行的内容自动确定凭证的种类，并自动产生连续的凭证号。因此每张凭证的第一行内容规定：现收凭证第一行借方科目必须输入现金，现付凭证第一行贷方科目必须输入现金，银收凭证第一行借方科目必须输入银行存款，等等。这样规定的另一个好处是登账方便。

凭证文件可设天文件、月文件、年文件，也可不设天文件只设月文件和年文件。本书采用不设天文件的方式，登账时直接从月文件中取数。所谓月文件就是只存放一个月的凭证，每个月做一次初始化（可以由程序完成），满一个月后转入年文件保存，然后清除月文件的数据，准备存放下个月的凭证。

上表中的登账标志字段是为避免重复登账而设的。某一天登账后就在该天的所有凭证中加上记号,如“*”,表示已登账不必再登。审核字段是为了确保凭证输入正确而设置的。凭证输入后必须经过审核模块审核,确认无误后在审核字段填入“已”,表示该凭证可登账,否则不能登账。

现金日记文件的记录是从凭证文件中取得的。下面图表 6-8 是现金日记文件的形式,其中两条记录是从图表 6-7 凭证文件登账后取得的。

图表 6-8

现金日记文件(XJRJ .DBF)

日　期	凭证号	种　类	摘　　要	对方科目	收　入	付　出	余　额
……							
03/05/99	081	现付	购置辅料	材料采购		116.15	1 000.00
03/05/99	081			应交税金		19.75	980.25
……							

日记文件的实际字段名为:RQ,PZH,ZL,ZY,DFKM,SR,FC,YE。日记文件也可分天、月、年文件,这里也不设天文件,只设月文件和年文件。平时登账都在月文件中进行。每月一次初始化,由程序完成。登满一月,送年文件保存,再清除月文件的数据,保留最后一个余额,作为下个月的月初余额。

(二) 登现金日记账的处理方法及其要点

1. 判用户输入的登账日期是否符合登账条件

用户输入的登账日期必须满足三个条件:

(1) 该日期在凭证文件中必须存在

(2) 该日期的凭证还未登过账

以上两个条件有一个不满足就必须重新输日期。当两个条件都满足时才判第三个条件。

(3) 该日期的凭证已经审核

若该日期的凭证还未审核,就应结束程序,先进行审核后再登账。

2. 只能选取现收或现付凭证登现金日记账

由于凭证文件中既有现金凭证,又有银行存款凭证和转账凭证,登现金日记账时必须剔除其他凭证。

3. 每张现金凭证的登账方法

登每张现金凭证时应注意三个方面:

(1) 每张现金凭证的第一条记录不登账。从图表 6-7 凭证文件中可知,现金凭证的第一条记录是现金科目,不能登现金日记账。但需取出第一条记录的种类和摘要,因为只有第一条记录该二字段中有内容。

(2) 每张现金凭证登账的记录不相同。如一借一贷登一条记录,一借两贷登两条记录。所以登每张凭证时还需用循环完成,循环条件为凭证号相同。

(3) 现收凭证和现付凭证的登账方法不一样。现收凭证的金额应送到日记账的“收入”字段,而现付凭证的金额应送到日记账的“付出”字段,余额的求法也不一样。

4. 凭证登账后应在 BZ 字段填上“*”

(三) 登现金日记账的程序流程图

根据以上分析可以画出下面程序流程图(见图表 6-9)。

图表 6-9

登现金日记账的程序流程图

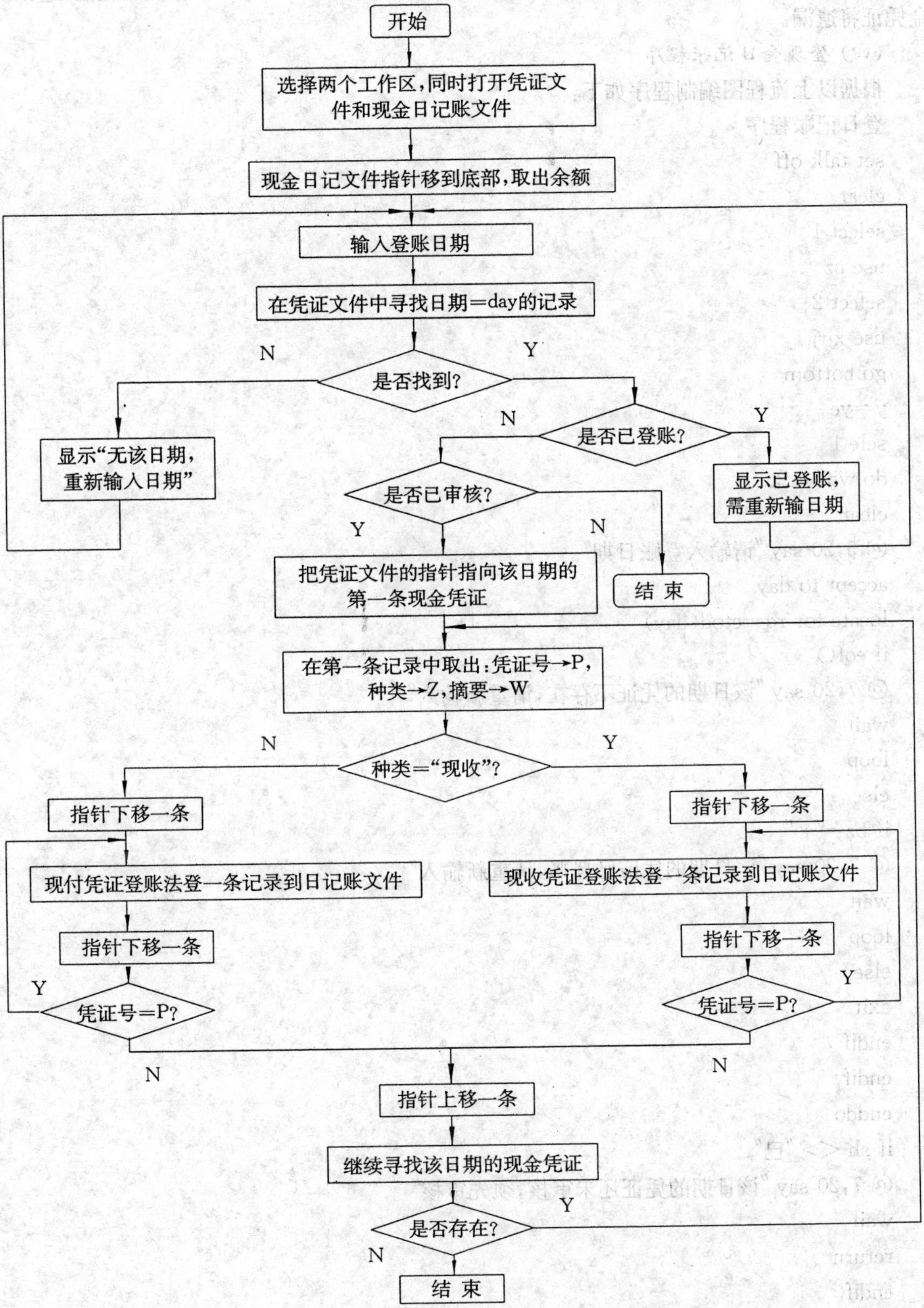

流程图中例数第四框“指针上移一条”解释：在此前已登完一张凭证，并且指针已到下一张凭证，若该张凭证也是现金凭证，在此处继续寻找的话，指针将指向再下一张现金凭证，这张现金凭证将遗漏。

(四) 登现金日记账程序

根据以上流程图编制程序如下：

```
登日记账程序
set talk off
clear
select 1
use pz
select 2
use xjrj
go bottom
y=ye
sele 1
do while .t.
clear
@ 5,20 say "请输入登账日期"
accept to day
locate for rq=ctod(day)
if eof()
@ 7,20 say "该日期的凭证不存在,请重新输入"
wait
loop
else
if bz="*"
@ 7,20 say "该日期的凭证已登账,请重新输入"
wait
loop
else
exit
endif
endif
enddo
if sh <> "已"
@ 7,20 say "该日期的凭证还未审核,须先审核"
wait
return
endif
```

```
locate for rq=ctod(day).and."现"$zl
do while rq=ctod(day).and."现"$zl
p=pzh
z=zl
zh=zy
if z="现收"
skip
do while pzh=p
select 2
append blank
replace rq with a.rq,pzh with a.pzh,zy with zh
replace zl with z,dfkm with a.dkm,sr with a.je,ye with y+sr
y=ye
select 1
skip
enddo
else
skip
do while pzh=p
select 2
append blank
replace rq with a.rq,pzh with a.pzh,zy with zh
replace zl with z,dfkm with a.jkm,fc with a.je,ye with y-fc
y=ye
select 1
skip
enddo
endif
skip -1
continue
enddo
replace all bz with "*" for rq=ctod(day).and."现"$zl
clear
@ 10 20 say "日记账已登完"
wait
select 2
clear
@ 2,20 say "所登日记账如下:"
display all for rq=ctod(day)
```

```
close database
set talk on
return
```

以上程序中 RQ 为日期型字段。

登银行存款日记账的方法基本相同,读者可自己编制。如果用凭证天文件生成日记账,程序较简单,因为不用输日期和判断日期,只要凭证输入后就登账,也不用设登账标志,但必须每天初始化,确保凭证输入前为空文件。

二、科目汇总表

科目汇总表也由凭证文件生成,它可以按日期汇总也可以按凭证号汇总。这里就以按日期汇总为例,介绍如何生成科目汇总表。

(一) 科目汇总表文件

科目汇总表文件的结构在各种财务软件中略有不同,本书采用较简单的一种。文件名为 KMHZ. DBF,结构和内容如下(见图表 6-10)。

图表 6-10

科目汇总表(KMHZ. DBF)

起始日期	终止日期	科目号	科目名称	借方发生额	贷方发生额
03/01/99	03/10/99	101	现　　金	10 000.00	4 700.00
03/01/99	03/10/99	102	银行存款	25 789.00	21 534.00
……					

科目汇总表的实际字段名为:RQ1,RQ2,KMH,KMM,JF,DF。

科目汇总表的科目一般都按一级科目号的大小次序排列,不论登账前还是登账后,科目号和科目名称两个字段的内容总是固定不变的,也就是记录数是固定不变的,登账前起始日期和终止日期应是上次的汇总日期,借方发生额和贷方发生额应是上次汇总的数据。因此,每次汇总就是要把 RQ1,RQ2 两个字段的日期改为本次汇总的起止日期,JF,DF 两个字段的内容改为本次汇总后的新数据。

(二) 科目汇总表的处理方法及其要点

1. 对用户输入的起讫日期的处理

用户输入需汇总的起讫日期后,必须在凭证文件中寻找这两个日期是否都存在,若有一个不存在,就应让用户决定重输还是结束程序。

2. 汇总前对 JF、DF 两个字段中数据的处理

汇总前应把科目汇总表文件的 JF、DF 两个字段中的数据全部清零。

3. 汇总登账的处理

在凭证文件中应把满足起讫日期段的所有凭证进行汇总。汇总方法是在凭证文件中进行循环处理,使每条满足日期段的记录中的金额都登到汇总表文件的相同科目的借方发生额或贷方发生额中,登账要用累加法,不能用取代法。比如凭证文件中借方科目为现金的金额 1 000 元应累加到汇总表文件的现金科目的借方发生额中,以后凭证文件又有借方科目为现金的金额 500 元再累加到汇总表文件的现金科目的借方发生额中,这时结果就为1 500 元。贷方科目为现金的金额应累加到汇总表中现金科目贷方发生额。所有其他科目都这样处理。由于

图表 6-11

科目汇总表程序流程图

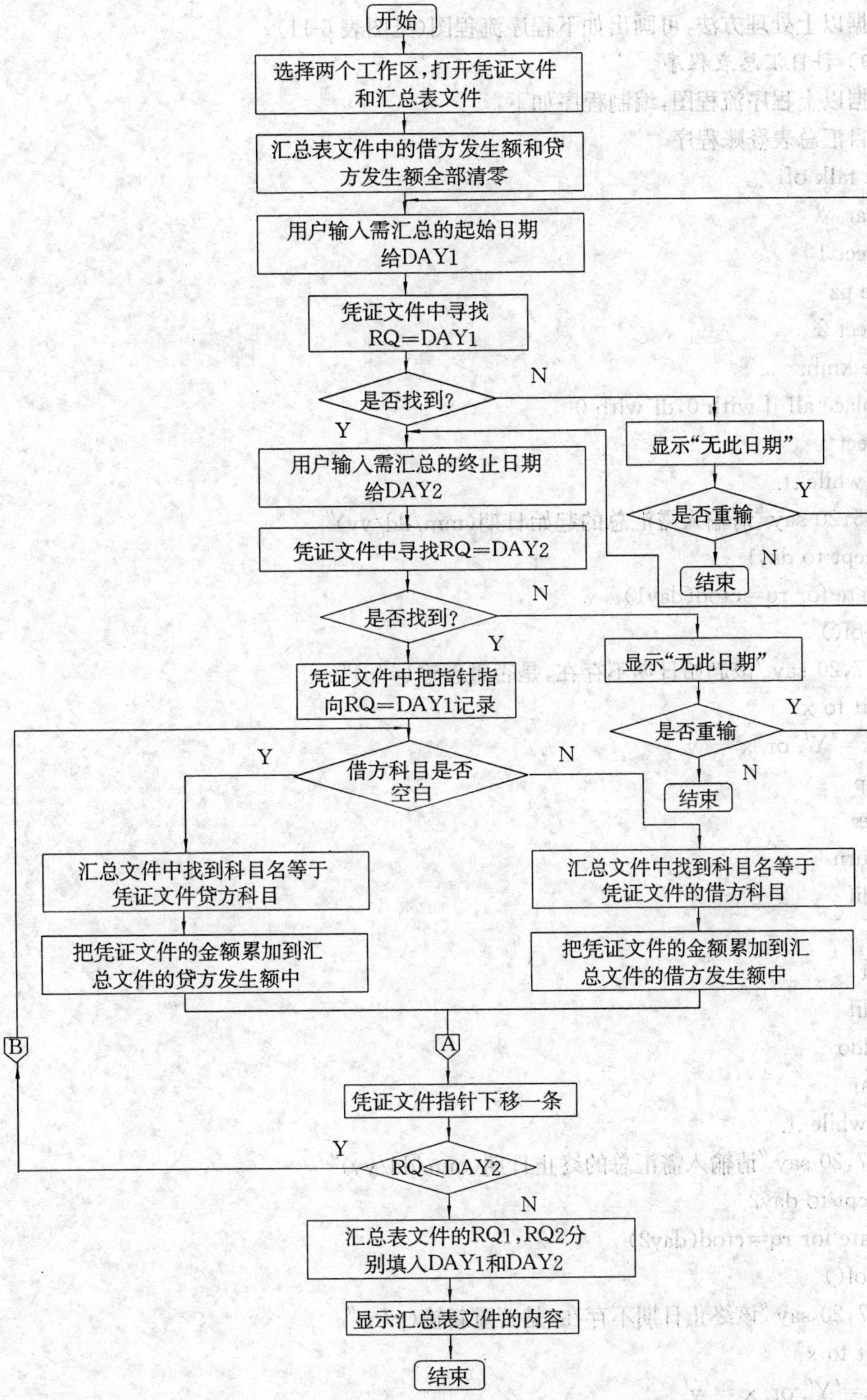

在凭证文件中循环，可以保证没有记录遗漏。

（三）科目汇总表的程序流程图

根据以上处理方法，可画出如下程序流程图（见图表 6-11）。

（四）科目汇总表程序

根据以上程序流程图，编制程序如下：

科目汇总表登账程序

```
set talk off
clear
select 1
use pz
select 2
use kmhz
replace all jf with 0,df with 0
select 1
do while .t.
@ 5,20 say "请输入需汇总的起始日期(mm/dd/yy)"
accept to day1
locate for rq=ctod(day1)
if eof()
@ 7,20 say "该起始日期不存在,是否重新输(y/n)"
wait to x
if x='Y'.or. x ='y'
loop
else
return
endif
else
exit
endif
enddo
clear
do while .t.
@ 7,20 say "请输入需汇总的终止日期(mm/dd/yy)"
accept to day2
locate for rq=ctod(day2)
if eof()
@ 7,20 say "该终止日期不存在,是否重新输(y/n)"
wait to x
if x='Y'.or. x ='y'
```

```
loop
else
return
endif
else
exit
endif
enddo
locate for rq=ctod(day1)
do while rq<=ctod(day2)
if jkm <>space(12)
sele 2
locate for kmm=a.jkm
replace jf with jf+a.je
else
select 2
locate for kmm=a.dkm
replace df with df+a.je
endif
select 1
skip
enddo
clear
select 2
replace all rq1 with ctod(day1),rq2 with ctod(day2)
@ 2,20 say "所登科目汇总表如下:"
display all
close database
set talk on
return
```

三、明细账

明细账文件由凭证文件生成，所以还需回顾一个凭证文件的结构与内容，见图表 6-7。

明细账虽然很多，但可采用相同的文件结构。我们只要建立一个文件结构，然后用复制结构的方法建立所有其他明细账。文件名采用字母 Z 加科目号组成，比如产品销售收入明细账的文件名为 Z501。明细账文件的结构如图表 6-12。

明细账文件的实际字段名为：RQ、PZH、ZY、DFKM、JJE、DJF、YE。

明细账一般为月文件，登账前有记录，若是 1 日，则只有一条记录，在余额字段中有上月的余额。

图表 6-12

明细账文件

日　期	凭证号	摘　要	对方科目	借方金额	贷方金额	金　额

(一) 明细账的处理方法及其要点

1. 对用户输入的起讫日期的处理

与登科目汇总表时一样，用户须输入登明细账的起始日期和终止日期，这两个日期在凭证文件中都必须存在，若有一个不存在，就应让用户决定重输还是结束程序。

2. 凭证文件中循环处理

在凭证文件中进行循环处理，除科目为现金和银行存款的记录(不是凭证)不登明细账外，其他科目都要登，遇到什么科目就打开该科目的明细账文件，把该科目的记录登入明细账。在登账过程中，不断打开不同的明细账。

3. 三类凭证的处理方法

凭证文件中有三类凭证：现金凭证，银行存款凭证和转账凭证。

(1) 现金凭证登明细账的处理。种类为“现收”或“现付”的凭证，属现金科目的记录不登明细账，取出日期，凭证号，摘要和种类，指针下移一条，把该张凭证的其余若干条记录分别登入各自的明细账。比如材料采购科目，打开材料采购明细账文件，把日期、凭证号、摘要转入明细账文件的对应字段，把“现金”填入明细账文件的对方科目。若是“现收”凭证，则把金额转入明细账的贷方金额，若是“现付”凭证，则金额转入明细账的借方金额。明细账的余额用原来的余额加借方金额或原来的余额减贷方金额求得。其他科目的明细账登法相同。

(2) 银行存款凭证登明细账的处理。种类为“银收”或“银付”的凭证登明细账的方法基本与现金凭证相同，只是转入明细账的对方科目字段的是“银行存款”而不是“现金”。

(3) 种类为“转账”的凭证的处理。每条记录都登明细账，比如一借两贷，需登三条记录。也是打开各自的明细账文件登账，方法基本与现金凭证相同。只是登一借时，对方科目填两贷之一的科目，如填“管理费用等”。

(二) 登明细账的程序流程图

登明细账的程序流程图中(见图表 6-13)输入登账日期部分与科目汇总表基本相同，为节省篇幅，这里不再重复，请见下页科目汇总表程序流程图。三类凭证的处理方法大同小异，这里只画出“现金”凭证处理部分，其他两部分留给读者作为练习。

流程图中的 kmhm 文件是科目文件，存放所有科目号和科目名，它的字段名为 kmh 和 kmm，类型都是字符型。

(三) 登明细账程序

根据以上程序流程图，编制程序如下，流程图中的省略部分也略去不编。其中输起讫日期部分的程序见科目汇总程序，其余略去部分的程序留给读者编制。

明细账程序

```
set talk off
clear
```

图表 6-13

明细账程序流程图

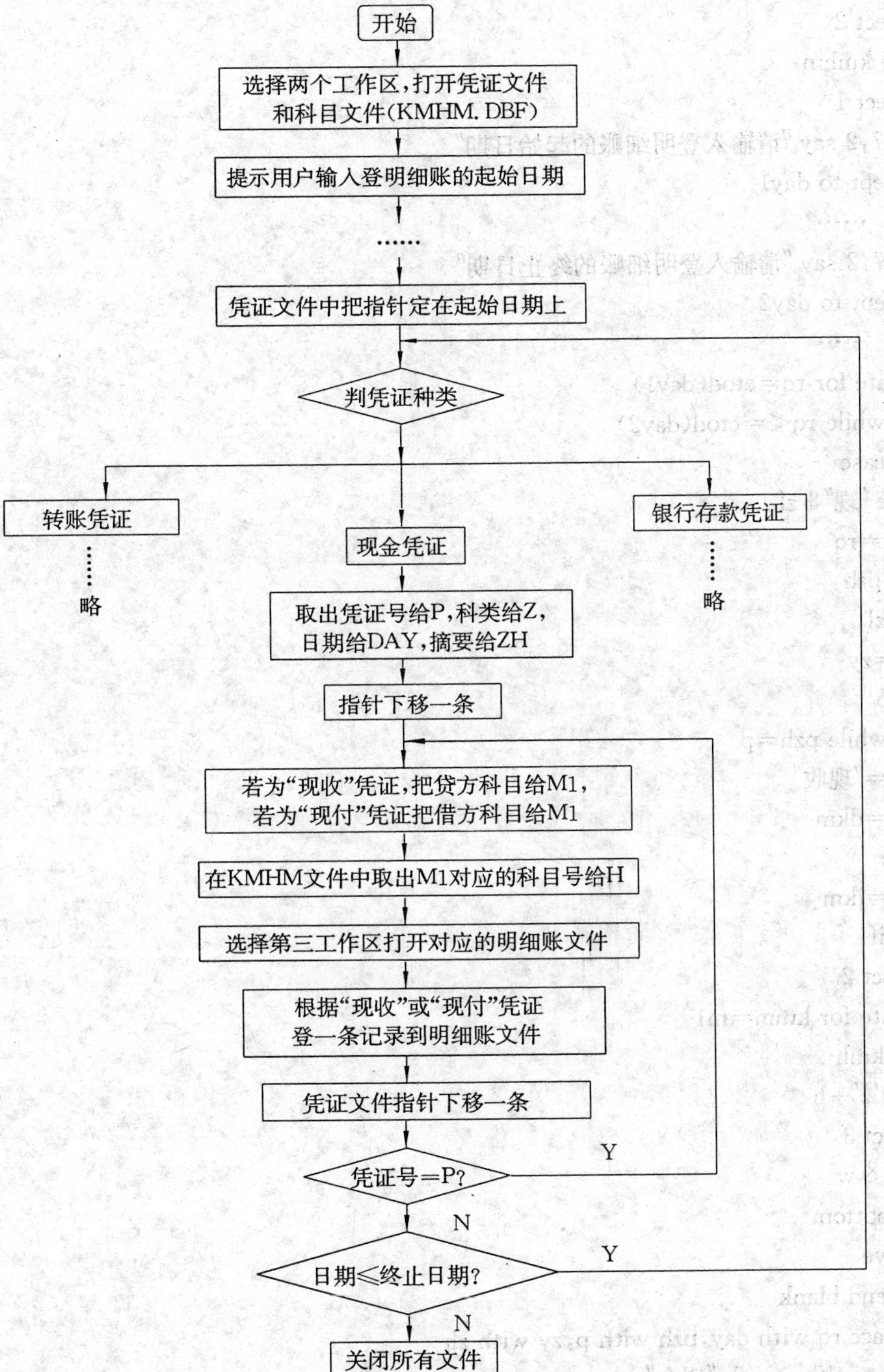

```
select 1
use pz
select 2
use kmhm
select 1
@ 7,2 say "请输入登明细账的起始日期"
accept to day1
    ……
@ 7,2 say "请输入登明细账的终止日期"
accept to day2
    ……
locate for rq=ctod(day1)
do while rq<=ctod(day2)
do case
case "现"$ zl
day=rq
p=pzh
z=zl
zh=zy
skip
do while pzh=p
if z="现收"
m1=dkm
else
m1=jkm
endif
select 2
locate for kmm=m1
h=kmh
w-'z'+h
select 3
use &w
go bottom
y=ye
append blank
replace rq with day,pzh with p,zy with zh
replace dfkm with "现金"
if z="现收"
replace dje with a.je,ye with y-dje
```

```
else
replace jje with a.je,ye with y+jje
endif
select 1
skip
enddo
case "银"$zl
    ……
case "转"$zl
    ……
endcase
enddo
clear
close database
@ 10,20 say "明细账已登完"
set talk on
return
```

该明细账程序根据用户输入的日期段在凭证文件中循环处理，保证每一记录登入各自的明细账，因此绝对不会漏登。如果用户登账日期有规定，如十天登一次，也就不会发生重复登账。另外需说明的是，多借多贷的凭证登明细账时，由于对方科目不能确定，故无法填入。

四、总账

总账可以每月结算一次，也可以十天或半月结算一次。总账中的借贷发生额可以从科目汇总表中获得，也可以从明细账中获得。本书采用科目汇总表生成总账。

（一）总账文件

科目汇总表文件结构见图表 6-10。

总账的文件名可为 ZZ.DBF，它的结构内容如下：

图表 6-14

总账结构(ZZ.DBF)

起始日期	终止日期	科目号	科目名	期初借方	期初贷方	借方发生	贷方发生	期末借方	期末贷方
03.01.99	03.10.99	101	现　金						
03.01.99	03.10.99	102	银行存款						
……									

总账的实际字段名为：RQ1，RQ2，KMH，KMM，QCJ，QCD，JF，DF，QMJ，QMD。

表格输出时起始日期和终止日期两个栏目可以不要，只需在总账的表头上指明日期即可。

登账前总账文件中已有记录，每个一级科目一条记录，总记录数就是全部一级科目数。以十天结算一次为例，如果结算 11～20 日的总账，结算前文件中应有 1～10 日的总账数据，结算后文件的记录数不变，只是数据发生变化。原来的期末借方、期末贷方中的数全部转到期初借方、期初贷方中。借方发生额和贷方发生额被科目汇总表中相同科目的借方发生额和贷方发生额取代。期末借方和期末贷方由期初借、贷和借、贷发生额相加求得。

(二) 生成总账的处理方法及其要点

1. 结算总账的前提

以十天结算一次总账为例,若结算了 11～20 日的总账必须注意两点:

(1) 总账文件中必须有 1～10 日的账。这可以由人工确认,即打开总账文件观看。当然也可以用程序实现。

(2) 必须先做出 11～20 日的科目汇总表。

2. 结算前后两个文件的记录情况

结算总账前,科目汇总表中也是每个一级科目为一条记录,记录数与总账文件的记录数相同。结算后两个文件的记录数仍保持不变。

3. 总账文件的初始化

结算前总账文件须先初始化,即全部期末借方和期末贷方的数据转入期初借方和期初贷方。

4. 关于总账的起讫日期

用户须先输入结算总账的起讫日期,若与科目汇总表的起讫日期不一致,说明该日期段的科目汇总表还没做,应提示先做科目汇总表,并结束程序。

5. 结算总账方法

总账文件从第一条记录起进行循环处理,把科目汇总表文件中相同科目的借方发生额、贷方发生额转入总账文件的借方发生额、贷方发生额。在总账文件中把期初借方加借方发生额填入期末借方,期初贷方加贷方发生额填入期末贷方。

由于科目汇总表的记录数与总账相同,所以循环也可在科目汇总表文件中进行。

(三) 生成总账的程序流程图

总账程序流程图见下页图表 6-15。

第三节 查 询

在账务系统中我们经常要查询,比如要查阅某一张凭证,或者某一科目的余额等等,都可在查询模块中实现。查询模块包括凭证查询和账簿查询,账簿查询又包括日记账、科目汇总表、明细账、总账等的查询。不管是凭证查询还是账簿查询,查询的方法是相同的。一般都由用户给出查询的条件,计算机自动显示所需信息。所不同的是打开的文件不同,比如查凭证打开凭证文件,查日记账打开日记账文件,等等。因此本书就以凭证查询为例,介绍 3 种查询方法:单项查询、多项(综合)查询和模糊查询。

一、单项查询

单项查询是简单的查询,即给出一个条件的查询。比如查凭证号是 115 的凭证,只要输入凭证号 115,就可显示这张凭证。

(一) 处理方法及要点

1. 列出查询菜单

凭证查询可包括:种类、日期、凭证号、摘要、借方科目、贷方科目、金额、退出等八项供用户

图表 6-15

总账程序流程图

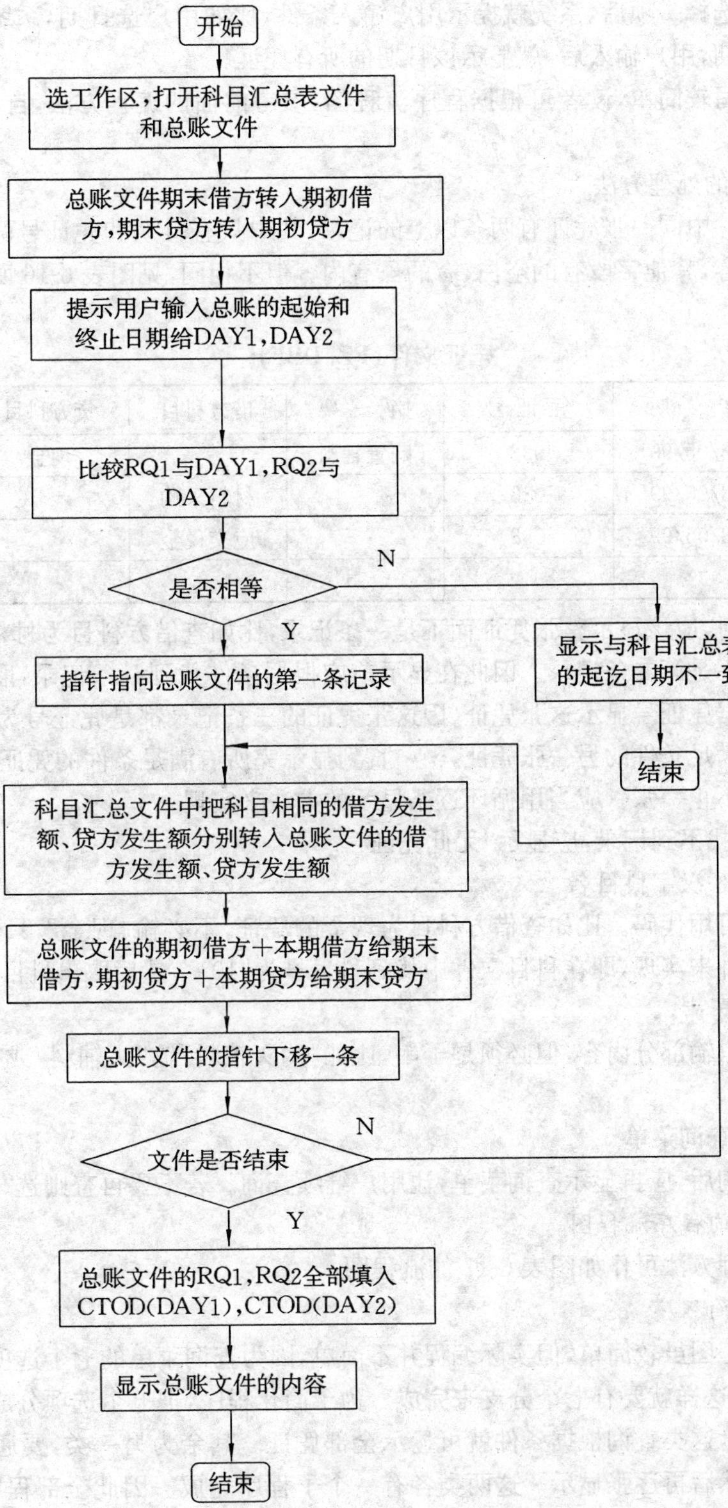

选择。

2. 用户选择并输入条件

用户在其中选择一项后，系统就提示用户输入条件，比如用户选日期，系统就提示用户输入需查凭证的日期，用户输入后，就显示该日期的所有凭证。

这个程序编写较简单，读者可根据程序流程图，参考前面的编程方法，自己编制，并上机调试。

3. 显示凭证的处理方法

由于凭证文件中同一张凭证有两条以上的记录，其中只有日期和凭证号两个字段中每条记录都有相同内容，其他字段有的空白，有的虽有内容但不相同，见图表 6-16 所示。

图表 6-16

凭证文件(PZ. DBF)

种　类	日　期	凭证号	摘　要	借方科目	贷方科目	金　额
现付	03/05/99	038	购置辅料		现金	135.90
	03/05/99	038		材料采购		116.15
	03/05/99	038		应交税金		19.25

查这些内容时，应该显示整张凭证而不是一条记录，比如查借方科目为材料采购时应显示以上三条记录而不是第二条记录。因此在显示前应根据条件找到一条记录，取出该记录的凭证号(038)，再根据凭证号显示这张凭证(因这张凭证的三条记录都是凭证号为 038)。然后用同样的方法显示满足条件的另一张凭证，……直到显示完所有满足条件的凭证，因为满足某一条件的凭证往往不止一张。应当用循环逐条显示的方法来实现。

4. 根据条件找不到记录，应显示“无此凭证”

5. 用代码代替汉字科目名

输入科目时可用代码。比如查借方科目为现金的凭证，不必输“现金”，只要输“101”。我们可利用科目文件来实现，即在科目文件中找到科目号为“101”，然后取出科目名。

6. 摘要可输子串

输入摘要可只输部分内容，但必须是子串，比如“购买辅料”输“买辅料”或“辅料”均可，但不能输“购辅料”。

7. 重复显示查询菜单

完成一次查询后，应再显示查询菜单，让用户继续查询。若不要再查则选“退出”。

(二) 单项查询程序流程图

根据以上处理方法可作如图表 6-17 的流程图。

(三) 单项查询程序

以上程序流程图虽较简单，但实际编程并不简单，因为查询菜单的七个选项的输入条件和处理方法不一样，这样就要有七个分支来完成。为了简化程序，把七个选项分成两类处理。日期、凭证号为一类，这类查询根据条件就可显示全部凭证。其余为另一类，要通过取得凭证号来显示整张凭证然后再逐张显示。这两类各有一个子程序完成。因此全部程序为一主两子。两个子程序分别为 aa1、aa2。

图表 6-17

单项查询程序流程图

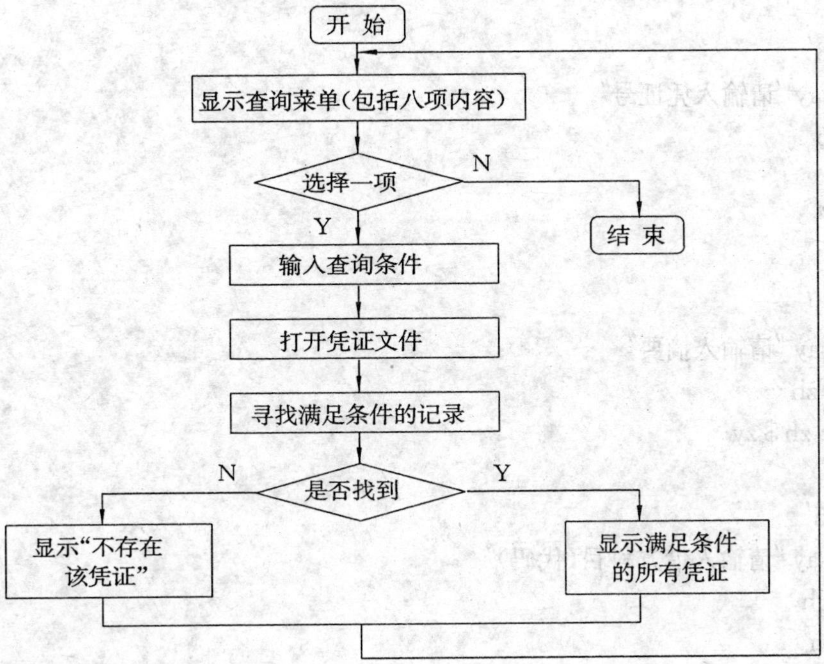

单项查询程序如下：

```
set talk off
clear
use pz
do while .t.
@ 5,20 say "1——种类          2——日期"
@ 7,20 say "3——凭证号        4——摘要"
@ 9,20 say "5——借方科目      6——贷方科目"
@ 11,20 say "7——金额         0——退出"
@ 13,20 say "请选择其中之一"
wait to c
clear
do case
case c='1'
@ 5,20 say "请输入种类"
accept to z
locate for zl=z
do aa2
case c='2'
@ 5,20 say "请输入日期(mm/dd/yy)"
accept to day
```

```
v=ctod(day)
lm="rq"
do aa1
case c='3'
@ 5,20 say "请输入凭证号"
input to p
v=p
lm="pzh"
do aa1
case c='4'
@ 5,20 say "请输入摘要"
accept to zh
locate for zh $ zy
do aa2
case c='5'
@ 5,20 say "请输入借方科目(代码)"
accept to h
use kmhm
locate for kmh=h
m=kmm
use pz
locate for jkm=m
do aa2
case c='6'
@ 5,20 say "请输入贷方科目(代码)"
accept to h
use kmhm
locate for kmh=h
m=kmm
use pz
locate for dkm=m
do aa2
case c='7'
@ 5,20 say "请输入金额"
input to j
locate for je=j
do aa2
case c='0'
exit
```

```
endcase
enddo
set talk on
return
子程序 aa1
locate for &lm=v
clear
if .not. eof()
@ 5,20 say "符合条件的凭证如下:"
display all for &lm=v
wait
else
@ 5,20 say "符合条件的凭证不存在"
wait
endif
return
子程序 aa2:
clear
if .not. eof()
@ 5,20 say "符合条件的凭证如下:"
wait
do while .not. eof()
p=pzh
display all for pzh=p
wait
continue
enddo
else
@ 5,20 say "符合条件的凭证不存在"
wait
endif
return
```

二、综合查询

综合查询就是多项查询，需要同时满足多个条件，这样可以缩小查询范围。比如既要满足某一天的，又要满足现金收款，又要满足贷方科目为管理费用的凭证肯定比只满足一个条件的凭证要少得多。

(一) 综合查询的实现方法及其要点

综合查询的实现方法与单项查询有些相似，但有一定难度和技巧。仍以凭证查询为例。

1. 显示查询菜单，让用户任选若干项

该菜单可以与单项查询的菜单相同。不同的是单项查询只能选一项，而综合查询可以选多项，比如要同时满足三个条件，可选三项，如键入 1,2,5，就是选种类、日期和借方科目。

2. 根据选项让用户输入若干条件

根据用户输入的几个选项提示用户逐个输入条件，如先输种类，再输日期，再输借方科目。由于用户键入的选项个数是不定的，可能二项，也可能三项、四项，所以先要把用户键入几个数字作为字符串求出长度，根据该长度进行循环，即循环的次数由长度确定。比如三位，就循环三次，每次循环取出一位，根据取出的数字让用户输入相应条件，如数字 1，让用户输入种类，数字 2 让用户输入日期，等等，循环结束，条件也输完。

3. 实现综合查询

把用户输入的几个条件综合起来，在凭证文件中找满足综合条件的记录，若找到就取出凭证号，再显示该凭证号的整张凭证，方法与单项查询相同。接着再显示下一张满足条件的凭证，直到显示完所有满足条件的凭证。若找不到，就显示“无此凭证”。

4. 科目和摘要的输入方法

与单项查询一样，输入科目时用代码，输摘要时可用子串。

5. 重复显示查询菜单

完成一次查询后，又返回查询菜单，让用户继续选择查询，若不要再查，则选“退出”。

（二）综合查询的程序流程图

综合查询程序流程图见图表 6-18。

（三）综合查询程序

综合查询程序设计虽需一定技巧，但不必像单项查询那样分两类处理，用两个子程序，因为综合条件查询时，不可能直接显示整张凭证，都必须通过取出凭证号来显示凭证，因此也就不需要子程序了。程序如下：

综合查询程序

```
set talk off
clear
do while. t.
@ 5,20 say "1——种类          2——日期"
@ 7,20 say "3——凭证号        4——摘要"
@ 9,20 say "5——借方科目      6——贷方科目"
@ 11,20 say "7——金额         0——退出"
@ 13,20 say "请选择若干项"
accept to c
if c='0'
exit
endif
i=1
l=len(c)
do while l>0
c1=substr(c,i,1)
```

图表 6-18

综合查询程序流程图

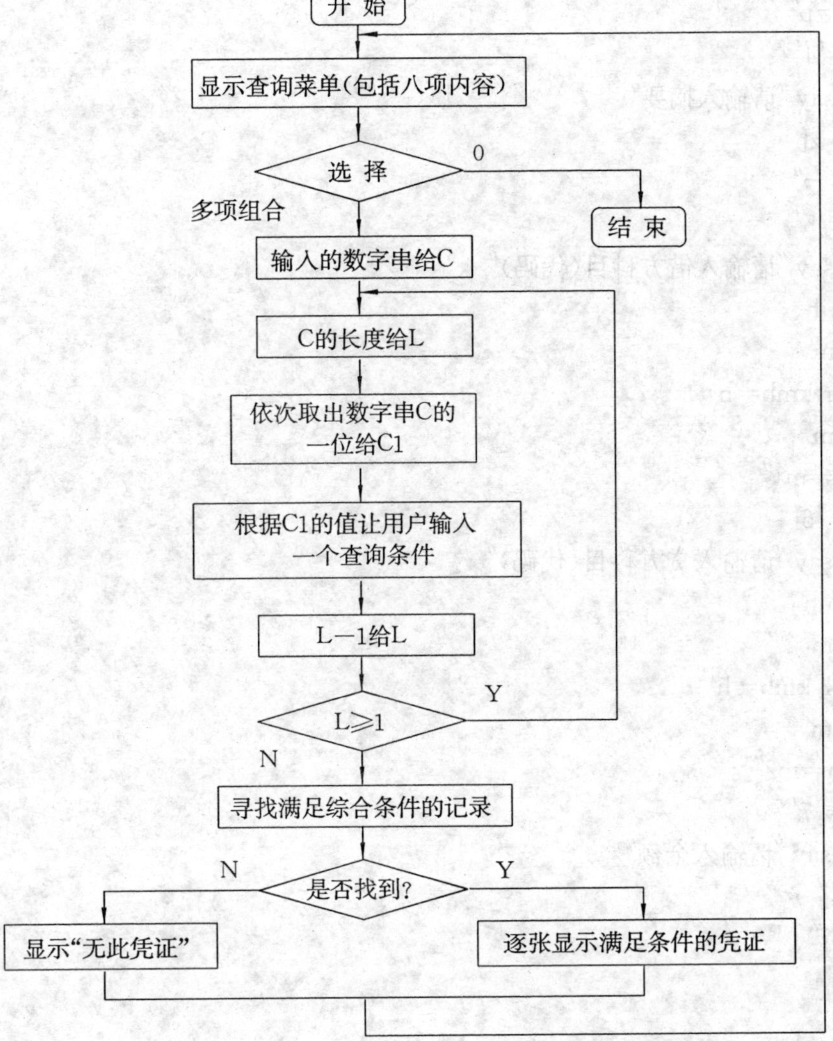


```
clear
do case
case c1='1'
@ 5, 20 say "请输入种类"
accept to z
tj="zl=z"
case c1='2'
@ 5,20 say "请输入日期(mm/dd/yy)"
accept to day
day1=ctod(day)
tj="rq=day1"
```

```
case c1='3'
@ 5,20 say "请输入凭证号"
input to p
tj="pzh=p"
case c1='4'
@ 5,20 say "请输入摘要"
accept to zh
tj="zh$zy"
case c1='5'
@ 5,20 say "请输入借方科目(代码)"
accept to h
use kmhm
locate for kmh=h
m1=kmm
tj="jkm=m1"
case c1='6'
@ 5,20 say "请输入贷方科目(代码)"
accept to h
use kmhm
locate for kmh=h
m2=kmm
tj="dkm=m2"
case c1='7'
@ 5,20 say "请输入金额"
input to j
tj="je=j"
endcase
if I=1
s=tj
else
s=s+'.and.'+tj
endif
I=I+1
L=L-1
enddo
clear
use pz
locate for &s
if .not. eof()
```

```
@ 5,20 say "符合条件的凭证如下:"
wait
do while .not. eof()
p=pzh
display all for pzh=p
wait
continue
enddo
else
@ 5,20 say "符合条件的凭证不存在"
wait
endif
enddo
set talk on
return
```

三、模糊查询

模糊查询就是用户输入条件时对某些内容不能确定或者输入的内容和实际存在的内容不完全一致时希望也能找到的查询。现以摘要为例。若摘要为"购买厂部复印纸",一般应输入该内容全部或子串才能找到。若输入"购买复印纸"就不能找到。又如摘要为"上海师范大学学杂费",若输入"上师大学费"也不能找到。而实际上我们往往不能记清正确的摘要内容,因此实现模糊查询很有必要。模糊查询并没有一定的方法,要根据具体情况具体设计。下面就以摘要为例来说明实现方法。

(一)摘要实现模糊查询的处理方法

1. 前提

用户输入的内容虽然可以不是摘要的全部或子串,但必须每个字在摘要中都存在,也就是不能输入在摘要中不存在的字。

2. 用一个数组表示用户输入的摘要

用户输入的摘要作为字符串赋给一变量,求出该字符串的长度,利用循环、子串函数和数组把该汉字字符串分拆成单个汉字,并组成一个数组,每个数组元素为一汉字。

3. 摘要中包含每个数组元素作为查询条件

在凭证文件中寻找摘要中包含这些单个汉字的记录。比如,用户输入"上师大学费",而这五个汉字的每一个都包含在"上海师范大学学杂费"中,就能找到摘要为"上海师范大学学杂费"的记录。然后取出凭证号,显示该凭证号的整张凭证,同样方法显示下一张满足条件的凭证(因为包含这些单个汉字的摘要可能不止一个),直到显示完毕。

若找不到包含这些单个汉字的记录,则显示"没有该摘要的凭证"。

(二)程序流程图

模糊查询程序流程图见图表 6-19。

(三)程序设计

根据以上流程图,编程序如下:

图表 6-19

模糊查询程序流程图

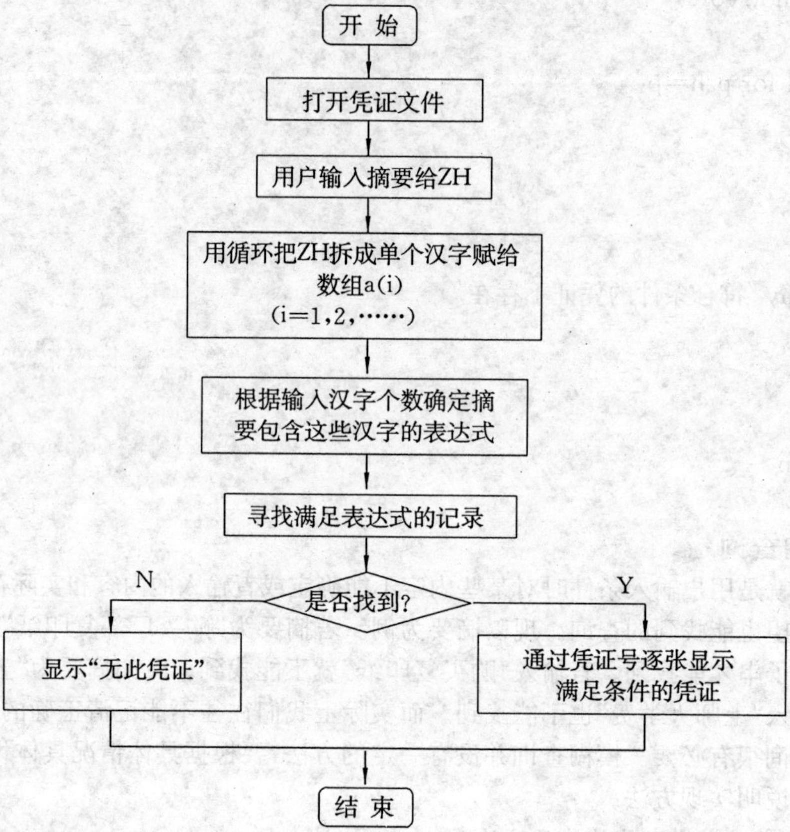

模糊查询程序

```
set talk off
dimension a(10)
use pz
accept "请输入摘要" to zh
L=len(zh)
i=1
i1=1
do while i1<=L
a(i)=substr(zh,i1,2)
i=i+1
i1=i1+2
enddo
n=l/2
do case
case n=1
```

```
s="a(1)$zy"
case n=2
s="a(1)$zy .and. a(2)$zy"
case n=3
s= "a(1)$zy .and. a(2)$zy  .and. a(3)$zy"
case n=4
s="a(1)$zy .and. a(2)$zy .and. a(3)$zy .and. a(4)$zy"
endcase
locate for &s
clear
if .not. eof()
@ 5,20 say "符合条件的凭证如下:"
do while .not. eof()
p=pzh
display all for pzh=p
wait
continue
enddo
else
@ 5,20 say "符合条件的凭证不存在"
wait
endif
set talk on
return
```

该程序最多只能输四个汉字的摘要,若要增加,只要 case 语句中加 case n=5…… case n=6……等子句即可。

除摘要外,日期、凭证号、科目、金额等都可以实现模糊查询。比如日期,不能确定某一天时,可以给出一个日期范围,在该范围内进行查询。实现方法较简单,只要让用户输入从某月某日起到某月某日止,然后以此作为寻找条件进行查询。凭证号等的模糊查询也不难实现,这里不一一举例,读者可自己编制流程图和程序。

本节介绍了查询的三种方法:单项查询、综合查询和模糊查询,虽然都以凭证为例,用户若要查余额、明细账等,只要打开相应的文件,利用以上方法同样可以实现。

四、利用表单的凭证查询程序

利用表单实现凭证查询,界面清楚友好,很多人都喜欢采用。

表单设计的形式多种多样,当然程序也各不相同,以下介绍的只是其中一种方法。

(一) 数据表文件

用表单编写凭证查询程序,需用到三个数据表文件。

1. 凭证表文件(PZ.DBF)

该表文件已在第一节凭证输入中介绍过,它的结构见图表 6-20。

图表 6-20

凭证表文件(PZ. DBF)

日期	凭证号	类型	摘　要	借方科目	贷方科目	金　额	审　核	记　账
……								

它的实际字段名是:RQ、PZH、LX、ZY、JKM、DKM、JE、SH、JZ。所有凭证都在该文件中,查询凭证必须用到它。

2. 会计科目表文件(KMHM. DBF)

该表文件也在第一节中介绍过,它的主要字段名是:KMH(科目代码)、KMM(科目名)等,该表的作用是能实现输入科目代码而自动显示中文科目名。

3. 两个临时凭证表文件(PZ1. DBF,PZ2. DBF),这两个文件的结构与 PZ. DBF 完全相同。每次查询时把满足条件的凭证都放入其中,然后再显示。至于为什么要两个临时文件,在后面编程时再作解释。

(二) 表单的制作

凭证查询程序需要制作两个表单:"查询条件"表单和"查询结果"表单,下面分别介绍这两个表单的制作方法。

1. "查询条件"表单(CXTJ. SCX)

该表单的功能是供用户输入查询的条件,其形式见图表 6-21。

图表 6-21

"查询条件"表单(CXTJ. SCX)

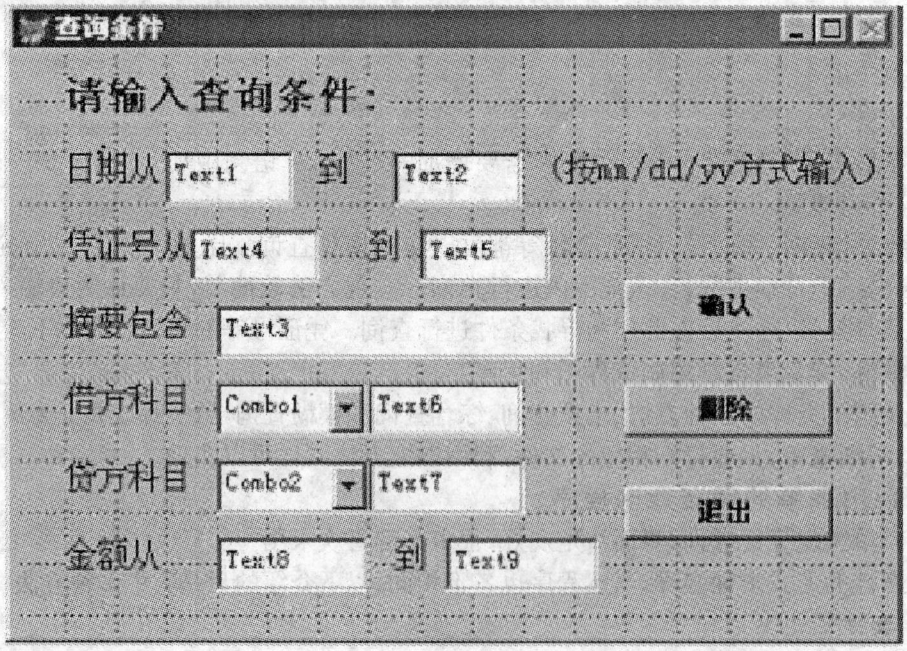

它的制作方法是:

(1) 在命令窗口输入:MODI FORM CXTJ,出现表单生成器供制作表单。

(2) 设置 form1 的 caption 属性为“查询条件”，使表单窗口上的标题设为查询条件。(在“属性”窗口设置)

(3) 按图表 6-21 画出 11 个标签，它们的 caption 属性分别设为“请输入查询条件”，“日期从”，“到”，“(按 mm/dd/yy 方式输入)”，“凭证号从”，“到”，“摘要包含”，“借方科目”，“贷方科目”，“金额从”，“到”。

(4) 画 9 个文本框，设置它们的 controlsource 属性分别为：t1、t2、…、t9。

(5) 在借方科目和贷方科目后分别画一个组合框，设置它们的 controlsource 属性分别为 t10，t11，设置它们的 rowsource 都为 KMHM. KMH，(KMHM 表文件的 KMH 字段)，设置它们的 rowsourcetype 属性为字段。

(6) 画三个命令按钮，设置它们的 caption 属性分别为“确认”、“删除”和“退出”。

2. “查询结果”表单(CXJG. SCX)

该表单的功能是显示查询的结果，格式见图表 6-22。

图表 6-22

“查询结果”表单(CXJG. SCX)

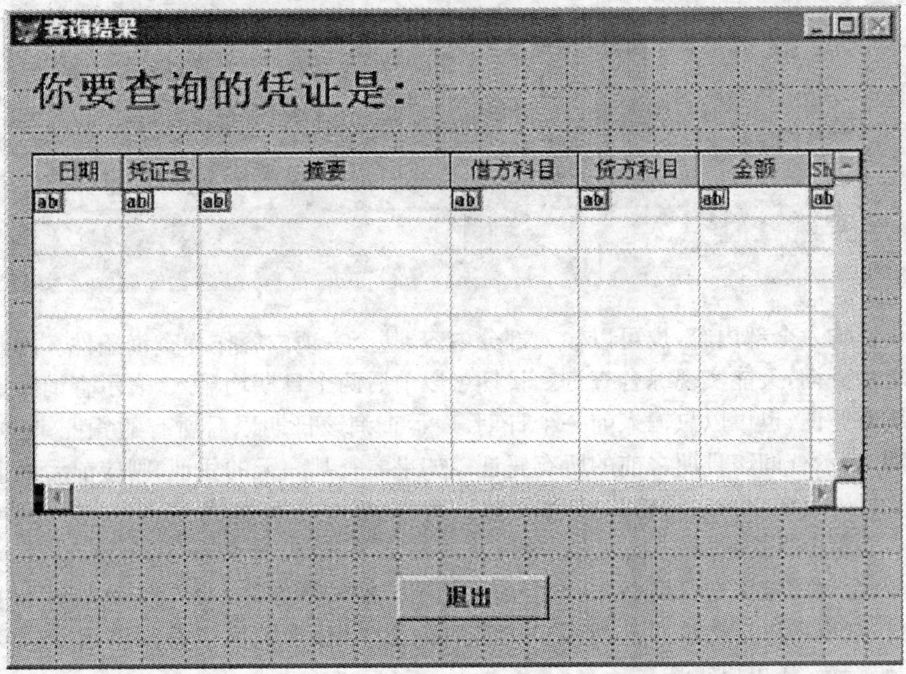

制作方法如下：

(1) 在命令窗口输入：MODI FORM CXJG. SCX，出现表单生成器供制作表单。

(2) 设置 form1 的 caption 属性为“查询结果”，使表单窗口的标题为查询结果。

(3) 画一个标签，设置它的 caption 属性为“你要查询的凭证是”，根据需要设置字体的大小。(fontsize 属性)

(4) 画一个表控件(grid)，右单击，在快捷菜单中单击“生成器”，在对话框中选表文件为 PZ1. DBF，选它的主要字段：RQ，PZH，ZY，JKM，DKM，JE，如果希望查询结果显示是否已审核，是否已记账，还可以增加审核，记账等字段。各字段的标题设为：日期，凭证号、摘要、借方

科目、贷方科目、金额。(另外还可以选表格的布局,样式等)

(5) 画一个命令按钮,设置 caption 属性为“退出”。

(三) 查询程序功能

执行“查询条件”表单(CXTJ. SCX)后显示“查询条件”表单,见图表 6-23 所示。

图表 6-23

运行后的“查询条件”表单(CXTJ. SCX)

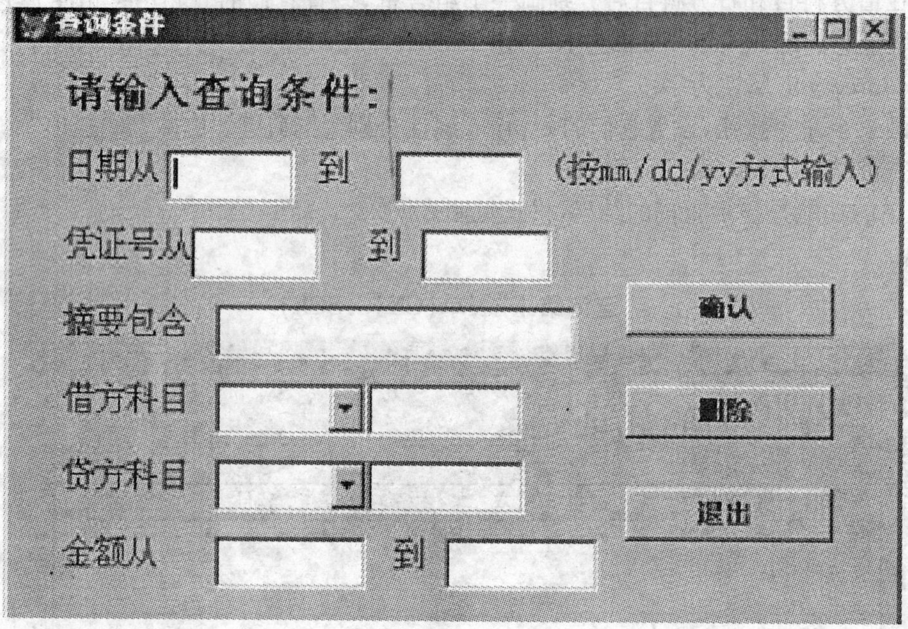

用户可以输入全部内容,也可以输入部分内容,甚至一项内容作为查询条件。因此该程序既能实现单项查询,又能实现综合查询。日期可以前后两个日期均输入,表示查询介于两个日期之间的所有凭证;也可以只输入前一个日期,表示查询该日期以后所有的凭证;也可以只输后一个日期,表示查询该日期之前的所有凭证。如果要查某一天的凭证,则应前后两个日期均输入该日。另外应注意输入的格式,如果要输入 2003 年 4 月 5 日,应输入 04/05/03。(按月/日/年输入,表单上有提示)。

凭证号、金额的输法与日期一样,也分前后两项。输入借方科目和贷方科目时先在组合框内选一科目号(也可以直接输入),然后单击其后的文本框,文本框中立刻显示对应的科目名称,如果代码选错,还可以重选。

如果在输入过程中发现输错的内容较多,可以单击“删除”按钮,再重新输入。

当所需查询的条件输完后(不管多少项均可)就单击“确认”按钮,见图表 6-24 所示。

如果查到,就显示“查询结果”表单,所有满足条件的凭证以表格的形式供浏览。见图表 6-25 所示。

浏览完毕可单击“退出”按钮,则重新显示“查询条件”表单供继续查询凭证,如果不要再查,在“查询条件”表单上再单击“退出”按钮,结束程序运行。

如果在查询过程中不存在满足条件的凭证,则显示“查询的凭证不存在”对话框,单击“确定”后重新显示“查询条件”表单供继续查询。

图表 6-24

输完条件后的"查询条件"表单(CXTJ. SCX)

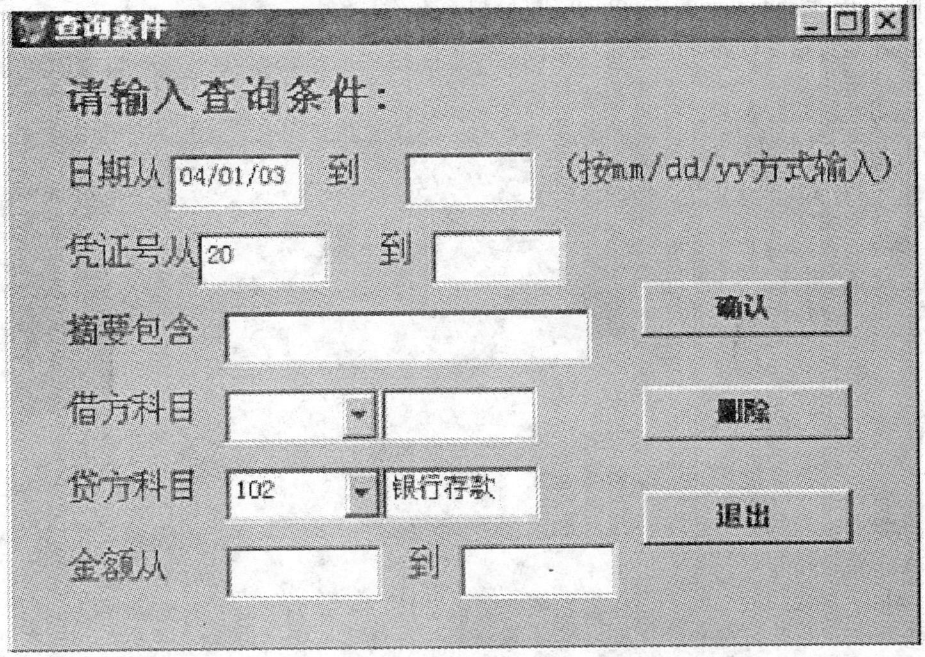

图表 6-25

查询后的"查询结果"表单(CXJG. SCX)

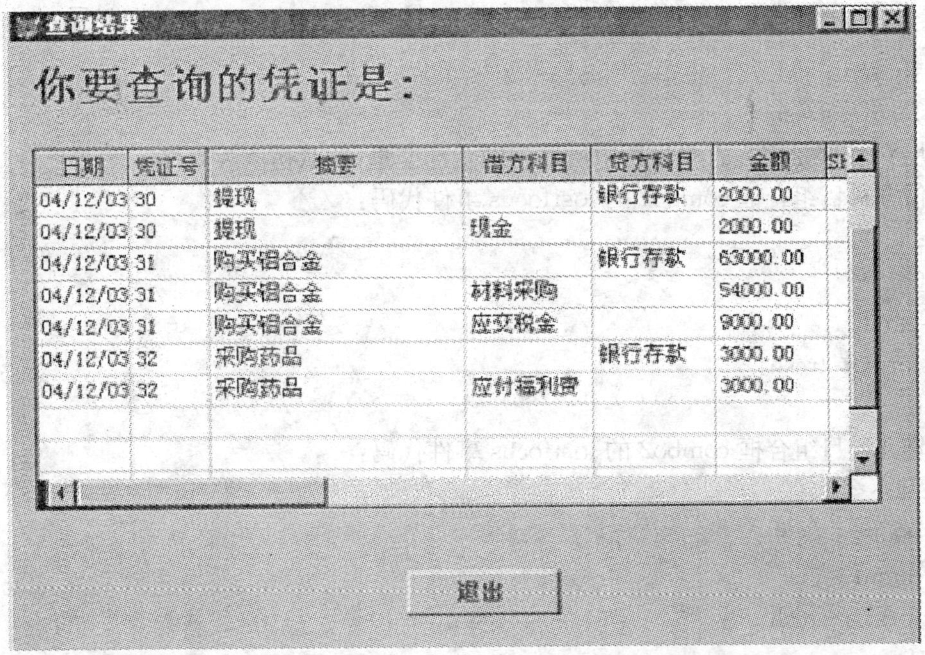

(四) 编程

要实现以上功能,需要给表单上某些控件编写代码(即程序),要输入某一控件的代码,只要双击该控件，打开“代码”窗口即可输入。以下是“查询条件”表单上的代码。

1. from1 的 load 事件代码：

```
publict1,t2,t3,t4,t5,t6,t7,t8,t9,t10,t11
publica1,a2,a3,a4,a5,a6,x
t1=' '
t2=' '
t3=' '
t4=' '
t5=' '
t6=' '
t7=' '
t8=' '
t9=' '
t10=' '
t11=' '
sele 1
use pz1
sele 2
use pz2
sele 3
use pz
sele 4
use kmhm
thisform.refresh
```

说明：该程序是定义表单运行中所用到的全部变量，并赋初值为空格。

2. 借方科目组合框 combo1 的 lostfocus 事件代码：

```
sele 4
ift10<>' '
t6=kmm
thisform.refresh
endif
```

3. 贷方科目组合框 combo2 的 lostfocus 事件代码：

```
sele 4
ift11<>' '
t7=kmm
thisform.refresh
endif
```

说明：以上两个程序功能相同。当焦点离开组合框时才执行该程序。当组合框的下拉列表中选中某一代码后，在右边的文本框中单击就能在文本框中显示对应的科目名。因为科目代码和科目名都在 KMHM.DBF 表文件中，一旦选中科目代码，也就选中了科目名。

4. “确认”按钮的 click 事件代码：

```
do case
case t1='  'and t2='  '
a1="t."
case t1<>'  'and t2='  '
a1="rq>=ctod(t1)"
case t1='  'and t2<>'  '
a1="rq<=ctod(t2)"
case t1<>'  'and t2<>'  '
a1="rq>=ctod(t1)andrq<=ctod(t2)"
endcase
docase
case t3='  'and t4='  '
a2=".t."
case t3<>'  'and t4='  '
a2="pzh>=val(t3)"
case t3='  'and t4<>'  '
a2="pzh<=val(t4)"
case t3<>'  'and t4<>'  '
a2="pzh>=val(t3)andpzh<=val(t4)"
endcase
if t5<>'  '
a3="t5$zy"
else
a3=".t."
endif
if t6<>'  '
a4="jkm=t6"
else
a4=".t."
endif
ift7<>'  '
a5="dkm=t7"
else
a5=".t."
endif
do case
case t8='  'and t9='  '
```

```
a6=".t."
case t8<>' 'and t9=' '
a6="je>=val(t8)"
case t8=' 'and t9<>' '
a6="je<=val(t9)"
case t8<>' 'and t9<>' '
a6="je>=val(t8)andje<=val(t9)"
endcase
if t6<>' 'or t7<>' 'or t8<>' 'or t9<>' '
sele 2
appe from pz for &a1 and &a2 and &a3 and &a4 and &a5 and &a6
else
sele 1
appe from pz for &a1 and &a2 and &a3 and &a4 and &a5 and &a6
endif
sele 2
go bott
if pzh<>0
go top
y=0
scan for pzh<>y
x=pzh
sele 1
appe from pz for pzh=x
y=x
sele 2
endscan
endif
sele 1
go bott
if pzh<>0
t1=' '
t2=' '
t3=' '
t4=' '
t5=' '
t6=' '
t7=' '
t8=' '
```

```
t9=' '
t10=' '
t11=' '
thisform.refresh
do form cxjg
else
messagebox("查询的凭证不存在")
t1=' '
t2=' '
t3=' '
t4=' '
t5=' '
t6=' '
t7=' '
t8=' '
t9=' '
t10=' '
t11=' '
thisform.refresh
endif
```

说明:当单击“确认”按钮时才执行该程序。由于“查询条件”表单中有六项查询条件,所以设置 a1～a6 六个变量分别存放六个条件,如果某项条件没有输,则该条件设为真。比如用户只输两个条件,则其余四个条件均为真。根据这六个条件到凭证表文件(PZ.DBF)去找,把满足条件的凭证都放入临时凭证表文件(PZ1.DBF),再全部显示出来。

查询科目或金额时,由于找到满足条件的不是整张凭证,而是凭证中的一条或几条记录,因此不能放入 PZ1.DBF 中显示,而只能先暂放在 PZ2.DBF,再根据这些记录找出整张凭证,放入 PZ1.DBF 中才能显示。另外,如果 PZ2.DBF 中有二条以上记录是属于同一张凭证的,那么根据记录取凭证时只能取一张凭证放入 PZ1.DBF,即不能重复取相同的凭证。这样编程需要一定的技巧。

找到所需凭证,就执行“查询结果”表单,找不到就显示“所需查询的凭证不存在”对话框。

5. “删除”按钮的 click 事件代码:

```
if t1<>' '
thisform.text1.value=' '
endif
if t2<>' '
thisform.text2.value=' '
endif
if t3<>' '
thisform.text4.value=' '
```

```
endif
if t4<>' '
thisform.text5.value=' '
endif
if t5<>' '
thisform.text3.value=' '
endif
if t6<>' '
thisform.text6.value=' '
endif
if t7<>' '
thisform.text7.value=' '
endif
if t8<>' '
thisform.text8.value=' '
endif
if t9<>' '
thisform.text9.value=' '
endif
if t10<>' '
thisform.combo1.value=' '
endif
if t11<>' '
thisform.combo2.value=' '
endif
```

说明：该程序较简单，由于每一文本框和组合框都绑定一个变量，分别是 t1、t2、……t11，因此当它们不为空格时把它们设置为空格即可

6. “退出”按钮的 click 事件代码：

```
thisform.release
```

“查询结果”表单上的“退出”按钮，它的 click 事件代码如下：

```
sele 1
dele all
pack
sele 2
go bott
if pzh<>0
dele all
pack
endif
```

thisform. release

说明：单击“退出”按钮，应该把表文件 PZ1. DBF 中的凭证全部删除，因为下一次查询时该文件应为空。PZ2. DBF 不一定有凭证(在查科目和金额时才有)，如果有再删除。

(五) 运行查询表单

在命令窗口输入：DOFORMCXTJ. SCX(“查询条件”表单)。表单运行后就能实现上述的查询功能。

第四节　打　　印

打印模块设计，包括打印屏幕格式设计、打印格式设计、打印程序设计。在账务子系统中，一般需要打印的有凭证、各类账簿、报表等等。

一、打印屏幕格式设计

提供打印屏幕格式的目的，是让用户进行打印的有关选择，如打印凭证，是打印所有的凭证？还是打印某一指定凭证？通过屏幕选择，可以帮助用户准确判断，以免盲目打印，造成浪费。

例如，可以首先通过下列屏幕，提示用户系统可以打印的信息种类：

打　印　模　块

(　)凭证

(　)日记账

(　)明细账

(　)科目汇总表

(　)总账

确　认

取　消

在用户选择之后，进入下级画面，确认进一步的打印条件：

日　记　账　打　印

(　)按指定日期

(　)按凭证起止号

(　)按指定页号

确　认

退　出

二、打印格式设计

使用 Visual Foxpro 的报表向导和报表设计器，可以设计出各类格式，在前面的章节已经列示，不再重复。打印格式设计时，应将代码转换成相应的科目名称，如日记账打印格式设计时，如果账页中含有对方科目，由于日记账表文件中的对方科目为科目号，因而在数据环境设计时，应将日记账表文件与科目表文件建立关联，然后作为数据环境，在打印时，对方科目以科目名出现。

三、打印程序设计

在打印程序设计过程中，一般应该提供打印前的预览。在本节中略举两例，其他打印程序基本雷同。

在日记账打印时，用户要求按日期打印的程序如下：

```
rqq=date()
clear
@ 12,40 say "请输入打印的日记账日期:"get rqq
read
clear
if rqq<date()
   wait window "日期有误,请按回车键返回!" at 8,60
   return
endif
sele 1
use km
set order to kmh
sele 2
use xjrj
report from rjgs for xjrj. rq=rqq preview &&rjgs是日记账的打印格式文件
close all
return
```

在日记账打印时，用户要求按起止凭证号打印的程序如下：

```
clear
@ 12,40 say "请需输入打印日记账有关凭证起始号:"get pzh1
@ 12,40 say "请需输入打印日记账有关凭证终止号:"get pzh2
read
clear
sele 1
use km
set order to kmh
sele 2
use xjrj
report from rjgs for xjrj. pzh>=pzh1 . or. xjrj. pzh<=pzh2 preview &&rjgs是
  && 日记账的打印格式文件
close all
return
```

打印科目汇总表的程序如下：

```
sele 1
use km
```

```
set order to kmh
sele 2
use kmhz
report from kmhzgs preview && kmhzgs是科目汇总表的打印格式文件
close all
return
```

第七章　新一代财务报表系统设计

第一节　财务报表系统技术的发展

作为与账务系统相辅相成的财务报表系统发展经历了逐渐成熟、逐渐完善的过程，目前报表系统技术仍在发展之中。下面我们简单介绍财务报表系统发展过程：

一、第一代财务报表系统

目前一些会计软件公司的产品仍是这个类型：财务报表软件以账务系统为依托，经历了从专用到半通用、最后到通用的发展过程，形成了第一代商品化财务报表软件。报表编辑方式从行编辑发展到全屏幕所见即所得编辑（但仍有些公司产品停留在行编辑模式），提供的报表函数和资源工具也逐渐完善。应该说，这一代通用报表系统的推出带动了财务报表的电子化制作，甚至能够利用计算机进行财务分析。过去手工难以短时间制作的复杂的财务、管理、分析报表，现在能很快输出结果，如果用户能对软件所有功能充分利用，对财务管理工作将能有很大帮助。在我国会计电算化的里程碑上这一代财务报表系统功勋卓著。

二、第二代财务报表系统

虽然第一代报表系统在我国会计电算化发展史上功不可没，但也存在很多不足，比如函数，特别是财务分析、决策函数功能不足，报表打印输出不够美观，缺乏统计图形等。国内一些财力较雄厚的会计软件公司将报表软件和账务系统独立开来，并加入很多功能，如可以生成统计图形等，构成新一代报表系统，这一类软件可称为第二代财务报表系统。然而以现在的技术检讨这些研究成果，从软件技术发展潮流看，第二代报表系统走入了误区。有些软件改进的方向显然有误，如竭力对 Excel 等电子表格软件的功能克隆，有些公司甚至声称他们的产品可制作任何报表，包括代替文字处理方面软件。所以，这些软件最大的问题是设计指导思想的偏差。因为：

(1) 财务报表系统应该是应用于财务管理方面的软件。不能想像用户既用它制作报表，又作文字处理。实际上，几乎没有用户会用财务报表系统作为文字处理方面的工具。

(2) 这些报表系统能够制作的报表，第一代报表系统基本也能制作。从费用上看，独立的报表系统收费更昂贵（因为软件公司的研制费用也很大）。

(3) 这些报表系统选择的支撑平台错误。有的报表系统还是基于 DOS 下的，从国内计算机软件产业实践看，在 DOS 平台发展图形技术，与世界潮流比较，是个错误。有的报表系统虽是 Windows 下开发的，但都是用一般的语言工具从头开始开发，甚至从界面到功能都克隆 Excel 5.0，应该说能做到这一点是很花了功夫的。但是克隆的 Excel 和真正的 Excel 相比仍有很大差距：许多 Excel 中很有用的与财务分析有关的功能没有提供。

另外，即使将目前版本的 Excel 仿照得很好，但 Excel 也在升级（Excel 97 出来后，又出了 Excel 2000，Excel 2000 之后又是 Excel xp 等等），理智地看，国内的会计软件公司产品开发速度不可能和 Excel 的发展速度相比，要知道微软在 Excel 上的开发投资比国内所有财务软件的开发投资总和还多！

三、第三代财务报表系统

什么是财务报表系统真正应该努力的方向？财务报表软件真正的发展方向是，利用 Excel 等几乎成为工业标准的通用电子表格软件作开发环境进行深层次开发，这样能缩短开发周期，并能随 Excel 等的升级而自动获得更强大的功能，我们把这个阶段财务报表软件称为第三代财务报表系统，目前已有会计软件公司推出或正在研制这类财务报表系统。下面将介绍第三代财务报表系统的原理。

从发展我国计算机软件产业出发，我国的报表软件开发的宏观政策应该是这样的：由国内最大的几家软件公司开发出和 Excel、Lotus 兼容的电子表格软件作为平台（Excel 超越 Lotus 的发展战略就是先兼容后超越），然后开发实力相对较弱的会计软件公司，在国内电子报表系统基础上开发财务报表系统。

第二节　第三代财务报表系统

第三代财务报表系统的软件存在形式是，Excel 97 的加载宏，用户只要如图 7-1 在 Excel 的“工具”菜单栏的“加载宏……”选项框中，选择加载财务报表系统，第三代财务报表系统即和 Excel 结合了，并且每次启动 Excel，第三代财务报表系统将自动启动，即 Excel“升级”成一个财务报表系统了，如果用户不需启动第三代财务报表系统，则只要在“加载宏……”选项框中去掉加载财务报表系统的选择即可。

图表 7-1

加　载　宏

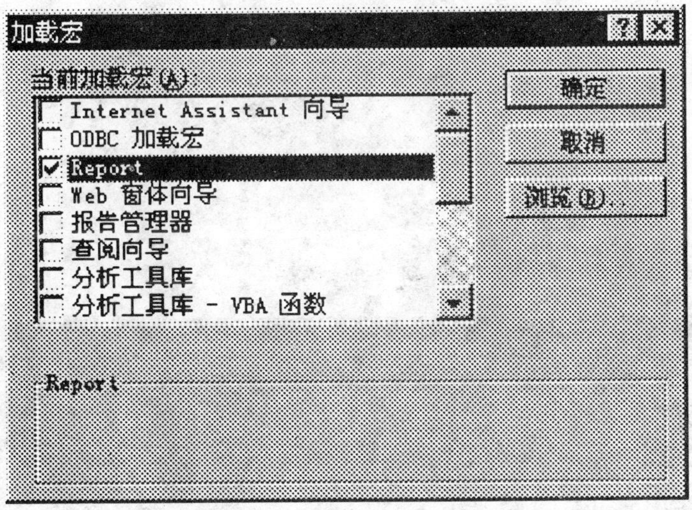

第三代财务报表系统启动时，首先出现版权画面，如图表 7-2。确认后系统加载，这时 Excel 中增加了一个第三代财务报表系统专有的菜单。

下面介绍第三代财务报表系统的具体使用方法及步骤。

一、登录系统

为了保证系统的安全性，财务报表系统有独立的登录模块。用户如图表 7-3，输入正确的密码才能开始使用财务报表系统，否则本财务报表系统自定义的函数返回值均为 0 或出错。

图表 7-2

版　权

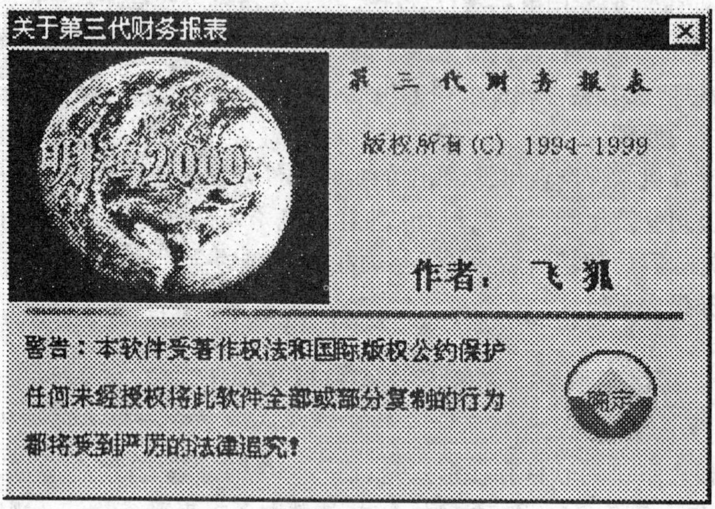

图表 7-3

系统登录

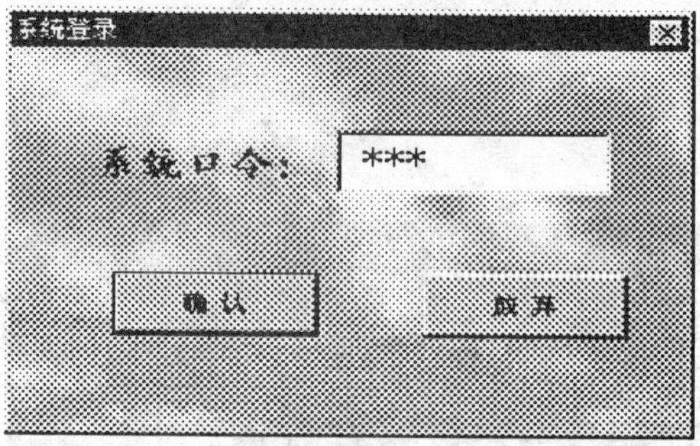

二、新报表

图表 7-4

新　报　表

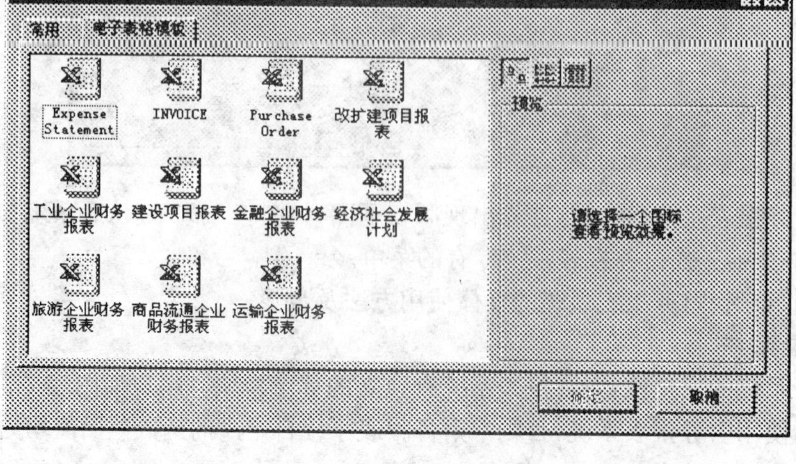

用户以模板建立一个新工作簿文件，可以是空工作簿或其他模板（包括用户自定义的）。Excel 97 提供了许多行业的财务报表格式模板如图表 7-4，利用它们和本财务报表软件配合，用户能更快制作所需的各种报表。图表 7-5 是“商品流通企业财务报表”模板生成的新工作簿。

图表 7-5

商品流通企业财务报表

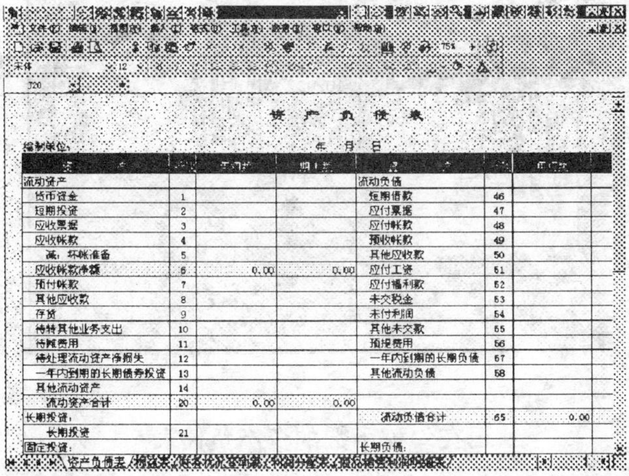

三、勾稽函数关系

用户面对的是和正常 Excel 几乎相同的界面，可以使用 Excel 的所有使用技巧。一般地，用户勾稽函数关系有三种方法，其中两种是 Excel 自身支持的。如图表 7-6，在 Excel 选择“插入函数”菜单项，出现的函数列表中“用户自定义”类，列出了很多原 Excel 没有的函数，它们就是第三代财务报表系统自定义的函数，用户可以使用 Excel 同样的技巧在单元格插入函数。当然，如用户对报表函数比较熟练，可以在单元格中直接输入所要求的函数组成表达式。最后，也是最重要的，第三代财务报表系统特别提供了一种最方便的勾稽函数关系的方法：Wizard（函数指南），用户根据如图表 7-7 的很友好的界面，选择几个参数就能勾稽函数关系。图表 7-8 是正在勾稽函数的资产负债表，用户会发现熟悉这些函数是很容易的，因为它们全是中文且意思明显（系统另外提供了西文缩写便于快速输入）。

图表 7-6

勾稽函数关系

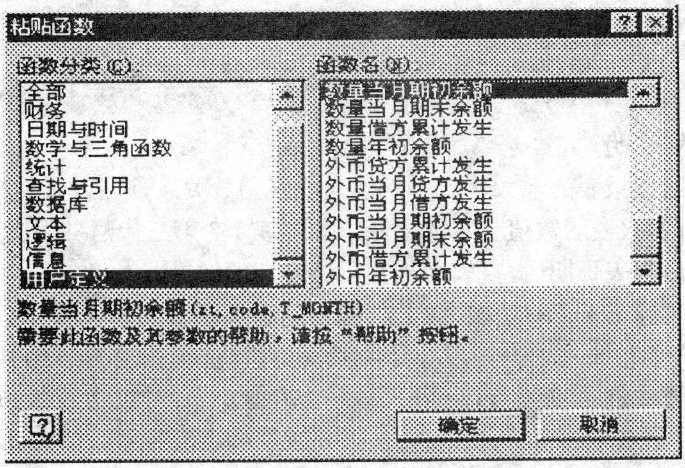

图表 7-7

Wizard(函数指南)

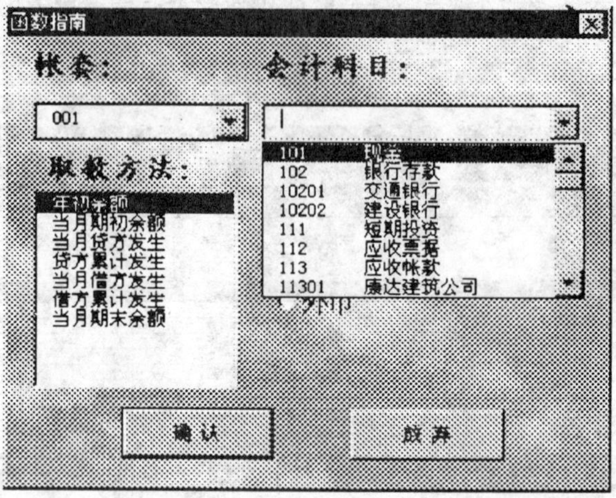

图表 7-8

正在勾稽函数的资产负债表

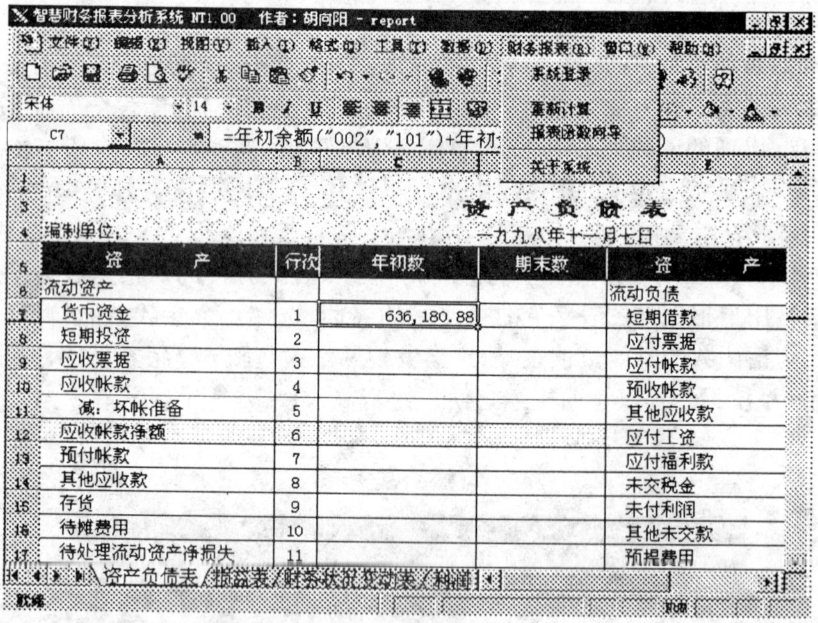

四、设定报表日期

用计算机制作财务报表的最大优点是一次勾稽好函数关系,以后不用对报表作任何修改,随着报表日期的不同,报表的数值会自动更新。如图表 7-9 第三代财务报表系统提供了"重新计算"功能,用户修改报表日期后,报表即刻显示新日期的结果。

用户能完全利用原 Excel 的功能,加上新提供的财务函数功能制作出强大的财务、管理、分析报表,甚至用户能在此基础上开发会计决策支持系统,例如图表 7-10 中我们对资产负债表中流动资产的构成作进一步分析,利用 Excel 的图表功能,可以很直观地显示它们的组成关系。

图表 7-9

重新计算

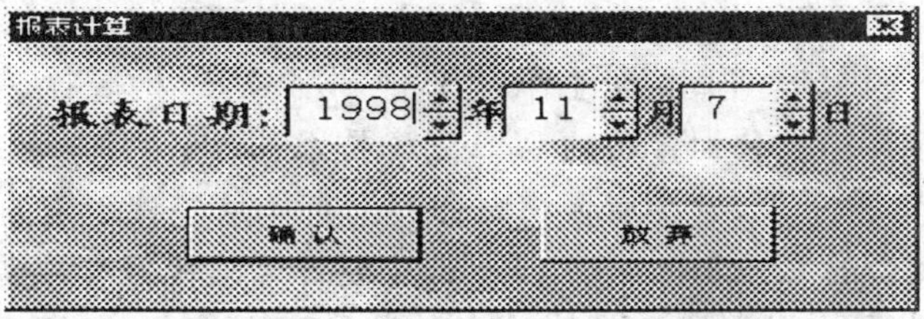

图表 7-10

资产负债表中流动资产构成分析

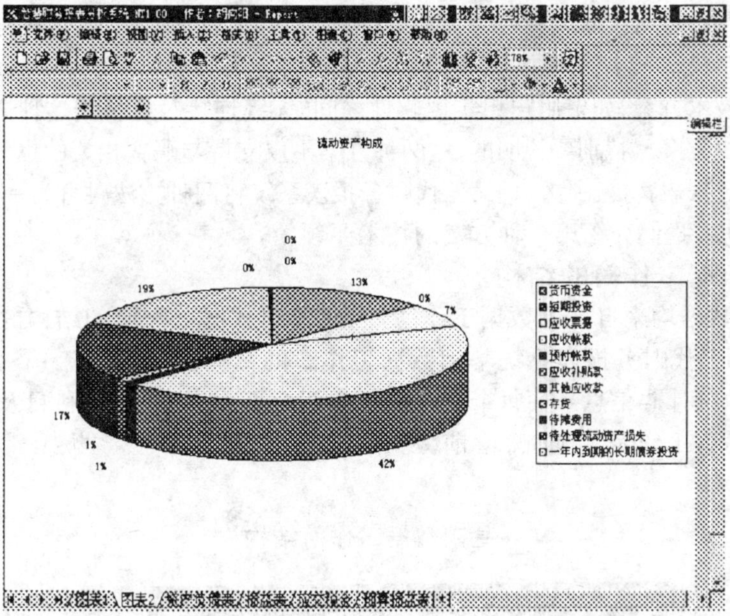

如果用户使用的不是第三代账务系统，只要使用的账务系统数据接口是公开的，或支持《标准数据接口规范》，第三代报表系统仍能很好的挂接。目前，作者正在努力将其他核算系统也挂接到报表系统中，从而在 Excel 中能制作销售、库存、成本等方面的管理、分析报表。

第三节　基于 Excel 的财务报表系统技术基础

本节中，我们将介绍怎样在 Excel 97 环境下构造财务报表分析系统。

Excel 的报表制作和财务分析功能都非常强，实际上有不少的企业直接用 Excel 制作财务报表，但数据是手工录入的。所以，在已使用会计软件进行核算的企业，要用 Excel 制作财务报表主要是解决从会计软件中自动取数的问题。

第一种方法是，将会计软件的数据利用各种手段（比如以后将介绍的《标准数据接口规范》）倒出，然后生成一个 Excel 工作簿作为财务基础数据工作簿，以后所有生成的财务报表的数据都从该工作簿计算得出，这样开发财务报表软件主要的工作，就是利用 Excel 的 VBA 工具构造自定义函数。以账务报表为例,构造年初、期初余额、本月借方发生额、本月贷方发生额、累计借方发生额、累计贷方发生额等自定义函数,用户就能以此构造各种财务报表。而这些函数的计算,都可以通过年初余额和本年所有凭证数据计算得出,所以只要在财务基础数据工作簿中,包含年初余额库、凭证库两个工作表,就能利用 Excel 构造财务报表软件系统了。

第二种方法是,利用微软公司宣布的 Active X 技术和 SQL 数据库查询技术,构筑一个 OLE(对象链接与嵌入)服务器,它在后台将财务数据直接从核算系统的数据库中取出并计算,将计算结果传到前台的 Excel 中。例如 Excel 中要计算某科目本月借方发生额,则 Excel 中用 VBA 定义的函数调用 OLE 服务器,将参数传给 OLE 服务器,OLE 服务器在后台打开账务系统的凭证库,计算出该科目本月借方发生额,最后将计算结果传到前台的 Excel 中显示。

这两种方法各有其优点:第一种直观、简单,特别是应用《标准数据接口规范》时,对已使用传统的核算软件的用户进行技术改造是个比较简便的方案,从教学的角度,这种方法简便易行,同时对小企业也是个成本较小的解决方案;第二种是软件公司将核算系统和用 Excel 构造的报表系统有效集成的技术方案,如果用户想实现软件之间"无缝连接",应采用这种方案,对大中型企业是个较好的解决方案。特别要说明的,这两种方案不仅支持与账务相关的报表,而且任何与核算系统有关的财务报表都能制作。而第三代财务报表系统将两种方法融合为一体。

从教学的角度,我们介绍第一种方案的技术要领。

一、基础数据工作簿的结构

所有的原始数据均来自基础数据工作簿,因此基础数据工作簿的结构的设计非常重要。如图表 7-11 是第三代财务报表系统基础数据工作簿的结构。注意,有一个工作表放账套信息,一个工作表放统计码信息。而每个套账都对应两个工作表:一个是科目及年初余额,一个是凭证。为了区别,工作表名前加账套前缀。

图表 7-11

基础数据工作簿结构

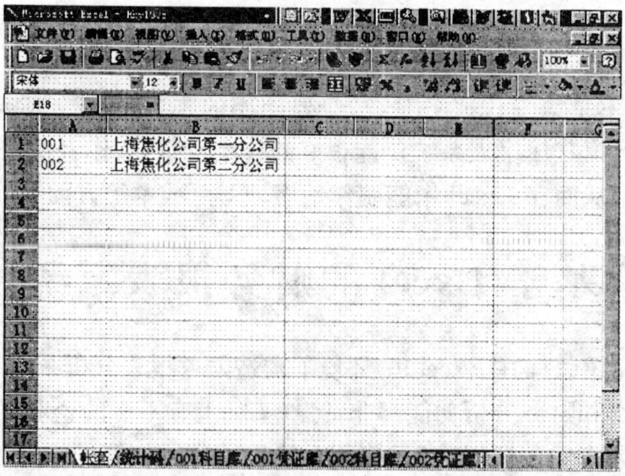

二、给 Excel 加一项菜单条

为了让用户使用 Excel 的扩展功能,同时又尽量保持 Excel 的原貌,一个比较好的方法是将扩展功能的入口加在 Excel 的主菜单中。

图表 7-8 展现了自定义的菜单项,它是如何实现的呢?

```
With Application.MenuBars(xlWorksheet)
    .Menus.Add Caption:="财务报表(&R)", BEFORE:="窗口(&W)"
End With
With Application.MenuBars(xlWorksheet).Menus("财务报表(R)")
    .MenuItems.Add Caption:="系统登录", OnAction:="entry"
    .MenuItems.Add Caption:="-"
    .MenuItems.Add Caption:="重新计算", OnAction:="recalcu"
    .MenuItems.Add Caption:="报表函数向导.", OnAction:="insert_f"
    .MenuItems.Add Caption:="统计码函数向导.", OnAction:="insert_f3"
    .MenuItems.Add Caption:="预算函数向导.", OnAction:="insert_f1"
    .MenuItems.Add Caption:="产品函数向导.", OnAction:="insert_f2"
    .MenuItems.Add Caption:="-"
    .MenuItems.Add Caption:="关于系统...", OnAction:="about"
End With
```

特别说明,上面程序是向下兼容的,在 Excel 95 下也能通过。现在,你也可以将自己的模块链接到 Excel 的主菜单中。

三、自定义计算函数和过程

打开工作簿立即运行

为了让 Excel 打开包含我们程序的工作簿或加载宏时立即执行程序,根据 Excel 的语法,我们应定义一个名为 Auto_Open 的过程:

```
Sub Auto_Open( )
    Application.Display Alerts=False
    Application.Screen Updating=False
    With Application
        .Caption="财务报表分析系统 "
    End With
    ……
```

对于我们自定义的每一条菜单项,我们必须定义相关的过程程序,如:

```
Sub Insert_F( )
    UserForm3.Show
End Sub
```

为让用户能构造各种财务报表,我们构造年(期)初余额、本月借方发生额、本月贷方发生额、累计借方发生额、累计贷方发生额等自定义函数,图表 7-8 中看到的函数不是 Excel 本来的工作表函数,而是通过 VBA 自定义的。下面是一个例子:

```
Function 年初余额(zt As String, code As String)
    Set RANGE1=Workbooks("HXY1998 .XLS").Worksheets(zt+"科目库").Range
("A:A")
    Set RANGE2=Workbooks("HXY1998 .XLS").Worksheets(zt+"科目库").Range
("C:C")
```

```
    年初余额=Application.Lookup(code, RANGE1, RANGE2)
End Function
```

四、用户界面和封面设计

各种各样的用户输入界面是利用VBA的窗体构造的。VBA的窗体构造技术和VB、VFP等最新的开发工具窗体构造技巧基本类似，常用的控件包括：LABEL、TEXTBOX、COMBOBOX、COMMANDBUTTON、IMAGE等，并且支持外部的OCX等扩展。

图表7-3、7-7、7-9都属于VBA的用户窗体，我们用它来和用户交互操作。要设计用户窗体，在Excel中按Alt-F11切换到Excel Visual Basic环境，选择“插入”中的“添加用户窗体”，然后用拖拉的方法就可以从“控件工具箱”中加入你需要的可视控件。图表中窗体的背景图像是通过窗体的picture属性设置的。

图表7-2显示的是更为壮观的“关于……”窗体，其中第三代财务报表字样的立体阴影效果是两个Label控件层叠的效果，两个控件位置略分开一点，BackStyler属性设成透明。在左上角地球图像上的第三代字样是动态旋转的，它是通过外部的AniGIf.ocx实现的。

五、其他问题

(一) 系统登录

为了增强系统的安全性，要求进入系统时首先必须登录，否则系统不能正常运行。图表7-3是一个比较简单的登录界面示范。

如果要求密码可变或者不同用户不同密码，必须增加外部文件保存用户名字和密码。

(二) 报表更新

构造的报表是利用函数动态取数的，因此必须有一个有效的机制保证，当报表日期更换后，只需很简单的动作，报表数据就能自动更新，而无需重新定义报表。图表7-9展示的只是表面动作，更多的工作在幕后进行。

第一个问题，我们首先必须定义一些全局变量来跟踪报表的实际日期，并且这些全局变量对我们定义的函数有影响：

```
Public G_year As Integer
Public G_month As Integer
Public G_day As Integer
```

第二个问题，我们怎样让工作表重算？这个问题看似简单，其实不然。Excel提供了报表重算的功能(按F9)，然而通常不起作用。这是因为Excel有个“智能判断”，如果它认为报表没有改变，它就不进行实质性的计算，而我们自定义函数中的改变，它是不能察觉的，所以它拒绝重算。实际上有个很简单的技巧，对工作表插入或删除一空行或空列，工作表就会重算。相信读者有能力把它加入到VBA中。

在本章中我们介绍了全新概念的财务报表系统，并且毫无保留地将我们研究多年的技术秘诀公布于众，目的是为了大家共同提高。读者可在此基础上自行扩充，形成自己的报表分析、决策支持系统。

我们研究的财务报表系统可用于教学和企业，有兴趣的读者可以和我们联系，进一步探讨。

第八章 固定资产子系统设计

固定资产核算是财务工作的重要组成部分，尤其对那些部门设置复杂，各部门固定资产繁多的企业，固定资产核算又是一件繁琐而细致的工作。正确反映固定资产的增加与减少和正确计算固定资产的折旧是固定资产核算的主要任务。具体来讲，就是要产生各固定资产的分类账，明细表及固定资产按部门或按分类的汇总表，并且每月产生计提折旧凭证。如何用计算机实现上述任务并把账务处理与固定资产核算紧密地联系在一起，实现账务系统与固定资产核算系统的无缝连接，是计算机上实现固定资产核算的主要任务。

第一节 固定资产核算对软件的基本要求

第一，固定资产的分类应适应大中小企业的统计需求。小到只有几个或几十个固定资产的单位，大到有成千上万个固定资产企业，必须由用户确定固定资产的分类层次及每一层所能容纳的分类数或固定资产的数量。

第二，固定资产的分部门核算尤其要适应大型企业部门层次繁多，要逐级统计的需求。部门的层次及每一层次的下属部门数量由用户确定。

第三，能提供直线法，工作量法，双倍余额递减法，年数总和法等各种计提折旧的方法。

第四，提供与账务系统的无缝连接。即一方面在账务系统中各固定资产的余额的增、减或累计折旧的发生额应反映在固定资产模块中；另一方面，固定资产模块提供自动计提折旧功能，在账务系统中产生相应转账凭证。同时，固定资产模块中的一些数据与账务处理模块的数据存在某种勾稽关系，具体讲：累计折旧总账科目的余额应等于单个固定资产累计折旧额的总和；单个固定资产当月折旧额的和应等于该月自动计提折旧凭证的发生额；固定资产总账科目的余额应等于单个固定资产原值或重置价值的和。

第二节 系统总体结构

固定资产模块可以作为一个独立的系统存在，但更多的是与账务处理系统一起运行。所以在进行系统设计时，既要考虑使其能独立于账务系统运行，而更多的是要考虑系统如何能与账务系统建立较为紧密的联系。

总体设计如图表 8-1 所示。

第三节 固定资产核算模块启用前的准备

在使用固定资产核算模块前，应整理出下列数据输入计算机，这些数据是固定资产模块运行的基本数据。

图表 8-1

以账务为核心的固定资产核算的计算机实现方案总体结构

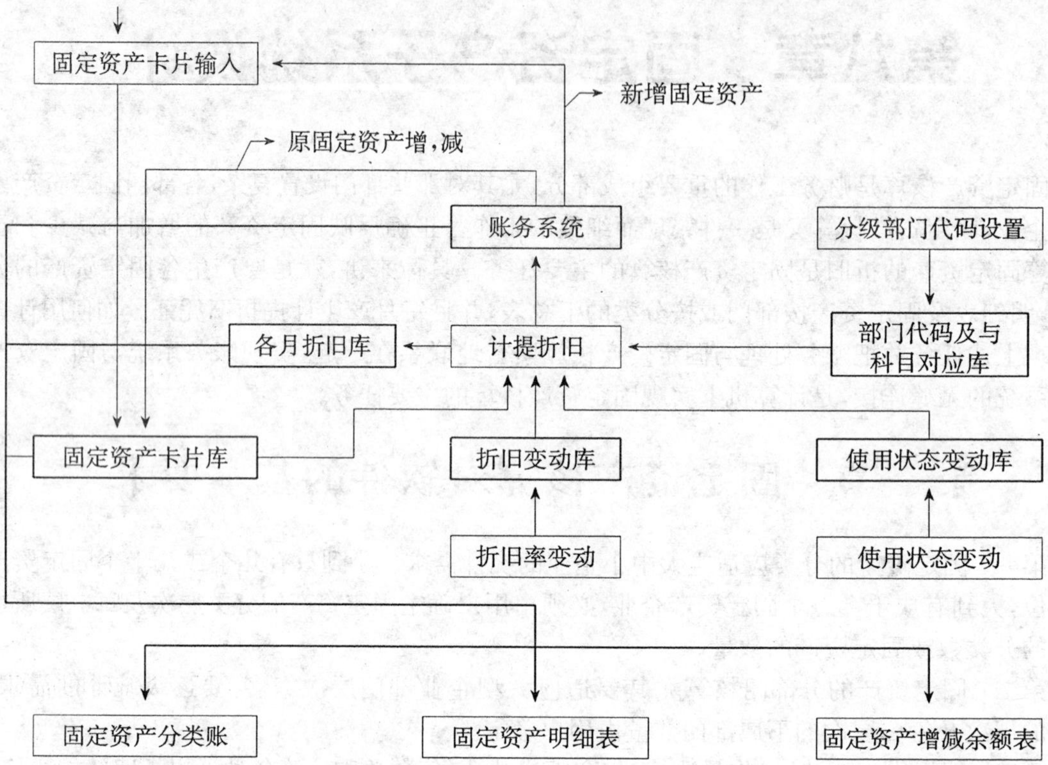

一、确定部门代码及其分级

由于固定资产的归属部门是计提折旧的重要依据,是每一单个固定资产的重要信息,所以在输入固定资产卡片信息前必须设置好部门代码。这是使用固定资产核算模块的第一步。

部门代码可以是类似会计科目的逐级代码,使用逐级代码可以把一个单位的各个部门分成若干层次,以便于对各级部门的固定资产的余额,累计折旧额进行逐级统计,这对大型企业,固定资产数量较多,这种分级尤为必要。

图表 8-2 是一种部门代码设置和分级的示例。

图表 8-2

某单位部门设置

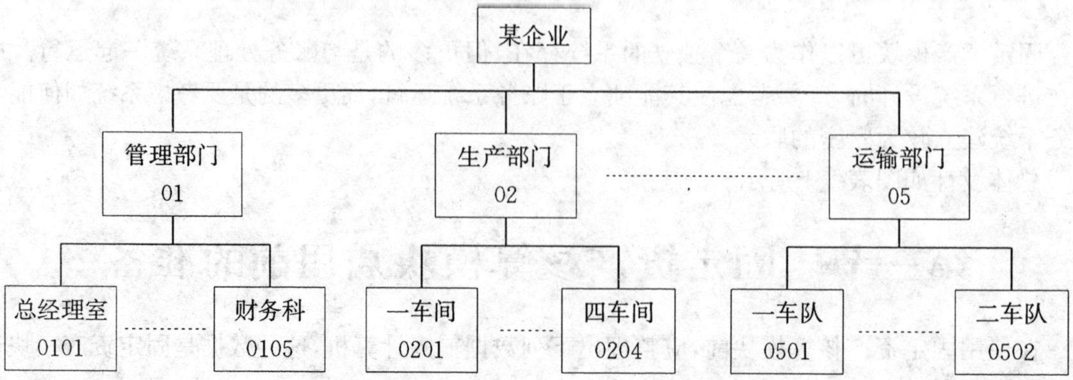

二、固定资产分类

固定资产应根据以后固定资产明细表的汇总要求进行分类，分类用逐级代码表示，如01为房屋及建筑物，02为机器及生产设备，03为运输及装卸机械等，房屋及建筑物中还可以分0101为办公楼，0102为厂房等。必须为每一个固定资产指定一个分类。分类可以作为固定资产卡片上的一个属性，也可以和固定资产代码编在一起，最低级代码为具体的固定资产，其余代码则为固定资产的各级分类。

三、固定资产卡片

每一个固定资产卡片内容包括固定资产代码，名称，原值，单价，数量，计量单位，建造单位，型号，规格，存放地点，建造日期，所属部门，入账凭证号，当前使用状态，计提折旧方法，残值率，使用年限等。

固定资产分类可以与固定资产卡片在同一处输入，但只需输入代码及分类名称。

四、固定资产的期初余额及累计折旧

每一个具体固定资产的期初余额及期初累计折旧指的是开始使用固定资产模块时的余额和累计折旧额，在开工使用软件前必须整理核对，然后输入计算机。

第四节　固定资产与账务处理的关系

一、固定资产核算对会计科目设置的要求

(一) 固定资产科目的设置

原则上只需设置一级科目，固定资产的分类统计可以在固定资产核算系统中完成。但对大型企业，某些报表中必须反映固定资产大类的增减情况，为了使报表能从账务中取到这些数，则固定资产必须设置两级甚至三级科目。应该注意的是，固定资产明细科目的设置应该与固定资产的分类代码相一致(或前两级相一致)，这样能使账务子系统中的固定资产各明细科目的余额与固定资产模块中的相同类别的固定资产的原始或重置价值相等。一旦不等，就能很容易发现问题并找到问题发生的原因，及时纠正。

(二) 累计折旧科目的设置

与固定资产的科目设置相似，仅设置一级科目是最简单的方法，并且能保证计提折旧凭证为多借一贷的形式，每一笔分录对应关系明确。但报表中却无法取到账中固定资产大类的折旧额，为解决这个问题，累计折旧必须设置两级甚至三级科目，一般而言，累计折旧的明细科目与固定资产的明细科目应该一致，而根据上面所述，固定资产的明细科目与固定资产的分类代码相一致(或部分一致)，这样，我们就可以根据固定资产的分类代码把每一个固定资产的折旧额归到累计折旧相应的明细科目中，但产生的计提折旧凭证就势必为多借多贷形式，并且无法保证每一笔分录能找到确切的对应关系。

二、固定资产增减与账务系统的连接

固定资产增减指新增固定资产或其余额的增加或减少。

对新增固定资产，固定资产的基本信息必须进入固定资产卡片库，信息的输入的入口有两个，一个是从固定资产模块中输入，适用单独使用固定资产模块的用户及软件初始化时使用；另一个入口是在凭证输入中进入，因为固定资产的增减其最初是通过账务系统中的凭证输入进入系统的。在账务系统中，凭证输入的分录中含固定资产或累计折旧科目时，必须输入固定

资产代码，若代码为新代码，则输入固定资产卡片。

若凭证输入的分录中含固定资产或累计折旧科目时，输入固定资产代码为卡片库中已有的代码，则说明该凭证内容为调整固定资产余额或其折旧额，则应更新固定资产卡片库中相应固定资产的余额或累计折旧额。

三、计提折旧

计提折旧为计算机自动在固定资产模块中进行，一般一个月一次，计提折旧后在账务系统中将自动产生折旧凭证。

自动计算折旧的工作：其一是根据卡片库中各固定资产的余额，折旧变动库中固定资产的当前折旧率，以及使用状态库中该固定资产的使用状态计算折旧，并把计算得到的各固定资产的折旧额放入折旧库保存。其二各固定资产按所属部门进行折旧额的部门汇总，再根据部门与科目的对应关系，在账务系统中按月产生计提折旧的转账凭证。

第五节　固定资产核算的计算机处理

一、数据库结构设计

（一）固定资产卡片库

该库除了存放上面提到的数据外，还要存放开工期初余额，开工累计折旧，对工作量法还有期初工作量，工作量单位，最大使用工作量等。期初开工余额、期初开工累计折旧额与期初工作量是指开始使用软件时的各固定资产余额、累计折旧额与已使用的工作量。各种折旧率可以根据残值率，使用年限及最大使用工作量计算得到。另外，固定资产的当前余额及累计折旧额也动态地存放在卡片库中。

（二）部门代码及相关会计科目的设置

部门库的结构内容主要为部门代码，部门名称，部门对应科目。部门对应科目用于生成折旧凭证，如管理部门，则对应科目为管理费用中的折旧费；如为制造部门则对应科目为制造费用中的折旧费。部门代码库的另一个作用是可以根据固定资产所属部门，对固定资产的有关数据按部门进行逐级统计。

（三）折旧变动库

记录每一固定资产的折旧变动情况，结构为：固定资产代码，变动日期，固定资产使用年限，残值率。保存原折旧率的目的是为了允许自动计提折旧的工作可以重复进行。

（四）使用状态变动库

记录每一固定资产使用状态的变动情况，结构为：固定资产代码，状态变动日期，使用状态。保存原使用状态的目的同样是为了允许自动计提折旧可重复进行。

（五）各月折旧库

存放各固定资产每月自动计提折旧的折旧额。由于每月生成的计提折旧的凭证中不含有各固定资产的折旧额，故固定资产的分类账及明细表中实提折旧额必须从此库取得。当固定资产数量较多时，该库比较庞大，其字段为月份，固定资产代码和月折旧额。

二、计算机实现方法

（一）固定资产卡片输入

固定资产卡片上的数据是进行固定资产核算的最基础的数据，应在新增固定资产时录入，并可随时查询打印。其中内容包括:固定资产代码,名称,原值,单价,数量,计量单位,建造单位,型号,规格,存放地点,建造日期,所属部门,入账凭证号,当前使用状态,计提折旧方法,残值率,使用年限等。这些信息的一部分,在固定资产分类账上要予以反映。其中,入账凭证号为字符串,可以包括年份,以便每一固定资产都很容易地查到其添置时的原始凭证。

(二) 固定资产折旧率变动

允许固定资产在使用中折旧率发生变动,变动后该固定资产即以新的折旧率计算折旧。而变动前仍要求按原折旧率计算。

(三) 固定资产使用状况变动

固定资产使用状况有在用,封存,转让等。当固定资产使用状态发生变化,应根据其状态决定是否仍按月计提该固定资产的折旧。

(四) 固定资产分类统计的实现

固定资产代码一般采用类似会计科目的逐级代码设计,最后一级可以为具体固定资产。也可以将分类代码与具体固定资产编号分开,分类代码采用逐级代码,固定资产编号为一随机代码。根据分类代码就能够实现固定资产的逐级分类统计。

(五) 固定资产按部门统计的实现

部门代码也可以采用逐级代码,通过固定资产卡片库中部门归属,能得到逐级部门的固定资产统计数据。

(六) 自动计提折旧的实现

根据固定资产的上月末或本月初的余额,当前的折旧率与使用状态计算折旧,计算折旧的原则是当月增加的固定资产其增加部分不提折旧,当月减少的固定资产其减少部分仍提折旧。对下列两种情况必须特殊处理:一是固定资产的净值已小于等于残值,则该固定资产不提折旧;二是固定资产提折旧后净值小于残值,则修正折旧额为净值减去残值,使该月提折旧后该固定资产净值正好等于残值。计算各固定资产折旧后,分下列两种情况产生折旧凭证,如生成的凭证尚未记账,应允许重新生成,并且不改变原凭证号。

1. 累计折旧只设置一级科目的情况

固定资产折旧额根据其所属部门进行汇总,得到各部门的固定资产折旧额,然后根据各部门固定资产折旧的对应科目进行汇总,即产生折旧凭证的借方科目及借方发生额,贷方科目为累计折旧的一级科目,金额为借方金额的和。

例 某单位有固定资产如图表 8-3。

图表 8-3

某单位固定资产

固定资产代码	名　称	所属部门代码	年折旧率	余　额	应提月折旧额
01	房屋及建筑物				4 512.61
01001	保税仓库	02	0.0225	957 394.22	1 795.11
01002	办公楼	04	0.0225	1 013 282.11	1 899.90
01003	餐厅	04	0.0225	257 228.21	482.30
01004	修理车间	01	0.0225	178 820.81	335.29
02	机器及生产设备				2 377.52

续表

固定资产代码	名称	所属部门代码	年折旧率	余额	应提月折旧额
02001	加油站设备	01	0.045	43 488.51	163.08
02002	电动门	04	0.045	50 000.00	187.50
02003	灯塔	03	0.045	137 316.00	514.94
02004	电源	03	0.045	400 000.00	1 500.00
02005	冲洗机	03	0.045	3 200.52	12.00
03	运输及装卸机械				43 888.08
03001	伏尔伏牵引车 20	01	0.06	3 235 794.30	16 178.97
03002	伏尔伏牵引车 40	01	0.06	3 868 035.18	19 340.18
03003	集卡半挂车 20	01	0.06	560 522.80	2 802.61
03005	合力牌叉车	02	0.09	118 972.82	892.30
03006	合力牌叉车	02	0.09	109 561.03	821.71
03007	碧莲 30 吨面包车	04	0.09	456 101.93	3 420.76
03008	长安汽车	0501	0.09	57 539.92	431.55
04	工具及家具器具				119.70
04001	霸伏助动车	0502	0.18	7 980.00	119.70

部门设置如图表 8-4。

图表 8-4

某单位各部门固定资产

部门代码	部门名称	对应科目	月提折旧
01	车队	4110105　直接成本—运输成本—直接折旧	38 820.13
02	操作科	4110205　直接成本—堆存成本—直接折旧	3 509.12
03	集联办	4200508　制造费用—联办—折旧费	2 026.94
04	管理部	51409　管理费用——折旧费	5 990.47
05	货代部		0.00
0501	货代一部	411030105　直接成本—代理成本—货代一部—直接折旧	431.55
0502	货代二部	411030205　直接成本—代理成本—货代二部—直接折旧	119.70

其中每个部门月折旧额是根据每个固定资产所属部门累计得到(假设所有固定资产均正常提折旧)。然后根据该表就可以产生下列折旧凭证,假设累计折旧只设一级科目 161:

借:4110105	38 820.13
4110205	3 509.12
411030105	431.55
411030205	119.70
4200508	2 026.94
51409	5 990.47
贷:161	50 897.91

2. 累计折旧设置明细科目的情况

折旧凭证的借方同第一种情况一样产生，然后对固定资产折旧额进行分类汇总，把分类代码(或前几位)与累计折旧明细科目相同的固定资产大类的折旧额作为折旧凭证的贷方发生额。一般累计折旧有几个最低级科目，凭证中就有几笔贷方金额，除了累计折旧的明细科目发生额为零。所以，这种情况折旧凭证一般为多借多贷形式。

如上例中累计折旧再设置二级科目：

161	累计折旧
16101	房屋及建筑物
16102	机器及生产设备
16103	运输及装卸机械
16104	工具及家具器具

注意累计折旧二级科目必须与固定资产分类代码中的二级代码分类相一致，最后生成的折旧凭证为：

借：	4110105	38 820.13
	4110205	3 509.12
	411030105	431.55
	411030205	119.70
	4200508	2 026.94
	51409	5 990.47
贷：	16101	4 512.61
	16102	2 377.52
	16103	43 888.08
	16104	119.70

这样做的优点是在我们账务系统中可以得到固定资产分类的每个月的折旧额。但此类凭证入账后将使 411，420，514 等账页中无法正确找到对应科目。

(七) 固定资产明细表

内容包括：固定资产代码，名称，所属部门，计量单位，数量，原值或重置价值，累计折旧，净值，使用年限，残值率，年折旧率，应提年折旧额，实提年折旧额等。后面三项也可以选择月折旧率，应提月折旧额，实提月折旧额。表格的输出应具备下列功能：

· 按固定资产大类进行汇总统计。

· 按所属部门进行汇总统计。

· 按固定资产大类及部门级别，表格可逐级折叠和展开。

· 可以选定某一部门或某一大类固定资产进行打印。

(八) 输出固定资产增减余额表

内容包括：各固定资产期初余额，本期增加额，本期减少额，期末余额。其输出的功能要求与固定资产明细表的输出相同。

(九) 生成固定资产分类账

固定资产分类账生成步骤如下(假设某固定资产代码为 X)：

(1) 从固定资产卡片库中可以获取该固定资产名称，计量单位，使用部门等信息作为分类账的表头，并可获得该固定资产的年初或期初余额作为分类账的首行。

(2) 从已记账凭证中，查找一级科目为固定资产的分录，从这些分录中抽取固定资产代码为 X 的分录，得到分类账中原值或重置价值中的借方或贷方发生数。

(3) 从已记账凭证中，查找一级科目为累计折旧的分录，从这些分录中抽取固定资产代码为 X 的分录，得到分类账中折旧的借方或贷方发生数。

(4) 从已记账凭证中，查找自动计提折旧的凭证，然后到各月折旧库中找到该固定资产与凭证同月的折旧额，放入分类账折旧的贷方。

(5) 计算分类账中各行固定资产余额，折旧余额和固定资产净值。

(十) 固定资产数量的增加与减少

原则上一个固定资产一个编号，但有些固定资产几件或几十件构成一个整体使用，故而在添置时使用一个编号入账，但以后却发生了部分固定资产的转让或报废等情况，致使固定资产的数量发生变化。这种数量的变化必须反映在固定资产的分类账与明细表中，其处理方法类似固定资产余额的增加与减少，即固定资产的数量也有借方发生数，贷方发生数和余额的概念。这就要求在输入凭证时，输入固定资产分录时必须输入数量，其借贷方向和金额的借贷方向相同，借则表示固定资产数量增加，贷则表示数量减少，零表示数量没有变化。要注意的是：不要把这里的数量与固定资产实际的数量相混淆。例如：某固定资产在数量不变的情况下发生增值，则在做凭证时，固定资产借方发生数为增值金额，但由于该固定资产增值并没有引起数量变化，所以凭证中数量应为零。

第九章 存货子系统设计

制造业的存货是原材料、产成品、低值易耗品等，流通业的存货是库存商品。由于材料核算是带有全面性和典型性，故本书以材料核算为例，说明存货子系统的设计。

材料核算应当由两种核算共同完成，一是统计核算，一是会计核算。从企业管理信息系统角度出发，前者属于物资管理信息子系统，后者属于会计管理信息子系统。统计核算提供的信息是会计核算的基础。这些信息经过加工，一方面汇集生产费用和计算产品材料成本；一方面又向物资管理子系统提供管理、控制的依据。

因此，我们在设计材料核算模块时，不能仅从会计核算角度出发，而要从整个企业管理系统着眼。即使该企业首先设计的是会计电算化系统，系统设计人员也应从物资管理部门的调查开始，了解与材料有关的一切信息。这样才能保证物资管理部门的信息流程与会计电算化信息流程的密切衔接，才能达到这两个子系统的数据共享的目的。

当然，在进行具体系统设计时，有必要根据用户要求以及自身的条件来确定会计电算化系统范围。如果物资管理部门仍属手工作业，它已能向会计部门提供材料的收、发、存的汇总信息，那么我们只要将这些信息与会计电算化系统衔接；如果物资管理部门的材料核算也已经电算化了，那么应尽量采纳该系统的信息，如代码、数据文件等。当然，这并不排斥在必要时，对这些信息的修正，转换。

只有经过详细的调查，才能作出既合理又不繁琐的系统设计。综合多数企业的材料核算过程，大致有如下特点：

(1) 凭证量大。材料是工业企业生产中最重要的流动资产，又是构成产品的基本物质，它的流量大，种类多，因此，产生的凭证(料单)也多，输入操作的量很大，操作者的素质很重要。

(2) 凭证格式多。一般凭证格式有收料单、领料单、退料单、自制材料单、移库单、材料销售单等。系统设计时既要充分研究这些凭证格式，以尽量统一输入画面格式和数据文件，又要考虑各种凭证的分类要求。

(3) 数据流程复杂。由于材料核算包括承付采购价款、验收材料入库、生产用料和专项用料，以及其他材料的收付和材料的存储等业务核算，既要提供统计核算资料，又要提供会计核算资料，因此，其数据流程复杂。系统设计时，要严格遵循结构化程序模块方式，自顶向下，先粗后细，分而治之。

第一节 材料核算手工作业状况的分析

工业生产用的材料，它的实物形态投入生产后，一般经过一个周期生产就全部消耗，或直接构成产品的实体，或辅助生产的进行；同时，它的价值也就全部转移到产品之中，构成产品的成本。根据企业的生产规模和生产特点，材料核算可以采用下列会计科目中的一部分科目：材料采购、原材料、燃料、包装物、原料及主要材料、辅助材料。材料明细核算如果由财务部门承担，那么，除了总括反映材料的收入、发出和库存情况，还要具体反映每一项材料的详细情况，按不同的品种规格分别设置明细账，不仅要记录金额，还要记录数量、单价。

材料核算按收入、发出、库存三个过程来分析，我们就能清晰了解每一过程中的每一步骤，这样，对于材料核算的全过程及其细节就能充分掌握，为描述其会计数据流程打好基础。

一、材料的收入

属于现金、银行存款付款范围的材料收入，在账务处理程序中已有介绍。需要提一提的是，在支付材料价款和运杂费时，除供货单位的发票之外，还需有收货部门的材料单作为原始凭证。月终，收料部门(一般为供应科)根据收料单，按各类材料的数量、计划价汇总，报财务部门。财务部门分别对下列不同情况进行汇总。

对于已经付款的收料单(包括本月付款的上月收料单)，按实际成本和计划成本分别汇总。固定转账分录有：

1. 按计划成本

借：材料(或其他材料类科目)

　贷：材料采购

2. 实际成本大于计划成本的差额

借：材料成本差异

　贷：材料采购

3. 计划成本大于实际成本的差额

借：材料采购

　贷：材料成本差异

对于尚未付款的收料单，分别材料科目，按计划成本暂估入账。转账分录为：

1. 按计划成本

借：材料(或其他材料类科目)

　贷：应付账款

2. 下月初红字冲回

借：材料

　贷：应付款账

3. 付款时，按正常付款凭证

借：材料采购

　贷：银行存款

二、材料的发出

材料发出的一般凭证有领料单、委托加工单、销售单(发票)等。发料部门按领料部门和材料类别，在月终将汇总表报财务部门。财务部门根据不同领料部门，编制下列固定转账分录：

借：生产成本

　　制造费用

　　管理费用

　　委托加工材料

　　销售成本(或发出商品)

　贷：材料(或其他材料类科目)

由于材料科目是以计划成本为核算金额，故除上述金额外，还须承担成本差异(换算为实际成本)。

因此，根据各类材料及领用部门承担的成本差异额的固定转账分录为：

借：生产成本
　　制造费用
　　管理费用
　　委托加工材料
　　销售成本(或发出商品)
　贷：材料成本差异

如果实际成本小于计划成本的差异用红字，电算化固定转账分录则用相反的分录表示，即用"—"表示。

三、材料的库存

材料总分类账的月末余额反映月末库存材料的计划成本。根据企业的特点和核算的需要，一般可按材料的保管地点(仓库)，材料的类别、品种和规格，设置明细账或材料卡片。材料明细账根据收、发料凭证逐笔登记，结出余额。一个企业至少应有一套有数量和金额(计划价)的材料明细账。这套明细账可以由财务部门登记，也可以由材料收发部门登记。现行习惯一般是由仓库管理人员登记，供应科汇总，财务科核算。

关于材料核算的手工作业事务流程见图表 9-1。

图表 9-1

材料事务处理流程图

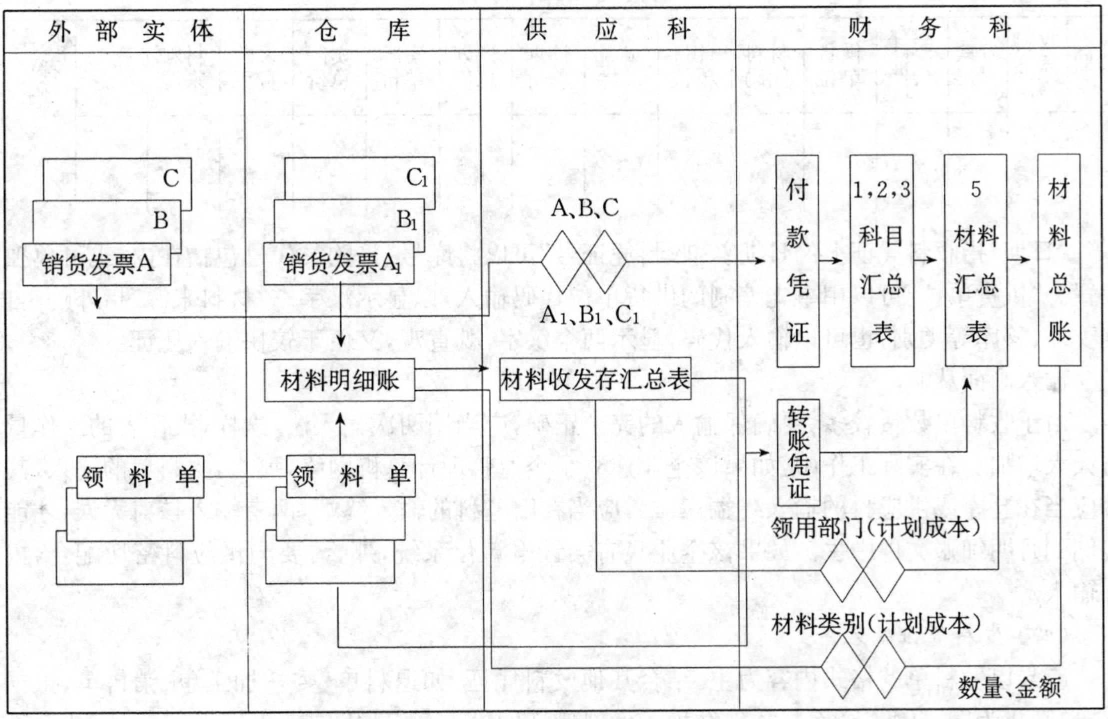

第二节　材料核算的会计数据流程描述

材料核算的计算机处理，可以按照数据输入、数据处理、数据输出三个步骤来具体描述会计数据流程。

一、数据输入

材料核算模块需输入的凭证种类较多，因此，不可能也不必要将每一类凭证都设计一种输入画面和一种文件格式。经过分析归类，一般只要设置四个输入临时文件和四种输入画面即可。

（一）对应科目为现金、银行存款的收、付款凭证的输入画面及文件

我们在前面已经介绍过，只要每隔一定时间（如每天），将有关数据转储到数据处理文件中去，就完成其使命了。

（二）转账凭证输入

凡是在手工作业状况分析中提及的固定转账分录，在数据处理后，可以自动生成。考虑到材料核算中可能有极少的业务事项不包括在上述固定转账分录之内，因此，需设计这一入口，其输入画面与文件格式，只要将收、付款凭证的画面与格式稍作修改即可。

（三）收料凭证输入

应当以收料单格式内容为主，结合其他收料凭证如自制材料交库单、委托加工入库单、材料移库单等），简化为同一输入画面与文件结构。文件结构如图表 9-2。

图表 9-2

收料凭证文件结构

日期	收料凭证号	发票号	会计凭证号	供货单位	材料代码	计量单位	数量	计划单价	计划总价	实际单价	实际总价	采购费用	材料来源	登账标志	操作者代码

“日期”指收料凭证上的日期。“收料凭证号”可以将库号、采购员代号包括在内，也可单独设置。“供货单位”可以用事先编制的供货单位代码输入，以显示汉字。“材料来源”指外购、自制委外、移库等类别，也可以输入代码，显示两个汉字，既直观，又便于较快输入凭证。

输入画面从略。

由于收料单数量较多，要确保输入的完全正确，应当用两次输入法，这样，操作者的工作量将大大增加。在实际工作中，如果该企业建立了企业管理计算机网络，那么，收料单的输入，其一应当在仓库或供应科的输入终端；其二，应当在财务科的输入终端，两者输入核对无误，才能转储到月明细账文件中去。如果该企业只有会计电算化系统，那么，要与供应科密切配合，搞好输入。

（四）发料凭证输入

应当以发料单的格式内容为主，结合其他发料凭证，如退料单、委托加工单、销售单、报损单等，简化为同一输入画面与文件结构。发料凭证的输入画面如图表 9-3。

图表 9-3

发料凭证输入画面格式

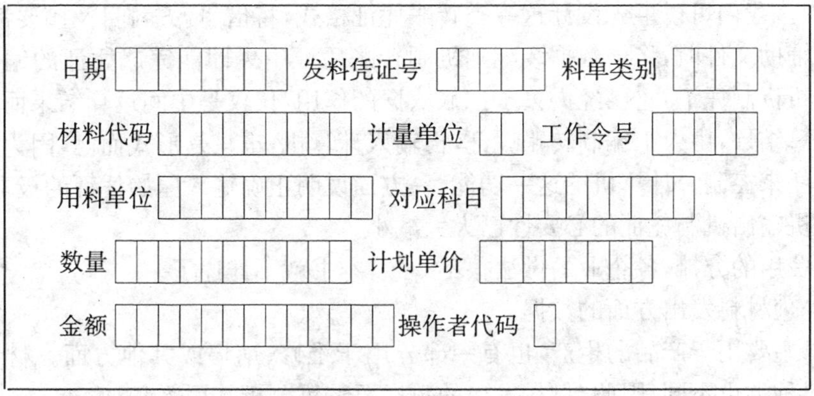

图表 9-3 画面中，“料单类别”是指领料、退料、委托加工、销售等凭证，可键入代码，显示汉字，“工作令号”可不设，或用产品号代替，“对应科目”指借方科目，如输入的对应科目为“生产成本”，遇有退料，会计分录则为借：原材料，贷：生产成本。

发料凭证的文件结构可以参照上述画面设置。

二、数据处理

数据处理的主要工作是对输入的数据加以归类、计算、存储，形成完整的材料收、发、存明细主文件，为成本核算提供材料耗用的正确资料。

首先，要处理材料收入方面的数据。

材料收入一般是通过“材料采购”科目来核算的。我们在程序设计时，可以模拟手工作业的抽单法。假定收料单有红、绿两联，红联反映仓库已经收料，绿联反映料款已经支出。红、绿两联俱在，表示该笔业务结清，可以转入“材料”科目。月终，只有红联，没有绿联，表示材料已收到货款未付，该笔业务应转“应付账款”科目；只有绿联，没有红联，表示料款已付而材料未收，该笔业务应转“在途材料”科目（如不设“在途材料”科目，反映为“材料采购”借方余额也可）。

在“收料凭证文件”中，有两个字段名可以分别表示“红联”与“绿联”。字段名：收料凭证号（即入库号）表示该材料已收到库——“红联”；字段名：会计凭证号，表示料款已支付——“绿联”。假定第一次输入凭证为“红联”，第二次输入为“绿联”，程序一方面对各字段名逐一校核，发现有错，即提示操作者修改或重新输入，一方面判别：凡是校核通过，并有“收料凭证号”与“会计凭证号”，就将此凭证数据抽出，转储到材料收、发、存明细主文件中去；凡是只有“收料凭证号”而无“会计凭证号”的，就将此凭证数据抽出，转储到“应付账款”辅助文件中去；凡是只有“会计凭证号”而无“收料凭证号”的，就将此凭证数据抽出，转储到“在途材料”辅助文件中去。当然，这一材料来源要有“外购”为标志。与此同时，还要进行材料价格差异的计算，同样将计算结果转记到“材料价格差异”科目，并在“借/贷”栏内填“借”或“贷”。

至此，我们通过两次输入，既达到了数据校验的目的，又从收料凭证文件中产生了材料主文件的一部分数据与“应付账款”、“在途材料”、“材料价格差异”三个辅助文件。

需要指出的是，收料凭证文件是日临时变动文件，每天凭证输入核对完毕，就应将该文件数据转储到月文件中去，由于该月文件积累的是原始数据，输入不易，故应每天复制存放到软磁盘中，以免数据丢失。同时将校核后的记录随即转储到上述三个辅助文件中去，并在“登账标志”上作标识符——“*”，以免重复登账。

由于这些数据的转账业务都是固定的，月终就不必将这些数据打印出来由人工作会计分录，再输入机内。我们可以事先设计这一类转账凭证格式，将借、贷方科目及摘要都编就，只要在转储到某一辅助文件时，将该数据装配到机制转账凭证中去即能完成凭证的编制。从现行会计制度来分析机制凭证，它已经失去了记账依据的作用，仅仅是中间运算结果而已。如果根据这一中间运算结果，由人工编制转账凭证，再输入计算机，也只是形式而已，因为数据的运算已经完全由程序来控制。计算机的这一功能，一方面说明正确输入原始凭证的极端重要；一方面也说明打印机输出机制凭证的必要性已大大减小。

关于采购费用的分摊，各企业的做法很不一致，本书就不详述了。

其次，要处理材料发出方面的数据。

材料发出，主要用于产品的生产，也有一部分用于维修、销售或其他方面。材料的用途不同，领用的材料种类也不同，因此，材料发出的数据要着重分析其用途和种类。

材料管理部门对发出的材料，一般以计划价格记账，而财务部门则要根据实际价格计算成本和其他费用，因此，需要将发出材料分摊材料成本差异。程序设计时，要在深入研究该企业材料计价方法及科目设置的情况下才能进行，不能照搬照套教科书的做法或其他企业的程序。当然，在条件成熟的行业，用同一程序来统一材料核算还是可行的。

材料发出核算程序的第一步，先要把发料凭证日临时文件转储到月文件中去，作为原始数据存放在软磁盘。第二步，按材料种类(代码)归类，按领用材料单(部门)和工作令号(或产品号)归类，计算该单位(部门)领用材料的数量、金额，产生机制转账凭证；同时，将领用材料的数据与“材料成本差异”科目数据合并为一个“材料成本差异分摊文件”，计算出领用材料的实际成本，产生有关机制转账凭证，并按此转账凭证的“借”、“贷”指向，登录有关明细账。

程序调试时，可以在材料发出过程的程序中，设计三个文件：① 材料发出凭证月文件，这是按凭证输入顺序排列的原始文件，结构基本同日文件；② 发出材料汇总文件，这是按材料种类排序的文件；③ 领用材料汇总文件，这是按领用部门或工作令号(产品号)排序的文件。文件设置多，可以将有关数据分类存放，相互牵制较小，调试的成功率相对来说就大。输出打印时，因不必重新抽出数据组合输出文件，机器响应的速度就快。

对于其他发出材料中的核算，如销售发出、委托加工发出、退料、报损等，可视企业业务量的大小再决定是否要单独设置有关文件。就一般情况来说，业务量小的企业，不必单独设置，只要在材料主文件结构中设计这些数据项就可以了，否则会使数据冗余。

最后，要处理材料结存方面的数据。

但是，要使库存材料的信息与生产管理紧密联系，避免停工待料或过多占用资金，就要对库存材料进行分析，在设计材料主文件时，也要考虑如何及时、方便地向有关部门提供分析资料。

综上所述，经过收、发、存的详细分析、描述，我们就能设计出一个比较完整的材料主文件。其文件结构如图表 9-4(假定该文件命名为 ClZ. DBF)。

这一文件结构是以每一材料代码为主关键字建立的。如果在材料代码的编制中，能将材料的规格型号包括在内，则不必再列规格型号这一字段名，否则，还需单独列出。“材料来源”即指外购、自制等项，要使分类更清晰，最好能详细列出。“发料类别”指领料、退料、委托加工、销售等项，这些类别也有必要详细列出。

图表 9-4

材料主文件结构

材料代码	仓库号	计量单位	计划单价	最高库存量	最低库存量	期初数量	期初金额	收入数量	实际单价	实际收入金额	计划收入金额	材料来源	发出数量	发出金额	发料类别	期末数量	期末金额	报警数量

材料主文件的数据按信息变更的频率可分为两类：一类是相对固定数据，如材料代码、仓库号、计量单位、计划单价、计划最高库存量、计划最低库存量，一般年初更新一次即可；一类是变动数据，如期初数量、期初金额等等，需每月用其他月文件数据来更新。

这一主文件的建立，就构成了材料核算的基本数据。它既能为管理子系统提供较详尽的统计分析资料，又能为本模块提供查询、打印有关数据、报表、账页服务。因为关系式数据库文件可以很方便地被抽出其中某些数据项，建立新的数据文件，或生成新的报表、账页。例如，企业的仓库账，一般只记录材料的收、发、存数量，而不记金额，我们只需从材料主文件中抽出这些相关数据，加以组合，就能构成仓库账。又例如，材料的总分类账，既不记材料的种类，也不记材料的数量，只记录材料的收、发、存金额，我们同样可以形成材料总账的文件，等等。

三、数据输出

由于在数据处理过程中，已经考虑了数据输出的要求，所以，数据输出程序设计的主要任务就是根据用户对材料核算的需要输出各账页、表式。

(一) 账页的设计

在设计材料收、发、存有关账户的账页时，应在程序中增加一段判断语句，特别是没有电算化的物资子系统，而财务子系统又不设立材料明细核算的企业，更要考虑这一问题。就是说，在输入现金、银行存款、付款凭证时，凡是与材料有关的科目，就要求输入画面显示该科目的特殊要求。明细账户的账页应根据具体要求设计，以适应核算及输出格式的需要，至少应能存放数量、计划价等项目。

(二) 表式的设计

一般地说，设计了下列表式，就能满足用户的需要。

(1) 材料明细表，图表 9-5。

(2) 仓库明细账，全部以数量为核算单位，其主要栏目有：总页、分页、材料代码、仓库号、计量单位、本期收入累计、本期发出累计、期末结存。

(3) 库存超限表，其主要栏目有：材料代码、仓库号、计量单位、计划单价、期末结存数量、期末结存金额、最高库存量、最高储备资金(计划单价×最高库存量)、最低库存量、最低储备资金(计划单价×最低库存量)、报警数量、报警资金。

(4) 材料收入汇总表，其表式参见图表 9-6。

(5) 材料发出汇总表，现以辅助材料为例，其表式参见图表 9-7。

其他一些表式，如在途材料明细表、应付账款明细表、材料采购明细表、材料价格差异明细表、材料合同订交表、领用材料分配表(以实际价格计入生产成本)等，都可以从数据输入、数据处理中设计的一些文件里，抽出数据，产生这些表式。

图表 9-5

材 料 明 细 表

材料代码	仓库号	计量单位	计划单价	最高库存量	最低库存量	期初数量	期初金额	收入数量	实际单价
112003008	01	T	300.00	100 000	20 000	40	12 000.00	200	305.00
112004008	01	T	350.00	200 000	50 000	70	24 500.00	400	365.00
112005002	02	K	15.50	500 000	100 000	300	4 650.00	1 000	14.90
112005004	02	K	18.30	500 000	100 000	350	6 405.00	1 500	19.00
112006002	03	M	1.20	1 000 000	200 000	600	720.00	500	1.10
112006004	03	M	1.60	1 000 000	200 000	450	720.00	700	1.75

材料代码	实际收入金额	计划收入金额	材料来源	发出数量	发出金额	发料类别	期末数量	期末金额	报警数量
112003008	61 000.00	60 000.00	购入	230	69 000.00	领用	10	3 000.00	−10
112004008	14 600.00	140 000.00	购入	250	87 500.00	委外	220	77 000.00	+20
112005002	14 900.00	15 500.00	购入	1 200	18 600.00	领用	100	1 550.00	
112005004	28 500.00	27 450.00	购入	1 600	29 280.00	领用	250	4 575.00	
112006002	550.00	600.00	购入	1 000	1 200.00	销售	100	120.00	−100
112006004	1 225.00	1 120.00	购入	950	1 520.00	领用	200	320.00	

注：上表假设一种材料仅有一种材料来源，一种发料类别。而实际情况并不如此，会有多种材料来源与发料类别。那么，就应当按不同的材料来源分别设立不同的记录，并各设一小计数，或一种材料用一个标题。

图表 9-6

材料收入汇总表

应借科目 / 应贷科目		原料及主要材料				辅助材料				合计
		001 类	002 类	……	小计	01 类	02 类	……	小计	
材料采购										
委托加工材料										
自制材料	生产成本									
	制造费用									
退料	生产成本									
	制造费用									
收入总计										

图表 9-7

辅助材料发出汇总表

应贷科目 \ 应借科目			行次	生产成本	制造费用	管理费用	合计	辅助材料	委托加工材料	待摊费用	其他应收款	待处理财产损益	在建工程	销售成本				总计
列次			0	1	2	3	4	5	6	7	8	9	10	11	12	13	14	15
辅助材料	计划价格	001 包装料	1															
		002 浆料	2															
		003 燃料	3															
		004	4															
		005	5															
	006 机物料	001 机料	6															
		002 物料	7															
		003 低值易耗品	8															
		004 劳防用品	9															
		小　计	10															
	废料	领　用	11															
		交　库	12															
		合　计	13															
	±价格差异	包装料	14															
		浆料	15															
		燃料	16															
		机物料	17															
实际价格合计			18															
待摊费用			19															
总　计			20															

通过这一过程的分析，对于为什么程序设计时，要先从输出分析着手，而不是从输入着手，就有了更进一步的理解。

还有一种程序设计方式也是可取的，那就是根据用户原先设计的表式或系统设计人员经过调查研究后设计的表式（假设为图表 9-7），操作者只需事先将有关凭证分类合计后，输入到相应的空格内，即能自动产生机制转账凭证又可将有关数据登录（转记）到相应的账户中去。例如，将包装料按领用部门分类，然后将数据输入到第一行相对应的列次中去，就能产生借：×××科目，贷：辅助材料——包装料的转账分录。这种表式既是输入画面（显示屏上只可能显示部门表式），又是输出格式，比较直观、方便。如果物资管理部门目前仍然是人工汇总数据报财务部门，那么这一输入输出方式便可直接被运用；如果物资管理部门也实现了电算化，那么，在其收、发料凭证上就添加“对方科目”栏目，并使收、发料人员了解科目相对应的实际意义，从而使得在填制收、发料凭证时就可编码。这一表式仍可作为输出之用，所需数据可以通过程序先计算累加，后根据凭证的借贷指向转记到表式的相应栏目中去。

图表 9-8 是材料核算的数据流程图。

图表 9-8

材料核算数据流程图

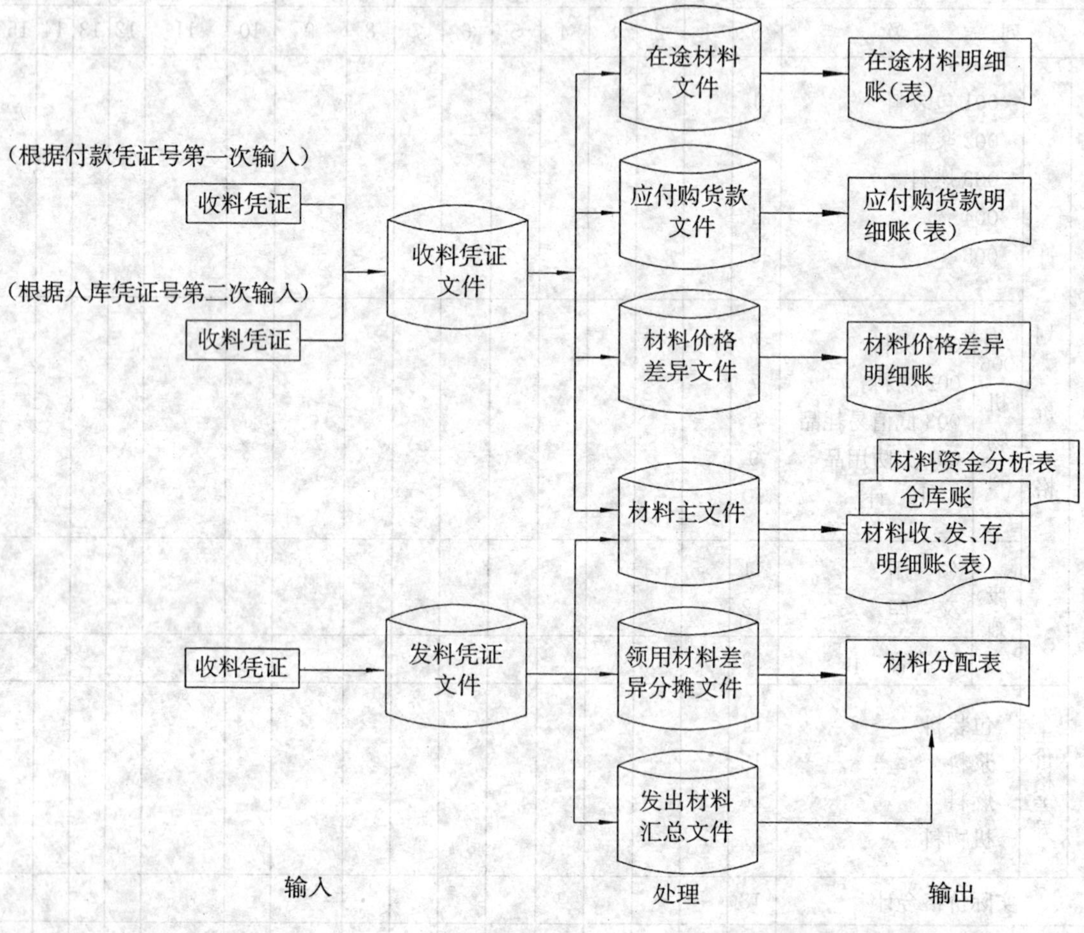

第三节　材料核算的功能模块及程序框图

材料核算的各项数据处理是通过功能模块及由此而设计的程序来实现的。在"会计电算化总体结构图"中，材料核算是业务核算中的一个子模块。而实际设计时，我们仍然将材料核算列作一个子系统模块，凭证输入与打印模块虽然是业务核算模块中的公共模块，在此，我们也要具体设计，作为主控模块中的一个子模块。

图表 9-9 是材料核算总功能模块图。

依照材料核算总功能模块图，我们还可以逐步细化，画出各子模块功能图及程序框图。

一、输入子模块

输入子模块应由以下一些程序段组成：凭证输入程序、校验程序、修改程序。其模块结构图见图表 9-10。

图表 9-9

材料核算总功能模块

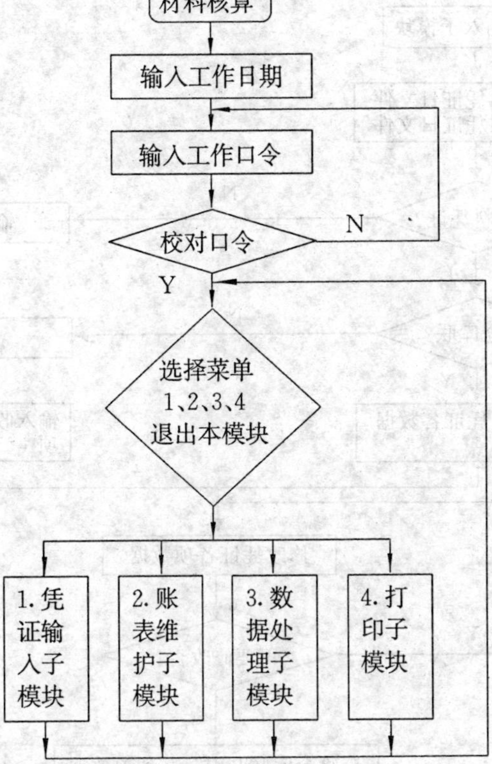

图表 9-10

料单输入子模块结构图

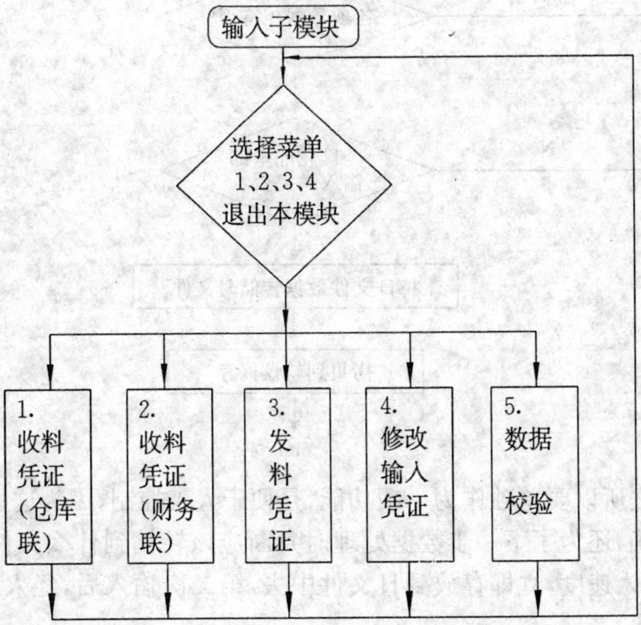

图表 9-11 是根据料单输入子模块结构图设计的程序框图。

图表 9-11

料单输入程序框图

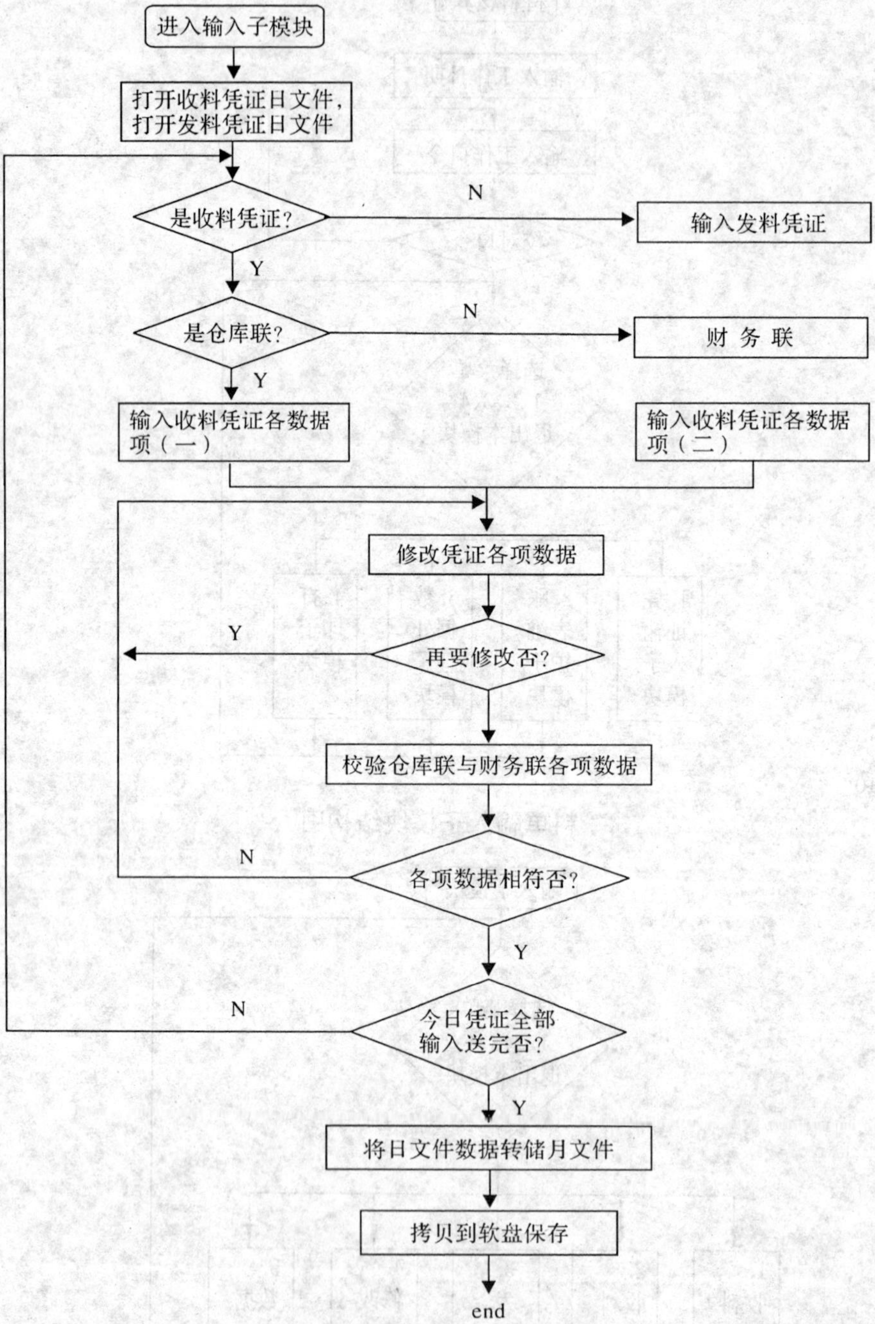

这里的数据校验之所以要单独作为一项功能，是便于人工控制，因为这里的校验不仅仅是为了验证输入是否正确，还为了下一步数据处理时判断应该转储到什么文件中去。当一批凭证输入时，为了加快输入速度，立即存放到日文件中去，第二次输入后，经人工干预（按校验代码键），才进入校验程序。

二、账表维护子模块

账表维护子模块主要任务有两个：一是要做初始化工作，及时更新，清理旧数据，为存储新数据做准备；二是适应业务变化的要求，增删、修改有关项目、数据（如计划单价、库存储备量等）。其模块结构图如图表 9-12。

图表 9-12

账表维护子模块结构图

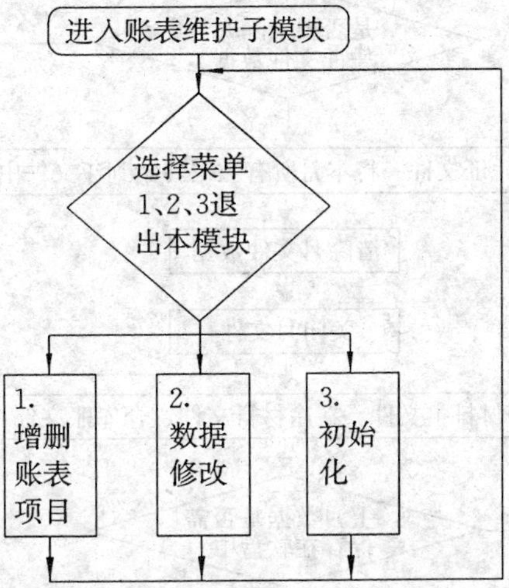

如果需要增删、修改科目名、科目号（包括材料代码），应当在账务处理子系统内完成，本模块不予进入，否则会发生混乱。

至于需要增删、修改某个数据项名称，或修改某项数据，一般也应当在月初进行，因为一旦凭证输入，再增删、修改，那么前后的数据项不同，数据不同，一条一条数据增删、修改十分麻烦。

初始化工作可视不同月份在每月初的 1 日或 2、3 日进行。材料核算中的各种账文件及表式，都有"月初结存"、"本月收入累计"、"本月发出累计"、"本月结存"等项目。因此，月初先要计算本月结存数，转入到本月份的账、表文件的"月初结存"项里去，再将收、发、存各项清零，以便接收新的数据与重新运算，然后将收、发料凭证月文件清零（储存于软盘的仍保留）。凭证日文件在转储到月文件的同时清零，不在初始化之列。

维护模块的程序独立性较强，故程序框图可以分别设计，编程也可分别进行。图表 9-13 是初始化程序框图。

账表项目增删与数据修改可以设计在一段程序中，使用时，可分别调用。图表 9-14 是其程序框图。

在程序设计时须特别小心的是：(1) 该程序提供修改的项目是指定的，而不是任意的；在文件中，属于固定性质的，而不是经常变更的。真正可以修改数据的入口只有一处，那就是还没有转储到月文件前的凭证日文件。(2) 数据文件的增、删、改，一定要建立专门操作记录。

三、数据处理子模块

数据处理子模块主要是对存储到凭证文件中的记录进行分类计算，登录各账户，并进行材料的分配，库存数量和资金的分析。分析可在本模块完成，在管理子系统调用，其他各类核算均可采用这一编排方式，将计算结果存储到管理子系统中去。图表 9-15 是数据处理子模块

图表 9-13

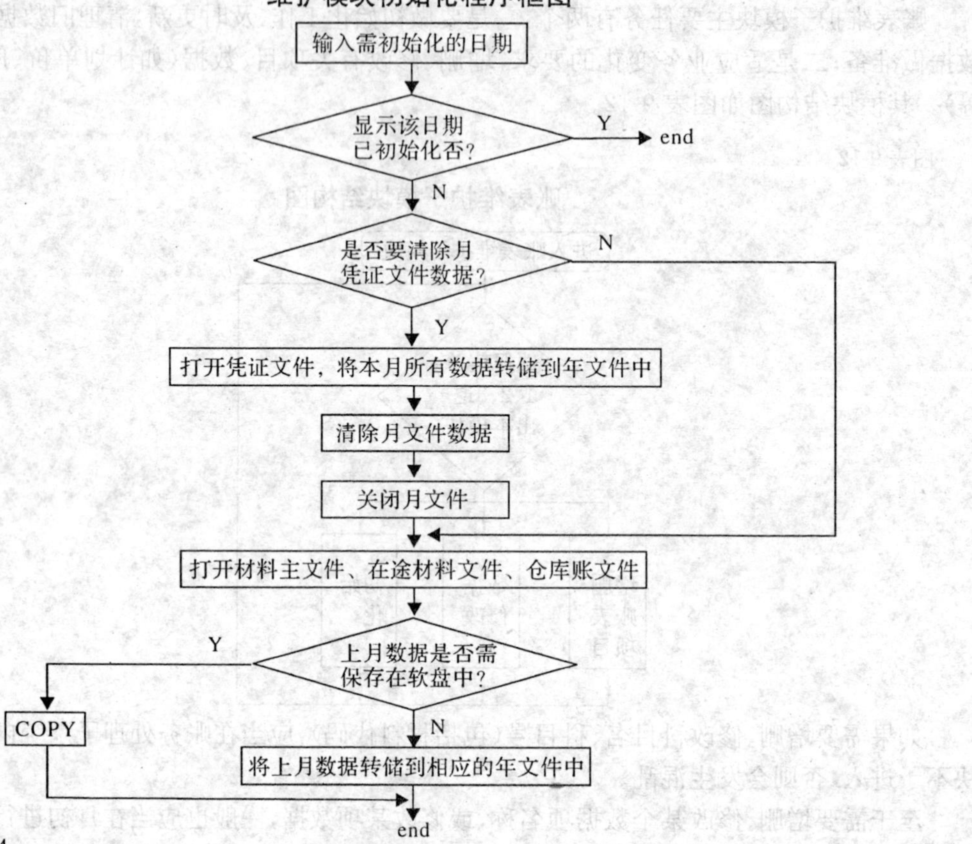
维护模块初始化程序框图
输入需初始化的日期
显示该日期
已初始化否?
Y
end
N
是否要清除月
凭证文件数据?
N
Y
打开凭证文件，将本月所有数据转储到年文件中
清除月文件数据
关闭月文件
打开材料主文件、在途材料文件、仓库账文件
Y
上月数据是否需
保存在软盘中?
COPY
N
将上月数据转储到相应的年文件中
end

图表 9-14

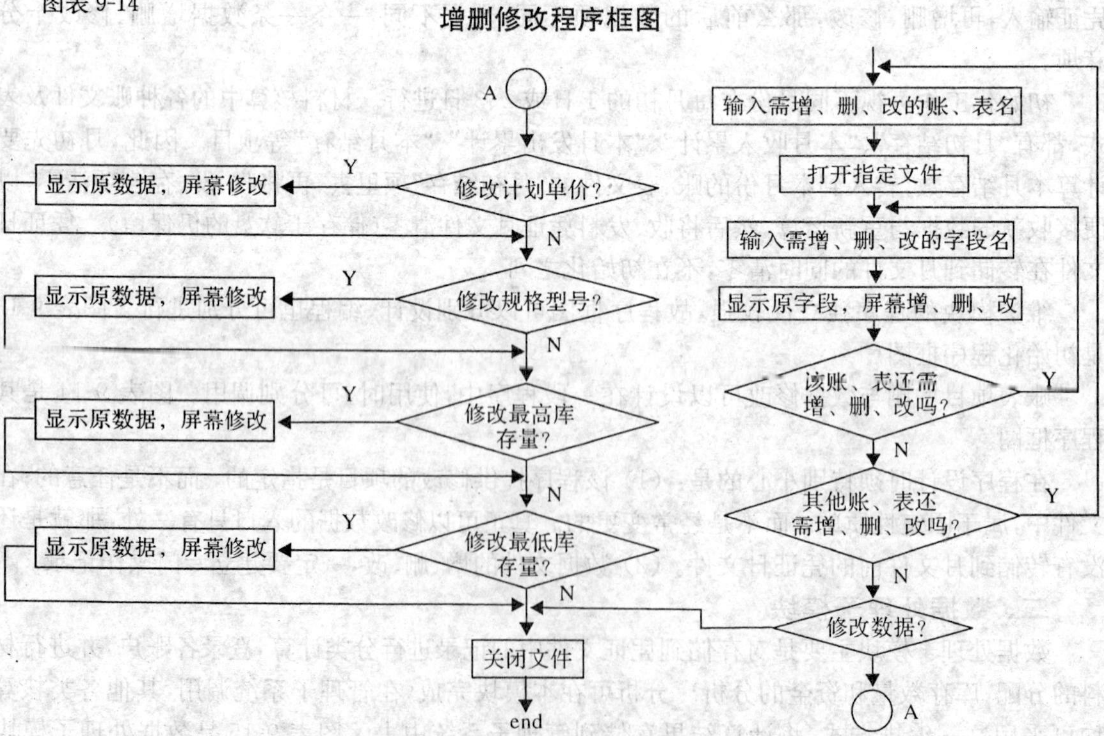
增删修改程序框图
A
显示原数据，屏幕修改
Y
修改计划单价?
N
显示原数据，屏幕修改
Y
修改规格型号?
N
显示原数据，屏幕修改
Y
修改最高库
存量?
N
显示原数据，屏幕修改
Y
修改最低库
存量?
N
关闭文件
end
输入需增、删、改的账、表名
打开指定文件
输入需增、删、改的字段名
显示原字段，屏幕增、删、改
该账、表还需
增、删、改吗?
Y
N
其他账、表还
需增、删、改吗?
Y
N
修改数据?
A

图表 9-15

数据处理子模块结构图

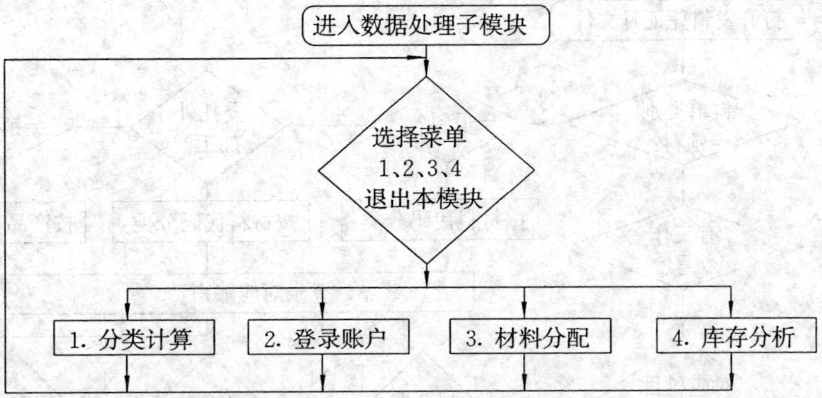

结构图。图表 9-16 是数据处理程序框图之一;图表 9-17 是数据处理程序框图之二;图表 9-18 是数据处理程序框图之三。

图表 9-16

数据处理程序框图之一

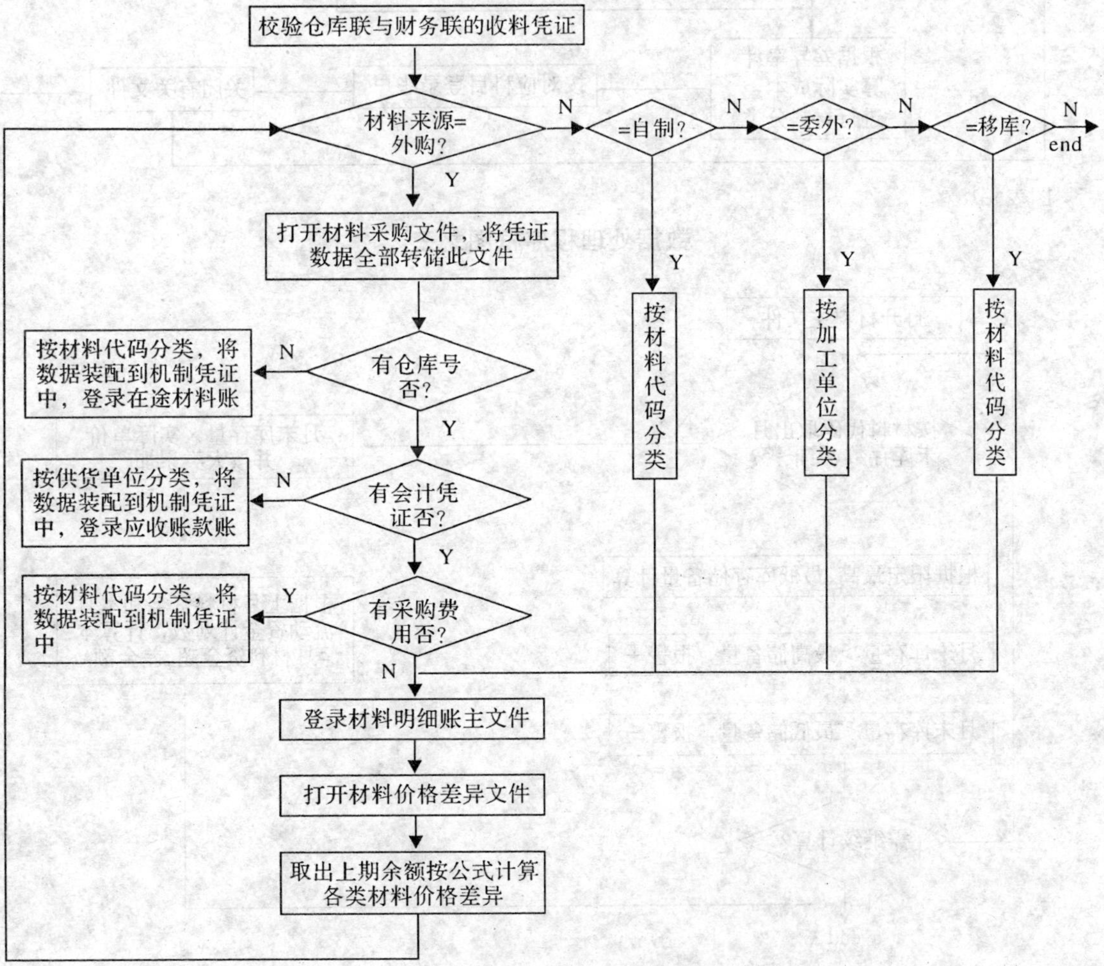

图表 9-17

数据处理程序框图之二

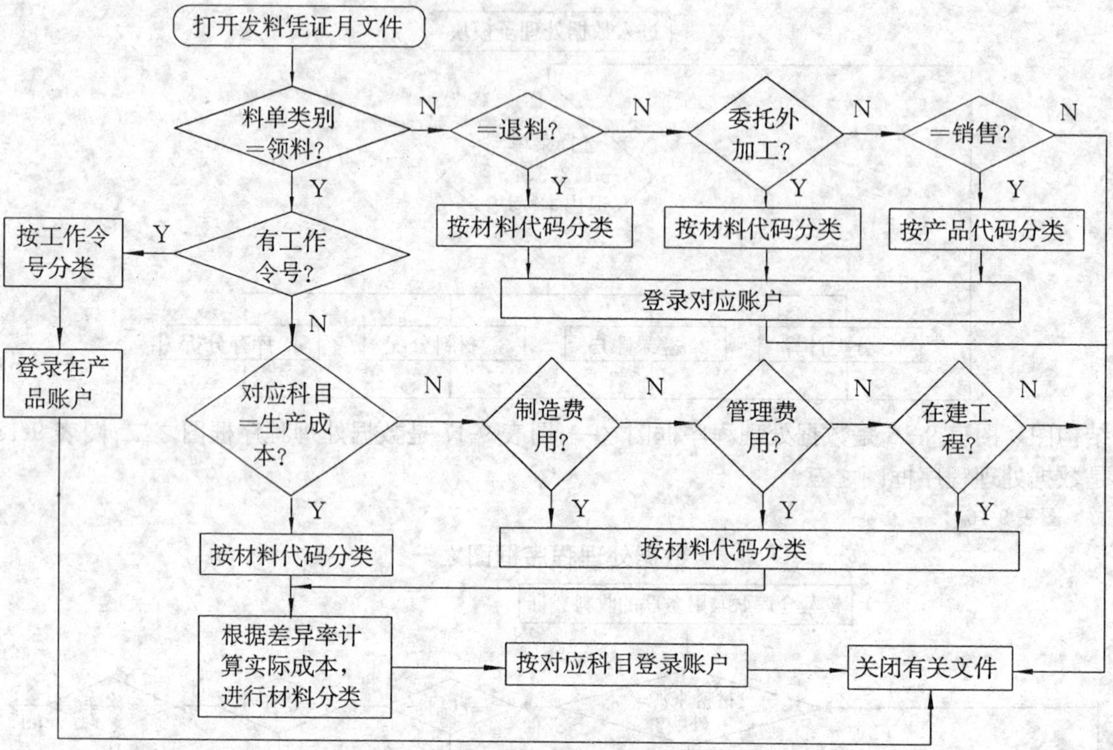

图表 9-18

数据处理程序框图之三

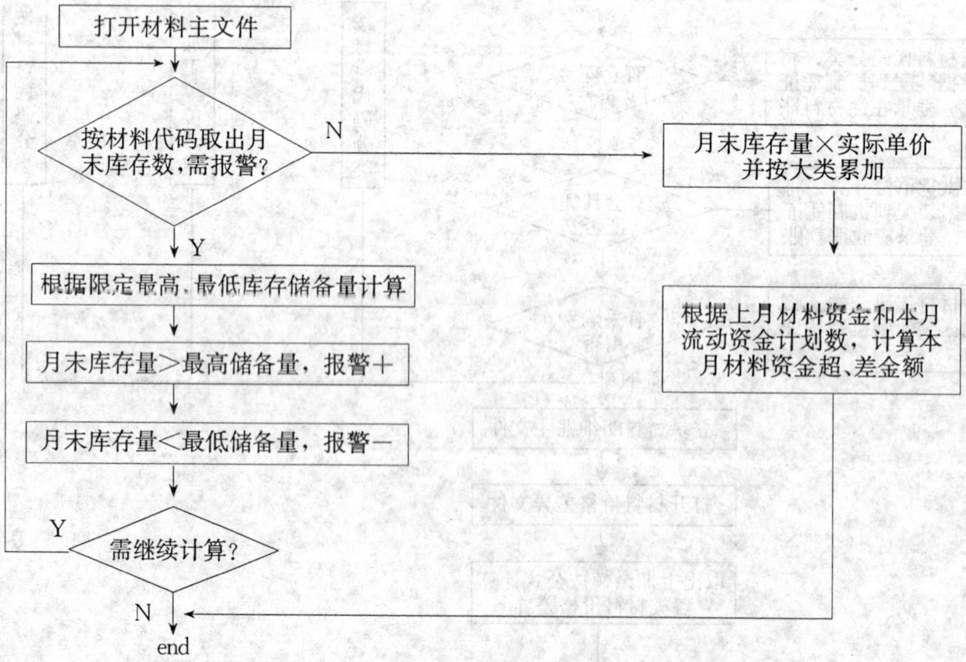

如果需要按大类计算，那么，可以输入个别大类的代码，而不需要输入全部代码。

四、打印子模块

材料核算需输出打印的账表较多，不必要也不可能将所有的存储内容都打印出来。因此，要与用户协商，对于汇总类型的账表，可以设计打印格式，每月打印；对于明细类型的账表，只要提供屏幕查询即可。

需要设计的账表有：各类总分类账、材料收入汇总表、材料分配表、库存资金分析表等。某些企业在途材料较多，应付购货款往来频繁，也可以设计这些表式以满足用户管理上的需要。总之，应根据实际情况而定。

打印输出模块结构图见图表 9-19。

图表 9-19

打印子模块结构图

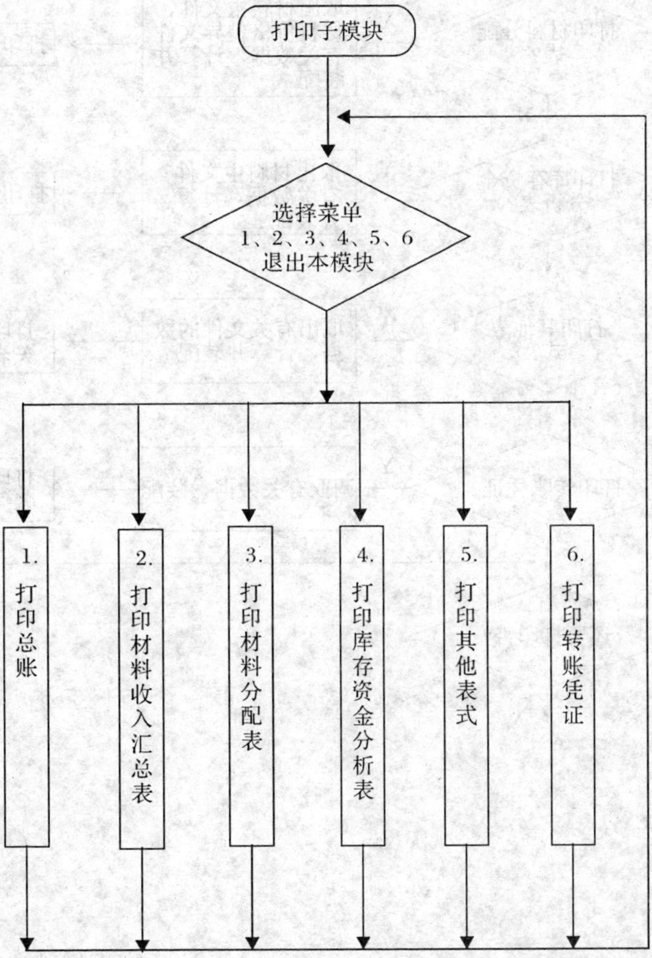

打印输出的程序框图，应当有一个总体安排，即把所有需要打印的转账凭证、账、表等，统统放在此模块，利用一定的语句，将它们联结起来。实际打印时，通过键盘，输入打印控制代码（1，2，3，4，5，6），调用这些模块，就比较灵活方便。图表 9-20 是打印程序框图。

图表 9-20

打印程序框图

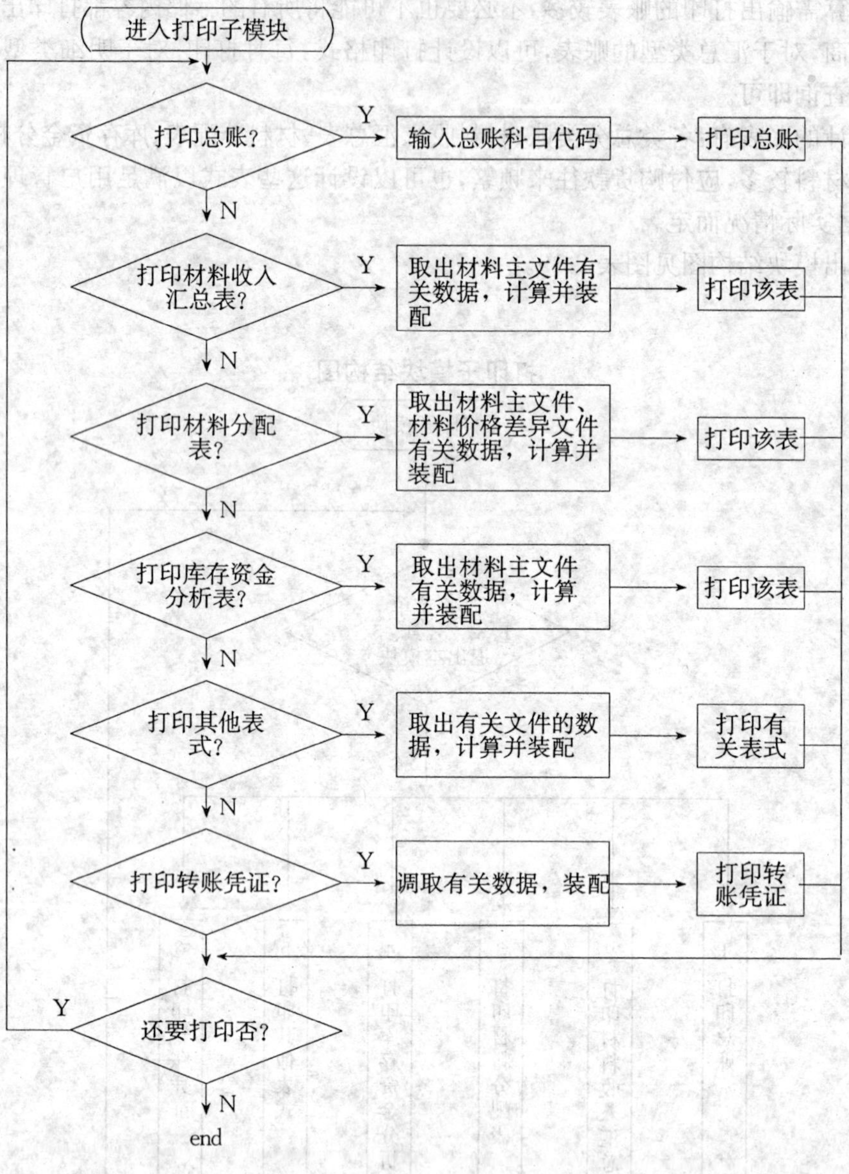

第十章　工资子系统设计

工资子系统解决工资的计算、汇总以及根据工资总额按照一定比例提取的经费。

第一节　工资核算作业状况的分析

一、数据来源的分析

(一)'工资单'计算方法

实发金额＝应发金额－代扣款项

应发金额＝基本工资＋各种工资性质的津贴＋其他补贴＋奖金－缺勤工资

代扣款项＝储蓄＋借款归还＋工会会费＋水、电、房租费＋养老、公积金等

(二)数据来源和数据分类(见图表 10-1)

图表 10-1

数据来源和数据分类(按'变动频率'分类)

数据来源	数据分类	
	固定、半固定数据	变动数据
人事部门(人员调动)	工号(或工作证号)	
	姓名	
	部门	
	基本工资	
	副食品补贴	
	独生子女费	
	养老保险金	
	公积金	
总务部门	车贴	
	住宿费	
		伙食费
		托儿费
工会	储蓄	
	工会会费	
		互助金借款
劳动部门(考核统计)		考勤工资扣款
所在部门(产质量统计)		奖金
房管处(房租费统计)	房租费	
水电公司(水电费统计)		水电费

(三)说明

属于固定、半固定数据类的,变动性小;属于变动数据类的,几乎每月有变动,但具体对某一职工来说,有些数据可能发生,可能不发生(例:扣互助金借款),或者某一数据发生大小变化(例:伙食费扣款),在设计时,对变动数据也要不同对待。

应注意数据共享和转换,在对数据的输入(提供数据来源的部门,见图表 10-1)和输出(需要工资子系统提供数据的部门)设计时,都要做好相应的接口,使数据能够正确、及时地进行传输。

二、工资费用分配的分析

在算好职工的工资后，应按部门汇总各项数据，而工资费用的分配则根据应发金额的各项汇总数据进行。

直接形成产品成本中的工资成本，可有两种方法处理：一种是按产品类别归集工资成本，需生产部门提供各类产品的产量、工时，再按比例分配工资费用；另一种是按产品生产车间归集工资成本，按有关产品生产车间直接汇总工资费用。无论用哪种方法，其对应的会计科目是'生产成本'。

凡不直接形成产品成本中的工资成本，即为间接费用。其中车间管理人员工资对应的会计科目是'制造费用'，行政管理部门人员工资对应的会计科目是'管理费用'。

对于不能列入成本的工资费用，在各项数据汇总时也应分别列开。例：医务福利部门人员工资应由'应付福利费'列支；专职工会工作人员工资应由'工会经费'列支，等等。

应发金额的项目不仅包括基本工资，可能还包括浮动工资、副食品津贴等，应根据规定决定其对应科目。

工资费用分配的固定转账分录如下：

借：生产成本

制造费用

管理费用

应付福利费

贷：应付工资

确定工资费用之后，按一定比例计提职工福利基金的金额也可确定，其固定转账分录如下：

借：生产成本

制造费用

管理费用

贷：应付福利费

三、工资核算事务处理流程图(见图表 10-2)

图表 10-2

工资核算事务处理流程图

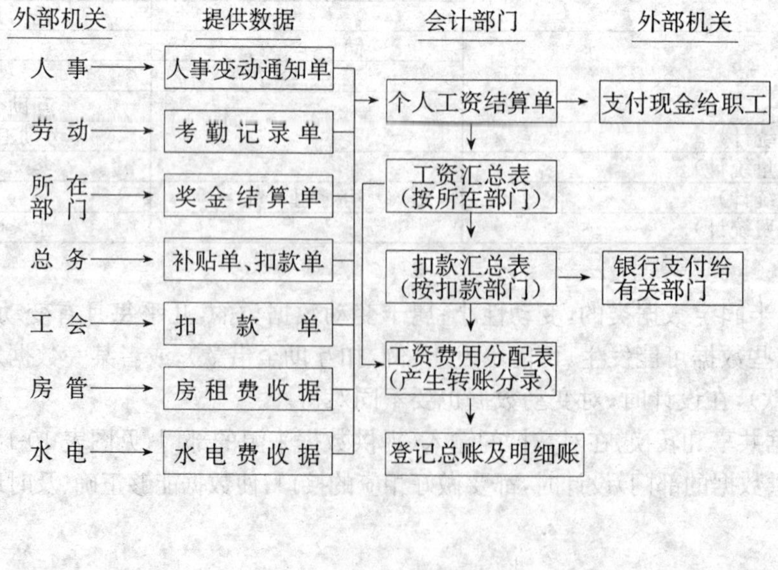

第二节　工资核算的会计数据流程描述

可按数据输入、数据处理、数据输出三个步骤来描述工资核算子系统(模块)的信息流程。参考图表 10-2 工资核算事务处理流程图,可画出‘工资核算信息处理流程图’,见图表 10-3。

图表 10-3

工资核算信息处理流程图

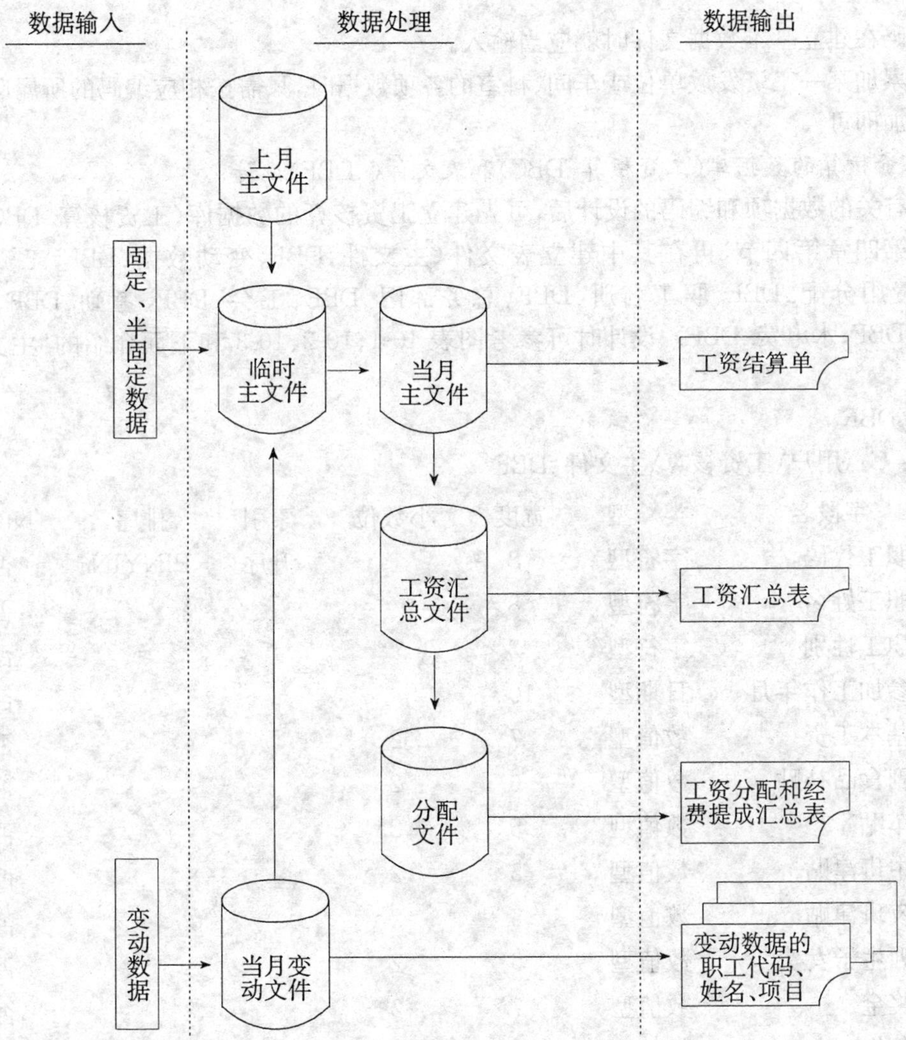

一、数据输入

(一) 代码设计

工资单计算后,要根据工资单发放工资,还要根据工资汇总表中的部门累计数进行工资费用的分配。因此,为了输入、查询的方便与工资分配的需要,应当对职工的代码进行合理编码。可以沿用企业原来的工号或工作证号,然后在其前面增加所在部门的编码。当某一职工从这个部门调到另一部门时,不必改动其原来工号或工作证号,只要改动部门代码,其余数据也不必改动。这样,工号或工作证号就有唯一性了。

例 某企业有二十个部门,五千名职工,其代码如下:

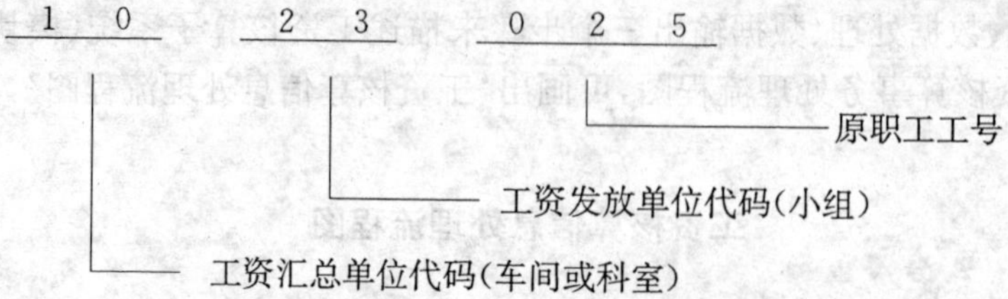

上列代码在建立基本数据文件时就应当输入。

当需要累加某一工资发放单位或车间、科室的各项数据时,只需按相应编码的所属职工有关数据项相加即可。

(二) 工资核算的数据库(工资核算.DBC)和表文件(.DBF)设计

在做了有关的数据项和编码的设计后,可先建立工资核算的数据库(工资核算.DBC),设计时可参考第四章第四节,再在其中建立表文件(主文件.DBF、变动数据.DBF、工资汇总.DBF、工资费用分配.DBF、职工名册.DBF、总务部门.DBF、工会.DBF、考勤.DBF、奖金.DBF、房租.DBF、水电费.DBF),设计时可参考图表 10-1、10-2、10-3 和下面介绍的'主文件.DBF'。

主文件.DBF

表结构: C:\用户\工资核算\主文件.DBF

字段	字段名	类　型	宽度	小数位	索引	排序	Nulls
1	职工代码	字符型	8		升序	PINYIN	否
2	职工姓名	字符型	8				否
3	职工性别	字符型	2				否
4	参加工作年月	日期型	10				否
5	基本工资	数值型	7	2			否
6	副食品补贴	数值型	6	2			否
7	车贴	数值型	5	2			否
8	中班津贴	数值型	5	2			否
9	夜班津贴	数值型	5	2			否
10	独生子女费	数值型	5	2			否
11	奖金	数值型	7	2			否
12	备加一	数值型	6	2			否
13	应发金额	数值型	7	2			否
14	事假天数	数值型	5	2			否
15	事假扣款	数值型	5	2			否
16	病假天数	数值型	5	2			否
17	病假扣款	数值型	5	2			否

字段	字段名	类 型	宽度	小数位	索引	排序	Nulls
18	其他假天数	数值型	5	2			否
19	其他假扣款	数值型	5	2			否
20	代扣伙食费	数值型	5	2			否
21	代扣储蓄	数值型	5	2			否
22	代扣房租	数值型	5	2			否
23	代扣水电费	数值型	5	2			否
24	代扣互助金	数值型	5	2			否
25	代扣国库券	数值型	5	2			否
26	备减一	数值型	6	2			否
27	实发金额	数值型	7	2			否
28	工作类别	字符型	4				否

说明:设置'参加工作年月'字段是为了计算'病假扣款'和'工龄工资'的方便。

二、数据处理

数据处理可分为固定、半固定数据处理,变动数据处理,工资费用汇总和分配的处理。

(一) 固定、半固定数据处理

这部分数据(见图表 10-1)一般不改动,例:职工代码的前缀(表示所在部门)、基本工资、固定性津贴、独生子女费、代扣房租等。有的一年只变动一次,例:代扣储蓄。这些数据输入主文件后,每月就不必重新输入。当工资调整、工作部门变化或下次储蓄额变化时才予以修改。修改时,打开主文件,根据有关凭证(通知单),按职工代码逐项修改。

记录的删除和插入处理:主文件是以每个职工的所有数据项为一条记录的,其中'职工代码'是记录中的主关键字。凡是职工调离本企业,只要打开主文件,根据删除命令,输入该职工的代码,该职工的各项数据便从主文件中删除。为慎重起见,应将删除记录打印一份,作为删除依据。同时,要相应减少该职工所在工资发放单位、工资汇总部门及全企业的应发工资人数和有关累计数据。凡是新增加职工,应给该职工编码,再按编码的前缀(例:前四位),插入该职工的全部数据项,同时相应增加该职工所在工资发放单位、工资汇总部门及全企业的应发工资人数和有关累计数据。

(二) 变动数据处理

可先设计一个变动数据处理文件(变动数据 .DBF),其结构的依据是主文件(主文件 .DBF)中的变动数据。例:事假天数,病假天数,中、夜班津贴,代扣伙食费等。注意,仍要把职工代码作为每条记录的主关键字。(结构从略)

由于变动数据来自各方面,且提供的时间不一致,所以不能同时将某个职工的各项变动数据全部输入变动数据处理文件(变动数据 .DBF)。

为减轻操作人员工作量,应注意提供数据部门填写的表格形式的统一,并且在输入变动数据时,所要的职工代码、职工姓名、变动数据项名称由程序统计列出。

可根据上个月的变动数据处理文件(变动数据 .DBF),按数据提供部门(例:工会)将有关数据项归集,再判别有否该职工代码,若有,则逐个打印职工代码和职工姓名(或复制成一个文件,例:工会扣款单 .DBF,见图表 10-4),分送到数据提供部门填写(或输入)。数据提供部门(例:工会)只要按职工代码和职工姓名填写(或输入)有关数据(例:代扣互助金、代扣国库券),

加上新增人员，划掉‘不发生’人员，就可成为当月的输入凭证(例：工会扣款单，参考形式见图表 10-4)，输入到当月的变动数据处理文件(变动数据 .DBF)中去。

当‘变动数据 .DBF’中的新数据全部输入完毕，就形成了完整的当月变动数据处理文件，然后，程序同时打开‘变动数据 .DBF’和‘临时主文件 .DBF’(是由程序用上月主文件 .DBF 复制的)，用‘变动数据 .DBF’中的主关键字‘职工代码’去寻找‘临时主文件 .DBF’中的关键字‘职工代码’，两者相符，将‘变动数据 .DBF’中的各数据项替代‘临时主文件 .DBF’中的各数据项，一个记录更新完毕，再进行下一个，直到结束，再由程序把‘临时主文件 .DBF’改名为‘当月主文件 .DBF’，就完成了工资核算中的‘工资单结算’。

图表 10-4

工会扣款单(对应‘工会扣款单 .DBF’)

1999-09-18

	职工代码	职工姓名	代扣互助金	代扣国库券	备　注
原有	10810058	张三			
	10260181	李四			
	21358117	王五			
新增					
合　计					

(三) 工资费用的汇总

先设置工资费用汇总文件(工资汇总表 .DBF)，用来汇集工资发放单位及工资费用汇总部门的工资费用，因此，要保留主文件中的应发金额、扣款金额、实发金额各数据项，剔除职工个人的一些数据项，如职工代码、姓名、参加工作年月等，而以部门代码作主关键字。工资费用汇总文件可根据具体要求设计。

程序应先汇总工资发放单位的工资费用合计数，然后将一个部门的各工资发放单位合计数累加，得到部门合计数，将各部门合计数累加，就得到企业的工资费用总额。

(四) 工资费用的分配

这里介绍的工资费用分配，以按部门分配为例。如果是按工作类别分配，应在主文件中设‘工作类别’数据项。工资费用分配文件(工资费用分配 .DBF)的结构如下：

工资费用分配 .DBF

表结构：C:\用户\工资核算\工资费用分配 .DBF

字段	字段名	类　型	宽度	小数位	索引	排序	Nulls
1	会计科目	字符型	11				否
2	部门代码	字符型	2		升序	PINYIN	否
3	应付工资	数值型	14	2			否
4	福利费提成	数值型	10	2			否
5	工会经费提成	数值型	10	2			否

工资费用分配文件(工资费用分配 .DBF)既包括了工资费用的分配，也包括了根据工资费用计提的福利经费和工会经费的提成分配。若还有根据工资费用数计提的其他基金，可在此

文件结构中再增加数据项。

由于前面已经汇集了各部门的工资费用，所以此文件(工资费用分配.DBF)的数据可从工资费用汇总文件(工资汇总表.DBF)的相应数据项转存过来，而不必再从主文件中计算取得。有了按部门的汇总工资费用，在分配文件中只要将有关部门的数据相加，归集到相应的会计科目中就得出对应科目的工资费用数，再按一定比例计算出计提的应付福利费数和工会经费数。

在程序中预先已经设计了固定转账凭证格式，那么，根据工资费用分配文件的合计数，就可以输出机制转账凭证，同时，将有关数据按会计科目号分别转存到对应的明细账中去。

三、数据输出

(一) 工资(结算)单

工资单是根据当月的主文件(主文件.DBF)产生的(其中有的数据项不必打印，例‘参加工作年月’)。

(二) 工资汇总表(见图表 10-5)

图表 10-5

工　资　汇　总　表

年　　月

部门代码	部门名称	基本工资	中夜班津贴	副食品补贴	病事假扣款	其他假扣款	奖金	应付工资	代扣款项			车贴	独生子女费	实发金额
									伙食费	储蓄	互助金			
01	铸造车间													
	生产工人													
	管理人员													
02	锻压车间													
	生产工人													
	管理人员													
03	机修车间													
04	厂管理部门													
05	福利部门													
06	长病假人员													
	合　计													

(三) 工资费用分配和经费提成汇总表(见图表 10-6)

图表 10-6

工资费用分配和经费提成汇总表

应贷科目 / 应借科目	应　付　工　资							应付福利费(14%)	其他应付款 工会经费(2%)
	铸造车间	锻压车间	机修车间	厂管理部门	福利部门	长病假人员	合　计		
生产成本									
制造费用 1									

续表

应贷科目 / 应借科目	应付工资							应付福利费（14%）	其他应付款工会经费（2%）
	铸造车间	锻压车间	机修车间	厂管理部门	福利部门	长病假人员	合计		
制造费用2									
管理费用									
应付福利费									
合计									

第三节 工资核算的功能模块及程序框图

工资核算模块是会计电算化系统中业务核算的一个功能模块，但在实际处理时，可把它作为一个主控模块用以控制和调用下属子模块。主控程序可以用菜单方式，当操作人员键入相应的菜单代码时，主控程序就进入到指定的功能模块，各功能模块也可用菜单法设计，当某一菜单执行结束后，或进入下一菜单工作，或返回到本模块，直到退出本系统。

工资核算的主控模块结构图见图表10-7。下面分述各子模块的结构图和程序框图。可根据主控模块和各子模块的结构图，用菜单设计器快速设计一个工资子系统的菜单，供调用。各子模块的程序框图提供了一种方案，可直接使用，也可在此基础上修改加工。

图表10-7

工资核算主控模块结构图

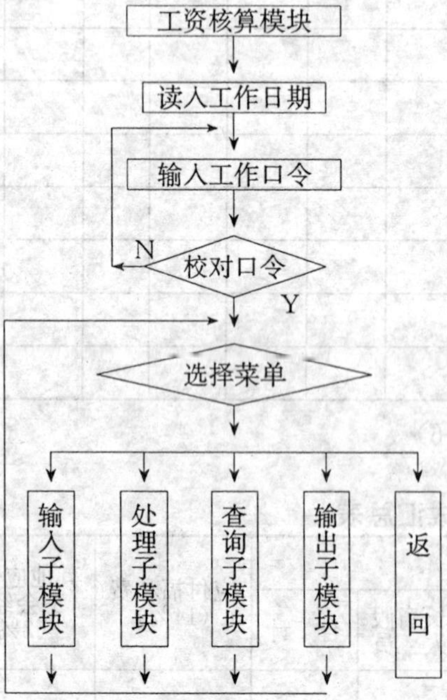

图表10-8

输入子模块结构图

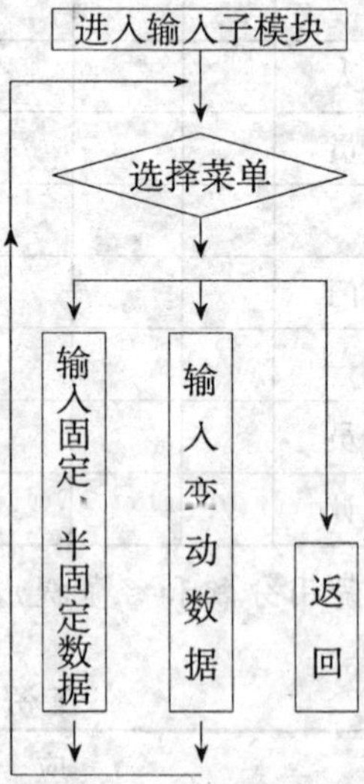

一、输入子模块

输入子模块结构图见图表10-8，程序框图见图表10-9。程序框图中的‘输入固定、半固定

图表 10-9

输入子模块程序框图

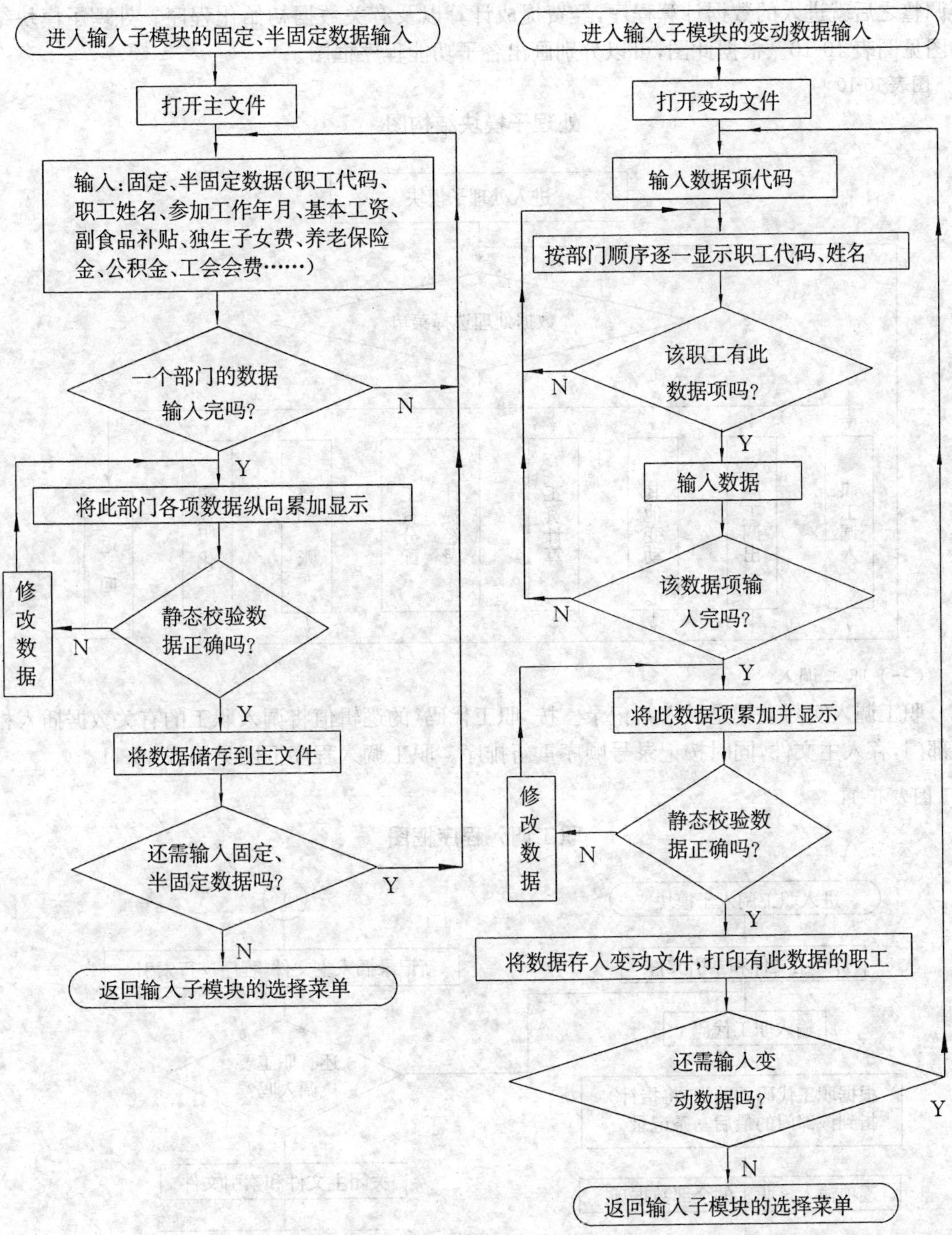

数据'部分,只是在建立工资核算模块(子系统)的当月才须将部门各数据项累加,并在作静态校验(与人工累加数核对)无误后,再输入下一个部门数据的程序,以后各月若没有变动就不必运行此程序,以便加快运行速度。

二、处理子模块

处理子模块包括对主文件记录的插入和删除程序，对数据的修改程序，在确认全部数据不再调整之后就进入的数据计算程序，经费提成计算以及有关数据初始化程序。处理子模块结构图见图表 10-10。根据此图，可以分别画出各子功能程序框图。

图表 10-10

处理子模块结构图

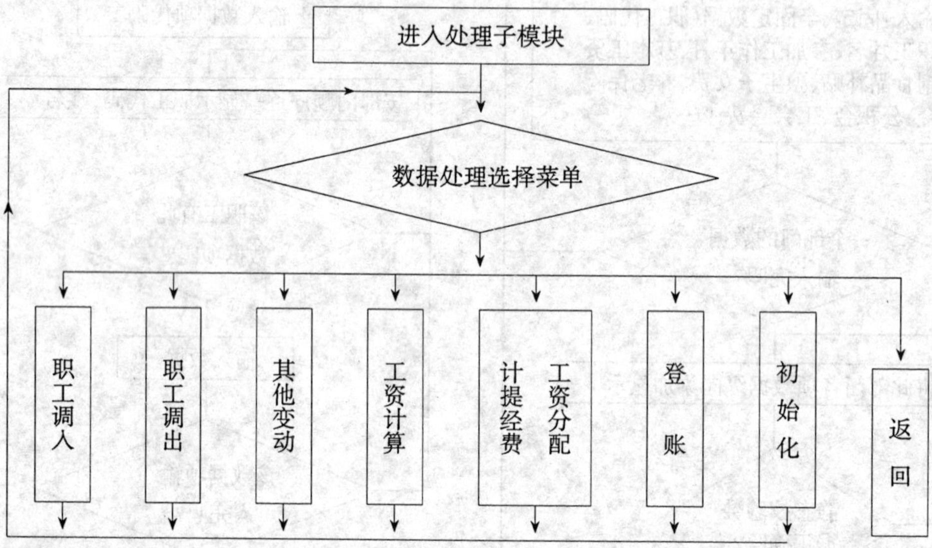

(一) 职工调入

职工调入实际上就是插入新记录。按‘职工代码’的逻辑值将调入职工的有关数据插入相应部门，存入主文件，同时按记录号顺序重新排序。职工调入程序框图见图表 10-11。

图表 10-11

职工调入程序框图

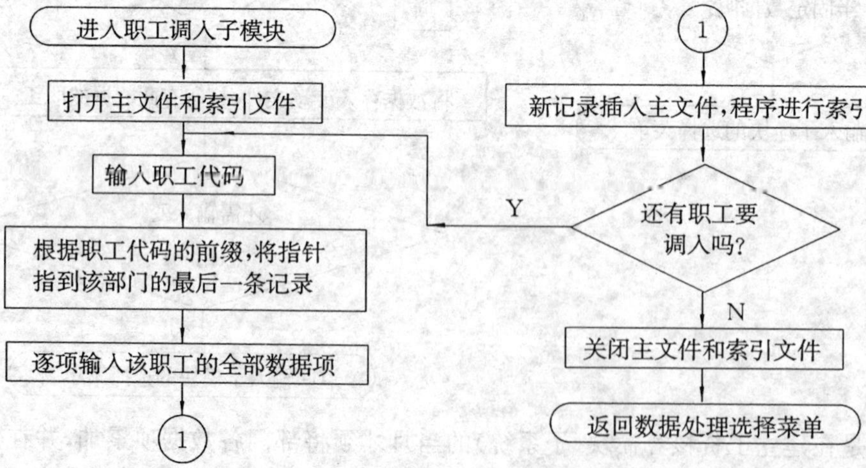

(二) 职工调出(和退休)

职工调出实际上就是删除记录。可以把职工中达到退休年龄的也放在此功能模块中删除。为了较快地检索与计算达到退休年龄的职工，需建立一个有职工代码、姓名、性别、与工作类别的‘职工名册’文件和索引文件。每月应当检索一次，以查找应退休职工，然后根据主管部门意见，决定是否要删除此职工记录。见图表 10-12 职工调出、退休程序框图。

图表 10-12

职工调出、退休程序框图

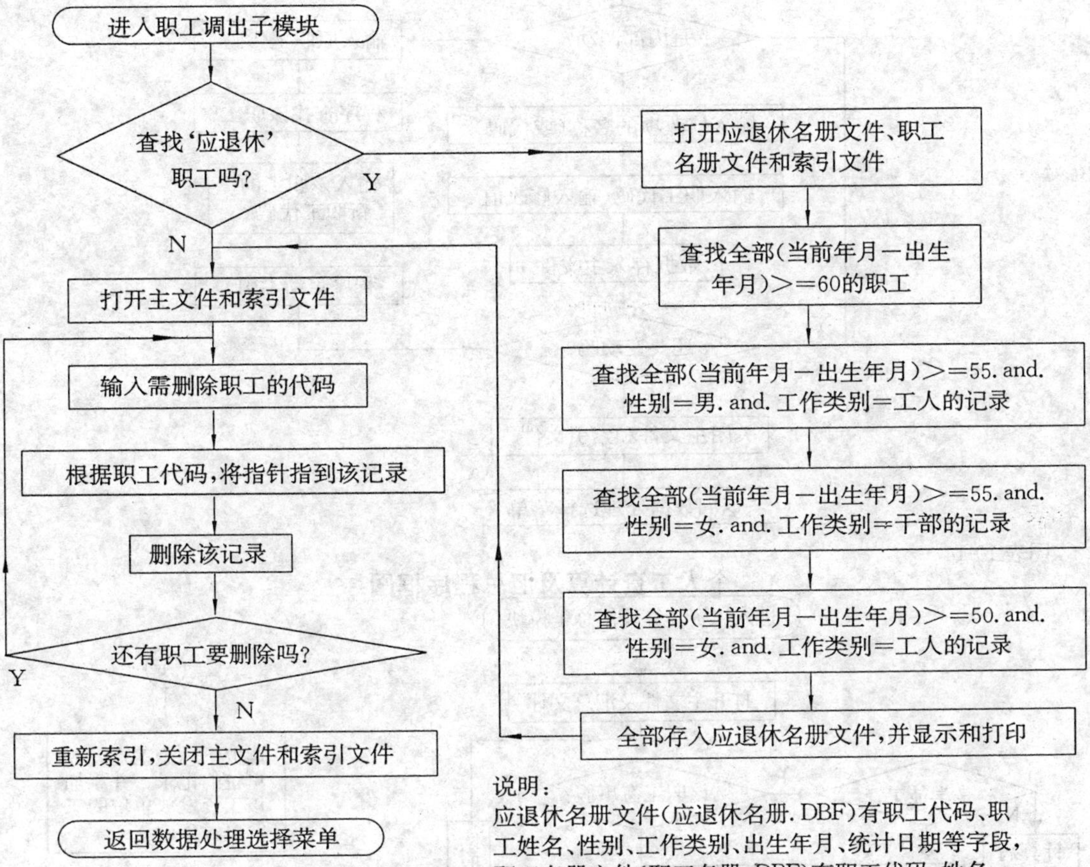

说明：
应退休名册文件(应退休名册. DBF)有职工代码、职工姓名、性别、工作类别、出生年月、统计日期等字段，职工名册文件(职工名册. DBF)有职工代码、姓名、性别、工作类别、出生年月等字段。

也可以把图表 10-12 中的程序框图拆开，分成各自独立的‘职工调出子模块’和‘查找应退休职工子模块’，可以用‘查询设计器’帮助完成‘查找应退休职工子模块’的设计工作。

还可增设‘调出职工名册’文件(可设置原职工代码、职工姓名、性别、工作类别、出生年月、调出日期、调出原因、联系方法等字段)和‘退休职工名册’文件(可设置原职工代码、职工姓名、性别、工作类别、出生年月、退休日期、联系方法等字段)，存入已调出和已退休职工的资料备查。

(三) 职工内部调动和其他变动

此模块包括职工的内部调动(修改职工代码的前缀)，某些数据项的数据修改，其功能主要是修改。见图表 10-13 职工内部调动和其他变动程序框图。

在此基础上还可增设内部调动及修改备查文件(可设置原职工代码、职工代码、职工姓名、性别、内部调动日期、内部调动原因等字段)，该文件应能记录某一职工多次调动修改的所有数据。

图表 10-13

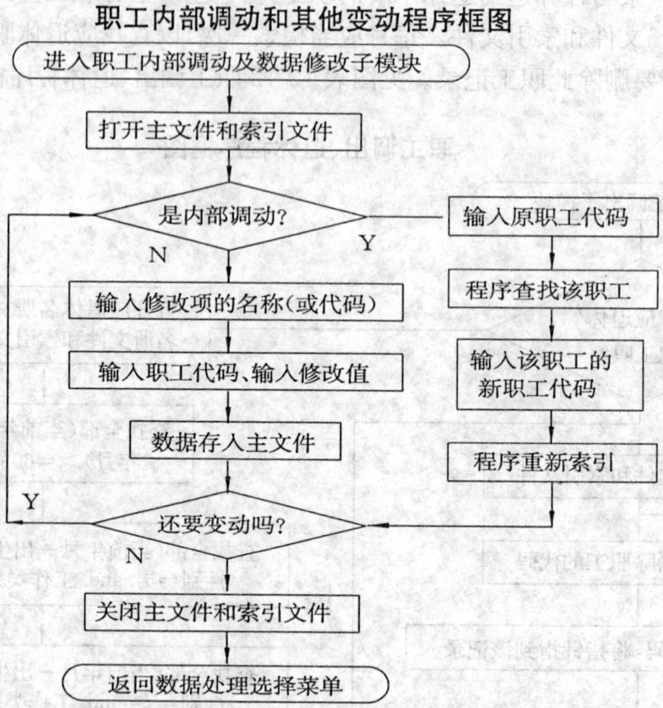

图表 10-14

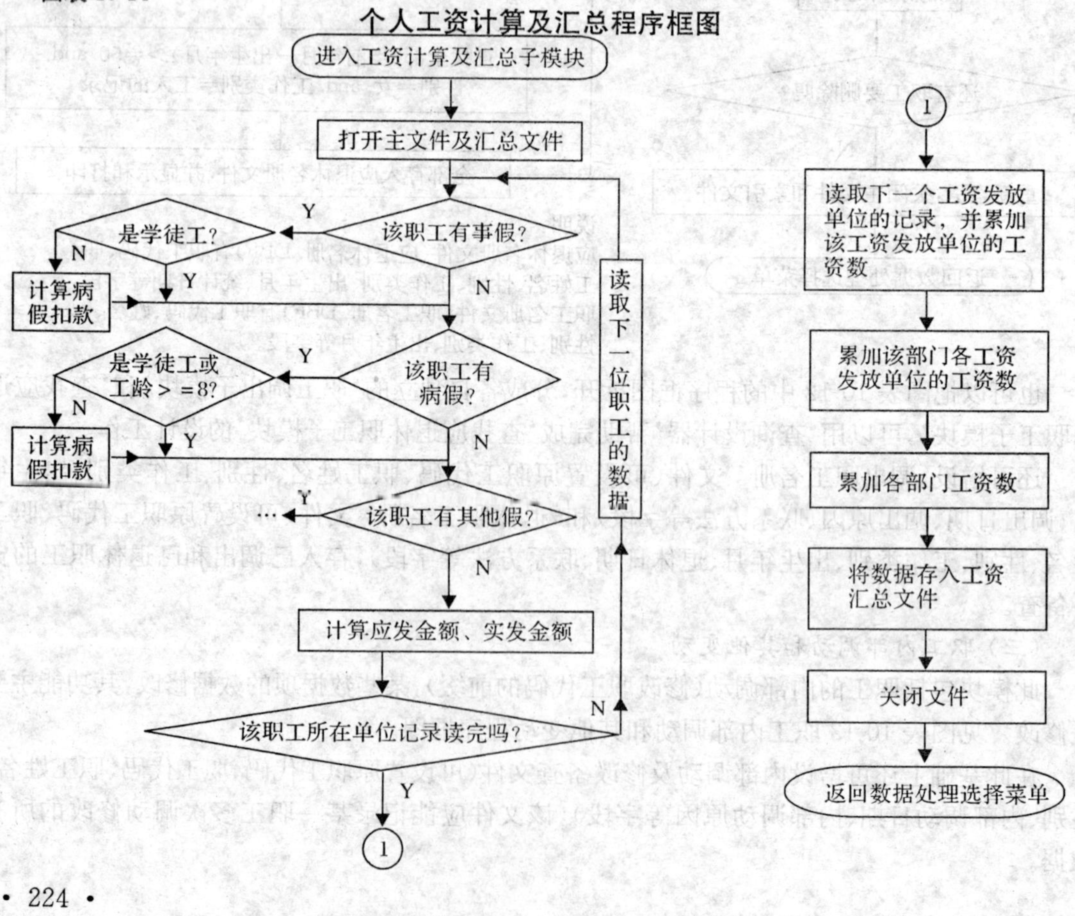

（四）工资计算

此模块包括个人工资结算、工资发放单位及汇总部门工资累加。见上页图表 10-14 个人工资计算及汇总程序框图。

在设计病事假扣款程序时要注意按照劳动管理的规定：① 学徒期间，病假、事假工资照发；② 职工连续病假时间在六个月以上，其实发基本工资为本人月基本工资的 60%；③ 职工病假时间在六个月以内，应按其工龄长短区别计算病假工资。工龄不满两年者，为本人月工资的 60%，已满两年未满四年者为 70%，已满四年未满六年者为 80%，已满六年未满八年者为 90%，已满八年者为 100%。在实际工作中，基本工资原数不变，在病假扣款项中，用基本工资X(1－病假百分比)，即为病假应扣款。

若以现金发放工资，则还应有一个'票面分类计算程序'，该程序应放在一个职工的实发工资计算完毕之后立即进行，然后按工资发放单位将不同票面累加，计算出票面数和金额数，最

图表 10-15

工资费用分配和有关经费计提程序框图

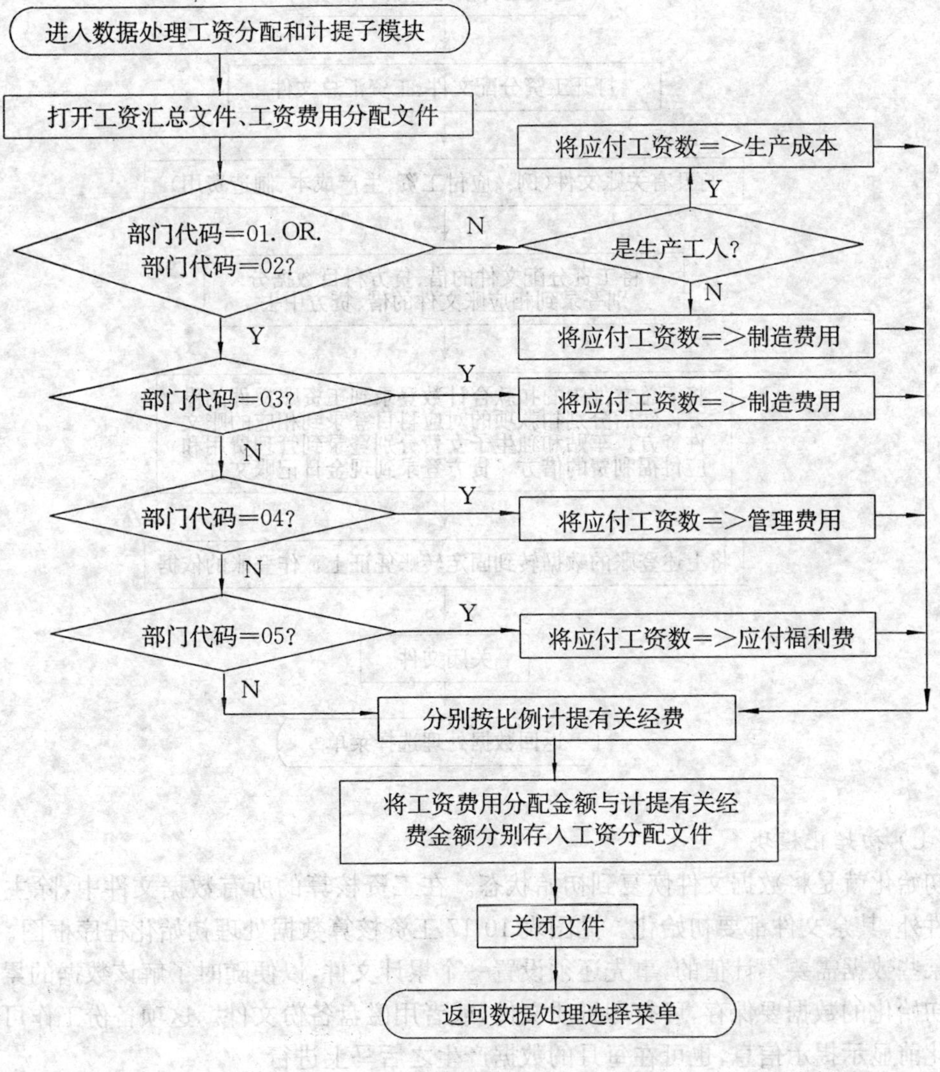

后累加各工资发放单位的合计数，就是企业应提取的现金票面数。若用磁卡发放工资，则此项工作不做。

（五）工资费用分配和有关经费计提

此模块只在工资汇总文件中调用有关数据，对工资费用分配和有关经费计提进行计算。见上页图表 10-15 工资费用分配和有关经费计提程序框图。

（六）登账子模块

此模块主要进行有关总账和明细账的核算。由于工资明细账在工资分配和计提时已有明细项目，所以工资仅进行总账核算（一般说，月底无余额），其他有关账户需进行明细账的核算。此模块是在工资分配文件、工资汇总文件中调用有关数据，进行转存。见图表 10-16 工资核算登账子模块程序框图。

图表 10-16

工资核算登账子模块程序框图

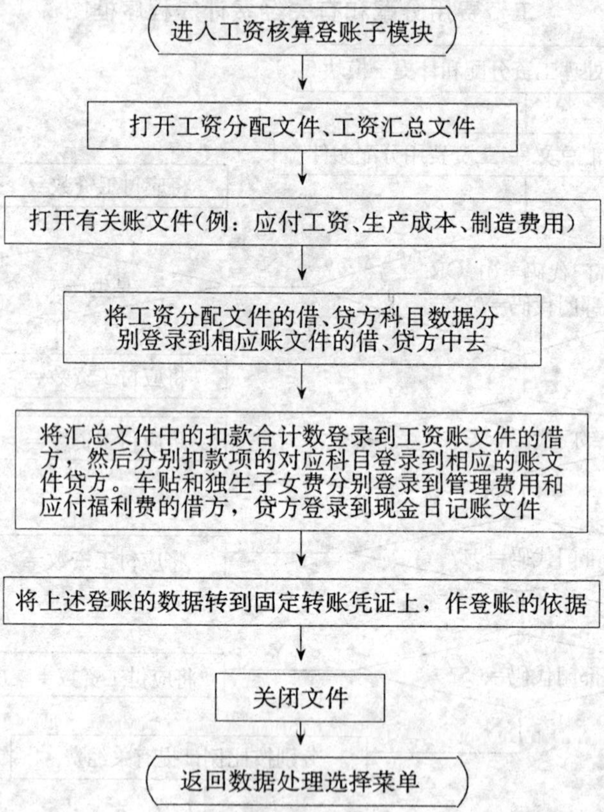

（七）初始化模块

初始化就是将数据文件恢复到初始状态。在工资核算的所有数据文件中，除主文件和变动文件外，其余文件都要初始化。见图表 10-17 工资核算数据处理初始化程序框图。

某些数据需要累计值的，事先还须设置一个累计文件，以便随时了解该数据的累计数。如果须初始化的数据要保存，可打印纸质文件，或者用磁盘备份文件。这项备份工作可由程序在初始化前显示提示信息，也可在每月的数据产生之后马上进行。

图表 10-17

工资核算数据处理初始化程序框图

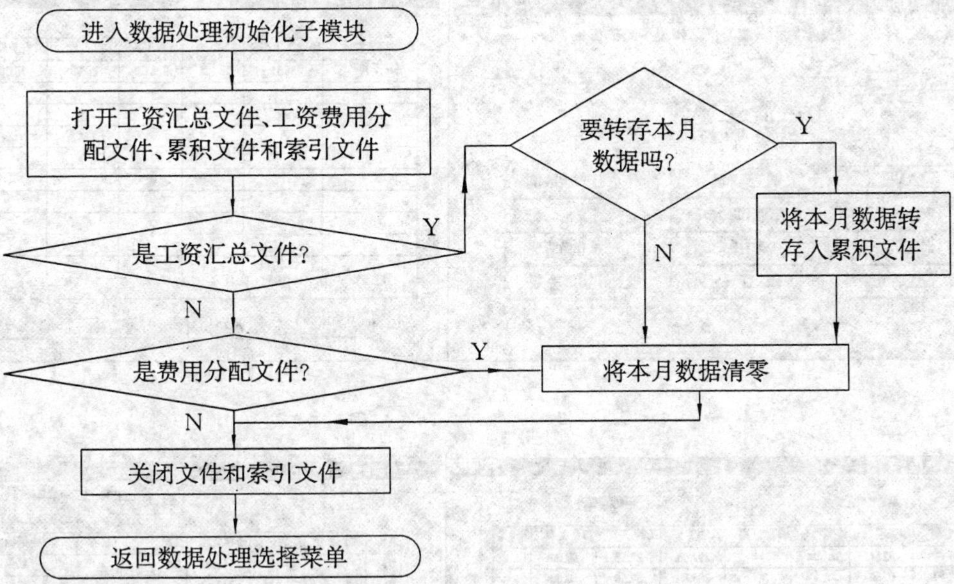

三、查询子模块

查询子模块要能够快速、灵活地向用户提供查询内容，一般以主关键字（职工代码）来查询，也可按其他数据项来查询，这就方便了用户。查询子模块结构图见图表 10-18。查询子模块的各程序框图比较简单，只要打开查询关键字所在的文件，就能查询（显示）有关数据。

四、输出子模块

图表 10-19 是输出子模块的结构图。在输出子模块程序中，应先设计好打印报表的格式。可直接采用 Visual FoxPro 的‘报表生成器’设计，根据‘报表生成器’中的提示编制。

图表 10-18

查询子模块结构图

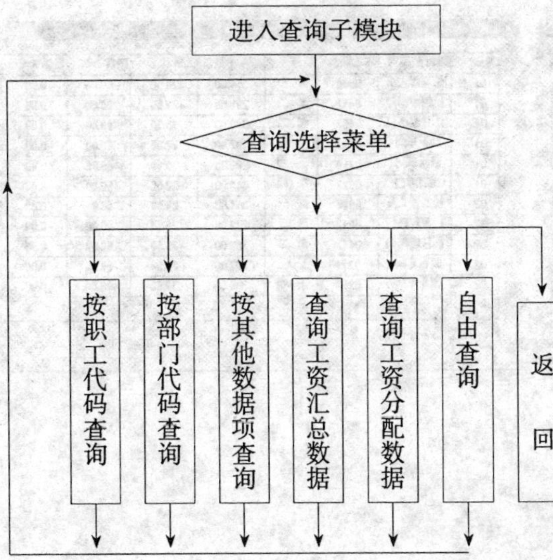

图表 10-19

输出子模块的结构图

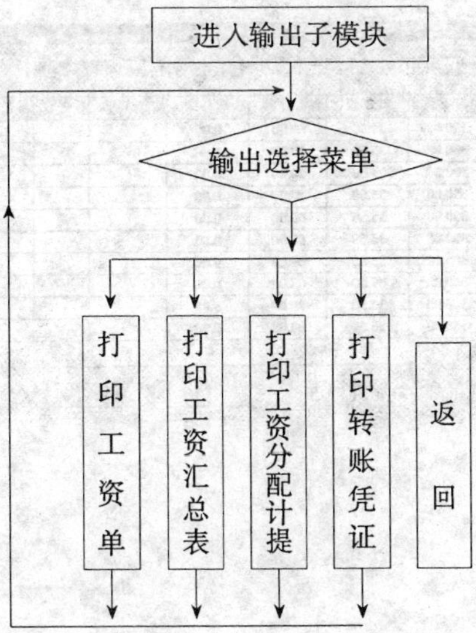

附：部分实际运行图。

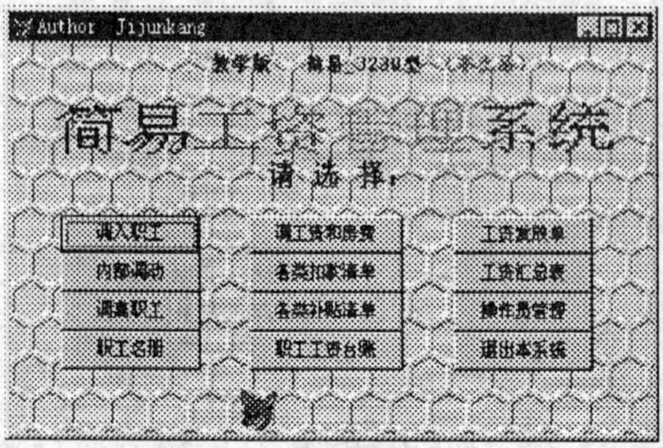
Author Jijunkang
简易工资管理系统
请选择：
调入职工
内部调动
调离职工
职工名册
调工资和房费
各类扣款清单
各类补贴清单
职工工资台账
工资发放单
工资汇总表
操作员管理
退出本系统

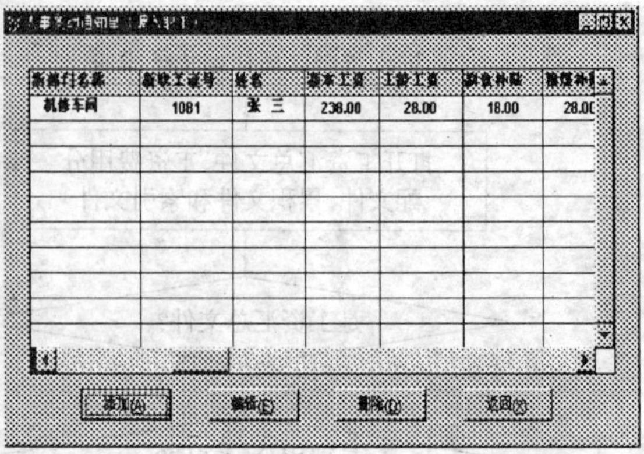
新部门名称
新职工证号
姓名
基本工资
工龄工资
粮食补贴
机修车间
1081
张 三
238.00
28.00
18.00

调整各类工资
调整房费
部门名称
职工证号
姓名
调整日期
基本工资
工龄工资
粮食补贴
锻压车间
厂管理部门
福利部门
长病假人员
机修车间

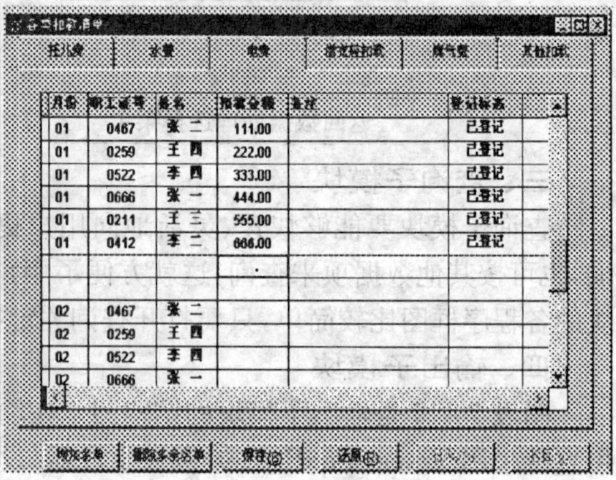
月份
职工证号
姓名
扣款金额
备注
登记标志
已登记

职工证号
姓名
部门代号
部门名称
月份
基本工资
工龄工资
粮食补贴
实发工资

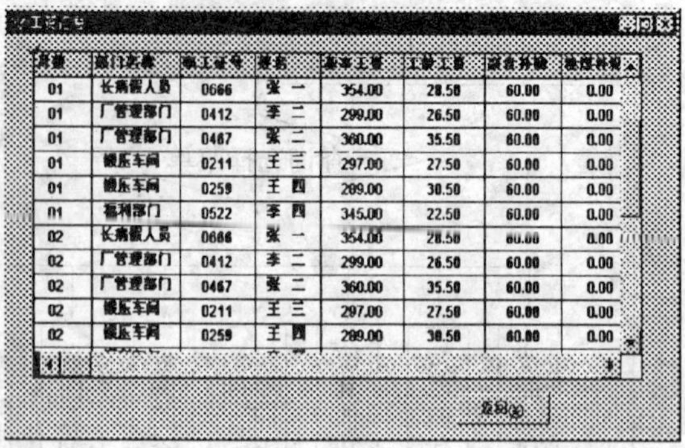
月份
部门名称
职工证号
姓名
基本工资
工龄工资
粮食补贴
长病假人员
厂管理部门
锻压车间
福利部门

第十一章　成本子系统设计

第一节　成本核算概述

生产过程是工业企业供、产、销三个过程的中心环节。企业在一定周期(一般为月度)生产产品所消耗的原材料、燃料、动力、工资及其他生产性支出称为生产费用,而为生产一定种类和数量的产品所耗费用的总和就是产品的成本。成本费用的核算,就是对生产费用的归集、分配和产品成本构成的核算。

目前一般工业企业的成本费用核算,大多采用生产费用按照经济用途分类的方法,即按成本项目进行成本费用核算。按现行会计制度规定,成本项目有:(1) 原材料;(2) 燃料和动力;(3) 生产工人工资;(4) 计提的福利费;(5) 废品损失;(6) 制造费用。上述(1)~(6)项构成产品的车间成本,即制造成本。加上管理费用、财务费用,构成产品生产成本,亦称工厂成本。若再加上销售费用、税金及附加,即为产品的全部成本。本子系统所称的成本,为制造成本。

成本费用的核算关系到企业的利益、国家的利益和消费者的利益。为保证成本费用核算的正确、可靠,核算过程必须遵循以下原则:

(1) 遵守成本开支范围,划清不同费用之间的界限。

(2) 正确划分各个月份的费用界限、各种产品的费用界限,以及完工产品和在产品的费用界限。有些企业任意"调节"成本的大小,从而决定利润的多少。在实现电算化之后,由于大多数数据都在机器内自动传输与计算,加上有一套比较规范的处理程序,就可以有力地阻止人为的因素渗入。

这两项原则指导着成本费用核算的方法,无论是手工作业还是电算化作业,都必须贯彻始终。

为了适应生产的特点和管理的要求,应当采用不同的成本计算方法,诸如品种法、分批法、分步法、定额法以致几种方法同时并用。不论采用哪一种方法,最后都必须计算出各种产品的总成本和单位成本。因此按照产品的品种计算成本,是对成本计算工作的共同要求,也是最起码的要求。由此可见,品种法是其他成本计算法的基础,是最基本的一种成本计算方法。本章将以品种法为主,同时穿插其他方法。如果对于品种法有了比较深透的了解,由其他各种方法就不难理解了。

不言而喻,不同行业有不同的成本计算方法,即使同一行业内的不同企业,成本计算方法也有差别。要研制出一种只作部分改动就能适应不同行业的通用化成本费用核算程序,或同一行业的通用程序,就必须在会计理论、方法、制度上对现行成本费用核算的规范化作进一步的研究。同时,也要求从事会计电算化理论研究与实践探索的专业人员,能从现行成本费用核算的过程中抽出共同的东西,使成本费用核算程序中的通用化、规范化成分多一些,特殊性成分少一些。图表 11-1 是不同企业成本费用核算的共同处与特殊处的示意图。

图表 11-1

成本费用核算的共同部分与不同部分示意图

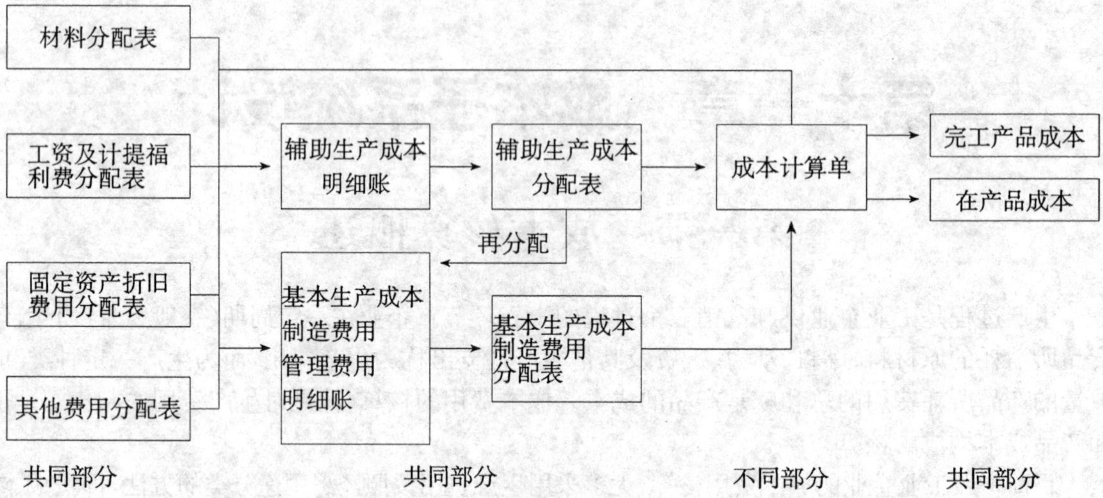

（在电算化状态下，辅助生产分配方法可趋统一）

第二节　成本核算手工作业状况的分析

手工作业的成本核算步骤是按照数据产生的先后次序安排的，它也可以作为电算化程序运行的顺序。无论什么类型的企业，一般都要经过以下步骤：

(1) 各项要素费用的分配；

(2) 辅助生产成本的归集和分配；

(3) 制造费用的归集和分配；

(4) 生产费用在完工产品和在产品之间的分配和归集。

“生产成本”科目是归集产品成本的终结科目。该科目的借方发生额就是本期的基本生产各项费用，贷方发生额就是完工产品成本，余额就是在产品成本。这一科目一般应按产品品种设置明细账，又称成本核算单，用以反映各成本项目。而“辅助生产成本”、“制造费用”等科目的明细账，是为了归集各项费用而设置的。其借方反映本期各项费用发生额，而贷方发生额则是其分配转出数。

下面分别各核算步骤进行系统分析。

一、各项要素费用的分配

在前几章，我们根据各分类科目汇总表的数据及总账科目试算表的数据，已经汇总了各项要素费用。例如，根据领料、退料凭证，由基本生产某产品领料的，已借记“生产成本——某产品”，贷记“原材料”；其他费用如工资、计提的福利费等也已经处理妥当。进入成本费用核算之后，就须根据一定的分配方式将汇总的数据分配到各产品中去。对原料费用来说，属某产品直接领用的，就不必通过分配；几种产品共同耗用某种原材料的，可以用定额消耗量分配率、费用分配率等方式分配原材料费用。对工资及计提的福利费来说，通常采用按产品的实际工时分配率进行分配。燃料与动力的分配，基本上可以参照上面两种分配方式。在手工作业时，各要素费用的分配是根据各总账或明细账的汇总数据通过分配表进行的。分配表举例如图表11-2

所示。

图表 11-2

要素分配表（原材料及工资）

车间名称：铸造车间　　　　　　　　　　1999 年 11 月

应贷科目 应借科目		原材料分配				工资分配			
		定额消耗量	分配额（分配率：2.6）	直接计入金额	小计	生产工人		管理人员	小计
						工时	分配额（分配率：0.3）		
基本生产	甲产品	480	1 248	3 100	4 348	11 000	3 300		3 300
	乙产品	330	858	2 300	3 158	12 000	3 600		3 600
	小　计	810	2 106	5 400	7 506	23 000	6 900		6 900
制造费用				180	180			200	200
待摊费用				6 600	6 600				
合　计			2 106	12 180	14 286	23 000	6 900	200	7 100

鉴于不少企业在归集各要素费用的同时就进行分配，因此，我们在程序设计时，应考虑用户的这一习惯，而对程序设计者来说，也不过是数据的入口、调用、处理的地点不同而已。

二、辅助生产成本的归集和分配

辅助生产成本的归集和分配，是通过“生产成本——辅助生产成本”科目进行的，一般应按辅助车间（如机修、供电、供水等车间）及产品和劳务的种类设立明细账。本科目借方发生额表示归集数，贷方发生额表示完工产品和提供劳务的成本的分配转出数，余额表示在产品成本。

通常采用的辅助生产成本的分配方法，因计入产品成本的程序不同而不同。一般有下列几种：

（一）代数分配法

根据已知条件，设多元方程，求出辅助生产产品或劳务的单位成本。然后再根据受益单位耗用的数量和单位成本分配辅助生产成本。采用代数分配法，其分配结果最为正确。但在辅助生产车间较多的企业，因为核算较繁，往往不大采用。而实现电算化之后，无论车间多少，未知数多少，都可采用。本书将要介绍的也是代数分配法。

（二）交互分配法

所谓交互分配，就是将辅助生产车间之间相互提供的产品或劳务先交互分配，然后再在辅助生产车间以外的各受益部门之间进行分配。这种分配法的分配结果，虽不如代数分配法正确，但在手工作业下，可以简化核算工作，有较多企业采用此法。在电算化程序中，代数分配法比交互分配法更为简洁，系统设计者可以用计算结果向用户证明代数法较交互分配法优越。

（三）顺序分配法

（四）直接分配法

（五）计划成本分配法

第（三）、（四）、（五）种方法较为简便，本书不一一介绍。由于各企业辅助生产费用发生和分配的具体情况及方法差别较大，读者可以与用户讨论在电算化中采用何种方法较为适宜。

无论采用什么分配法，一般的固定转账分录如下：

借：生产成本——基本生产成本——产品甲

——产品乙

制造费用——水电费

——修理费

管理费用——水电费

——修理费

贷：生产成本——辅助生产成本——供水电车间

——机修车间

三、制造费用的归集和分配

制造费用是由于管理车间而发生的费用，与产品的生产没有直接联系。在这个一级科目下，可以按经济用途或内容设若干费用项目，一般由企业主管部门统一规定。其科目的借方发生额为费用归集数，贷方发生额为转出分配数，一般情况下应无余额。

分配的方法有多种，以按生产工时比例分配的结果比较合理，其计算公式是：

$$\text{制造费用分配率}=\frac{\text{制造费用总额}}{\text{车间产品生产工时总额}}$$

某产品应分配的制造费用＝某产品生产工时×制造费用分配率

根据分配结果，固定转账分录如下：

借：生产成本——基本生产成本——产品甲

——产品乙

贷：制造费用

四、生产费用在完工产品和在产品之间的分配和归集

各项生产费用经过上述三个步骤之后，应计入本期(月)各种产品成本的生产费用，都已归集在“基本生产成本”科目及其所属各产品成本计算单中。在有完工产品和在产品的情况下，它们的关系可用下列公式表示：

$$\begin{matrix}\text{月初在产品}\\\text{费用(A 项)}\end{matrix}+\begin{matrix}\text{本月生产}\\\text{费用(B 项)}\end{matrix}=\begin{matrix}\text{本月完工产品}\\\text{费用(C 项)}\end{matrix}+\begin{matrix}\text{月末在产品}\\\text{费用(D 项)}\end{matrix}$$

上述公式中 A、B 为已知项。按理论上刻板的分配方法有两种：

(1) 根据盘点数据，确定了 D 项费用，则 C＝A＋B－D，即可求出完工产品费用。

(2) 将 A＋B 的费用在 C 和 D 之间按一定的分配比例进行分配，同时计算出 C 项和 D 项的费用。

某些企业的成本波动幅度较大，一个主要原因是月末在产品数量提供不实。在实现电算化之后，也可能产生这一情况。解决的方法：一要查对输入数据是否有错；二要核实提供的资料是否正确。

许多实际工作者以上述两种分配方法为基础，根据企业生产的实际，又衍生出下列六种分配方法：

(1) 不计算在产品成本。企业各月月末的产品数量很小，因此可全部计入完工产品成本，即 A、D 项不计，B＝C。

(2) 在产品成本按年初数固定计算。在产品数量在各月之间变化不大，当月的生产费用可以作为完工产品成本，即 A＝D，B＝C。

(3) 在产品成本按其所耗用的原材料费用计算，原材料在成本中占有较大比重的企业，如纺织、造纸、酿造等行业，在产品成本只计算原材料费用，其他费用由完工产品成本负担。即 C＝A＋B－D(原材料费用)。

(4) 在产品成本费用按约当产量分配计算，即按产品的完工程度分配费用。

(5) 在产品成本按完工产品成本计算。

(6) 在产品成本按定额成本计算。采用这种方法，必须制定比较准确的定额成本，才能据以算出在产品成本。

分配结果计算出来之后，根据完工产品费用的数据，作固定转账分录如下：

借：产成品(验收入库的甲产品、乙产品)

贷：生产成本——基本生产成本——产品甲

——产品乙

可见"基本生产成本"的贷方发生额就是完工产品成本转出数，余额就是在产品成本。

综上所述，我们在为用户设计成本费用核算模块时，都要透彻理解每一步骤的来龙去脉，前一步骤的数据要转入后一步骤，同时要输入该步骤的新数据。每一步骤都需输出分配表式，根据分配表产生固定的转账分录，同时登录明细账、总账。

本书提供的仅是一般的数据流程与程序框图，读者应根据具体情况加以修正。

第三节　成本核算的会计数据流程描述

成本核算的每个步骤都有数据的输入、输出与处理。本节仍然按照核算步骤来描述其会计数据流程。

一、要素费用归集和分配的数据流程

在前几章中，我们实际上已经按原材料、工资、计提的福利费、固定资产折旧费等成本项目进行了费用的分配和归集。在系统设计时，上述成本项目的归集和分配应当从成本计算单角度出发，数据的输入、输出和处理都要与产品的有关记录(产品代码、车间代码等)一一对应起来。否则，成本项目数据只有经过人工整理才能成为成本计算所需要的数据，这就降低了系统的自动化程度。

一般成本计算要在一个生产周期结束，各种生产统计资料均已收集齐全之后才能进行。因此，在生产系统未实现实时监测(或控制)的情况下，应建立一个生产统计的文件，该文件以车间名为关键字。结构如下：

场号	场名	类型	宽度	小数位数
1	车间名	字符型	8	
2	产品名	字符型	20	
3	生产工时数	数字型	5	
4	定额工时数	数字型	5	
5	机器工时数	数字型	5	
6	完工产品量	数字型	13	2
7	在产品量(一)	数字型	13	2
8	在产品量(二)	数字型	13	2

注：在产品量(一)、(二)指不同工序的在产品数量。如不分工序就无须分别。

上列文件的数据项因成本计算办法不同而异，读者应根据实际情况有所修正。

在进行一项费用要素分配时，可调用该文件的有关数据，根据公式，予以计算。例如，进行工资分配时：一方面调用工资分配文件中的甲车间工人工资数；另一方面调用该文件甲车间的生产工时总数，然后依据下列公式计算：

$$工资分配率=\frac{甲车间生产工人工资}{甲车间全部产品生产工时总数}$$

$$A产品应分配的工资=A产品的生产工时数\times工资分配率$$

因此，本步骤输入的仅是生产统计文件中的有关数据。处理时，将生产统计文件的有关数据与各要素费用的分配数据调用到有关文件中来，按一定的公式加以计算，最后输出各生产费用归集文件。

该程序模块可放在各类费用核算模块的最后阶段，待生产统计文件的数据输入之后，便能调用实施分配；也可集中在成本费用核算模块，那就要分别调用各类费用核算模块的数据，流程图见图表 11-3。

图表 11-3

要素费用的归集与分配数据流程图

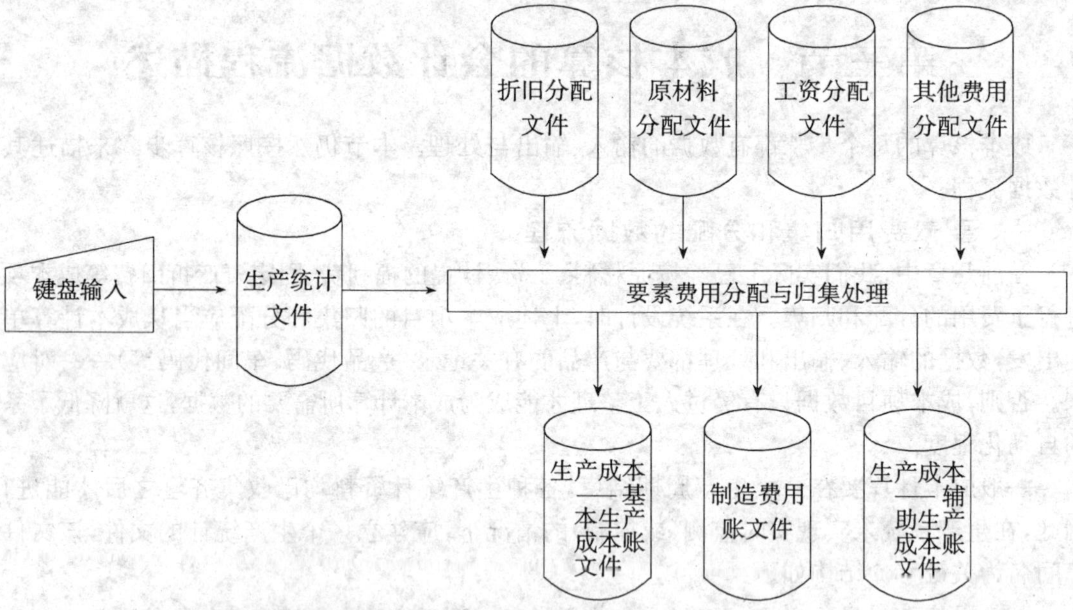

二、辅助生产成本归集和分配的数据流程

辅助生产主要是为产品制造车间服务的，因而，其数据的归集处——辅助生产成本明细账的设计应当与基本生产成本明细账内的有关项目一致。当然，也应视不同的企业而有所差别。一般可采用车间名为关键字，费用项目为字段名的表单结构。辅助生产费用的归集在分配前应结算完毕。

辅助生产除为基本生产车间提供服务之外，还要为企业的其他部门提供服务，因此，分配时，应根据各受益部门的受益数量，计算出受益金额。采用代数分配法，立即可以计算出辅助生产提供的劳务或辅助产品的单价，然后乘以各受益部门的受益数量，就能将辅助生产成本分配到各受益部门，而省略了手工作业时的辅助生产之间的交互分配与对外分配(再分配)的两次分配。

(一) 代数分配法分配过程举例

假定某企业有供电、供水、机修三个辅助生产车间，某月的费用及相互提供劳务情况如图表 11-4。

图表 11-4

代数分配法表

车间名	数　量	计量单位	金　额	单位成本	交互使用数量		
					水	电	工时
供水车间	A	立方米	D	X		H	I
供电车间	B	度	E	Y	J		K
机修车间	C	工时	F	Z	L	M	

设：X 为水的单位成本，Y 为电的单位成本，Z 为修理的单位成本。

解：

$$\text{方程组}\begin{cases}AX=D+HY+IZ\\BY=E+JX+KZ\\CZ=F+LX+MY\end{cases}$$

移项

$$\begin{cases}AX-HY-IZ=D\\-JX+BY-KZ=E\\-LX-MY+CZ=F\end{cases}$$

$$\text{行列式(或矩阵)}W=\begin{vmatrix}A & -H & -I\\-J & B & -K\\-L & -M & C\end{vmatrix}$$

$$WX=\begin{vmatrix}D & -H & -I\\E & B & -K\\F & -M & C\end{vmatrix}\qquad WY=\begin{vmatrix}A & D & -I\\-J & E & -K\\-L & F & C\end{vmatrix}\qquad WZ=\begin{vmatrix}A & -H & D\\-J & B & E\\-L & -M & F\end{vmatrix}$$

$$W=ABC-HKL-IMJ-IBL-HJC-AMK$$

展开：

$$WX=DBC+HKF+IME+HEC+IBF-DMK$$
$$WY=AEC+DKL+IFJ-IEL+DJC+AFK$$
$$WZ=ABF+HEL+DMJ+DBL+AME-HJF$$

计算：

$$X=\frac{WX}{W}\qquad Y=\frac{WY}{W}\qquad Z=\frac{WZ}{W}$$

上述变量中，金额数 D、E、F 即为各辅助生产的归集数，存于辅助生产成本明细账中，其余数可由键盘输入。那么，只要将行列式展开与计算 X、Y、Z 的解题步骤编入程序，各种劳务的单位成本即可求得。

为了存储与调用上述变量，需设置辅助生产交互使用数据文件。其结构如下：

场号	场名	类型	宽度	小数位数
1	车间名	字符型	8	
2	数量	数字型	10	2
3	计量单位	字符型	6	
4	金额	数字型	13	2
5	交互使用水	数字型	10	2
6	交互使用电	数字型	10	2
7	交互使用工	数字型	10	2

在对其余受益部门进行分配时，只要键入受益项目的数量，就可以继续运行程序，并将计算结果传输到各成本科目中。

输出辅助生产成本分配表，简便易行的方法是在图表 11-4 的下端再分别按产品种类、制造费用、管理费用等受益部门列表，受益数量可分别列于各劳务项目之下，相当于一张交互分配表，流程图见图表 11-5。

图表 11-5

辅助生产费用数据流程图

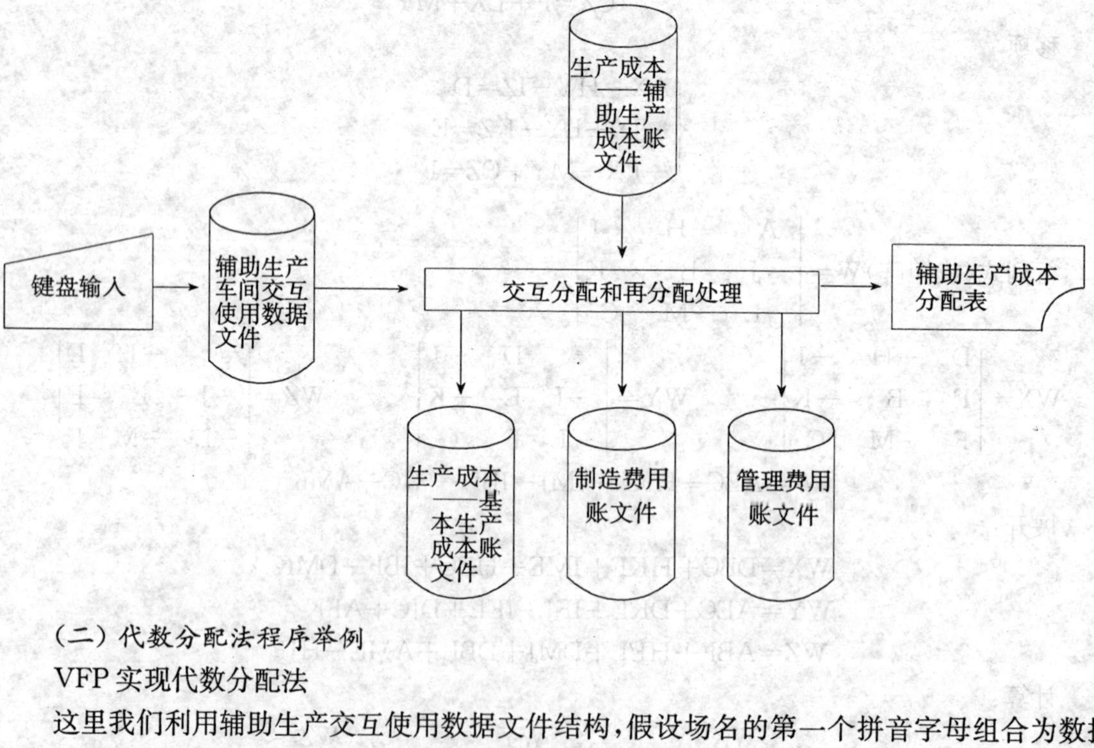

(二) 代数分配法程序举例

VFP 实现代数分配法

这里我们利用辅助生产交互使用数据文件结构，假设场名的第一个拼音字母组合为数据库中表的列名，数据类型不变。为了求出单位成本，这里定义一个用户函数，它没有输入参数，但有一个返回数组，其中保存水、电和工的单位成本。

&& Function name uf _ Algebra _ method()

```
&& Parameters: None
&& Retum: Array
&& 首先定义局部变量用于保存临时结果
Local nCostofElectric,nCostofWater,nCostofWork
Local nA,nB,nC,nD,nE,nF,nAH,nBJ,nBK,nCL,nCM
Local W,WX,WY,WZ
Local nselect
&& 定义一维数组
Dimension ReturnArr[3]
&& 保存当前工作区
nselect=select(0)
IF Not used("jhsysj")
   Use jhsysj in 0
ENDIF
&& 选择工作区
SELECT hjsysj
&& 如果为空,则返回-1
if EOF()
   select nselect
   return-1
end if
&& 按车间名进行查找数据并取得数据
locate for cjm='供水车间'
if found()
   scatter memvar memo
   nA=m. sj
   nD=m. je
   nAH=m. jhsyd
   nAI=m. jhsyg
end if
locate for cjm='供水车间'
if found()
   scatter memvar memo
   nB=m. sj
   nE=m. je
   nBJ=m. jhsyd
   nBK=m. jhsyg
end if
locate for cjm='机修车间'
```

```
if found()
   scatter memvar memo
   nC=m.sj
   nF=m.je
   nCL=m.jhsyd
   nCM=m.jhsyg
end if
&& 计算W的值
w=A*B*C-J*M*I-L*H*K-IBL-KMA-HJC
&& 判断W是否为零,为零返回0? 不为零,继续计算
IF w=0
   return 0
End if
WX=nD*nB*nC+nAH*nBK*nF+nAI*nCM*nE+nAI*nK*nF+nAH*nE*
nC-nD*nCM*nBK
WY=nA*nE*nC+nD*nBK*bCL+nAI*nF*nBJ-nAI*nE*nCL+nD*nBJ*
nC+nA*nF*nBK
WZ=nA*nB*nF+nAH*nE*nCL+nD*nCM*nBJ-nAH*nBJ*nF+nD*nB*
nCL+nA*nCM*nE
nCostofWater=WX/W
nCostofElectric=WY/W
nCostofWork=WZ/W
ReturnArr[1]=nCostofWater
ReturnArr[2]=nCostofElectric
ReturnArr[3]=nCostofWork
Select(nselect)
return ReturnArr
```

返回数据可以供其他应用程序使用,可以将计算结果保存到数据库中,或输出到报表。

三、制造费用的归集和分配

制造费用归集时,其明细科目是以科目代码分类的,由于各车间的费用水平不同,制造费用的分配应该按照车间分别进行,因此,费用归集时,也应按车间分别归集。

在分配制造费用时也可以调用生产统计文件中有关要素费用的分配数据。现将以车间为分配单位的分配文件结构列示如下:

场号	场名	类型	宽度	小数位数
1	车间名	字符型	8	
2	产品名	字符型	20	
3	分配标准(工时)	数字型	10	2
4	分配金额	数字型	13	2

产品的费用分配金额，就是该产品应负担的费用数。制造费用分配后，该文件的分配数据根据车间名和产品名分别被调用到该产品的成本计算单。

制造费用可以按费用项目及车间、部门别输出汇总表，分配表可以按各自的分配文件打印输出。

制造费用分配数据流程图如图表 11-6。

图表 11-6

制造费用分配数据流程图

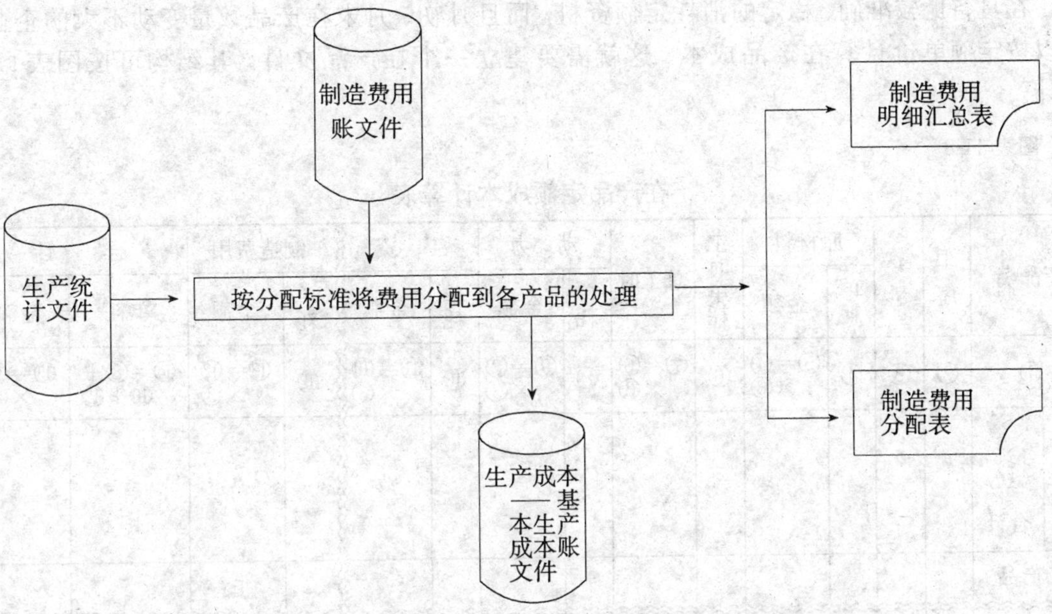

四、生产费用在完工产品和在产品之间分配和归集的数据流程

为了归集和分配生产费用，首先要设计成本计算单文件。尽管各企业的生产特点和管理要求不同，数据处理方法不同，但成本计算单的主要内容大体相同，格式差别不大。下面提供一种成本计算形式，它是以产品为关键字，每列项目为场名。该成本计算单，既是表单结构的设计依据，又是输出表格的样式，见图表 11-7。

图表 11-7

产品成本计算单

产品名______　　　　______年____月　　　　产量______

成本项目	月初在产品成本	本月生产费用	生产费用小计	月末在产品成本	完工产品成本	
					总成本	单位成本
①	②	③	④=②+③	⑤	⑥=④−⑤	⑦=⑥÷产量
原材料 燃料及动力 生产工人工资 计提福利费用 制造费用						
合　计						

在要素费用、辅助生产成本、制造费用归集和分配之后，各项数据都应以产品为汇集点，分别传输到各产品的成本计算单中，即反映在“本月生产费用”项内。在手工条件下，由于成本计算的步骤较多，数据量较多，往往采用简化的办法。在实现电算化之后，则应从成本计算的合理性出发，采取切合生产实际，利于管理的方法，将“生产费用小计”项数据在完工产品和在产品之间进行分配。

产品成本的计算方法大致有下述几种：

（一）品种法

在具备比较准确、稳定的消耗定额资料，而且月初、月末在产品数量变动不大的企业，可以按定额单价计算在产品成本。这就需要建立一个在产品文件，其结构可按图表11-8设计。

图表 11-8

在产品定额成本计算表

产品名		工序	数量	原材料		工时单耗	总工时	动力		工资		制造费用		合计	
				单耗	金额			单耗	金额	单耗	金额	单耗	金额	单耗	金额
①		②	③	④	⑤=④×③	⑥	⑦=⑥×③	⑧	⑨=⑧×③	⑩	⑪=⑩×③	⑫	⑬=⑫×③	⑭=⑧+⑩+⑫	⑮=⑭×③
甲产品	一														
	二														
	合计														
乙产品															

上述文件中，在产品数量由生产统计文件调用而来，其余各成本费用项目的定额单耗价格一次输入，在不作调整的情况下，每月不变。因此，该文件的数据输入很少，程序仅作计算运行。当计算完毕之后，成本计算单文件就可以逐项调用在产品数据，计算出完工产品成本。

在各产品成本计算单完成之后，以每种产品为一记录，这可以汇编产成品成本汇总表，实际上就是调用各成本计算单中“完工产品成本”项中的数据。

（二）分批法

在小批单件多步骤生产的企业，会计部门是根据生产计划部门下达的产品批号（或生产令号），设立产品成本计算单的。在一批产品跨月陆续完工的情况下，生产费用就须在完工产品和未完工产品之间分配。如果原材料是一次投入生产的，那么，原材料费用按完工产品和在产品实际数量比例分配。其他费用可以按约当产量比例分配。

设A为原材料投入额，B为产成品原料费用，C为在产品原料费用，a、b分别为产成品和在产品数量，则有下式：

$$B=\frac{A}{a+b}\times a \qquad C=\frac{A}{a+b}\times b$$

如果原材料是在各工序分步投入，那么可以按约当产量比例分配原料和其他费用。完工产品产量和在产品约当产量计算表可用下列表单结构表示：

场号	场名	类型	宽度	小数位数
1	工序	字符型	1	
2	完工率	数字型	5	2
3	在产品数量	数字型	10	2
4	在产品约当量	数字型	10	2
5	完工产品量	数字型	13	2
6	产量合计	数字型	13	2

其中："在产品约当量"是按该道工序的完工率与该工序在产品数量计算而得；"工序"、"在产品数量"、"完工产品量"的数据可以从生产统计文件中调用（生产统计文件也应根据分批法要求设计）。

假设某工序在产品是100，完工率为25%，约当产量即为25，完工产品量为200，那么产量合计就是225，又假定制造费用为1 000元，则：

完工产品应分配的份额＝1 000÷225×200＝888.89（元）

在产品应分配的份额＝1 000÷225×25＝111.11（元）

各项费用数据已存储在成本计算单文件中（即图表11-7"生产费用小计"项），因此，只要调用约当产量计算文件，就可以计算出产成品成本和月末在产品成本，并把计算结果存入成本计算单文件。

这里我们使用前面介绍过的数据库里的成本表（TABLE）和约当产量表，利用这两个表可以计算出产品成本和月末在产品成本。我们只给出计算某道工序对某种费用的分配的函数，至于产品成本和月末在产品成本的计算，由读者自己完成。

```
&& 假设表约当生产量名为YDCL，其场名为其拼音的第一个字母组合。
&& Function uf_calprdt()
&& Parameters: rate: numeric(完工率)
&& totalprdt: numeric(在产品数量)
&& prdt: numeric(完工产品量)
&& Return percentofprdt, percentofprdt, inprocess
&& 函数返回在产品和完工产品的分配比率，返回的值为约当产量的比率。
Parameters rate, inprocess, prdt, head
Local pctofpdt1, pctofprdt, prdttotal
If rate>0 then
   pctofpdt1=rate * inprocess
   prdttotal=pctofpdt1+prdt
   pctofpdt1=pctofpdt1/prdttotal
   return pctofpdt1
end if
return 10
```

对于某道工序调用以上函数方法：

```
&& 假设前面程序以得到某产品的某项费用,保存在变量
&&m. fy 中
&& 定义约当产品分配率,完工产品和在产品分摊费用
local rate _ in _ process
local in _ procee,finish _ prodt
&& 打开数据库中的表 ydcl
if ont used('ydcl')
    use ydcl in 0
end if
select ydcl
&& 将表中的记录存入相应的内存变量
scatter memvar memo
&& 调用用户定义函数
rate _ in _ process=uf _ calprdt(m. wgl,m. zcpsl,m. wgcpl)
in _ process=m. fy * rate _ inprocess
finish _ prodt=m. fy * (l _ rate _ in _ process)
……
```

（三）分步法

在大量大批多步骤生产的企业,产品生产可分为若干生产步骤进行,一般每一生产步骤是以车间划分的,前一生产步骤的"产品"(实际为半成品)就是后一生产步骤的"原料"。所以采用分步法计算成本,可参照品种法的方法与步骤。因此,要按每一生产步骤及产品品种设置各成本计算单文件,上一步骤成本计算单中的半成品成本按下一步骤领用量转入下一步,再加上本步骤耗用的其他费用,计算出其半成品成本。如此逐步结转,直至最后一个步骤,即可计算出最终的产成品成本。如果半成品有销售或须通过半成品仓库收发,就要建立半成品账文件。账文件可以产品名称为二级科目,以"月初余额"(数量、实际成本,下同)、"本月增加"、"本月合计"、"本月减少"、"月末余额"为主要字段名。

（四）分类法

在生产产品品种、规格繁多的企业,可以按照产品的类别归集费用。在同类内的不同品种(或规格)的产品成本采用一定的系数分配费用,也就是在同类产品中,将某种产品的系数定为"1",作为"标准产品",用其他各种产品与标准产品相比,求出其他产品与标准产品的比例,即系数。在手工条件下,系数的精确程序受一定限制,实现电算化后,采用分类法的企业计算产品成本,可以先建立一个系数文件,该文件可以每一种产品为一条记录,将材料费用、产量工时消耗等据以折算系数的有关数据为字段名。每生产一种产品,就输入一项该品种的数据,系数就产生了,而且精确度较高。当一类产品的总费用归集后,只要调用系数文件,就可以计算出每一产品的成本费用。因此,采用分类法还须设置两种文件:一是类别产品成本计算单文件;一是调用系数文件计算产生的各产品成本计算单。应当指出,在各种成本资料(如定额单耗、工时单耗)比较齐备的企业,可以用定额法或品种法取代分类法,求得比较精确的成本。因为分类法终究是一种简化核算的方法,在实现电算化后,就不必从简化角度考虑了。

（五）定额法

上述几种成本计算方法——品种法、分批法、分步法和分类法，都是按照生产费用的实际发生数计算产品的实际成本。采用定额法，要求在生产耗费发生的同时，就将符合定额的耗费和发生的差异分别核算，并在产品定额成本的基础上加减各种差异，计算产品的实际成本。

1. 定额成本的计算

采用定额法，必须首先制定产品的原材料、动力、工时等消耗定额，并根据各项消耗定额和原材料计划单价、工资计划单价以及制造费用计划等资料，计算产品的各项费用定额和产品的单位定额成本。

如某产品是由零件⟶部件⟶成品的逐步结转成本的方法计算的。其计算公式与步骤如下：

零件：

原材料＝原材料消耗定额×该原材料计划单价

工资＝工时定额×工资计划单价

燃料及动力＝工时定额×燃料及动力计划分配率

制造费用＝工时定额×制造费用计划分配率

零件定额成本＝原材料＋工资＋燃料及动力＋制造费用

部件：

原材料＝(零件消耗定额×该零件定额成本)

部件的其他费用计算公式与零件的计算公式相同。

产成品：

$$原材料=\begin{matrix}外购部件\\消耗定额\end{matrix}\times\begin{matrix}外购部件\\计划单价\end{matrix}+\left(\begin{matrix}自制部件\\消耗定额\end{matrix}\times\begin{matrix}该自制部\\件定额成本\end{matrix}\right)$$

为了计算和输出定额成本表，必须建立零件、部件和产成品定额成本三个表单文件。现以零件定额成本计算的数据流程为例，来说明数据的输入、输出和处理过程。

(1) 输入：原材料消耗定额、工时定额、原材料计划单价以及各项费用的计划分配率等数据。这些数据来自不同的部门。在整个企业实现电子计算机管理的情况下，则可直接调用这些数据。否则，为了存储上述数据，就要建立以下表单文件：

原材料计划价格表单文件；

零件工时定额表单文件；

原材料消耗定额表单文件；

各项费用计划分配率表单文件。

(2) 处理：零件定额成本表表单文件所需数据分别调自上述四个表单文件进行计算。

处理流程图如图表 11-9。

部件、产成品的数据处理原理与零件同。

(3) 输出：各零件、部件、产成品定额成本表。

格式可参阅图表 11-9 中的零件定额成本文件。

利用以上计算原理和相应的数据库表，我们可以做一个视图，视图中存放零件号、定额原材料、定额工资、定额燃料及动力和定额制造费用，可以将本应由程序计算的工作交给数据库管理系统来做，这样既节省时间又便于维护。

图表 11-9

零件定额成本数据处理流程图

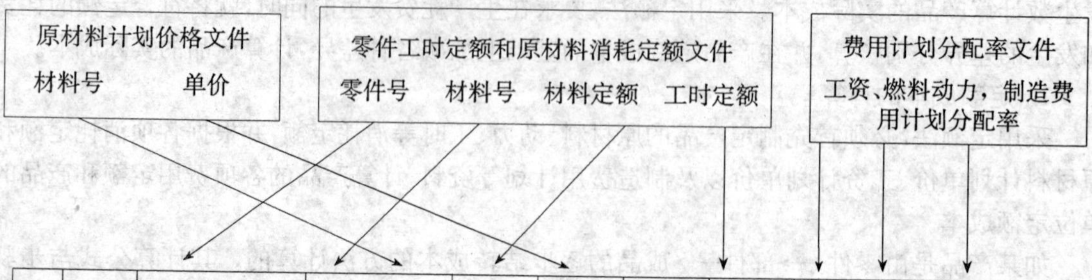

零件定额成本文件											
	场名	零件号	材料号	材料定额	单价	材料费用	工时定额	工资	燃料动力	制造费用	定额成本
	场号	1	2	3	4	5	6	7	8	9	10
	描述										

假设表零件工时定额和原材料消耗结构为(partinfo. dbf)：

PartNo：char(10)

MarterialNo：char(10)

Material：numeric(18,2)

Hours：numeric(7,2)

原材料计划价格表结构(material. dbf)为

MaterialNo：char(10)

Price：numeric(18,2)

费用计划分配率表结构为(ratio. dbf)：

PartNo：char(10)

Pate _ of _ sal：numeric(3,2)

Pate _ of _ rl：numeric(3,2)

Pate _ of _ zzfy：numeric(3,2)

相应的视图为：

```
select t1. Partno,t2. Materiralno,t1. material,t1. hours,t1. price,
t3. rate _ of _ sal,t3. rate _ lf _ rl,t3. rate _ of _ zzfy from
partno t1,material t2,ratio t3 where t1. partno=t3. partno
. and. t1. materialno=t2. materialno
```

视图保持了数据的一致性，并且增加了数据库的安全性，在以下的定额成本的更新中，视图不须任何改动，只要基础表的内容改变，视图自动随着变化。

2. 定额成本的更新

在实际工作中，影响产品定额成本的变动因素很多。例如，部分原材料计划价格的调整；由于产品工艺结构的变化而引起零部件消耗定额的变化，等等。因此，当各种因素发生变动需要更新各种产品的定额成本时，就必须了解每一零件用了哪些材料，每一部件用了哪些零件，每一产品用了哪些部件。

更新工作可以分为两步：

第一步，更新各变动定额数据。例如，某材料价格调整，可以打开原材料计划价格表单文件，输入需更新的材料号和新的单价，然后以此材料号为关键字去随机读表单文件，读到此材料号的记录，就用新单价替代原单价，再重写表单文件。如果读不到，就显示“材料号输入错误”并重新输入。消耗定额和工时定额文件的更新方法亦同。如果发生材料零件、部件的增减变化，就必须更新零件、部件、产品的结构表单文件。

第二步，更新零件、部件、产成品定额成本。仅以某一材料的单价变动来说，会引起一系列定额成本，查找起来比较困难，工作量也很大，因此需要分别建立零件、部件和产成品的索引表单文件。零件的索引文件以材料号、零件号为一条记录。示意如下：

记录号	材料号	零件号	零件号	零件号	……
1	001	08	015	048	……
2	002	010	015	052	……

部件的索引表单文件以零件号和部件号为一条记录。产成品的索引表单文件则以部件号和产品号为一条记录。它们的形式与零件索引表单文件相同。

就这样，有了上述三个表单索引文件后，当某一材料、某一零件、某一部件的定额成本需要更新时，就可以有的放矢地更新各定额成本。

3. 实际成本的计算

无论是零件、部件，还是产成品的实际成本，都是在定额成本的基础上加减定额变动差异计算出来的。各项定额数据均须先存储到成本计算单表单文件中，才能据以计算出实际成本。成本计算单文件格式可以参照图表 11-10。

图表 11-10

产品成本计算单

产品名________　　　　____年____月　　　　产量________

成本	月初在产品		月初在产品定额变动		本月费用			生产费用合计				差异分配率	产成品成本					月末在产品	
项目	定额成本	脱离定额差异	定额成本调整	定额变动差异	定额成本	脱离定额差异	材料成本差异	定额成本	脱离定额差异	材料成本差异	定额变动差异	脱离定额差异	定额成本	脱离定额差异	材料成本差异	定额变动差异	实际成本	定额成本	脱离成本差异
行次																			
原材料																			
工资																			
燃料及动力																			
计提福利费																			
制造费用																			
合　计																			

数据来源:"月初在产品定额变动",调用定额成本更新的有关表单文件;"材料成本差异",调用本月定额成本中的分配材料差异数;各项目中的定额成本均以各项单位定额乘以实际产量。其余计算步骤与公式，见图表 11-10 中各栏的项目行次。该文件可以作为输出的表式。全部完工产品的成本计算完毕,应将各产品以一种产品为一条记录,汇总为"产成品成本汇总表"，每条记录的数据项有:产品号、产品名、实际成本、单位成本、计量单位、数量。产成品成本汇总表应作为一个衔接"生产成本——基本生产成本"科目与"产成品"科目的过渡表单文件。

综上所述,各成本计算方法虽有所不同,但其基本的数据处理与流程却是相同的。图表 11-11 是五种成本计算方法的数据流程示意图。

图表 11-11

五种成本计算数据流程示意图

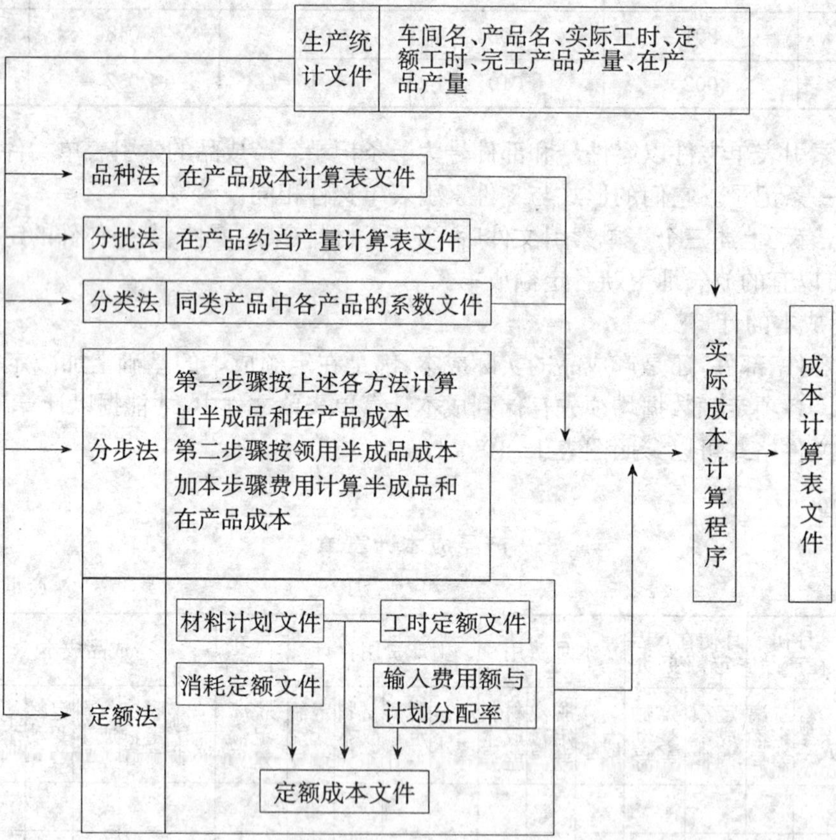

第四节　成本核算的功能模块及程序框图

一、功能模块

无论何种成本计算方法，一般可设计以下几项功能模块：① 数据输入模块(例如，生产统计表单文件中的实际工时，完工产品产量、在产品产量)；② 产品增删模块(产品名称、规格型号的变动，均由此模块完成)；③ 查询模块(经常要查询的内容可设计在程序中予以固定，其他项目可用查询命令随机查询）；④ 初始化模块（在成本计算前，先要将上月末的有关数据转储到本月初的有关项中，其余数据转储后清零，以便接受新的数据与运算，初始化程序也可以放在成本计算程序之前，两者合为一个模块）；⑤ 成本计算模块（调用各有关表单文件或零星输入的数据，进行计算，并形成转账分录，同时登账）；⑥ 打印模块（按事先设计的表格，打印输出）。

功能模块结构图见图表 11-12。

图表 11-12

成本费用核算总功能模块结构图

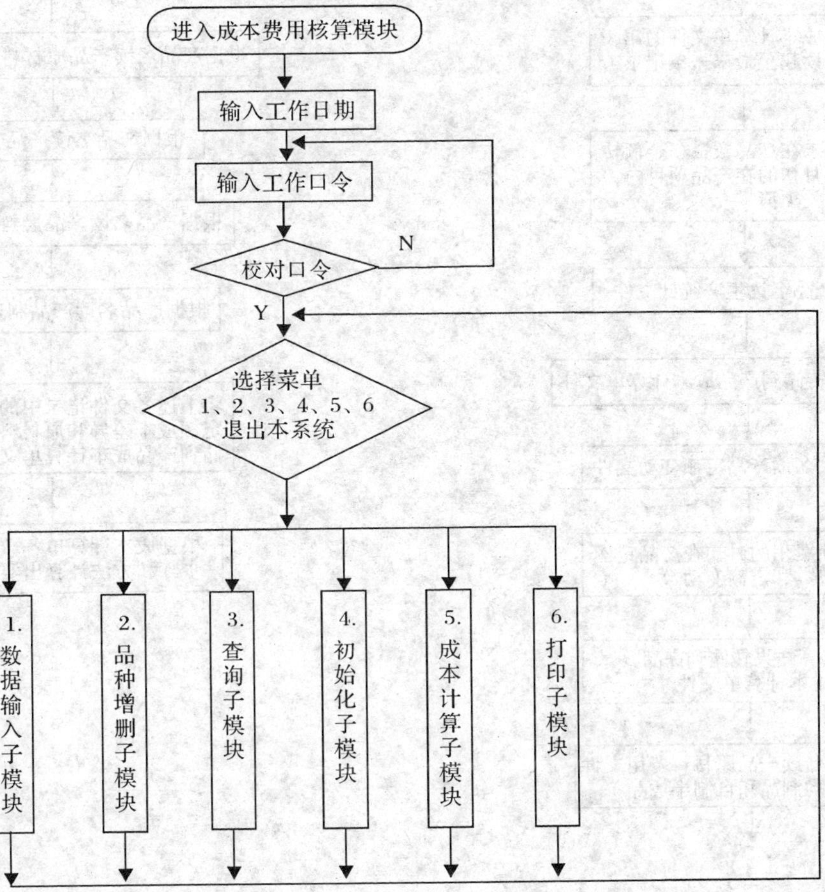

二、程序框图

下面以定额法为例，说明实际成本是如何计算的。其程序框图如图表 11-13。

说明：(1) 阅读程序请对照图表 11-10；

(2) 为了运算方便数据项均须用变量代替；

(3) 初始化程序仅对需计算的成本计算单进行初始化；

(4) 最后计算结果与费用分配前的总金额会有误差，这是正常现象，一般仿手工处理办法，把尾差轧入最后一个产品，程序中就是最后一条记录。

三、程序

VFP 实现成本费用核算功能程序。

图表 11-13

定额法实际成本计算程序框图

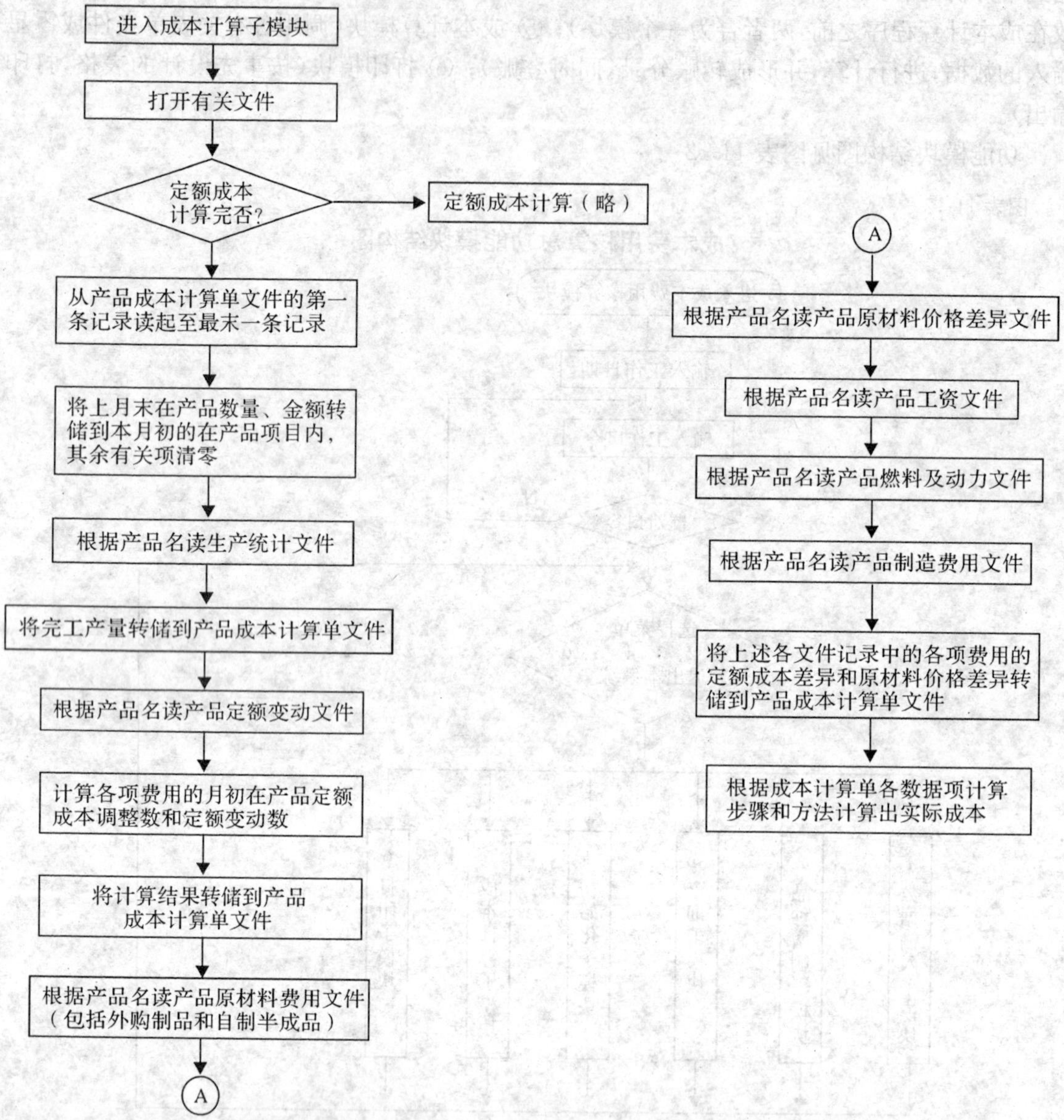

当成本子系统作为会计电算化的一个子模块系统时，如果企业对成本数据信息设置密级，可以采用菜单权限进行控制用户的使用，也可以在进入成本子系统时进行应用程序日志处理即：让用户输入密码并记录下用户的进入成本子系统的时间，以便以后跟踪用户使用系统模块的情况。这里我们采用密级方法。具体实现过程如下：

(1) 首先建立一个用于登录系统的类(CLASS)或仅仅建立一个表单 LOGIN。

(2) 在其上放置下拉式列表框(Combobox)，其名为 cboName，在其属性的数据页中，定义数据源从系统提供的 10 种数据源中选择第四种，即：3—SQL 语句。在表单上放置一个文本编辑框，用于用户输入密码，其名为 txtPassWord，将其属性的布局页中设置 PassWordChar 属性为‘＊’，这样用户输入的字符用星号显示，然后在表单上放置“确定”和“取消”按钮，分别命名为 CmdOk 和 CmdCancel。

(3) 对按钮“确定”和“取消”进行编码。在 CmdOk(确定按钮)的 Click 事件编写如下代码:

```
&& 处理用户输入密码
IF ALL TRIM(EVAL(this. parent. cPassword))= =LLTRIM(this. parent. txtPass-
word. Value)
  && 密码正确,隐藏表单。
  Thisform. Hide()
ELSE
&& 提示错误信息,清除密码输入框的内容,等待用户继续尝试其他密码。
  =MESSAGEBOX('密码不对,请重新输入!')
  this. parent. txtPassword. Value=""
  this. parent. txtPassword. SetFocus()
ENDIF
```

在 CmdCancel 的 Click 事件中编写如下代码:

```
&& 表单或类的一个用户定义的属性为 uRetVal,它是布尔类型的变量,用于保存表单的
返回值,即
&& 用户是否输入了正确的密码? 本属性的初始值为. T.
thisform. uRetVal=. F.
thisform. Hide()
```

(4) 在表单 Login 上,编写相应的事件代码:

在 Load 事件上编写:

```
&& 首先判别数据库 3(Table)是否打开,没有打开,则在一个新的工作区
&& 将其打开,其中 cTable 为表单的用户定义属性
IF! USED(this. cTable)
  USE(this. cTable)IN 0
ENDIF
&& 选择工作区
SELECT(this. cTable)
```

在 init 事件上编写

```
&& 首先定义用户名下拉列表框的数据源 SQL 语句
&& 语句中的 cTable\cFieldName,cNames 均为表单的
&& 用户定义属性
thisform. cboname. RowSource="SELECT"+;
  thisform. cFieldName+;
  "FROM"+this. Table+;
  "ORDER BY"+thisform. cFieldName+;
  "INTO CURSOR cNames
&& 从表(Table)中取得数据
thisform. cboName. Requery()
```

```
&& 如果数据库的相应表中有记录才存在,程序自动在下拉列表框中选择第一条记录
IF _tally>0
  Thisform.cboName.ListIndex=1
ELSE
  && 没有显示错误信息
  =MESSAGEBOX('没有设置用户,错误信息')
  RETURN.F.
ENDIF
```

在 Fefresh 事件上编写

```
&& 设置工作区,定义局部变量用于保存临时数据
LOCAL ln0ldSelect, lcFldName, lcUserID
Ln0idSelect=SELECT()
&& 改变工作区
SELECT(thisform.cTable)
LcFldName="employee_id"
&& 保存下拉列表框中的值
lcUserID=thisform.cboName.Value
&& 在表中查找指定字段相匹配的字段值
=LOOKUP(&lcFldName, lcUserID,;
            &lcFldName, thisform.cTagName)
&& 恢复到原工作区
SELECT (ln0ldSelect)
```

在 UnLoad 事件上编写

```
&& 关闭在本表单打开的数据库
IF USED ("cNames")
  USE IN (this.cTable)
ENDIF
IF USED (this,cTable)
  USE IN (this.cTable)
ENDIF
```

在以上表单执行完毕时,返回一个值,由此值决定是否进入成本子系统。在成本子模块中,同样可以建立一个类(CLASS)表单,生成成本菜单。登录通过后,系统会打开成本表单,加载其菜单。用户就可以选择要进入的模块功能了。

第十二章　销售子系统设计

任何企业都要通过销售过程来获得收入，补偿生产过程中的耗费，并进而实现利润。销售的过程就是通过提供商品或劳务来取得货币或取得在以后的某个特定时间得到货币的权利的过程。由于时间上的差异，销售过程通常可以分为两个过程：① 商品或服务的转移过程；② 货款的取得过程。事实上，大多数企业都将这两个过程分开来处理。因此，销售子系统可以分为两个主要的子系统：① 销售定单处理子系统；② 应收账款处理子系统。前者主要涉及接收定单、组织货物、发运货物和开票等过程；后者则涉及货款的结算、催款、应收账款分析和客户信用评定等过程。为了便于理解，本章从手工系统着手，进而分析电算化环境之下销售子系统的构成，以求构造一高效而功能完备的销售系统模型。

第一节　销售子系统手工作业状况的分析

为了说明销售子系统的功能，我们可以用数据流程图来描述手工销售系统的作业状况。尽管许多企业者或多或少地用计算机来完成其中的某种或某几种功能，但在我们分析电算化系统之前仍然有必要对手工系统进行分析。大多数的企业都存在着一些手工操作的过程，如销售、仓库、运输等，引发这些过程所需要的信息从根本上来说是与产生这些信息的技术是无关的。例如，运输单据告诉我们货物已经运给某个客户，可以准备开票了。无论运输单据是手工产生的还是计算机产生的，都不影响它发挥这样的作用。以下我们分两部分来分析手工销售系统的作业流程。

一、定单处理子系统作业流程

图表 12-1 描述了手工定单处理子系统的作业流程。它主要包括如下步骤：

(1) 销售部门接到客户的定货要求，形成销售定单。

(2) 由指定人员审查客户的信用条件。

(3) 将发货通知送财务、仓库和运输部门。

(4) 发运货物。运输部门应仔细核对所发的货物是否与发货通知相符，以确保品种和数量的正确。发运完毕后，将运输单据送财务部门，以备开票。

(5) 开票人员根据价格、运费、税金和折扣条件等开出销售发票，并记入销售明细账。

(6) 会计人员根据销售发票更新应收账款记录。

(7) 会计人员根据销售发票更新存货记录。

(8) 会计人员定期地汇总销售发票、应收账款和存货记录并过入总账，包括：销货总额、增加的应收账款总额和减少的存货总额。以上这些步骤涉及如下核算：

(一) 销售核算

一般地，当商品已经发出，劳务已经提供，已经收款或取得收款的权利时，即认为销售成立。通常以开出销售发票为依据。产品销售可按品种或规格进行明细分类核算。产品销售的

图表 12-1

手工定单处理子系统数据流程图

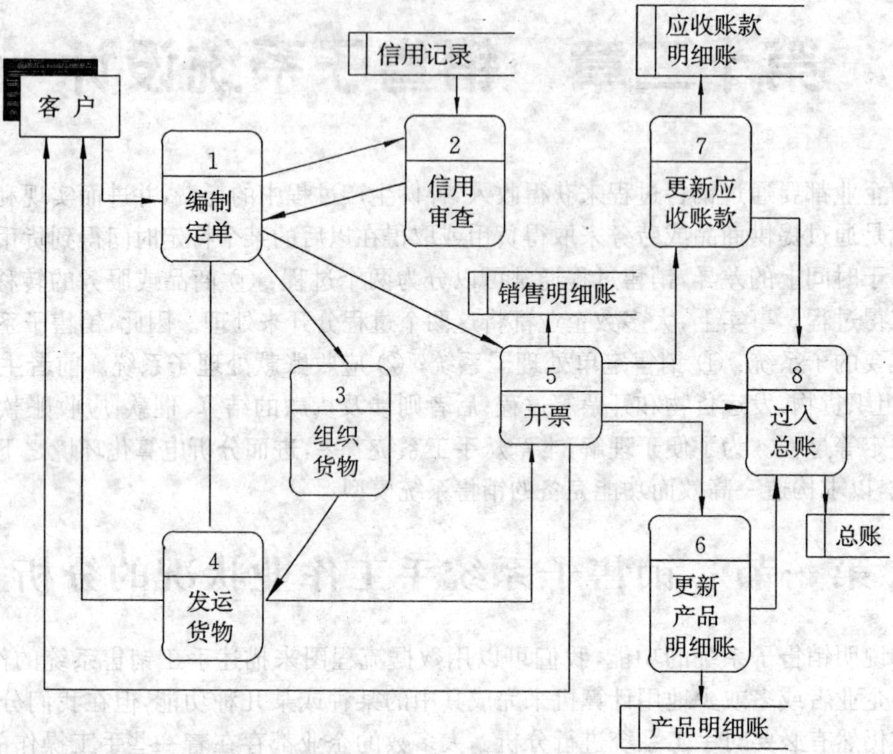

总分类核算，可根据汇总销售凭证，作固定转账分录如下：

借：银行存款(已收货款)
　　或应收账款(未收货款)
　　贷：产品销售收入
　　　　应交税金——应交增值税(销项税额)

若出现退货情况，则当货物退回时作红字分录如下：

借：应收账款　　(红字)
　　贷：产品销售收入　　(红字)
　　　　应交税金——应交增值税(销项税额)　　(红字)

月末，根据产成品收发存汇总表和销售汇总表结转产品销售成本，其固定转账分录如下：

借：产品销售成本
　　贷：产成品

月末或季末计提城市维护建设税和教育费附加时，作固定转账分录如下：

借：产品销售税金及附加
　　贷：应交税金——城市维护建设税
　　　　其他应交款

月末,结转“产品销售收入”、“产品销售成本”、“产品销售费用”和“产品销售税金及附加”至“本年利润”账户。

(二) 产成品核算

产成品的收、发、存核算类同与其他存货的核算。产成品仓库根据产品交库单验收车间交来的完工产品,根据发货通知发运货物,并据以登记产成品台账;产成品明细账平时只登记数量。月末,根据产品成本计算单登记入库产品的单位成本和金额;再根据加权平均法或先进先出法等核算发出产品和结存产品的单位成本和金额。

二、应收账款处理子系统作业流程

图表 12-2 描述手工应收账款子系统的作业流程,它主要包括以下步骤:

1. 出纳根据客户的支票或汇票等付款单据填写进账单,连同支票等一同送银行办理结算。银行办妥收款手续后开出收款通知。
2. 根据收款通知,更新应收账款明细账。
3. 根据收款通知,更新银行存款日记账。
4. 定期汇总应收账款明细账和银行日记账,记入总账。

图表 12-2

手工应收账款处理子系统数据流程图

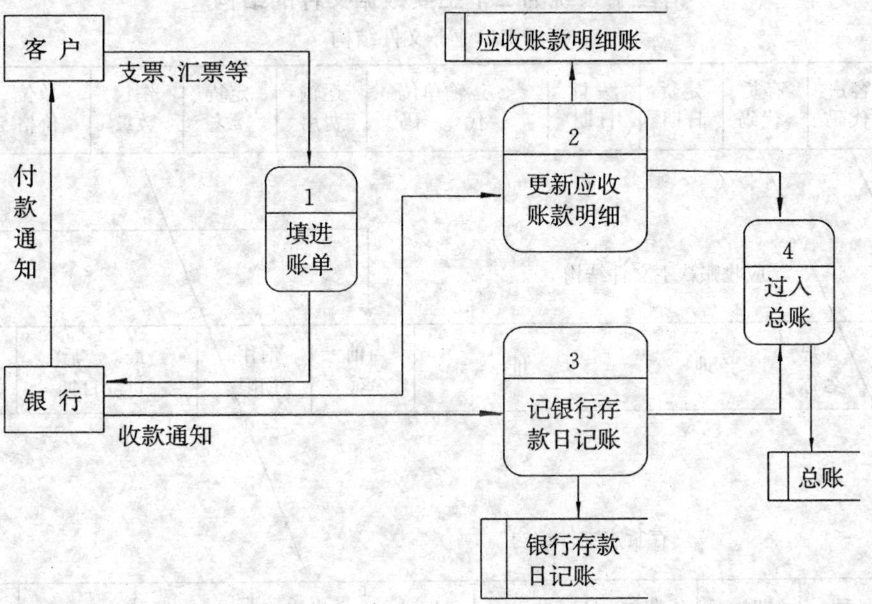

以上步骤涉及的主要是应收账款的核算,当收到客户支付的货款时可作分录如下:

借:银行存款

　贷:应付账款

在实际工作中,这部分工作主要由出纳来完成。由于应收账款的管理是企业流动资金管理中的重要一环,因此,各个企业都非常重视对应收账款的管理。针对不同企业的情况分别确定信用条件和收账政策,使之既能扩大销量,又能减少坏账损失。

从以上分析可以看出,手工销售核算子系统的输入数据为客户定单和付款单据;输出数据为销售明细账、应收账款明细账、产成品明细账、银行存款日记账和总账。

第二节　销售子系统的数据处理流程

计算机技术应用于会计领域中可产生不同层次的信息系统。较低层次的系统只是实现数据的自动处理；而高层次的系统则是对会计系统重新进行构造，根据计算机技术，重新设计系统的处理流程和工作流程。本节所考虑的主要还是如何实现会计数据的自动处理，在第四节中，我们将探讨即时销售系统(POS)以及利用电子数据交换(EDI)和互联网(INTERNET)的销售系统。

上一节中，我们已经对手工销售系统的作业状况进行分析，从分析中可以看出，销售子系统与会计信息系统中的其他子系统，如：存货核算子系统、账务处理子系统都存在着密切的联系。因此，在设计销售子系统时要充分考虑到它与其他子系统的联接问题，同时要解决好数据入口问题，尽量减少数据的输入量，实现不同子系统间的数据共享。

一、数据采集

在销售子系统中有三个主要的数据文件：销售定单业务文件、应收账款主文件和存货主文件。它们的结构以及相互间的关系可表示如图表 12-3。

图表 12-3

销售子系统的三个主要数据文件的结构

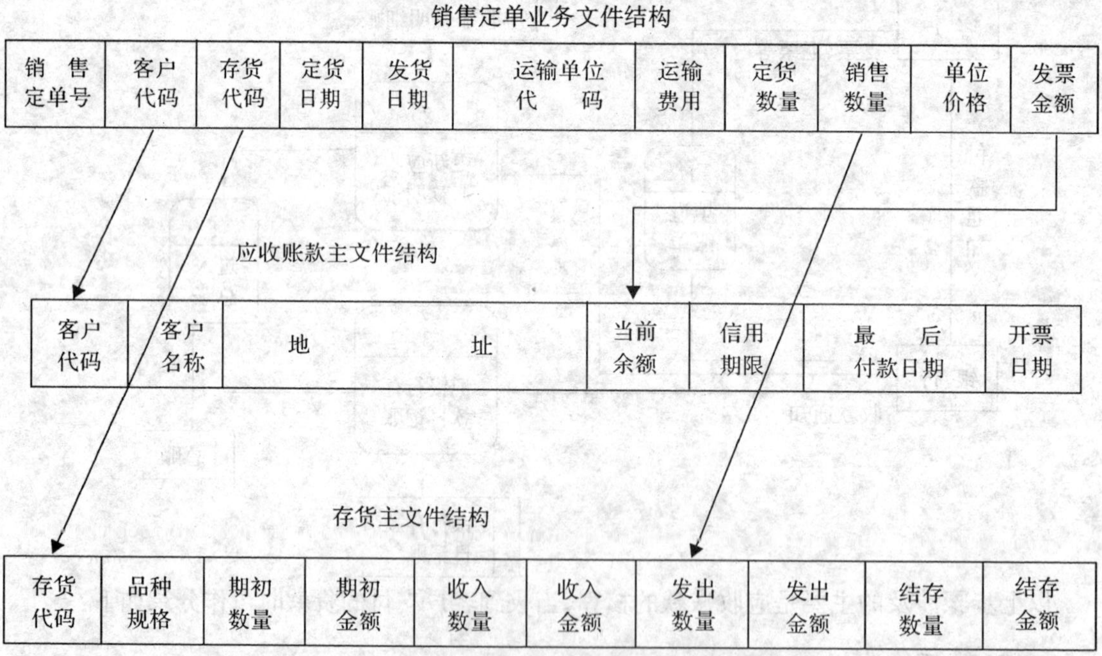

从以上图表的结构可以看出，日常的数据采集主要是销售定单和收款凭证数据的输入。当接到销售定单时，可根据定单内容在销售定单业务文件中增加一条新记录。销售定单号为主关键字，客户代码和存货代码为辅关键字。若为一新客户，则同时在应收账款主文件中增加一条新记录，输入新客户数据。销售定单业务文件通过客户代码和存货代码与其他两个文件建立关联。应收账款主文件可用来了解各客户的欠款情况、还款日期，评价客户的信用程度。存货主文件中的收入数据来源于成本核算子系统中完工产品成本计算单，并自动计算结存数量与金额。存货主文件为月文件，每月需执行月初始化。为了加强对存货的管理，还可在存货主文件中增加再定货点、经济批量、供应商代码、定额成本等内容。

当客户付款时，根据付款凭证更新应收账款主文件中的当前余额及最后付款日期。为了保存客户详细的欠款、付款信息，可再增设一应收账款明细文件，文件结构可设计如下：

定单号	客户代码	产品名称	开票日期	付款日期	结算类型	金额

在更新应收账款主文件的同时，也在该文件中增加一条记录，反映应收账款的变动情况。

二、数据处理

销售子系统的数据处理部分主要是更新应收账款主文件和存货主文件的内容。首先，比较定货数量与存货结存数量，进而决定生产数量或购进数量。当销售定单执行完毕，开出发票之后，根据开票金额加上运输费用更新应收账款余额，根据销售数量更新存货发出数量，并自动更新存货结存数量和金额。存货结存金额可按照先进先出法或加权平均法进行计算。

三、数据输出

销售子系统的数据输出主要包括：销售发票、销售报表、应收账款报表、对账单、催款单、机制记账凭证。

销售发票的数据来源于销售定单业务系统，根据所售产品的单价和数量，计算金额及销项税额。目前，增值税开票系统需经税务部门批准，并购买特定式样的销售发票。

销售表可分销售日报表和销售月报表。销售日报表反映每日的销售状况，月报表则是一月的累计数。销售日报表的结构可设置如图表 12-4。

图表 12-4

销售日报表结构

年　　月　　日

定单号码	客户	产品名称	发货日期	数量	单价	金额	应收账款余额
合　计							

应收账款报表也可分为日报表和月报表，分别反映每日和每月的应收账款情况。月报表反映每一个客户的应收账款金额及销售、折让、退货等情况，其结构如图表 12-5。

图表 12-5

应收账款月报表

年　　月

客户名称	上月余额	本月销售			本月收款					应收账款余额	备　注
		现销	赊销	合计	现金	票据	折让	退货	合计		
合　计											

在企业实际工作中，经常需与一些客户进行对账，因此需设置对账单输出功能。对账单的格式如图表 12-6。

为了加强对应收账款的管理，还可设置输出催款单的功能。当某一客户欠款到期限后，自动输催款单。此外，也可增设一些应收账款的分析功能，如进行账龄分析，输出账龄分析表等。

图表 12-6

对 账 单

客户：　　　　对账期间：　　年　　月　　日至　　年　　月　　日

期初应收账款余额			本期销售合计		本期收款合计		期末应收账款余额
本期销售明细							
定单号	产品名称	发货日期	数量	单价	货款	运费	金额合计
合　计							
本期收款明细							
日期	结算类型	金额	备　　注				
合　计							

打印所需数据均可取自应收账款主文件及明细文件。

机制记账凭证可通过汇总销售定单业务文件和存货主文件的数据而得，固定分录如下：

借：应收账款

　　贷：产品销售收入

　　　　应交税金——应交增值税（销项税额）

借：产品销售成本

　　贷：产成品

销售子系统的计算机数据处理流程如图表 12-7 所示。

图表 12-7

销售子系统计算机数据处理流程

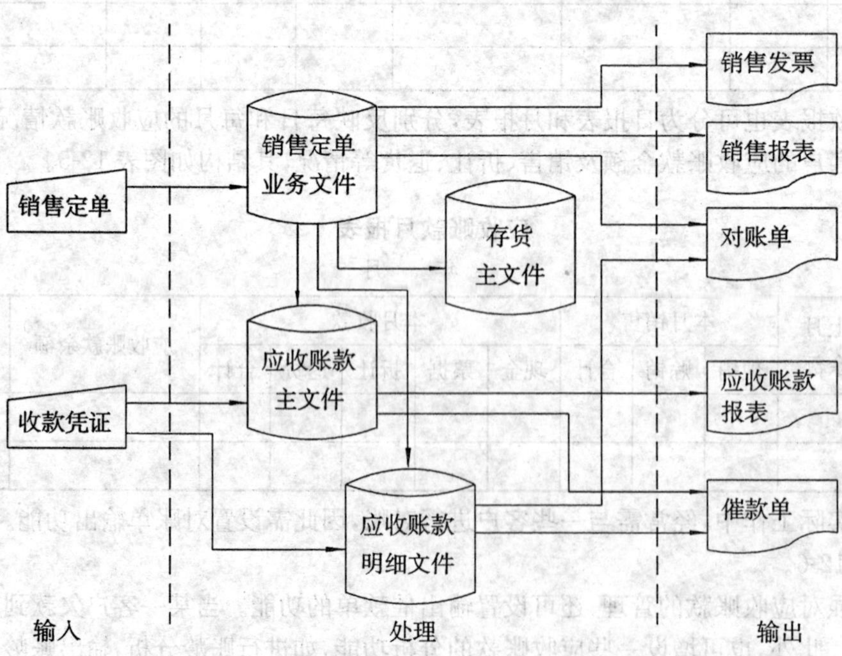

第三节　销售子系统的功能模块和程序框图

根据手工作业的习惯和会计数据的流程，销售子系统可以分成：

销售定单处理子模块；应收账款处理子模块；查询子模块；输出子模块。

其总功能模块结构图如图表 12-8 所示。

图表 12-8

销售子系统总功能模块结构图

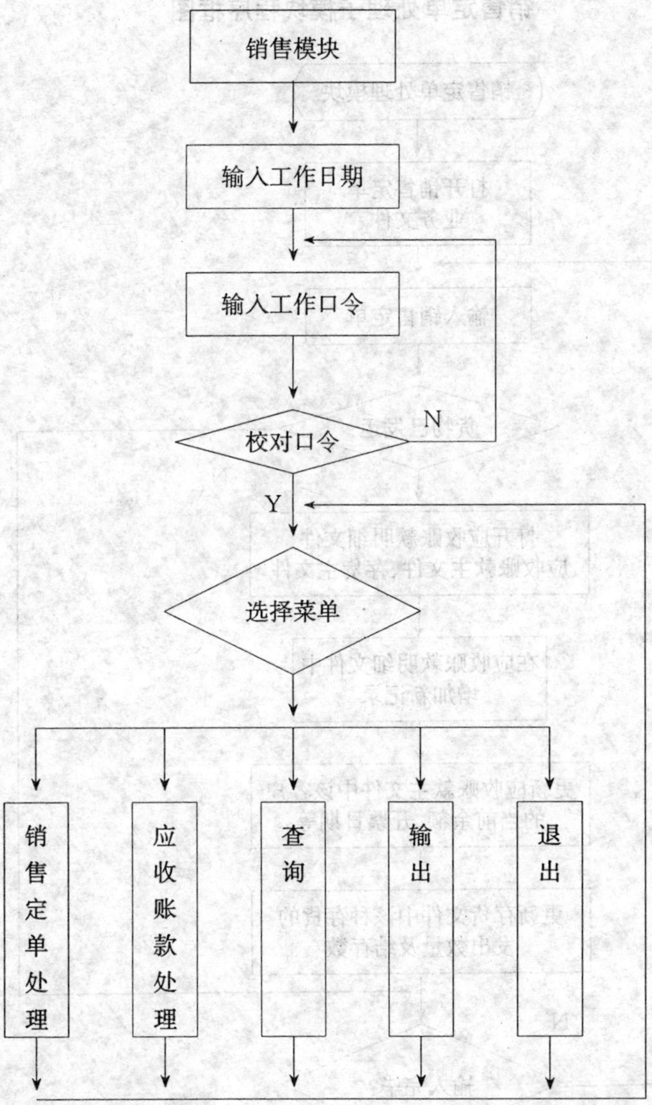

一、销售定单处理子模块

销售定单处理子模块有以下几项功能：

1. 新增销售定单

根据客户的销售定单，在销售定单业务文件中增加新的记录。

2. 编辑销售定单

根据销售定单的执行情况,更新销售定单业务文件中记录的内容。根据发货情况,在应收账款明细文件中增加记录,并更新应收账款主文件中相应客户的记录;更新存货文件中对应的存货记录。

3. 打印销售发票

当货物发运之后,根据发运数量及单价输出销售发票。

销售定单处理子模块的程序框图如图表 12-9 所示。

图表 12-9

销售定单处理子模块程序框图

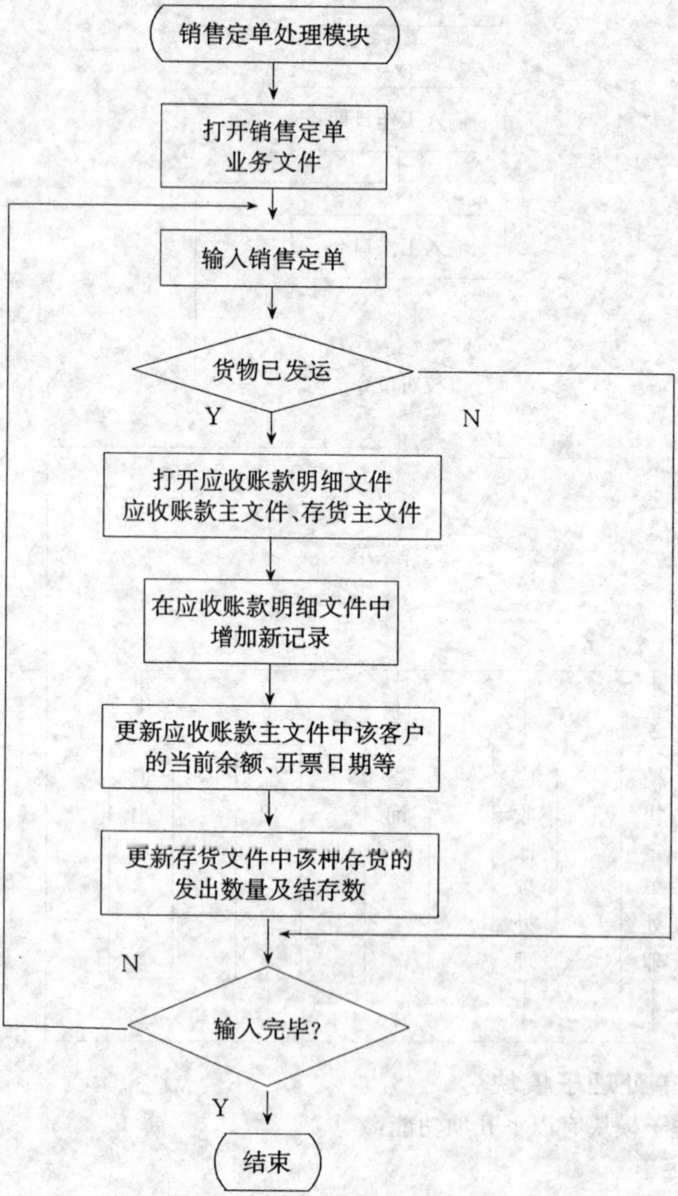

二、应收账款处理子模块

应收账款模块主要包括如下功能：

（一）输入收款凭证

为了便于数据处理，一般将销售过程与收款过程分开进行处理。当销售完成之后，作应收账款与销售收入的增加；收到款项之后，则作应收账款的减少和银行存款的增加。因此，收到货款之后，可将有关数据输入应收账款明细文件和应收账款主文件中，便于其后的数据处理和查询。

（二）应收账款分析

应收账款的管理是企业流动资金管理中的一个重要方面，它直接影响到企业流动资金的周转。因此，应采用科学的方法，对应收账款的状况进行分析，以便制定不同的收账政策，如输出账龄分析表。

（三）打印对账单

定期地或根据客户的要求，打印对账单，格式见前所示。

（四）打印催款单

经常检查开票日期与信用期限，当发现欠款期限已到时，则打印催款单。

三、查询子模块

查询子模块根据管理上的需要设计有关查询内容。一般查询项目有：日销售情况查询、累计销售情况查询、库存情况、应收账款查询。图表 12-10 是查询模块的结构图。应收账款查询的程序框图见图表 12-11、12-12。

图表 12-10

查询模块子系统

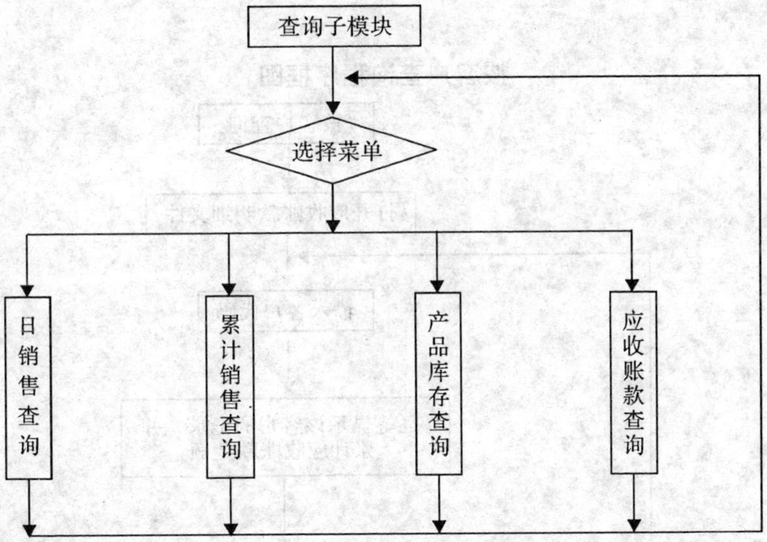

四、输出子模块

输出的主要报表有：销售日报表、销售月报表、应收账款日报表、应收账款月报表及固定的转账分录。部分格式已在前面列示。这些报表的格式可预先在程序中设计好，也可用电子表格软件由用户自行设计。打印之前，先从各有关文件中取数，装配在打印格式中，然后再打印。输出程序本章省略。

图表 12-11

应收账款查询程序主控程序框图

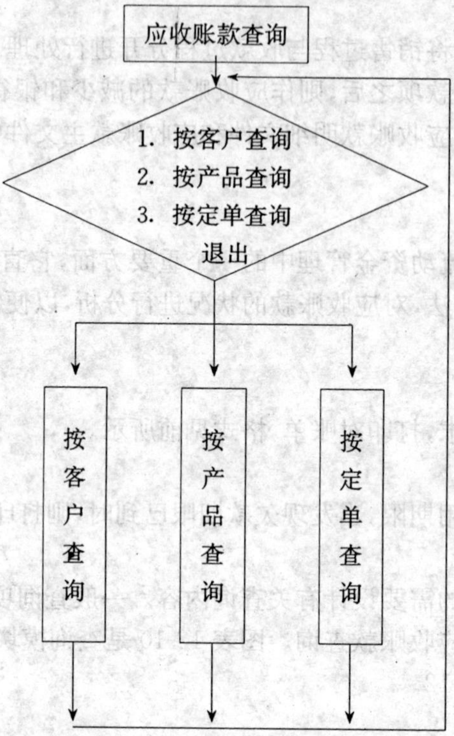

图表 12-12

按客户查询程序框图

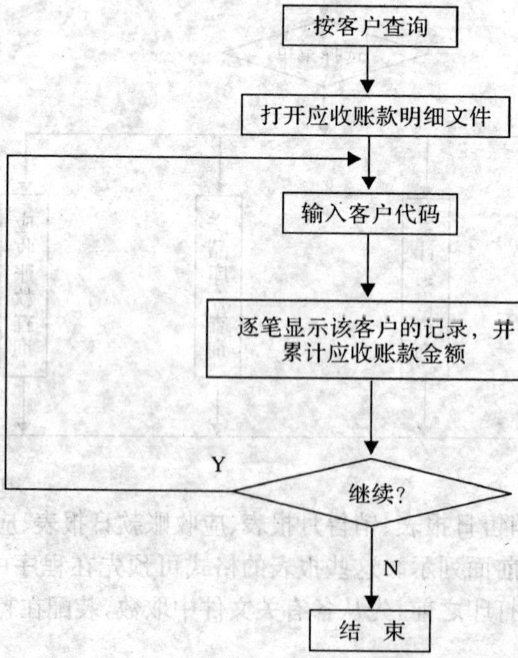

第四节　销售子系统的其他形式

上面我们已经探讨了如何实现销售子系统的数据自动处理，但这还不能充分发挥计算机的作用。要实现高层次的应用，需根据计算机应用的特点，重新构造一个崭新的销售子系统。本节的目的就是探讨几种销售子系统的形式，包括即时销售系统(POS)以及利用电子数据交换(EDI)和互联网(INTERNET)的销售系统。

一、即时销售系统(POS)

前面所述销售系统主要以制造业为例，都有应收账款发生。但在一些其他行业中，如百货零售业，往往只有现金交易，这种行业中使用最为广泛的是即时销售系统(Point－Of－sale System)。在这种行业中没有应收账款，货物存放在货架上，而不是仓库里。顾客自己挑选所需物品，并到柜台上结账。POS 系统的数据处理流程如图表 12-13 所示。

图表 12-13

POS 系统的数据处理流程

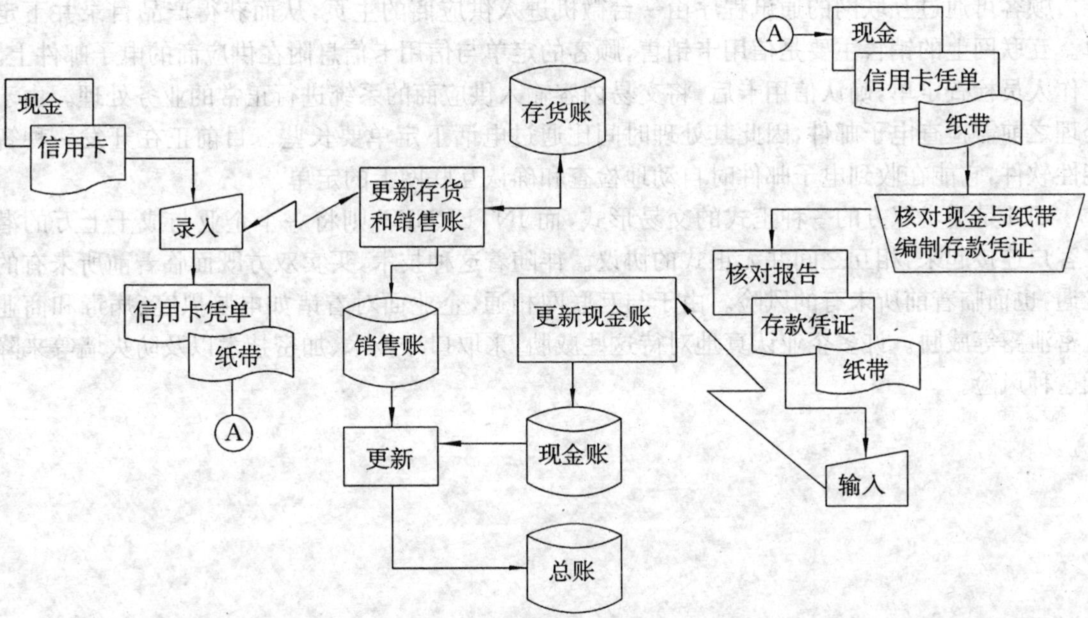

POS 系统的收银台直接与存货文件发生联系。当一笔交易成交后，系统即时地减少存货数量。当存货数量低于某一水平时，系统会提醒工作人员补充存货。顾客所购物品通过激光扫描仪读入系统，系统自动加计总金额，并即时地在销售明细账中增加销售记录。销售明细账的主要内容包括：日期、时间、终端编号、销售总额、现金或信用卡销售、销货成本、税金、折扣等。如果顾客用信用卡结账，收款员需通过在线服务获得授权。当授权批准之后，收款员填制信用卡凭单，并交顾客签字确认；若是现金，则将收入的现金放入收银机内。收款员还需打印一式两联的纸带，一联交于顾客，一联留在收银机内，用以内部核对。

每一次交班时，领班打开收银机取出现金抽屉与纸带，并放入一只带有一定数额零钱的现金抽屉，交给下一班。取出的现金抽屉与纸带送到财务部，由出纳清点核对。现金与信用卡凭单的合计数应与纸带上的销售金额相符。核对完毕后，出纳填制核对报告，交收款员作收款凭据。同时将有关数据输入系统，更新现金日记账。每日营业结束后，会计人员汇总收款总额和销售总额，过入总账。

二、应用 EDI 的销售子系统

许多企业通过 EDI(Electronic Data Interchange)来重新构造他们的销售定单系统。EDI技术方便了制造商与批发商、批发商与零售商之间的联系。顾客的计算机通过电话线可直接与供应商的计算机相连。当顾客的计算机确定定货信息时，EDI 会自动地将定单发送给供应商。供应商的系统收到定单后会自动地进行处理。这种系统很少或不需要人工的干预。

EDI 不仅仅是一项技术，它还是买卖双方成交的一种独特的形式。应用 EDI，买卖双方可预先就价格、数量、保证交货期、支付条件及其他争议的方式达成协议。一旦协议成立，买方和卖方都无需任何人参与 EDI 交易，整个交易将自动完成。

EDI 也存在着一些需注意的问题，如：如何保证只有经授权的交易才能被处理？如何防止本企业财务数据的泄露等等。

三、应用 INTERNET 的销售子系统

世界各地有成千上万的企业在互联网上建立了自己的主页，以推销自己的产品和招揽生意。顾客可通过互联网的通讯程序由一台微机进入供应商的主页，从而获得产品目录并下定单。互联网上的销售主要是信用卡销售，顾客的定单与信用卡信息附在供应商的电子邮件上。工作人员检查定单，确认信用卡后，将交易内容输入供应商的系统进行正常的业务处理。由于处理之前需检查电子邮件，因此其处理时间比通过电话下定单要长些。目前正在开发一种智能性软件，它能在收到电子邮件时自动地检查和确认互联网上的定单。

EDI 是买卖双方的一种正式的交易形式，而 INTERNET 则将一个企业与成千上万的潜在客户连接起来，相互之间并无正式的协议。伴随着这种技术，买卖双方既面临着前所未有的机遇，也面临着前所未有的风险。由于与互联网相通，企业面对着诸如电脑黑客、病毒和商业机密泄露等威胁。许多企业认真地对待这些威胁，采取口令技术、加密技术以及防火墙等来降低这种风险。

第十三章　会计信息的远程查询

第一节　网络下的会计信息查询

一、利用网络进行会计信息查询

（一）传统局域网下的会计信息查询

目前的商品化会计软件一般分单机版和网络版，大多数会计软件都能提供网络版产品。这样用户可以在传统PC机的局域网（典型的是Novell 3.X为网络操作系统的网络，文件服务型）下进行联网查询，也就是说利用局域网在一个小区域内（如一栋楼内）的任何工作站上，利用会计软件查询操作人员输入的会计信息，并且查询和输入工作可以同步进行，所以网络版软件对工作效率的提高是明显的。对于领导来说，能在自己的计算机上而不用到财务人员的计算机上就能查询会计信息，这种方式比较方便。不过，许多软件公司对其产品使用软件狗加密，领导查询使用的计算机也算一个站点（即需额外付费）。

传统的局域网也支持远程工作站，即用户可以通过电话线远程登录上网，同样可以使用会计软件进行查询。然而由于目前国内的会计软件基本是文件服务型的，而电话线传输速度又比较慢，在一个稍大信息量的系统中，一个一般复杂性的查询要花的时间将令用户难以忍受。用同样的信息量进行比较，一台单机、一个比较忙的局域网的工作站、一个远程工作站，查询所需的时间可能是：单机几秒，本地工作站一、两分钟，而远程工作站要花几十分钟！所以传统的局域网模式难以胜任远程查询工作。

（二）Intranet下的会计信息查询

企业跨地区运作已越来越普遍，同时为强化企业财务管理要求，对整个企业的财务进行监控和信息浏览，对异地即远程的会计信息查询是会计软件需解决的问题。然而传统的文件服务型局域网难以胜任远程查询工作，目前解决方法有传统的客户/服务器模式和借鉴于Internet技术的Intranet方案。远程查询的瓶颈是数据传输部分，由于传统的查询是将数据库中数据全部取到本地再筛选，数据的传输占用了大量时间。即使对于局域网上的本地工作站，查询速度也和单机有很大差别。很多网络版会计软件的用户都有这种感受：如果网上用户增多后，输入、查询速度急剧下降。而客户/服务器和Intranet技术操作是分前、后台的，运行在服务器的数据库软件先将数据筛选再将信息量很小的查询结果传输到前台软件显示。在这种方式下，远程工作站、局域网的本地工作站、一台单机（在服务器上测试）查询速度差别不明显。传统的客户/服务器方案需要购买昂贵的客户/服务器数据库软件，如Oracle、Sybase、SQL Server等，而且目前的会计软件必须更新；而Intranet方案的数据库软件不仅可以是客户/服务数据库软件，也可以是Access、Visual FoxPro等廉价的数据库软件，现有会计软件不需改动，对我国已使用国内会计软件的用户软件系统的升级、改造无疑是个经济、简便的方案。最后要说明的是，无论是客户/服务器还是Intranet方案都需要最新的网络操作系统支持（如Windows NT 4.0、最新版的Novell系统），后者还要配套的Intranet支持软件。

二、实现远程会计信息查询的意义

一个稍具规模的企业都下设子、分公司或营业部，而且它们大多和总部不在一个地方。在实际工作中，由于技术上的原因，许多公司总部无法对下级单位的财务进行及时监督，如果下级单位财务发生漏洞往往要很长时间后才能发现，造成的损失已无法弥补。例如，某证券公司的一个外地营业部在一次购买小车事件上财务违规操作，造成几十万元的资产流失，一年多后公司总部才检查出来，由于该营业部的几个当事人已先后调离该单位，对查找事故原因和挽回损失都造成了极大的困难。

由于下级单位不在同一地方，总部不能对其进行及时监督，往往给了经济犯罪分子可乘之机，犯罪后有充足时间撤退。为解决这个问题，应强化企业财务管理和监督，除了在制度上要加强外，在技术上也应加以改进，保证异地信息能及时查询到。

显然，沿用传统的手工会计的方法要及时对异地部门进行监控是很困难的。目前我国有几十万家企业已相继实现了不同程度的会计电算化，会计信息电子化后，及时监控成为了可能。不过，这仅是向正确的方向迈出的第一步。在已实现了会计电算化的单位中，绝大多数单位使用的是国内软件，这些软件大多所用的是相对廉价的数据库系统：数据库是 DBF 或 MDB，这两种数据库格式占我国财务软件的绝大多数，它们不适合直接的异地查询方式，所以需要利用最新的信息技术加以改造。WEB 查询方式对 DBF 和 MDB 数据库都能支持，如果用户使用的会计软件是网络版，在 WEB 查询时仍可以进行正常操作。所以 Intranet 技术的发展为跨地区的企业进行有效的财务监督提供了经济可行的方案。

第二节　Intranet 时代的信息系统

一、网络信息系统方案

我国的 PC 机上信息系统的发展从形式上可分为四个阶段：DOS 版、WINDOWS 版、传统的 CLIENT/SERVER 版(即大型数据库版本)和正在发展的 INTRANET WEB 版。

从 20 世纪 90 年代初诞生的 Intranet 技术对信息系统的影响是非常巨大的。一般说来，对于涉及远程通讯的企业(集团)的信息系统采用的是客户/服务器方案，后台数据库采用的是大型数据库如：Sybase、SQL Server、Oracle 甚至 DB2，在 PC 机平台上常见的前台(即客户端)开发工具有：VB、VC++、VFP、Delphi、Power Build 等。目前这种方案仍是远程信息系统的主流结构，在性能上也能满足企业管理上的要求：如查询的及时性等。但其缺点是：

(1) 构造费用过高，对于我国的中、小企业难以负担；

(2) 培训难度大，软件复杂，并且各地的用户集中培训的成本较高；

(3) 维护难度大，不仅是服务器端的技术比文件服务器的软件复杂，更困难的分散在各地的客户端。

目前，Intranet 开发技术已逐渐成熟，与传统的客户/服务器方案比较，优点明显：根据企业具体情况，后台数据库可以是大型数据库也可以是廉价的 DBF 和 MDB 数据库；前台是统一的浏览器软件，用户培训强度小；所有的维护只集中在服务器端，维护人员不用四处奔波。当然，与传统的客户/服务器前台软件比较，浏览器提供的功能不尽完善，不过 Intranet 开发技术还在发展中，我们相信不久的将来会有更强大的开发工具、更先进的用户界面提供。浏览器是下一代的操作系统，而 Intranet 是新一代的信息系统。

目前，利用 Intranet 开发信息系统可以有两种做法，一种是完全的 Intranet 版，即数据的输入、查询、系统的维护均利用 Intranet 技术完成，目前的技术能满足这种要求，但技术难度大，安全性能方面对开发方、用户方的系统管理人员要求高，这种方式似乎对电子商务更适合。对于我国企业内部的信息系统，我们更推荐另一种简便的方案，即数据的输入、系统的维护均利用传统技术在本地完成，提供远程信息查询功能满足企业管理上的需求。这种方案费用低，技术要求不高，安全方面也容易控制，为了防止黑客的侵入，我们可以只在服务器上存放数据库的备份以供查询(前一种就不行)。

所以，我们向我国中、小型企业推荐的方案是：传统的信息系统＋远程查询系统＝企业(集团)级信息系统。

对于信息系统的平台的选择也是我国企业应考虑的问题。目前 WEB 网站使用的操作系统大多是 Unix，但它们对我国中小型企业不一定适合。虽然它们的安全性和稳定性比 Win NT 要高，但缺点是开发工具少、懂这方面的人才也少，而微软在 Win NT 上推出了一系列的 Intranet 开发工具，并且一如既往的保持微软的作风：使用方便、技术操作要求低、廉价。另一方面，和属于 Internet 的信息系统如电子商务相比，属于 Intranet 的企业内部信息系统在安全性、系统访问强度等方面要求要低。所以综合考虑，对我国中小型企业，Win NT 平台将是最佳方案。

我们根据 Intranet WEB 查询技术构造了远程领导查询系统，Demo 版中实现了对财务数据(目前是对账务系统)的远程查询，但其他信息系统数据的远程查询模块正按相同技术构造。目前该系统查询的数据来自账务系统的一个实例，但在技术上它能应用于对国内所有的财务软件数据提供远程查询，只要这些会计软件支持《标准数据接口规范》(下面将介绍)或另外开发一个数据转换软件。系统的最新的改进我们将在网址 Http://www. shift. edu. cn/ibs/wisdom/及时展示。

二、远程领导查询系统的软、硬件条件及原理

提供查询的计算机可以是服务器，也可以是单个 PC 机，需要提供查询的计算机上使用的是最新的操作系统支持(服务器 Windows NT 4.0 以上，PC 机 Windows 95、Windows 98)，还要配套的 Intranet 支持软件：如 IIS(Internet Information Server)。当然，提供查询的计算机上应装有会计软件，但会计软件本身无需是 Windows 版的。远程查询的客户计算机要求的软、硬件条件和查询 Internet 网的要求一样。“远程领导查询系统”的程序中，界面包括查询结果的显示均是 HMTL 文件，查询数据库的程序在后台运行。“远程领导查询系统”的程序和账务系统的数据库放在同一目录下。远程查询的计算机(假定是 A)只要登录到装有“远程领导查询系统”的计算机(假定是 B)上，启动浏览器，查询到“远程领导查询系统”的主页面就可开始远程查询。“远程领导查询系统”的主页面含有对其他模块的超级链接，如科目汇总表、每月科目余额表、各种明细账和记账凭证等。选择某种查询后，首先是查询筛选条件的选择界面。选择按哪些条件查询后，浏览器即向远在异地的计算机 B 发出查询要求，计算机 B 在后台操作(该计算机前台仍可干别的事，比如输入凭证)，将数据从数据库筛选后再传输到计算机 A，计算机 A 的浏览器显示查询的结果。

三、操作步骤

(一) 主界面

选择到“远程领导查询系统”的链接后，出现“远程领导查询系统”的主界面(图表 13-1)。

主界面主要包括四个子模块的超级链接。

图表 13-1

远程领导查询系统

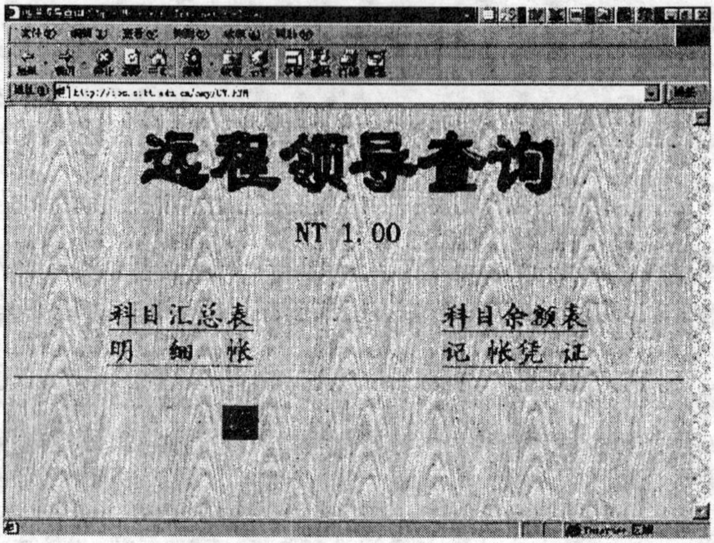

（二）科目汇总查询

图表 13-2

科目汇总查询条件选择

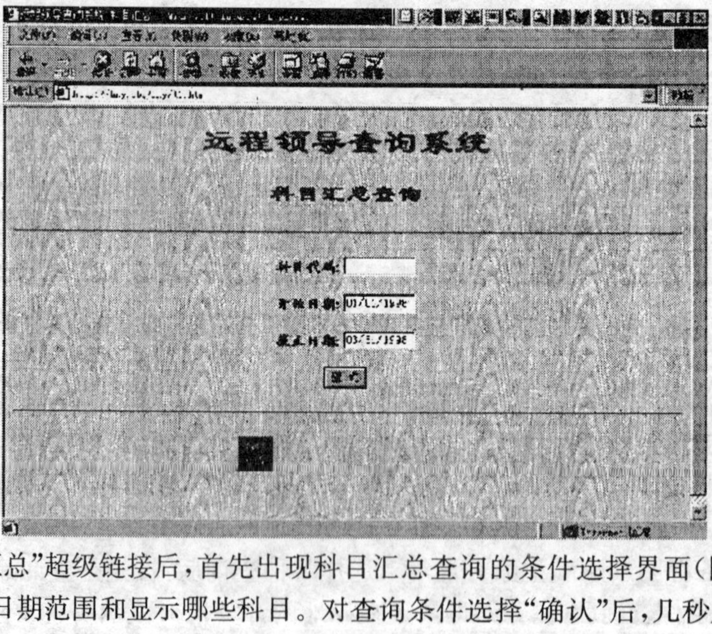

选择“科目汇总”超级链接后，首先出现科目汇总查询的条件选择界面（图表 13-2），可以选择科目汇总的日期范围和显示哪些科目。对查询条件选择“确认”后，几秒后出现查询的结果（图表 13-3）。

（三）科目余额查询

选择“科目余额”超级链接后，首先出现科目余额查询的条件选择界面（图表 13-4），可以选择科目余额的显示月份和显示哪些科目。对查询条件选择“确认”后，几秒后出现查询的结果（图表 13-5）。

图表 13-3

科目汇总查询结果

图表 13-4

科目余额查询条件选择

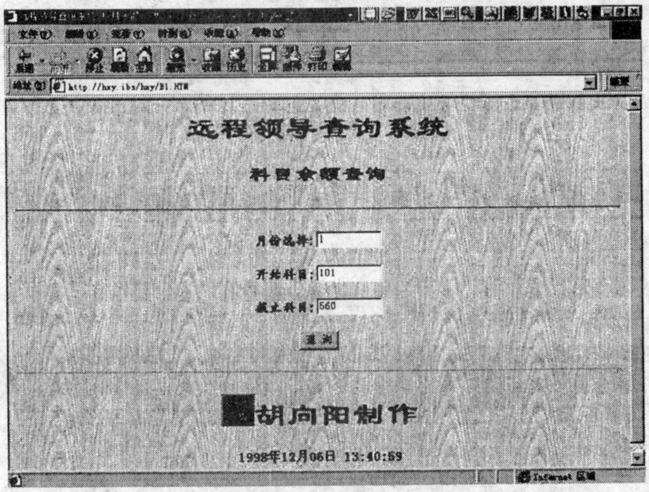

图表 13-5

科目余额查询结果

（四）明细账(包括日记账)查询

选择“明细账”超级链接后，首先出现明细账查询的条件选择界面(图表 13-6)，可以选择明细账的日期范围和科目。对查询条件选择“确认”后，几秒后出现查询的结果(图表 13-7)。

图表 13-6

明细账查询条件选择

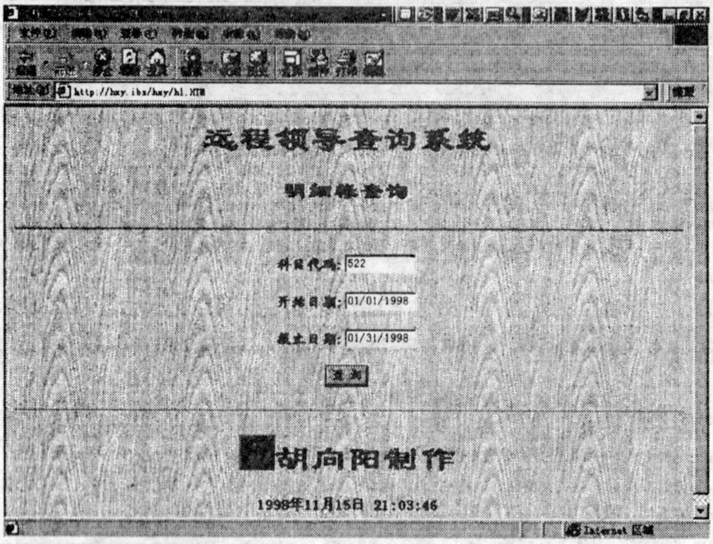

图表 13-7

明细账查询结果

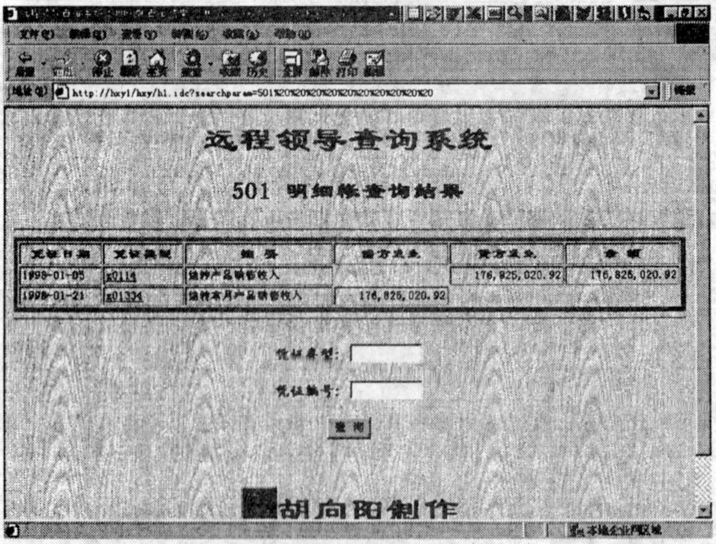

（五）记账凭证列表查询

选择“记账凭证”超级链接后，首先出现记账凭证的条件选择界面(图表 13-8)，可以选择记账凭证的日期范围、科目代码特征、借贷方金额范围等。对查询条件选择“确认”后，几秒后

图表 13-8

记账凭证列表查询条件选择

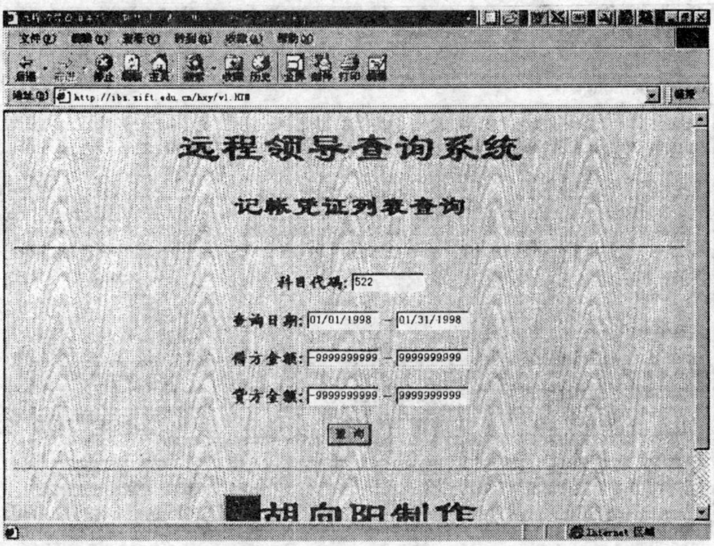

出现查询的结果(图表 13-9)。

图表 13-9

记账凭证列表查询结果

(六) 链式查询

查询到某月科目余额表后，如某科目当月发生额不为 0，说明当月该科目有业务发生，如图表 13-4 或图表 13-5，每个科目指向一个超级链接，选择 501 将出现图表 13-7 的结果，在图表 13-7、13-9 的凭证类型(编号)中按超级链接将出现如图表 13-10 的结果。不过，使用超级链接的链式查询，查询时间段是缺省的，如想自由查询可按如下办法，例如：科目余额表显示结果的最后面(按Ctrl-End)是明细账的查询选择(图表13-10)，选择后出来该明细

图表 13-10

记账凭证查询结果

账的查询，结果和从主画面查询完全一样；查询到该明细账后，结果的最后面(按 Ctrl-End)是记账凭证的查询选择，又可进一步查询到某条记录来自的记账凭证的全部记录。在记账凭证列表查询结果的最后面也有记账凭证的查询选择。这种信息查询方式对财务监督特别有用。

四、性能实测

为检测系统性能，我们利用一个企业的实际数据作测试。数据库中最主要的凭证库容量文件大小 6M 多、有 4 万多条记录的凭证库，数据库置于服务器上。测试结果是：同一台计算机进行查询、同样的汇总算法，用数据库软件直接对服务器上数据统计查询所需时间为 2 分多钟，而用“远程领导查询系统”后台查询数据库所需时间只有 3、4 秒，用电话远程登录方式运行“远程领导查询系统”所需时间也只有 4、5 秒(28.8K 的 Modem)。对电话远程登录方式，经过对所有查询功能的测试，比较复杂的查询也能在不到 10 秒内完成，完全符合异地查询的速度要求。

五、与其他公司的会计软件的衔接

“远程领导查询系统”对 DBF 和 MDB 数据库或大型数据库如 Sybase、SQL Server、Oracle 都能支持，前两种数据库格式占我国财务软件的绝大多数。我们可以利用《标准数据接口规范》或编写接口程序转换账务系统数据，也可以重写远程领导查询系统的接口程序，需要完全技术的用户可以和我们联系。如用户使用的会计软件是网络版，在 WEB 查询时仍可以进行正常操作，如单机版则须退出会计软件。

利用 WEB 技术进行会计信息远程查询，对企业无疑是个福音，但在实践中可能要克服许多问题。首先，我国各个会计软件公司的产品操作平台不同，而 WEB 技术对操作平台要求较高，其次它们的数据库和数据格式也不同，难以用统一的“远程领导查询系统”对整个企业会计信息进行操作。这对企业无疑是个障碍，同时对软件公司推出这类产品也影响了积极性。利用《标准数据接口规范》能较完美地解决这些问题：首先，各会计软件将会计数据按《标准数据接口规范》转换成文本格式；然后，用统一的转换程序生成标准的数据库格式。在统一的数据库格式上建立的“远程领导查询系统”就能通用整个企业。

最新信息技术的使用能有效地保证财务监控的及时性。特别是对国有企业，为防止经济犯罪和国有资产的流失提供了一个有力的工具。

第三节　远程领导查询系统的技术基础

一、网页的制作

制作网页最常用的是 FrontPage，其他工具也很多，有些甚至可从 Internet 网上下载，Word 97 也能制作简单的网页。

为了让制作的网页更丰富多彩，可以使用各种 GIF 和图表象文件 JPG，甚至动态 GIF。还可以用 Java Script、VB script 实现复杂的功能，一些第三方提供的插件也能使你的网页增色。Java 技术则比较复杂。

此外，制作网页还应考虑用户。你的网页用于 Internet 还是 Intranet 可能就不一样。如果是用于 Internet，支持的浏览器要尽可能多，至少支持 IE 和 Netscape，并且在每种浏览器的视觉效果差别不大(IE 和 Netscape 并不完全兼容)，不能使用 VB script(因为只有 IE 支持它)，使用插件也要小心，另外考虑到大多数用户使用的都是慢速的 Modem，你的网页不应含太多花哨的图像。如果是用于 Intranet，有些规定可能恰恰相反，一些限制反而能增加系统的安全性。

二、运行环境

Unix 环境对大多数中小企业和教学单位来说过于复杂。因此，我们用的比较多的是 Windows NT、Win 95 和 Win 98。Windows NT 自带的 IIS(Internet Information Server)就能实现 Internet 或 Intranet。如果是教学或小范围的使用，Win 95 和 Win 98 构造的对等网也能满足要求，当然它们必须安装 Personal WEB Server 软件，在 Win 98 的安装光盘中就有这个软件。Win 95就比较复杂些，用户首先必须安装 IE4.01 以上版本，然后再安装 Personal WEB Server软件。

所有软件装好后，这台机器就成为 WEB 服务器了，当然你必须和网络相连，注意无论是服务器还是工作站必须已安装了 TCP/IP 协议。而要成为 Internet 上真正的 WEB 服务器，还有很多问题要在实际中解决。对于工作站的要求简单多了，浏览器软件是必备的，在“控制面板”的“网络”中应设置“TCP/IP 协议”的属性，最主要的是 DNS 服务器和 IP 地址，见图表 13-11。

三、数据库环境的设置

在服务器能提供基本的网页(静态)浏览功能后，要实现动态的网页，接着是在服务器上设置和数据库接口的问题。首先，必须安装相应的 32 位 ODBC 驱动程序，例如：如果使用 ACCESS数据库，必须安装 ACCESS 驱动程序。

接着从“控制面板”启动“32 位 ODBC”，选择“系统 DSN”标签，按下“添加”按钮。图表 13-12是 ACCESS 97 数据库支持程序的设置，而图表 13-13 是 Visual Foxpro 数据库支持程序的设置，其中 ACCESS 必须选定特定的数据库文件，而 VFP 可以是特定的数据库容器文件，也可以是某目录(支持自由表)。

图表 13-11

工作站网络设置

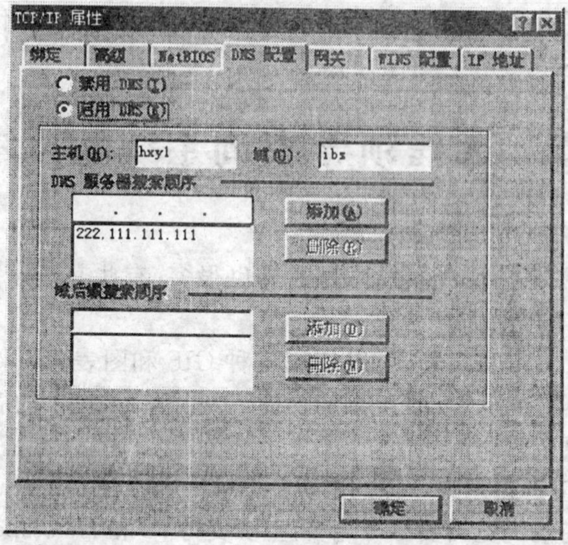

图表 13-12

ACCESS 系统 DSN

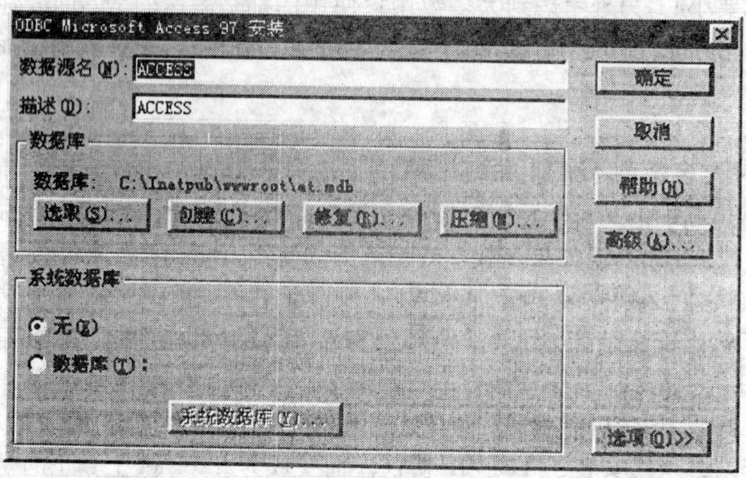

图表 13-13

VFP 系统 DSN

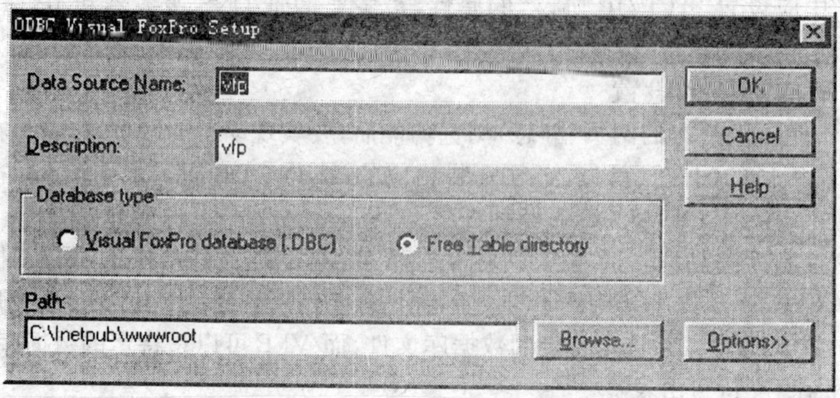

四、编写查询文件

实现在WEB环境对数据库查询传统的方案有Java方案和CGI(Common Gateway Interface)方案。在Win NT、Win95/98的IIS服务器软件中提供了多项解决方案:类似CGI的ISAPI和VFP的QPR文件相类似的IDC文件(调用的具体程序是HttpOdbc. Dll),以及ADO/RDO方案。其中,最简单的是IDC方案,我们下面详细介绍。

首先,接受查询条件的HTML文件利用GET/POST方法将参数传递给IDC查询文件。

IDC(Internet Database Connection)是类似CGI的数据库查询工具,典型的IDC文件如下:

```
Data source:ACCESS
Template:HXY1. htx
SQL Statement SELECT KM98. KMBH, KM98 .*
+FROM KM98
+WHERE (([KM98]! [KMBH] Like '%SEARCHPARAM%%%'))
```

具体解释如下:Data source后是系统DSN的名称,系统DSN的设置见上。Template后是显示查询结果的HTML文件名。SQL Statement后是相关的SQL查询语句,如果一行写不下,续行的方法是,在行首写一个+号,具体查询语句的语法和查询的数据库类型有关,上面的例子是ACCESS数据库的,VFP和SQL Server的不完全相同。

最后是显示查询结果的HTML文件,通常主要部分是含有关数据库字段的表格。HXY1. htx内容如下:

```
<HTML>
<HEAD>
<META HTTP-EQUIV ="Content-Type"CONTENT ="text/html; charset = gb_2312-80">
<TITLE>查询1</TITLE>
</HEAD>
<BODY>
<TABLE BORDER = 1 BGCOLOR = # ffffff CELLSPACING = 0 ><FONT FACE="宋体" COLOR=#000000><CAPTION><B>查询1</B></CAPTION>
<THEAD>
<TR>
<TH BGCOLOR=#c0c0c0 BORDERCOLOR=#000000 ><FONT SIZE=1 FACE="宋体" COLOR=#000000>KM98. KMBH</FONT></TH>
<TH BGCOLOR=#c0c0c0 BORDERCOLOR=#000000 ><FONT SIZE=1 FACE="宋体" COLOR=#000000>字段0</FONT></TH>
<TH BGCOLOR=#c0c0c0 BORDERCOLOR=#000000 ><FONT SIZE=1 FACE="宋体" COLOR=#000000>KMMC</FONT></TH>
<TH BGCOLOR=#c0c0c0 BORDERCOLOR=#000000 ><FONT SIZE=1 FACE="宋体" COLOR=#000000>KMJM</FONT></TH>
<TH BGCOLOR=#c0c0c0 BORDERCOLOR=#000000 ><FONT SIZE=1
```

```
FACE="宋体"  COLOR=#000000>KMLX</FONT></TH>
    <TH  BGCOLOR=#c0c0c0  BORDERCOLOR=#000000  ><FONT  SIZE=1
FACE="宋体"  COLOR=#000000>KMJC</FONT></TH>
    <TH  BGCOLOR=#c0c0c0  BORDERCOLOR=#000000  ><FONT  SIZE=1
FACE="宋体"  COLOR=#000000>KMCJ</FONT></TH>
    <TH  BGCOLOR=#c0c0c0  BORDERCOLOR=#000000  ><FONT  SIZE=1
FACE="宋体"  COLOR=#000000>SLDW</FONT></TH>
    <TH  BGCOLOR=#c0c0c0  BORDERCOLOR=#000000  ><FONT  SIZE=1
FACE="宋体"  COLOR=#000000>WBDM</FONT></TH>
    <TH  BGCOLOR=#c0c0c0  BORDERCOLOR=#000000  ><FONT  SIZE=1
FACE="宋体"  COLOR=#000000>YEFX</FONT></TH>
    <TH  BGCOLOR=#c0c0c0  BORDERCOLOR=#000000  ><FONT  SIZE=1
FACE="宋体"  COLOR=#000000>KMNAME</FONT></TH>
    <TH  BGCOLOR=#c0c0c0  BORDERCOLOR=#000000  ><FONT  SIZE=1
FACE="宋体"  COLOR=#000000>WL</FONT></TH>
    <TH  BGCOLOR=#c0c0c0  BORDERCOLOR=#000000  ><FONT  SIZE=1
FACE="宋体"  COLOR=#000000>YH</FONT></TH>
    <TH  BGCOLOR=#c0c0c0  BORDERCOLOR=#000000  ><FONT  SIZE=1
FACE="宋体"  COLOR=#000000>SL</FONT></TH>
    <TH  BGCOLOR=#c0c0c0  BORDERCOLOR=#000000  ><FONT  SIZE=1
FACE="宋体"  COLOR=#000000>WB</FONT></TH>
    <TH  BGCOLOR=#c0c0c0  BORDERCOLOR=#000000  ><FONT  SIZE=1
FACE="宋体"  COLOR=#000000>TJ</FONT></TH>
    <TH  BGCOLOR=#c0c0c0  BORDERCOLOR=#000000  ><FONT  SIZE=1
FACE="宋体"  COLOR=#000000>DJ</FONT></TH>
    <TH  BGCOLOR=#c0c0c0  BORDERCOLOR=#000000  ><FONT  SIZE=1
FACE="宋体"  COLOR=#000000>KMDE</FONT></TH>
    <TH  BGCOLOR=#c0c0c0  BORDERCOLOR=#000000  ><FONT  SIZE=1
FACE="宋体"  COLOR=#000000>NCYE</FONT></TH>
    <TH  BGCOLOR=#c0c0c0  BORDERCOLOR=#000000  ><FONT  SIZE=1
FACE="宋体"  COLOR=#000000>NCSLYE</FONT></TH>
    <TH  BGCOLOR=#c0c0c0  BORDERCOLOR=#000000  ><FONT  SIZE=1
FACE="宋体"  COLOR=#000000>NCWBYE</FONT></TH>
    </TR>
    </THEAD>
    <TBODY>
    <%Begin Detai 1%>
    <TR VALIGN=TOP>
    <TD  BORDERCOLOR=#c0c0c0  ><FONT  SIZE=1  FACE="宋体"
```

```
COLOR＝＃000000＞＜％KM98. KMBH％＞＜BR＞＜/FONT＞＜/TD＞
    ＜TD  BORDERCOLOR＝＃c0c0c0  ＞＜FONT  SIZE＝1  FACE＝“宋体”
COLOR＝＃000000＞＜％KM98. KMBH％＞＜BR＞＜/FONT＞＜/TD＞
    ＜TD  BORDERCOLOR＝＃c0c0c0  ＞＜FONT  SIZE＝1  FACE＝“宋体”
COLOR＝＃000000＞＜％KMMC％＞＜BR＞＜/FONT＞＜/TD＞
    ＜TD  BORDERCOLOR＝＃c0c0c0  ＞＜FONT  SIZE＝1  FACE＝“宋体”
COLOR＝＃000000＞＜％KMJM％＞＜BR＞＜/FONT＞＜/TD＞
    ＜TD  BORDERCOLOR＝＃c0c0c0  ＞＜FONT  SIZE＝1  FACE＝“宋体”
COLOR＝＃000000＞＜％KMLX％＞＜BR＞＜/FONT＞＜/TD＞
    ＜TD  BORDERCOLOR＝＃c0c0c0  ALIGN＝RIGHT＞＜FONT  SIZE＝1  FACE
＝“宋体”  COLOR＝＃000000＞＜％KMJC％＞＜BR＞＜/FONT＞＜/TD＞
    ＜TD  BORDERCOLOR＝＃c0c0c0  ALIGN＝RIGHT＞＜FONT  SIZE＝1  FACE
＝“宋体”  COLOR＝＃000000＞＜％KMCJ％＞＜BR＞＜/FONT＞＜/TD＞
    ＜TD  BORDERCOLOR＝＃c0c0c0  ＞＜FONT  SIZE＝1  FACE＝“宋体”
COLOR＝＃000000＞＜％SLDW％＞＜BR＞＜/FONT＞＜/TD＞
    ＜TD  BORDERCOLOR＝＃c0c0c0  ＞＜FONT  SIZE＝1  FACE＝“宋体”
COLOR＝＃000000＞＜％WBDM％＞＜BR＞＜/FONT＞＜/TD＞
    ＜TD  BORDERCOLOR＝＃c0c0c0  ＞＜FONT  SIZE＝1  FACE＝“宋体”
COLOR＝＃000000＞＜％YEFX％＞＜BR＞＜/FONT＞＜/TD＞
    ＜TD  BORDERCOLOR＝＃c0c0c0  ＞＜FONT  SIZE＝1  FACE＝“宋体”
COLOR＝＃000000＞＜％KMNAME％＞＜BR＞＜/FONT＞＜/TD＞
    ＜TD  BORDERCOLOR＝＃c0c0c0  ALIGN＝RIGHT＞＜FONT  SIZE＝1  FACE
＝“宋体”  COLOR＝＃000000＞＜％WL％＞＜BR＞＜/FONT＞＜/TD＞
    ＜TD  BORDERCOLOR＝＃c0c0c0  ALIGN＝RIGHT＞＜FONT  SIZE＝1  FACE
＝“宋体”  COLOR＝＃000000＞＜％YH％＞＜BR＞＜/FONT＞＜/TD＞
    ＜TD  BORDERCOLOR＝＃c0c0c0  ALIGN＝RIGHT＞＜FONT  SIZE＝1  FACE
＝“宋体”  COLOR＝＃000000＞＜％SL％＞＜BR＞＜/FONT＞＜/TD＞
    ＜TD  BORDERCOLOR＝＃c0c0c0  ALIGN＝RIGHT＞＜FONT  SIZE＝1  FACE
＝“宋体”  COLOR＝＃000000＞＜％WB％＞＜BR＞＜/FONT＞＜/TD＞
    ＜TD  BORDERCOLOR＝＃c0c0c0  ALIGN＝RIGHT＞＜FONT  SIZE＝1  FACE
＝“宋体”  COLOR＝＃000000＞＜％TJ％＞＜BR＞＜/FONT＞＜/TD＞
    ＜TD  BORDERCOLOR＝＃c0c0c0  ALIGN＝RIGHT＞＜FONT  SIZE＝1  FACE
＝“宋体”  COLOR＝＃000000＞＜％DJ％＞＜BR＞＜/FONT＞＜/TD＞
    ＜TD  BORDERCOLOR＝＃c0c0c0  ALIGN＝RIGHT＞＜FONT  SIZE＝1  FACE
＝“宋体”  COLOR＝＃000000＞＜％KMDE％＞＜BR＞＜/FONT＞＜/TD＞
    ＜TD  BORDERCOLOR＝＃c0c0c0  ALIGN＝RIGHT＞＜FONT  SIZE＝1  FACE
＝“宋体”  COLOR＝＃000000＞＜％NCYE％＞＜BR＞＜/FONT＞＜/TD＞
    ＜TD  BORDERCOLOR＝＃c0c0c0  ALIGN＝RIGHT＞＜FONT  SIZE＝1  FACE
＝“宋体”  COLOR＝＃000000＞＜％NCSLYE％＞＜BR＞＜/FONT＞＜/TD＞
```

```
<TD  BORDERCOLOR=＃c0c0c0  ALIGN=RIGHT><FONT  SIZE=1  FACE
="宋体"  COLOR=＃000000><%NCWBYE%><BR></FONT></TD>
<TR>
<%End Detail %>
</TBODY>
<TFOOT></TFOOT>
</TABLE>
</BODY>
</HTML>
```

也许你觉得上面的程序太复杂了，但使用 Frontpage 制作时非常简单，如图表 13-14 是制作时的操作界面，操作主要利用 Frontpage 的插入表格功能和数据库特性。

图表 13-14

Frontpage 制作

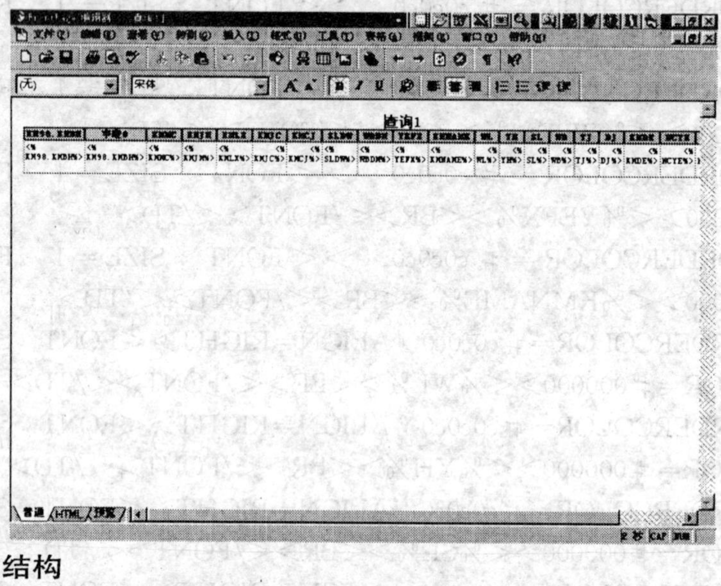

五、 三层结构

客户/服务器软件的一个新趋势是所谓的“三层结构”，即在传统的客户层和服务器层中间再加入应用程序层。我们上面介绍的 Web 方式完全满足三层结构：客户层是 HTML、应用程序层是 IDC 文件、服务器层是后台的数据库，它的优点是明显的：

(1) 体现了分布式计算。

(2) 如果更换了后台数据库，只要改写 IDC 文件，而客户层的程序(包括调用 IDC 文件的 HTML 和模板文件)无需任何修改。

我们介绍的技术不仅能进行远程查询，也能完成远程增加、删除、修改数据库的要求，只要在 IDC 文件中应用 SQL 语句中的 Insert、Delete、Update，具体方法请参考有关书籍。这说明构造一个纯粹的 Web 网络信息系统是完全可能的。

第十四章　运用 Excel 进行会计决策

第一节　会计决策支持系统简介

一、会计决策支持系统是会计信息系统的最高层次

会计决策支持系统是一种交互式的基于计算机的系统,用来帮助会计决策者,应用会计信息和其他信息,采取适当的模型来解决半结构化和非结构化的会计问题。正由于会计决策支持系统所要解决的问题的复杂性和艰巨性,因此会计决策支持也就成为会计信息层次结构中最高的层次。

二、会计决策支持系统中的会计模型

会计决策支持系统中要使用各种模型来进行分析,这些模型主要涉及财务、运筹和概率统计领域。例如:

(一) 分配问题

亦称资源分配,是处理有限资源的情况。当有一些事要做时,有好几种方式去做,如何以最有效的方式使用有限的资源或设备来完成每项活动,使得整个效率最高。

(二) 分派问题

分派是指把许多任务分向同样数目的资源,以产生最大效益,典型的问题是把任务分向机器和人,使成本或时间最低。

(三) 库存问题

库存模型基本上与一次订多少货和何时订货这两个决策有关,以保持总成本最低。

(四) 替换问题

是指对在一定时期后对质量下降的或不能用的物品进行替换,如企业固定资产的替换、人员的进出等。

(五) 竞争问题

主要用于定价决策,它的基本理论是对策论,其中每一个竞争者都有好几种活动方案,问题是决定在对策中选择的最好办法。

(六) 运输问题

从一地到另一地,以最小的成本和最少的时间安排运输。

(七) 网络问题

确定一系列作业的最佳次序问题。

以上这些数学模型和会计信息系统提供的数据结合在一起,就可以形成许多会计决策模型,通过和用户接口的联系,最后形成会计决策支持系统,完成会计信息系统由低层次向高层次的发展。每个企业用户也可以在此基础上发展自己的会计信息系统。

三、会计决策支持系统的实施步骤

（一）初步研究和可行性评价

（1）了解用户的基本需求以决定决策支持系统的应用范围，估计这些需求在将来保持或增加的可能性。这项工作可以通过与关键管理人员和用户的对话来实施。

（2）实施几个典型项目或分析已存在项目，确定其一般的特征和决策支持系统所需的内容。在确定第一个专用决策支持系统的起点时，也是一个解释决策支持系统属性和目的、测试潜在用户对决策支持系统工作感受的好机会。

（二）开发决策支持系统环境

（1）假设决策支持系统开发工作已经批准，形成研制团体，连接它的任务、定义与其他组织单位之间的联系。

（2）建立最基本的决策支持系统工具箱，并使它们能够操作，这一阶段特别重要的是购买或研制的决策。开发人员谋略事先实施用户所需的全部功能和数据，但在用户使用系统前，没有办法证明用户的要求，所以需要增加、删除、修改某些功能。在没有工具或数据的情况下，很难与用户讨论决策支持系统能提供什么支持，开发人员应该寻找一个中间站，而不是从零开始，以带给用户最可能的要求和使用最基本的工具箱和数据。

（3）准备一份扩充决策支持系统生成器的临时计划。在使用时，它才会变得重要，需要提高技术水平以满足用户的要求。

（三）开发初始的专用会计决策支持系统

（1）决定从何入手。初始专用会计决策支持系统的确定是最重要的。它应该致力于确定需求，要具有早期见效的可能性。管理人员或用户应该直接参与，开发人员应该知道应用功能。

（2）开始与用户一起进行第一个专用决策支持系统的分析与设计工作。

（3）为了应付用户不断发展的需求，改进工具和数据。

（四）开发后继的专用会计决策支持系统

（1）除了选用第一个专用决策支持系统的标准外，第二个专用决策支持系统还需要与第一个系统相适应。这样会有助于定义数据流和它们的内部关系。

（2）重复相同系统，以较早地产生收益。

第二节　会计决策支持系统实例

根据目前的计算机软件条件，使用 Excel 作决策分析是比较可行的途径。在本节中先介绍经营决策、优化决策、敏感性分析等会计决策方法，最后介绍在 Excel 环境下开发的一个会计决策支持系统原型。

一、长期投资决策

由于长期投资和收益的周期长，占用资金大，影响企业生存或未来的发展，所以长期经营决策比短期经营决策涉及的问题复杂，考虑的因素较多，如货币时间价值、资金成本、投资风险、通货膨胀和现金流量等。本节通过典型案例，着重分析涉及货币时间价值、资金成本、投资风险、现金流量的决策问题。

（一）旧生产设备是否需要更新的决策分析

旧设备是否需要更新的决策，可以先计算出新设备与旧设备之间的现金流量差量，再用净现值法或内部报酬率法确定设备更新是否有利。

1. 净现值法

净现值 NPV 是一种常用的确定投资利润的方法。一般情况下，净利润大于零，说明投资有利可图，方案可行。该函数采用格式：

$$=\text{NPV}(\text{rate},\text{inflow1},\text{inflow2},\cdots,\text{inflow29})$$

其中，rate 表示贴息率或利息率；inflow1，inflow2，…，inflow29为各个偿还期的分期偿还额，最多允许29个 inflow 值作为参数(这些参数可以放在一数组中作为一个参数加入到公式中)。

NPV 允许可变的偿还金额，它假设所有的偿还都在投资期后进行。如果投资额必须先付清，那么就不应把投资金额作为函数的 inflow 参数之一，而应该从该函数的计算结果中减去预先支付的投资金额。如果投资额必须在第一个付款期结束时付清，那么应把投资额作为一个负值加入到第一个 inflow 参数中。

2. 内部报酬率

内部报酬率 IRR 是使投资净现值等于零的投资报酬率。换句话说，内部报酬率是使得投资回收的当前价值正好等于投资成本的利息率。

和净现值一样，内部报酬率是用来比较投资机会的。一个有吸引力的投资是它的内部报酬率大于基本贴现率。IRR 函数采用格式如下：

$$=\text{IRR}(\text{values},\text{guess})$$

其中，values 参数是一个数组或者是含有数组的单元格区域的引用，只允许有一个 values 参数，而它必须有一个正数和一个负数；guess 参数是可选的，它为 Excel 指定计算的起始点。

例 1　假定凯乐公司原有一套生产设备的主机是 5 年前购入的，原购置成本为 200 000 元，估计尚可使用 5 年，期满无残值，已提折旧 100 000 元(直线折旧法)，账面价值为 100 000 元。若继续使用旧主机，每年可获销售收入净额 298 000 元，每年付现的直接材料、直接人工和变动制造费用等营业成本为 218 000 元。现该公司为了提高产品的产量和质量，准备更换一台装有电脑自动控制设备的新主机，设备价款为 300 000 元，估计可使用 6 年，期满估计残值为 100 000 元。购入新主机时，旧主机可作价 70 000 元。使用新主机后，每年销售收入 350 000 元，付现的营业成本为 220 000 元。假定基本贴现率为 12%。要求：采用净现值法和内部报酬率法，为凯乐公司作出是继续使用旧主机，还是更换新主机的决策分析。

(1) 为了便于进行决策分析，把上述给定的资料进行列表，如图表 14-1 所示。

图表 14-1

已 知 条 件

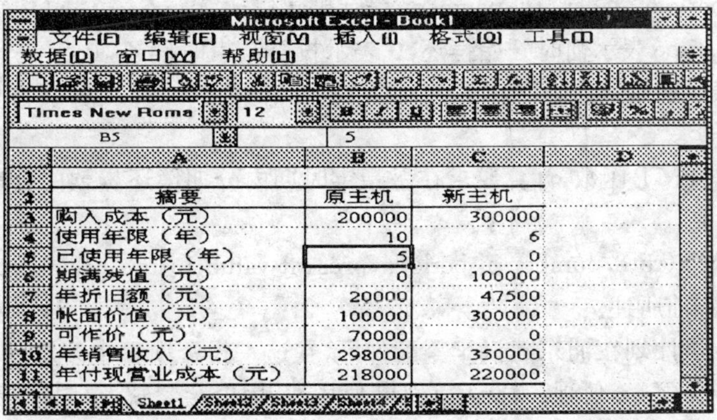

	A	B	C
1			
2	摘要	原主机	新主机
3	购入成本（元）	200000	300000
4	使用年限（年）	10	6
5	已使用年限（年）	5	0
6	期满残值（元）	0	100000
7	年折旧额（元）	20000	47500
8	帐面价值（元）	100000	300000
9	可作价（元）	70000	0
10	年销售收入（元）	298000	350000
11	年付现营业成本（元）	218000	220000

(2) 计算出使用新主机与继续使用旧主机的现金流量差额。

E3＝－(c3－b9)

E4＝(c10－c11)－(b10－b11)

e5∶e8与 e4 相同

e9＝(c10－c11)＋c6

计算出现金流量如图表 14-2。

图表 14-2

现金流量计算

摘要	原主机	新主机		现金流量
购入成本（元）	200000	300000	期初	-230000
使用年限（年）	10	6	第一年末	50000
已使用年限（年）	5	0	第二年末	50000
期满残值（元）	0	10000	第三年末	50000
年折旧额（元）	20000	47500	第四年末	50000
帐面价值（元）	100000	300000	第五年末	50000
可作价（元）	70000	0	第六年末	140000
年销售收入（元）	298000	350000	NPV	￥21,167
年付现营业成本（元）	218000	220000	IRR	14.74%

(3) 计算 NPV 值:在 e10 中键入“＝npv(12%,e4∶e9)＋e4”并按回车键,计算结果为净现值 21 167 元大于零,故更新投资方案是可行的。

(4) 计算 IRR 值:在 e11 中键入“＝irr(e3∶e9)”并按回车键,计算结果为内部报酬率 14.74%大于 12%,证明更新方案是可行的。

(二) 大型设备或土地使用权是银行借款还是通过租赁的决策分析

在企业财力负担有限的情况下,如果需增添大型机器设备、房屋、土地、建筑物等时,可通过借款购买或租赁。此类决策可以用内部利息率或分期偿还额法作出判断。

1. 内部利息率

利用内部利息率 RATE 确定投资,这类投资可以连续分期等额偿还,也可以一次性偿还。这个函数采用格式:

＝RATE(number of periods,payment,present value,future value,type,guess)

其中,number of periods 为投资期;payment 表示等年偿还额;present value 表示现值;future value 表示将来值;type 表示何时开始偿还,0 表示投资结束时偿还,1 表示投资开始时偿还,默认为 0;guess 表示初始值。

2. 分期偿还额法

分期偿还额法 PMT 函数,计算要求在一指定时期内分期偿还贷款的分期偿还额。这个函数采用格式:

＝PMT(rate,number of periods,present value,future value,type)

有关参数的定义,如前所述。

例 2　实达公司计划在浦东建汽车零配件厂,在这一投资项目中涉及一项 50 亩土地 30 年使用权的决策。方案一,付现1 000 万元买断使用权,因资金紧缺,需向银行借款,借款利率

15%。方案二,每年末支付租金 100 万元。

要求:为实达公司作出是借款买断还是租赁的决策。

(1) 把借款额、租金、租赁期限、借款利率资料输入到 Excel 电子表格的 B1:B4中。

(2) 在 B5 中键入:"=rate(b3,b2,-b1)",并按回车键,结果如图表 14-3 所示,B5 中显示内部利息率为 9.307%,远低于银行借款利率 15%,故应选择租赁方案。

(3) 在 B6 中键入:"=pmt(b4,b3,-b1)",并按回车键,结果显示分期偿还额为 152 万元,该值大于年租金 100 万元,证明租赁方案比买断方案优异。

图表 14-3

租赁方案与买断方案孰优

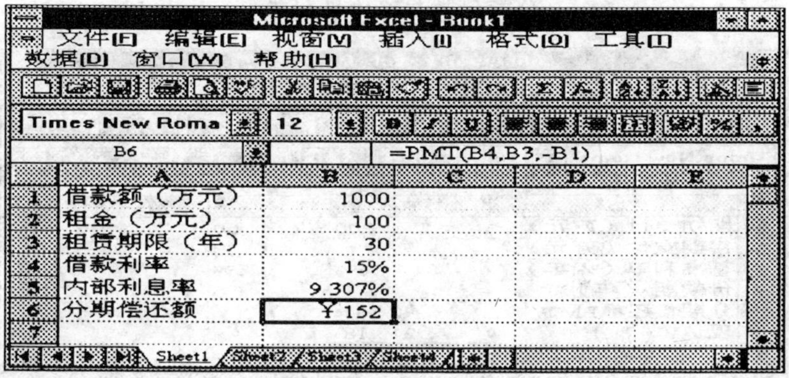

(三) 购买固定资产是分期付款还是一次付款的决策分析

企业购置固定资产,经常会碰到是分期付款还是一次性付款的两种方案的抉择。解决这类决策问题可以用两种方法。第一种方法是,将一次性付款金额当作投资额或者借款额,那么,按照基本贴现率求出的分期偿还额与分期付款额进行比较,数额小的方案为优。第二种方法是,将分期付款额折算成现值,与一次性付款额比较,较小者为优。

现值 PV 是权衡长期投资利益的最常用方法之一。现值一般是指投资额的价值,它是通过入账额(收到的偿还额)折算到当前的价值来确定的。如果投资回收额的现值大于投资额的价值,这类投资则是有益的。对于支出来讲,现值小于支出额则是有益的。函数所采用的格式:

=PV(rate,number of period,payments,future value,type)

其中,payment 表示分期偿还额;future value 表示将来值;其他参数同前所述。

例 3 假定宏大公司准备购买一间办公楼,现有两个方案供选择:一是购入,需款 200 万元。另一方案是,先支付 60 万元,每月末付 3 万元,5 年内付清,总共支付 240 万元。假定基准贴现率为 6%。

要求:为宏大公司购买办公楼是一次付款还是分期付款的决策分析。

(1) 一次性付款与分期付款相比,前一方案一次性支出 140 万元(200—60),按照资金成本 5%投资其他项目,那么,每月可以获得多少收益呢?如果此项收益大于分期付款额,应该选择后一种方案,因为将一次性付款的差额投资于其他项目所获得的收益支付分期付款额后还有剩余。公式如下:

=PMT(6%/12,60,—140)

结果显示每月分期偿还额为 2.642 万元，该值小于分期付款额 3 万元。用 140 万元投资于其他项目，按基准利率 6%年利率每月只能获得 26 420 元，比分期付款实际值 30 000 元小。因此选择一次性付款有利。

(2) 将分期付款额在未来 5 年内所付出的金额折算成当前值，与一次性付款额进行比较，选择值小的方案为优。公式如下：

=PV(6%/12,60,−3)+60

计算结果为 215.18 万元，也就是说分期付款额折算成现值大于一次性付款 15.18 万元，此项指标也说明应选取一次性付款方案。计算结果如图表 14-4 所示。

图表 14-4

分期付款与一次性付款

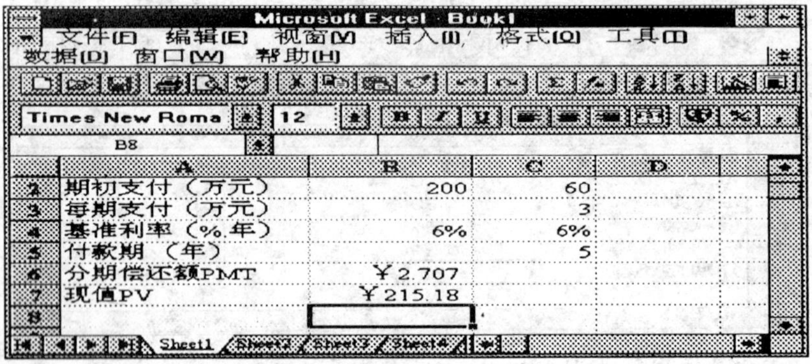

	A	B	C	D
2	期初支付（万元）	200	60	
3	每期支付（万元）		3	
4	基准利率（%.年）	6%	6%	
5	付款期（年）		5	
6	分期偿还额PMT	￥2.707		
7	现值PV	￥215.18		
8				

二、长期投资决策中的敏感性分析

敏感性分析主要用来探讨如果与决策有关的某一个或某两个因素发生变动，那么该项决策的预期结果会发生怎样的结果呢？

(一) 单变量敏感性分析

在[例 3]中应选择一次性付款较为有利，这是基于贴现率 6%为前提的。如果社会平均利率提高，基准贴现率发生变化，结果又会怎样呢？Excel 提供了一种敏感性分析手段——数据表。要创建这个数据表，应遵循下列步骤：

(1) 在 a9:a18 中输入需要测试的数据：5%，6%，…，14%的利息率。

(2) 在单元格 b8 中输入公式："=PMT(b4/12,60,140)"。

(3) 选中数据表区域，即含有输入区域内的公式和所有值的最小矩形块：a8:b18。

(4) 从菜单"数据"中选"模拟运算表"，在模拟运算表对话框的"列输入单元格"中键入 b4。

(5) 单击"确定"得到如图表 14-5 所示的计算结果。通过敏感性分析，可以得知当贴现率超过 11%时，分期付款优于一次性付款。

(二) 基于两个输入变量的敏感性分析

在[例 3]中分期付款额折算成现值，如果大于 200 万元，采用分期付款方式是不利的；反之，小于 200 万元则是有利的。影响现值的因素有贴现率、分期付款额、分期付款期数。假定分 60 期付完，这一因素不变，那么，在不同的利率水平下，应该设定多少分期付款数额才算合理呢？解决这类问题，可以通过设计二因素数据表进行分析。

图表 14-5

单变量敏感性分析

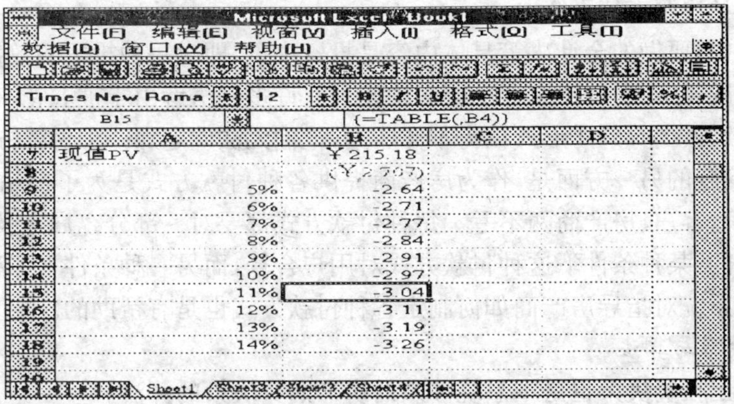

Microsoft Excel - Book1

文件(F) 编辑(E) 视窗(V) 插入(I) 格式(O) 工具(T) 数据(D) 窗口(W) 帮助(H)

B15 {=TABLE(,B4)}

	A	B	C	D
7	现值PV	￥215.18		
8		(￥2.707)		
9	5%	-2.64		
10	6%	-2.71		
11	7%	-2.77		
12	8%	-2.84		
13	9%	-2.91		
14	10%	-2.97		
15	11%	-3.04		
16	12%	-3.11		
17	13%	-3.19		
18	14%	-3.26		
19				

(1) 在 B8:E8中输入分期付款的假定值 2.6 万元、2.8 万元、3.0 万元、3.2 万元，在 A9:A19 中输入贴现率的假定值 5%、6%、7%、8%、9%、10%、11%、12%、13%、14%、15%。

(2) 在 A8 单元输入公式"＝PV(C3/12,60,B4,)"。

(3) 选中 A8：E19，单击菜单"数据"选"模拟运算表"，在"行输入单元格"中输入"＄C＄3"(表示在行上的变量 2.6 万元、2.8 万元、3.0 万元、3.2 万元运行时将替换目前的 C3 单元值)，在"列输入单元格"中输入"＄B＄4"。

(4) 单击"确定"后，Excel 将计算结果存放在 B9：E19 中。

(5) 计算结果如图表 14-6 所示，从图表中可以看出，贴现率在 5%～7%之间时，分期付款额应设定在 2.6 万元左右；贴现率在 8%～10%之间时，分期付款额应设定在 2.8 万元左右；贴现率在 11%～13%之间时，分期付款额应设定在 3.0 万元左右；贴现率在 14%～15%之间时，分期付款额应设定在 3.2 万元左右。

图表 14-6

基于两个变量的敏感性分析

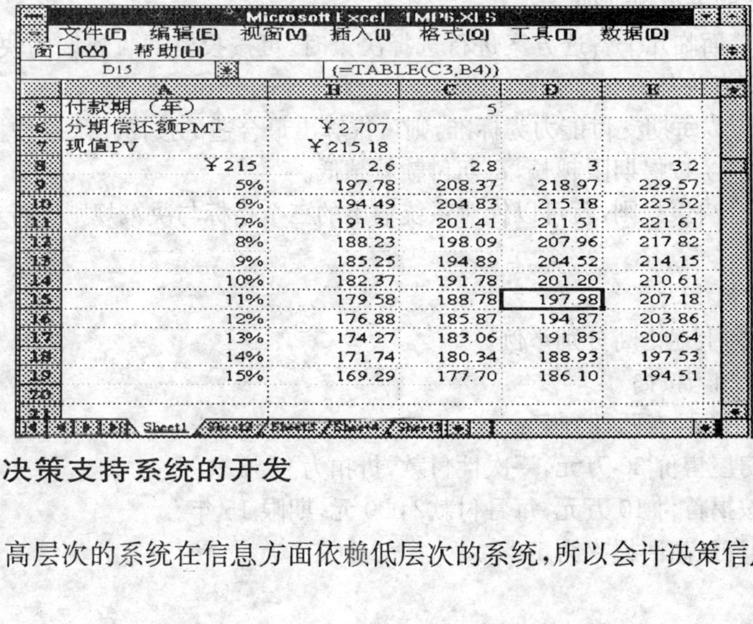

Microsoft Excel - TMP6.XLS

文件(F) 编辑(E) 视窗(V) 插入(I) 格式(O) 工具(T) 数据(D) 窗口(W) 帮助(H)

D15 {=TABLE(C3,B4)}

	A	B	C	D	E
5	付款期 (年)		5		
6	分期偿还额PMT	￥2.707			
7	现值PV	￥215.18			
8	￥215	2.6	2.8	3	3.2
9	5%	197.78	208.37	218.97	229.57
10	6%	194.49	204.83	215.18	225.52
11	7%	191.31	201.41	211.51	221.61
12	8%	188.23	198.09	207.96	217.82
13	9%	185.25	194.89	204.52	214.15
14	10%	182.37	191.78	201.20	210.61
15	11%	179.58	188.78	197.98	207.18
16	12%	176.88	185.87	194.87	203.86
17	13%	174.27	183.06	191.85	200.64
18	14%	171.74	180.34	188.93	197.53
19	15%	169.29	177.70	186.10	194.51
20					
21					

三、房产决策支持系统的开发

(一) 概述

一般来说，高层次的系统在信息方面依赖低层次的系统，所以会计决策信息系统一般是建立在各会计核算和管理系统之上的。但是有时候，作为会计决策的信息量较小，完全可以手工输入。此时可以用交互式数据输入作为系统的唯一信息源。房产(购买)决策支持系统就是这样一个独立的会计决策支持系统。

在这个程序中，要做的会计决策具体内容是投资决策，即对每种投资的效益进行比较。问题的提出是这样的：在对房地产企业的调查中发现有许多购房者由于被五花八门的优惠价、分期付款、抵押贷款、按揭等购房形式搞得不知所措，他们无法确定那一种付款方式更好，而在购房时犹豫不决；问题的另一方面是，作为房产商提供各种付款方式是为了促销，但是各种付款要做到合理、正确，客户、房产商两不亏。每种付款方式都要对一部分客户有吸引力，这些付款方式应该是这样的：某种条件下这种付款方式对用户合算，而另一种条件下那种付款方式对用户合算。所以本系统对指导房产商如何制定各种付款方式也是有帮助的。

(二) 决策模型与算法

下面分别列出投资决策也是本系统涉及的房产购买决策的算法。

设 PV 为现值，R 为收益率，PMT 为每期付出(收入)资金即年金，N 为付款期数，并且假设付款是在每期期末进行(这些假设和分期付款相同)，则有：

$$PV\times(1+R)^N+PMT\times[(1+R)^N-1]/R=0$$

这四个参数如果知道其他三个则能计算另外一个(一般 N 为已知的)，其中 R 的结果在实际计算中是通过迭代计算出来的，有可能无解，也有可能有多个解。在 Excel 中，如果 R 经过 20 次迭代后，仍然不能收敛到 0.0000001 之内，将返回 #NUM! 错误值。

根据上面的模型，将其输出的数据指标加以分析，可以得出：

1. 内含报酬率的决策规则如下

(1) 如果内含报酬率大于贴现率，说明收入大于利息，可投资。

(2) 如果内含报酬率大于等于当时平均年回收率，可投资。

2. 现值比较的决策规则如下

(1) 从互斥方案而言。对两个相互排斥的方案。采纳具有较小现值的方案。

(2) 更新循环中的互斥方案，通过比较各个方案的现值，取最小现值的方案。

3. 年金图表的决策规则如下

(1) 当购房者面临几个备选方案进行选择决策时，可按投资回收速度的快慢将各方案排列起来，回收期短者为佳。

(2) 当购房者以每期支付能力为标准，则可推算出最合适的按揭年限。按揭期越短，每期付款额就越高；反之，按揭期限越长，每期付款就越低。

有了以上三个决策规则，就可以针对系统输出的三个指标与决策规则进行对比，综合考虑如何决策投资。

(三) 实用举例

下面我们根据上述论断分别举例。

1. 一次性折扣与按揭

如图表 14-7 所示，有两种方案：

方案一：若房屋售价 30 万元，一次性付款，折扣为 95%；

方案二：若按揭首付 10 万元，每月付款2 000 元，期限 15 年。

假定个人投资最高回报率为 10%。

图表 14-7

一次性折扣与按揭

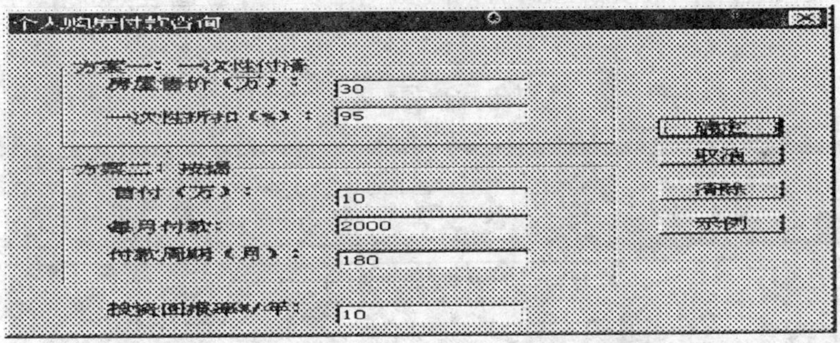

答案:按揭方案二的年贴现率为 10.1057%。而投资的内部收益率为 10%。所以按揭投资不可行,而以一次性付清为佳,如图表 14-8 所示。

图表 14-8

答　案

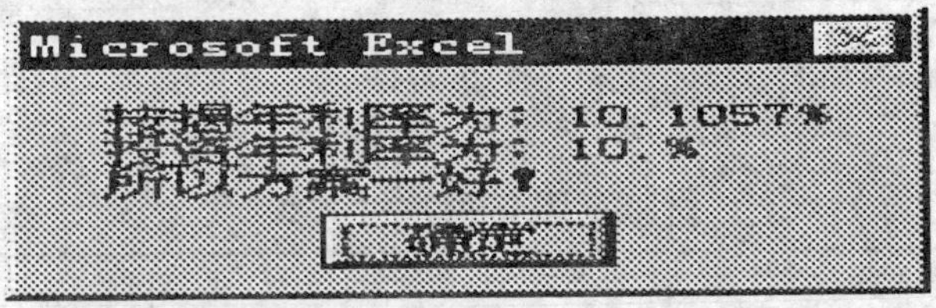

2. 按揭对比

如图表 14-9 所示,有两种按揭方案:

方案一:若按揭首付 10 万元,每月付款2 000 元,期限 10 年;

方案二:若按揭首付 8 万元,每月付款1 800 元,期限 15 年。

假定个人投资最高年回报率为 10%。

答案:方案一要取得如此收益相当于现在投入 251 342.33 元,方案二要取得如此收益相当于现在投入 247 503.39 元。所以方案二的按揭更合算。如图表 14-10 所示。

图表 14-9

按 揭 对 比

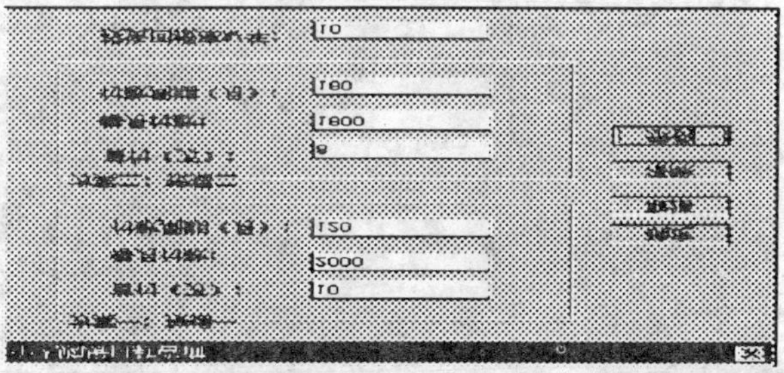

图表 14-10

答　案

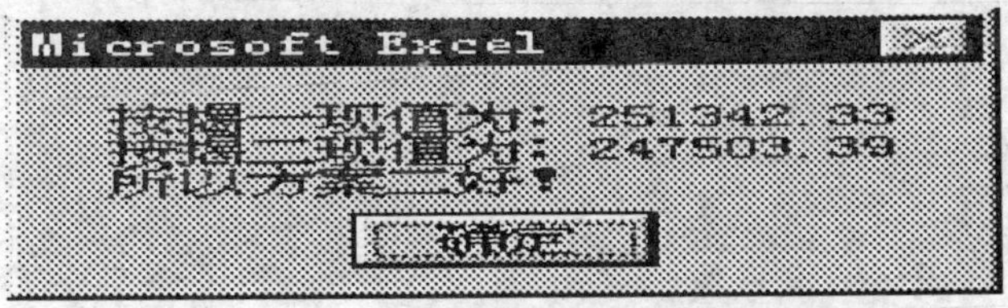

3. 年金图表

现值:￥200 000.00;年利率:10.00%;期限:3～15 年。年金图表如图表 14-11 所示。

图表 14-11

年 金 图 表

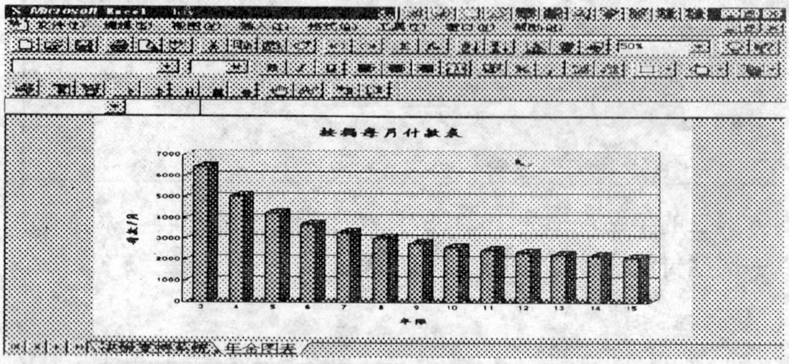

则比较付款期限与每月付款额如图表 14-12 所示。

图表 14-12

付款期限与每月付款额

付款期限(年)	每月付款额(元)
3	6 453.437439
4	5 072.516687
5	4 249.408942
6	3 705.167555
7	3 320.236805
8	3 034.832820
9	2 815.737243
10	2 643.014738
11	2 503.975497
12	2 390.156526
13	2 295.696186
14	2 216.405375
15	2 149.210235

作为投资决策,其决策模型是一致的。所以从理论上讲,房产购买决策支持系统可以应用到其他领域的投资决策。

第十五章　会计电算化机房管理

会计电算化课程作为高等财经类院校会计、审计、会计电算化等相关专业所开设的一门主干课程，有着学科交叉渗透，理论结合应用，实践性强的显著特点。对于课堂上、书本中的基本理论知识和操作技术，必须经过一定数量的上机实习，才能达到消化理解、进而融会贯通的程度。因此会计电算化实验场所是会计电算化教学不可或缺的重要环节。为了使学生能学好会计电算化课程，系统、全面、准确、熟练地掌握会计电算化理论知识和操作技能，搞好会计电算化机房建设，优化会计电算化实验环境，对保障教学内容的顺利实施，无疑是十分重要的。

第一节　会计电算化的机房组建形式

会计电算化课程从上机内容上来讲，大体上可分为两类：一类是各种商品化会计软件的操作训练；另一类是用程序设计语言进行会计软件编程。一般讲，会计软件的操作以账务处理系统为例，大体上要经过以下几个过程：① 建立账套。② 账套参数设置和录入初始数据。③ 凭证的录入、修改、审核、记账。④ 账务查询。⑤ 月末进行自动转账、对账和结账。⑥ 利用报表处理系统，从账内取数编制月报。这是一个阶段性的实践过程，需要经过多次上机，持续操作才能完成。以会计软件编程来讲，即使是编制一个基本的最简单账务处理系统，也要完成下列程序模块的编制：控制菜单程序、科目录入与维护程序、期初余额录入及校验程序、凭证录入编辑程序、记账程序、账务查询程序以及会计报表显示程序。显然，要完成上述一系程序的设计和调试，要求上机的软件和数据，具有空间和时间的延续性。然而，为了提高计算机机房资源的利用率，机房往往作为一个公共的教学实验场所为多种课程、多个班级开放，在这种情况下，采用单机独立形式的会计电算化机房，必将引发数据丢失和软件损坏的后果，造成电算化实验难以为继的局面。因此，为了保障会计电算化上机实习的系统性和持续性，电算化机房的组建形式应该构建局域网为宜。因为构建成局域网后，可以在每台机上机结束时，将上机内容备份到网络服务器的相应子目录中，待下次上机时，从服务器中将备份内容恢复到对应的机台，以保障数据的完整性和上机内容的延续性。另外，机房一旦建成局域网后，采用一定的技术手段，可以方便、有效、快捷地对各工作站进行软件系统维护，使机房得到更有效的管理和维护。

第二节　机房教学网的构建

组建教学机房局域网，是指利用传输介质，按一定的组网形式（拓扑结构），将机房内多台原本独立的计算机连接起来，配上功能完备的网络软件（主要是网络操作系统），组成能实现数据传输、资源共享的新系统。所以教学局域网组建的两大要素是组网硬件和网络操作系统安装。

组建教学局域网,大致可分为如下步骤:

一、选择网络拓扑结构

一般最常见的是采用数据传输速率为10Mbps的总线型(ETHERNET 10Base—2)内部网桥(即服务器采用双网卡或三网卡)和使用集线器(HUB)的星型网(ETHERNET 10Base—T)。

二、选择组网硬件

如服务器、工作站、传输介质、连接器件、网络适配卡、集线器(HUB)、UPS不间断电源等。

三、安装网络操作系统

一般采用Novell的Netware3.12(或Netware 4.11)和Microsoft的Windows NT4.0这两种网络操作系统。

四、安装网络工作站

网络工作站的入网方式有:

(1) 采用工作站硬盘的入网软件登录上网。

(2) 采用软盘登录上网。

(3) 采用Boot ROM启动芯片登录上网。

根据所选用的不同登录方式,安装工作站,生成不同的登录软件。

第三节 联网环境下电算化机房的使用

联网环境下的会计电算化机房,大体上有两种模式:一是以工作站为独立机台单机运行,服务器充当系统辅助资源进行后援支持的单机模式。二是在服务器上共享会计软件资源的联网模式。下面就这两种模式(以下简称单机模式和联网模式)的运行机制和特点展开讨论。

一、会计软件的网络安装

(一) 安装前的准备

1. 清除病毒

对安装盘和被安装机器,用消毒软件进行病毒检测和消毒。

2. 整理硬盘

删去无用的子目录和冗余文件。如果机器是无Windows9x的DOS系统,先用SCANDISK回收丢失簇,不要保留 *.CHK文件,再用DEFRAG消除文件碎片,以提高系统存取文件的效率。对于Windows9x和Windows NT服务器,由于采用了长文件名体系,这项工作必须用"开始"菜单中"程序"、"附件"和"系统工具",再选"磁盘扫描程序"来检查磁盘扇区错误,回收丢失的盘空间。用"磁盘碎片整理程序"来消除文件碎片。如果使用DOS命令来做上述事情,将会使Windows9x的长文件名面目全非。

3. 校准机器时间

由于会计软件是序时进行账务处理的。

注意:在网络上进行安装操作时,应该以管理员级的身份登录网络,使得安装操作时,对网络资源享有充分的使用权,Novell的超级用户是supervisor,Windows NT的系统管理员是administrator。

（二）DOS版软件的安装：DOS版的应用软件安装命令大都是install。对Novell网，可以在做好安装准备工作的某工作站上，插入安装软盘或光盘，然后键入安装命令进行安装。完成安装后，用XCOPY/S命令，将安装后的软件，以原目录结构拷入文件服务器即可。安装也可以采用硬盘安装法进行。其步骤是

(1) 在服务器上建立安装源子目录，将安装盘上的安装文件拷入该子目录。

(2) 如果安装源是多张软盘，需要将安装源子目录映射为软盘驱动器。如在Novell网工作站上，可以通过键入命令：

Map A:＝卷名:安装源子目录路径来实现映射。

在Windows NT的DOS工作站上，可以键入命令：

NET USE K:\\服务器名\安装源子目录路径实现映射。通过映射，可以解决多张安装软盘拷入硬盘安装时通常会出现的路径出错问题。对于光盘安装源，一般不需要操作此步。

(3) 键入INSTALL命令开始安装。硬盘安装法的优点是：将安装源保留在服务器上，当会计软件意外地被损坏时，可以随时上网进行安装恢复。另外，硬盘安装速度也比软盘、光盘直接安装来得快。

（三）Windows版软件的安装

Windows版软件的安装命令文件一般都是setup.exe。会计软件以单机模式运行与联网模式运行的安装方式有所不同。

1. 单机模式运行时的安装

在工作站Windows平台上，运行软盘或光盘的setup.exe实现安装，然后将安装后的会计软件以其原有的目录结构，连同运行所必需的相关文件（后文详述），保存到服务器上，以备软件恢复之用。如果采用硬盘作为安装源，将安装盘拷入安装源子目录。当安装盘是多张软盘时，在Windows9x平台下，可打开"网上邻居"，用鼠标右键单击安装源文件夹，在快捷菜单上选择"映射网络驱动器"，设法使之模拟为A盘，方可顺利安装。

2. 联网模式运行的软件安装

可在Windows NT的服务器上直接安装软件。对于Novell网，可以在工作站上运行服务器Windows，再直接安装软件。在Novell网中运行服务器上的Windows9.x，称为Novell网中无盘启动Windows9.x，技术上比较复杂，必须要经过一系列的步骤，以特有的设置将Windows9.x装入文件服务器，方能实现。

二、会计软件在网络环境下的使用

（一）单机模式下使用会计软件

在单机模式下，由于会计软件或电算化编程软件的物理位置在工作站本地硬盘上，所以其运行方式与未曾联网的单台计算机上运行毫无差异。与联网模式相比，对服务器性能要求较低，运行速度也较快。然而，机房是公共场所，上机对象往往是多人次、多层次、多内容的。电算化实验数据、自编的电算化程序及商品化会计软件，可能会被误删或损坏，使得有延续性、系统性特点的电算化上机实习，变得难以正常进行。此时，联网作为一种技术支持，可以在保护实验数据，维护软件系统方面起到很好的作用。学生在每次上机结束时，可以登录上网，通过把实验数据或自编程序复制到服务器上的方法，来解决这个问题。

1. 单用户多目录方法

这是一种简易的方法。在服务器上为每个工作站对应地建立一个子目录，如：DSH\ST1

～DSH\ST40,再建立一个用户,使得此用户对于DSH子目录具有如下权限:Novell网下应具有R(读)、W(写)、C(建立)、E(删除)、M(更名)权。Windows NT网下应具有读取、写入、删除、运行权。当每个工作站的学生在上机结束前,可以以该用户名登录上网,将会计软件操作后形成的数据文件,如*.DBF、*.NTX、*.AIS、*.LDB等所有账务数据,拷入服务器DSH\ST?子目录下。一旦工作站相应账务数据被删,就可以从网络服务器上拷下来。在需要清除这些备份数据时,如新学期或新的班级开始重新使用会计软件时,只须用DELTREE/Y\DSH命令将此目录删去,再重建\DSH\ST1～\DSH\ST40子目录即可。这种方法虽然简单,但有一个很大的缺点,就是由于各学生使用的是同一用户名,存放数据的子目录彼此是透明的,不利于教学管理和成绩检查。

2. 多用户多子目录方法

即对应于每个机台上的学生,分别建立一个用户。每个用户又有各自的入网口令和宿主目录(Home Directory),以消除以上方法中各个备份子目录彼此透明的弊端。

(二) 在Novell网环境下的做法

在Novell网下,可以利用SYSCON菜单实用程序,为每个机台每个学生建立起相应的用户,并设置入网限制和用户主目录权限。例如:现在以SYSCON菜单实用程序建立一个用户并设置口令,使其用户主目录最大空间容量限制为1M,并且只能在指定的某个工作站登录上网。具体操作步骤如下:

1. 建立用户,设置口令

以Supervisor登录上网,键入SYSCON命令,在SYSCON主菜单"Availabel Topics"选"User Information"选项,屏幕显示已有的用户名清单。按<INS>键,以增加用户名。屏幕显示用户名输入框"User Name":,输入用户名,如ST1。屏幕显示:"Path To Create User Home Directory",按回车,以缺省目录:卷名:ST1作为用户ST1的主目录。经确定"Yes"后,该用户信息存入服务器装订库文件中。再在SYSCON主菜单下选"User Information"选用用户ST1后,在菜单右侧选"Change Password"功能项,在"Enter New Password"提示框中输入新口令,在"Retype New Password"提示框中重复一次新口令,至此,口令设置完成。

2. 设置主目录权限

在"User Information"菜单下选"Trustee Directory Assignments"选项,屏幕显示"Trustee Directory Assignments"信息框,其中有系统自建的SYS:MAIL/?????? 子目录和用户主目录。选择用户主目录,屏幕显示"Trustee Rights Granted"提示框,可以按<INS>,选S权(Supervisory,超级管理权),赋给此用户。

3. 设置在目录空间限制

在"User Information"菜单下,选"Volumn/Disk Restriction",在提示框中选中用户主目录所在卷的卷名,在随之弹出的提示窗中,将"Limit Volume Space"处"No"改名"Yes","Volume Space Limit"处输入1024K,这样,就将用户在该卷的在目录下可用盘空间容量限制为1M。SYSCON是通过限制在卷上的可用空间容量来限制用户主目录空间容量的。也可以使用DSPACE菜单实用程序,直接对目录设置在卷上的可用空间容量。

设置用户主目录盘空间限制是必要的。如果允许用户向其作备份用的宿主目录毫无节制地复制文件,那么只要他愿意,也可以将整个卷的剩余盘空间统统撑满,这种情况显然是不允许的。

4. 限制在某个工作站入网

为了让某一用户账号只能在某台工作站登录，首先，在第 i 号工作站上，以 STi 用户名登录，依次将所有用户按机名对应入网。再键入 USERLIST/A 命令，屏上将显示出所有用户的网络地址(NETWORK ADDRESS)和网卡结点地址(NODE ADDRESS)。其中，在屏幕所示的用户名前打 * 号的是当前用户及相应的地址信息。记下或打印出这些信息后，以 Supervisor 入网，在 SYSCON 的"User Information"菜单中，选"Station Restriction"选项，屏幕将显示"Allowed Login Address"提示框，若没有设过站点限制，框内是空白的，表示此用户可以在任何工作站入网。按<INS>键设置该用户入网站点限制，在屏上"Network Address:"输入框中，输入工作站的网络地址，在"Allow Login From Allnodes"确认框中，选择 No。在紧接着出现的"Node Address":输入框中，输入已查到的当前工作站的网卡结点地址，最后按<ESC>返回。这样，该用户只能在此登录上网了。

入网站点限制的设定，建立了用户名与上网登录工作站的一一对应关系，对于教学管理和机房管理，带来了很大方便。

5. 编写用户登录文本

使 Sti 用户的登录文本中含有 MAP ROOT G:＝卷名:用户主目录相当的命令。这样一旦 Sti 用户登录上网后，其当前路径就可变为宿主目录，并且以 G:\>形式出现。

经过上述五个步骤，可以完成电算化机房所需的较理想的用户设置。但是，当学生数量较多时，用 SYSCON 对每个用户一一进行设置，工作量是很大的。为此，可以采用成批建用户成批设置的方法。方法一是使用 MAKEUSER 命令。但由于各工作站网卡节点不一，编辑 USR 文件比较麻烦。可以通过使用 USERDEF 菜单程序的自定义模式来批量建立用户。

每个上机学生有了各自的用户名和主目录后，可以将每次上机的结果复制到服务器中。待学期结束时，就需要考虑将学生在其主目录的备份数据删去。要删去这些数据，大体有如下三种方法：

A. DOS 批处理命令法

假若 40 个用户对应的主目录分别为\ST1—\ST40，可编辑一个批处理(.BAT)文件，内含有 DOS 子命令 FOR %%A IN(\ST?)DO DELTREE/Y %%A\ *. *，运行此批文件，就可方便地将 ST1—ST40 子目录下的数据删除。

B. 使用 MAKEUSER 命令

在 MAKEUSER 的 USR 文件中，先用#DELETE 命令，将各用户全部删去，这时用户主目录及其下属的内容自然被删去。再用#CREATE 命令重建用户及相应的宿主目录、口令、盘空间和站点限制。

C. 高级语言编程法

可使用 C 语言、FOXPRO 等语言编制程序在循环结构中调用 DOS 命令，将各用户目录下的数据清除。

在清除过程中，偶尔会出现 DOS 的 DELTREE 命令无法删除个别用户主目录下某些数据的情况。这是由于这些文件或子目录被赋上了特殊的网络属性的缘故，如 D 属性(DELETE INHIBIT)，此时，可以用 FLAG 或 FLAGDIR 将这些属性去掉后再删，或使用 FILER 菜单的实用程序对之删除。

（三）在 WINDOWS NT 网络环境下的做法

在 WINDOWS NT 网络下，构建多用户多主目录的上机环境，可以用复制用户账号的办法来实现，具体操作方法是：

1. 建立用户登录文本

设法建立登录文本 ST1. BAT～ST40. BAT，并拷入\WINNT\SYSTEM32\REPL\IMPORT\SCRIPTS，登录文本 STi. BAT 的内容，要含有命令 NET USE G：\\服务器名\USERS\HOME\STi，以便学生上机操作完成时，登录上网，执行 XCOPY 数据文件 G：回车，方便地完成备份操作。

2. 建立样本账户

在 WINDOWS NT 服务器上，利用“开始”菜单的“程序”选项，再选“管理工具”中的“域用户管理器”，将弹出“域用户管理器”对话框。在“用户”菜单下选“新用户”，在所显示的“新用户”对话框内，输入用户 ST1 和口令，利用“配置文件”按钮设定用户主目录和登录文本。在“登录文本名”处，输入 ST1. BAT，在“主目录”处，输入路径：\\服务器名\USER\HOME\ST1，该目录在用户建立时便会自动建立，并且用户对它有“完全控制”权而无需再设置权限。利用“登录到”按钮，可以指定用户在某台工作站登录。

3. 复制用户账号

在“管理工具”的“域用户管理器”选项下，可以在对话框中，选 ST1 为样本账号，复制出其余 39 个用户账号。在复制过程中，用户名、口令、宿主目录、登录文本的脚标号，需要作相应的改动。

在 Windows NT 环境下要清除用户主目录的数据，较便捷的方法是使用前述的 DOS 命令法。

三、联网模式下使用会计软件

所谓联网模式，是指各工作站登录上网后，共用服务器上同一个会计软件或电算化编程软件进行上机操作。与单机模式相比，这种模式由于是直接使用服务器上的软件，生成的数据或程序也保留在服务器上，所以不必像单机模式那样，需要将数据拷入服务器。但是由于是多台工作站同时使用服务器资源，对服务器的性能要求较高，网络的数据传输负载量较大，上机时系统运行速度较慢。

联网模式下所使用的软件应该是网络版软件。为了使多用户共用这些软件，并防止软件被误删，应当对软件所在的目录设置相应的权限，对应用软件本身，也应设置相应的属性。在 Novell 网环境下，软件属性可设置为 D(禁删)、R(禁改名)、C(禁拷贝)、X(可执行)、S(可共享)。在 Windows NT 环境下，可将软件设为共享，访问类型设为读取。

以会计账务处理软件为例，一般一个软件可以建立多个账套。平时上机时，多个工作站同时登录上网，调用此会计软件，选择各自不同的账套进行账务核算。为了使不同的工作站使用同一会计账务处理软件而不发生调用数据的冲突，应当设置不同的用户工作目录，最好在登录上网时将用户主目录设为缺省工作目录。可以利用用户登录文本实现这一要求。例如，在 Novell网环境下，就可以设计如下登录文本：

fire 3

map f：＝sys：软件子目录

map root G：＝sys：软件子目录\sti(用户名为 sti，i＝1～40)

map s16:=sys:public

map s16:=sys:dos

map 其他必要的映射

comspec=sys:dos\command.com

map

这样在 sti 用户登录后，屏幕将会出现 G:\>，而 G:是用户的宿主目录。在 Windows NT 环境下，也可以设计相应的登录文本。

当然，在多用户多目录情况下，将单机版的软件拷入用户主目录，各用户运行各自主目录中的软件也是一条途径，只是这种方法要占去不少服务器硬盘空间。

第四节 联网环境下电算化机房的维护

在联网的电算化机房管理工作中，做好机房维护工作是一项至关重要的工作。它是营造良好的上机环境，保障学生正常上机需求的重要环节。机房的维护分为硬件维护和软件维护两大部分。现在从网络角度出发，谈谈这两方面的维护技术。

一、联网环境的硬件维护

在网络运行过程中，常见的网络硬件故障主要有：

(一) 工作站不能如往常一样登录上网

这种现象如果仅发生在一台机器上，很可能是工作站网卡没有与扩展槽很好地连接，松脱了。对于总线型的网，可能是 T 型连接器与网卡接触不良。对于星型网，可能是 RJ-45 结头与网卡或者与 HUB 连接不良。可以据此检查，排除故障。

如果这种现象出现在某条总线的所有工作站上，说明总线某处的 BNC 接头与 T 型连接器松脱了，或者是 50Ω 终端匹配器与 T 型连接器松脱了，也许是 T 型连接器与服务器网卡未接好。此时，检查故障的办法是：用终端匹配器对总线“折半对分”，在 1/2 总线范围内确定故障位置，再在故障线段继续“折半对分”，……最终确定故障所在。

如果是所有工作站均不能正常上网，那么是 HUB 与服务器网卡连接有问题，可观察 HUB 面板上的指示灯，检查连接状况及服务器网卡指示灯，排除故障。

(二) 来自文件服务器的反应明显变慢

从硬件方面讲，可能的原因有：

(1) 工作站网卡损坏或老化了。

(2) 服务器网卡损坏或老化了。

(3) 文件服务器硬盘损坏了。

(4) 网络连线有问题。

对于上述情况，可以用“替换法”来处理，即插入新的网卡试试问题是否解决。如果问题仍存在，还需查线路和服务器硬盘是否有故障。

(三) 屏幕显示“Ethernet Spcific Problem”(以太网特有的问题)

此问题一般是总线网 50Ω 终端匹配器出现故障。

(四) 屏幕出现“Can not initialize LAN card”(不能初始化局域网网卡)或“Error Sending On The Network”(网络传送出现错误)

这种现象一般为 T 型连接器,BNC 接头及其他连接器件接触不良所引起。

(五) 文件服务器正常,工作站启动时出现"Error finding server"(发现服务器错误)

这种出错信息多数是工作站到 HUB 间双绞线断路引起的。可以试着将 RJ-45 结头重新插拔几次。如果不解决问题,可能是集线器接口氧化,可用无水酒精清洗。也许是双绞线内部断路,可换一根双绞线。

二、网络软件维护

在网络运行中,可能出现的软故障大致如下:

(一) 服务器启动时,突然停下来询问服务器名称、内部网络号、等待键入命令

这种现象的出现是由于 sys 卷被损坏而产生的。Netware 系统的核心 server. exe 装入 startup. ncf 后,无法从损坏的系统卷中找到 autoexec. ncf。sys 卷是 Novell 网的核心卷,sys 卷安装不上,整个网络处于瘫痪状态。对此可以装入卷修复模块 VREPAIR. NLM 进行修复。在控制台提示符":"下,键入 LOAD VREPAIR 后,将出现如下菜单:

Options

1. VREPAIR A VOLUME
2. SET VREPAIR OPTION
3. EXIT

在上述菜单中选"1",输入要修复的卷名,系统即开始进行修复。经过检查 FAT 表和磁盘表面扫描等过程后,完成修复工作,服务器随即能正常启动。

(二) 启动服务器时,屏示"Primary drive failed, switch to mirrored drive"(主驱动器的故障,转向镜像驱动器)

这种现象出现在有镜像盘的服务器中。主盘故障可能性较大的是软故障。此时可尝试 VREPAIR. NLM 进行修复。

(三) 来自文件服务器的反应明显减慢

从软件角度上来讲可能有两方面原因:一种是卷中有太多的删除文件。对 Novell 网,可以执行 PURGE,清除被删文件。对 NT 网,可将回收站清除太多的被删文件,再用"系统工具"整理服务器硬盘。另一种可能性更大的原因是:服务器感染了病毒,应该用网络版的消毒软件来查毒和杀毒。

(四) 由于权限设置不当或其他原因,造成 Novell 网某些系统文件或 public 实用工具丢失或被损坏

可在服务器控制台上,用 Load install 命令装载安装模块,重新将 system 和 public 文件拷入 Netware 分区。

(五) supervisor 无法对个别用户的名称、权限或密码进行修改

在 Novell 网中,装订所(Bindery)是文件服务器上的一个数据库,它包含一些有关用户登录信息、服务器、打印机的重要参数,是网上安全防护体系的重要基础。可以以 system 为当前目录,运行 Bindfix. exe,对此类错误加以修复。

(六) 检查网络安全隐患

Novell 网 SYS:SYSTEM 子目录下,有一个 SECURITY. EXE 实用程序,可以用来检查网络配置的安全状况。在 SYS:SYSTEM 子目录下键入 SECURITY 命令,将会在屏上显示出整个网络安全检查报告,其中有:(1) 权限等效于管理员的用户;(2) 未设置口令的用户;

(3) 在卷的根目录下有 S 权的用户；(4) 在系统目录 SYS:SYSTEM、SYS:PUBLIC、SYS:LOGIN、SYS:MAIL 中有过大权限的用户。检查这些信息，修正错误的设置，可以堵塞网络存在的安全隐患。

(七) Windows NT 服务器无法正常启动

Windows NT 一般有较强的自修复功能。然而当服务器因为某些原因(如修改了注册表数据库)而造成系统无法正常启动时，可以使用"上一次的正确系统配置"(Last Known Good Configuration)来启动机器。即开机时，当屏幕出现"如果你想启动硬件配置文件或上次正确的菜单，请立即按空格键"时，即按下空格键，可消除此类错误。如果这种方法失效时，可能是更严重的原因导致无法启动，譬如系统文件、启动变量或启动分区被破坏，这时应该使用紧急修复磁盘来修复 NT 系统。Windows NT 在安装过程中，可以根据提示，制作紧急修复磁盘。如果在安装时未制作此磁盘，也可以在平时随时制作。在"开始"菜单下，选"运行"选项，输入 RDISK 命令后，开始制作紧急修复磁盘，由于系统可能会发生变化，应该定期更新"紧急修复"磁盘。使用"紧急修复"磁盘，进行修复操作是通过安装步骤来完成的。例如，进入光盘 I386 子目录后，键入命令 Winnt/B，安装过程开始启动。当屏上出现"欢迎使用安装程序"画面时，有四项选项供选择，其中第三项是"修复上次安装损坏的 4.0 中文版 Windows NT，请按 R"，此时插入"紧急修复"磁盘，按"R"执行修复操作，在"想要修复的项目"中，选择所有选项，也可有针对性地选择相应选项。在修复过程中，"安装程序"发现有文件丢失或损坏，会从 CD-ROM 驱动器中读取所需数据，修复文件。经过上述修复操作，NT 服务器一般能正常启动了。

(八) 网络操作系统的防毒与消毒

资源共享是计算机网络的主要特点，各工作站频繁使用服务器硬盘上的共享程序，各工作站之间又可频繁地传输数据，一旦染上病毒，便会迅速地蔓延开来，交叉感染，反复地再生、发作，直至整个网络系统瘫痪。因此，做好网络系统的病毒防治工作，建立起防毒消毒的防御体系，是十分重要的。防治网络病毒，一般有如下一些方法：

1. 选择合适的启动入网方式

登录联网的方式一般有三种：

(1) 利用本地硬盘上的启动联网程序登录上网，如 Novell 的 ODI 方式登录。

(2) 用软盘启动入网。

(3) 用 Boot Rom 启动芯片启动上网。

由于工作站硬盘很容易染上各种病毒，如果采用本地硬盘的入网启动程序登录上网，很容易使网络感染病毒，所以从防毒角度上来讲，启动方式以后两种为宜。尤其是以 Boot Rom 方式启动更方便些。

2. 联网后使工作站变成无盘工作站

即使登录上网是安全的，但运行本地硬盘上的带毒程序，或将染毒的可执行文件拷入服务器硬盘，也会使服务器感染病毒。因此，如果可能的话，可以考虑采取措施，使入网后，工作站变成无盘工作站。例如，在 Novell 网中，可以在系统登录文本"System Login Script"中增加以下命令行：

MAP A:=SYS:

MAP B:=SYS:

MAP C:=SYS:

MAP D:=SYS:

MAP E:=SYS:

这样,有盘工作站一旦登录上网后,本地盘就变得不可直接使用,可以对网络起到保护作用。对 Windows NT 网,也可作相似的处理。

3. 定期对服务器硬盘查毒消毒

首先,对装入服务器的软件,必须先检查病毒,以确保服务器不被拷入病毒文件。其次,应该定期对服务器硬盘查毒杀毒。在 Windows NT 服务器上,我们可以利用"控制面板"中的"服务"图标,打开"服务"对话框,在列表中选中"Schedule"服务,按"启动"按钮,设置启动为"自动启动"方式和以"系统账号"登录的身份。然后,以如下语法输入 AT 指令:AT[\\计算机名]运行时间 /EVERY:M,T,W,Th,F,S,Su 消毒程序命令,这样,在每天指定的运行时间,服务器就会自动运行查毒杀毒程序。很多网络消毒软件,如 Solomon,Rav(网络版)在装入服务器后,可在软件界面上方便地设置自动运行的时间。

对于 Novell 网 Netware 分区的病毒,可以采用软盘启动登录上网,运行消毒软件清除服务器硬盘的病毒的方法。要注意在启动软盘上拷入 Login. exe 文件,而不能采用服务器硬盘上 F:\Login 目录下的 Login. exe。因为此文件使用频繁,极易感染病毒。

(九) 以正常的操作方式关闭服务器

工作站在关机前,必须执行 Logout(Novell)和 Net Logoff(Windows NT)。文件服务器在所有工作站退网后,方可执行关闭操作。对 Novell 网,应该先在控制台执行 Down 命令,待系统把文件服务器磁盘缓冲器中的内容完全写入硬盘,再键入 Exit,退回 DOS 后再关机。如果控制台键盘被锁定,并且忘了开锁口令,可以在工作站上运行 FCONSOLE 菜单实用程序,选择"Down File Server"将服务器卸下。切忌直接关闭电源,以免损坏卷及一些重要数据。

三、利用网络环境维护工作站软件

在日常机房运行过程中,工作站硬盘上的软件被误删或被损坏是屡见不鲜的。在未联网的单机状况下,实现软件系统恢复的途径一般是:(1) 重新安装。(2) 利用存放在硬盘上的软件压缩包或硬盘映象文件,进行释放和恢复(如采用解压卡或使用相应的软件)。重新安装耗时耗力,一般很少采用。利用硬盘上的压缩包或硬盘映象文件进行恢复,长处是速度较快,短处是恢复源要占去不少硬盘空间。并且一旦压缩包或映象文件被破坏,将无法进行释放恢复操作。而联网环境下的工作站,恢复软件还有另一途径:——可以利用服务器硬盘上的安装源、备份、压缩包或映象文件进行恢复。现对 DOS、Windows3. x 和 Windows9x 三种操作平台下的软件恢复,介绍如下:

(一) DOS 应用程序

工作站 DOS 应用程序被损坏后,可利用 XCOPY/S 命令,上网后直接拷入本地硬盘。如果要恢复的文件含有系统文件或隐含文件,可以利用 C:\>ARJ x-a-r 网上压缩包文件标识或 C:\>PKUNZIP-d-o-JHSRA 网上压缩包文件标识的解压命令,进行恢复。

(二) Windows3. x 应用程序

平时,可以将 Windows3. x 系统及其应用程序,备份在服务器硬盘的某个子目录下。一旦工作站某个 Windows3. x 应用程序被破坏,例如:某会计软件不能正常运行或被删,只需将服务器上的该软件备份,拷回工作站相应子目录下即可。如果在 Windows3. x 平台上要装入新软件,只需选一台工作站进行安装,装完后,将新软件所在的子目录及\Windows 下的 *. dll、

.ini、.grp 拷入服务器作为备份，其余工作站只需将此备份从网上拷下来即可，不必逐台安装或连同 Windows 下所有文件一起拷贝。

（三）Windows9x 应用程序

工作站 Windows9x 应用程序被破坏，一般利用服务器硬盘上的安装源重新安装为宜。如果工作站 Windows9x 系统被破坏，不能正常启动或连入服务器时：

(1) 可以先试试用安全模式启动机器，启动成功后再改以标准模式启动，有时会解决问题。

(2) 把注册表备份拷入硬盘，尝试是否能修复系统。

(3) 可以利用 Ghost. exe 软件，对整个 Windows9x 系统的硬盘，做成映象文件存入文件服务器硬盘上。

一旦工作站 Windows9x 系统被损坏无法修复时，可以用 DOS 方式登录上网，利用 Ghost. exe，用服务器上的硬盘映象文件方便而快捷地恢复到工作站硬盘上。

将服务器上的备份或压缩包恢复到工作站硬盘上，常常需要键入一串正确的命令。为了方便地实现恢复操作，可以建立一个特殊的用户，在该用户的登录文本中，写入运行菜单程序的命令。当以这个用户登录上网时，在弹出的菜单中选择各个选项，就对应于执行恢复各种软件的操作命令。现以 Novell 网为例，叙述建立恢复菜单的做法：

(1) 用文本编辑器（如 Edit. com）编辑弹出式菜单的源程序 SELECT. MNU：

```
%RESTORE PROGRAM(标题)
DOS Program       (主菜单第一项)
  %DOS Program
WINDOWS3X         (主菜单第二项)
  %WINDOWS3X
WINDOWS9X         (主菜单第三项)
  %WINDOWS9X
%DOS Program      (第一项子菜单)
DOS 622
  DOS622. bat
Foxpro for DOS
  Fox. bat
C Program
  c. bat
UCDOS
  uc. bat
%WINDOWS3X        (第二项子菜单)
Win32
  Win32. bat
KDWIN
  kdwin. bat
TEST
```

test. bat

%WINDOWS9X　（第三项子菜单）

GHOST

g - host. bat

REPAIR

repair. bat

(2) 编辑完成后，用\public 子目录下的 MENUCNVT 将 SELECT. MNU 生成为 SELECT. SRC 文件。

(3) 用\public 下的 MENUMAKE，将 SELECT. MNU. SRC 编译生成 SELECT. MNU. DAT文件。

(4) 编写上述菜单调用的. BAT 文件，将恢复工作站软件的相应命令写入这些批处理文件。

(5) 用 SYSCON 建立一用户，如 Restore。在该用户主目录内，存入菜单文件与批处理文件等必要的文件，使该用户对所有恢复操作的源文件所在的子目录有相应的权限。并在该用户的登录文本结束处，写上 EXIT "NMENU SELECT"命令。这样当以 Restore 用户登录服务器后，屏上将弹出一个具有 Netware 风格的菜单，选择相应的菜单项，便能有针对性地对工作站软件进行恢复。

至于 Windows NT 网，类似地也可以用 C 语言编写一个弹出式菜单，作为 Restore 用户的登录文本，供工作站软件恢复时调用。